W0067811

REDLINE WIRTSCHAFT
bei ueberreuter

Die Deutsche Bibliothek – CIP-Einheitsaufnahme

Heitger, Barbara
Harte Schnitte, neues Wachstum : Die Logik der Gefühle und die Macht der Zahlen im Changemanagement. – Barbara Heitger/Alexander Doujak
Frankfurt/Wien: Redline Wirtschaft bei Ueberreuter, 2002
ISBN 3-8323-0913-6

Unsere Web-Adressen:

http://www.redline-wirtschaft.de
http://www.redline-wirtschaft.at

1 2 3 / 2004 2003 2002

Umschlag, Innenlayout und Fotos: © Oliver Zehner, Wien, E-Mail: zehner@aon.at

Druck: Druckerei Theiss GmbH, A-9431 St. Stefan
Printed in Austria

Barbara Heitger / Alexander Doujak

harte Schnitte neues Wachstum

REDLINE WIRTSCHAFT
bei ueberreuter

1

„FLIRTEN IM FEBRUAR, VERLOBEN IM MÄRZ, HEIRATEN IM APRIL – UND IM DEZEMBER BESTE RESULTATE"

Eine Regionalgesellschaft eines internationalen Software-Konzerns verändert sich grundlegend: vom Software-Lieferanten zum "Solution Provider". Ein neues Geschäftsprozess-Modell setzt auf gesamtheitliche Lösungen für Kunden anstatt des – bisher sehr erfolgreichen – traditionellen Software-Verkaufs.

Dieser neue Marketing-Zugang setzt gesamtheitliches Know-how in den Einheiten mit direktem Kundenkontakt voraus. Zudem soll eine neue Management-Ebene auf Landesebene die Geschäfte steuern, die „alte" Führungs-Mannschaft hat die Verantwortung für eine Gesamtregion bekommen.

Ein bunt besetztes Change-Team erhält den Auftrag, die neue Organisationsstruktur umzusetzen und die neuen Prozesse zu verankern.
Eine smarte Nebenbedingung durch das Management macht das Veränderungsprojekt zusätzlich spannend: die Geschäftsergebnisse des laufenden Jahres dürfen nicht unter Plan fallen.

Eines ist klar: Eine solche Erneuerung braucht sehr viel Innovationskraft und gleichzeitig harte Schnitte, gilt es doch, sich vom bisherigen Selbstverständniss, von Strategie und Routinen des Alltagsgeschäfts zu lösen.
In Zeiten großen wirtschaftlichen Erfolges eine tiefgreifende Erneuerung, in teilweise unbekanntes Neuland vorzubringen ist
für das Management herausfordernd.

DIE ALTEN MEISTER WERDEN ZU PRODUKTIONSMANAGERN

②

Die kleine Tochter eines internationalen Produktionskonzerns ist in einer wirtschaftlich angeschlagenen Produktsparte auf die Entwicklung und Produktion maßgeschneiderter Kundenaufträge spezialisiert. Verluste über mehrere Jahre hinweg und ein großes Turnaround-Projekt in der Produktionssparte erzeugen Angst vor einer Krise.

Radikale Neupositionierung ist angesagt - die neue Strategie, von Einzelfertigung und "Maßarbeit" auf Kleinserien für Spezialprodukte umzustellen, erfordert die Restrukturierung der Organisation: weniger Entwicklungsressourcen, neue Geschäfts- bzw. Produktionsprozesse, gepaart mit einem anderen Selbstverständnis der Beteiligten. Aus "den alten Meistern und Experten", die das Produkt von A bis Z beherrschen, werden arbeitsteilig organisierte Serienarbeiter. Dazu kommt die Angst, den Arbeitsplatz zu verlieren, denn ob das neue Kleinserienprodukt "einschlägt", ist völlig offen. Die Ergebnisanforderungen hingegen sind klar und anspruchsvoll. Hoffnung auf eine gesicherte Zukunft und Konzentration auf Ergebnisverbesserung wechseln sich ab mit Zweifeln, Ohnmachtsgefühlen und Verlustgefühlen zu früheren Erfolgen und der "technischen Künstleridentität". Harte Schnitte als Rationalisierung sind zu leisten und eine Positionierung für neues Wachstum zu erarbeiten.

Zwei Episoden, wie sie ähnlich unter den Veränderungsvorhaben vieler Unternehmen zu finden sind: anspruchsvoll, mit Wachstums- und Erneuerungszielen, aber auch harten Schnitten als Notwendigkeit und mit emotionalen Turbulenzen.

Das Konzept

Seite

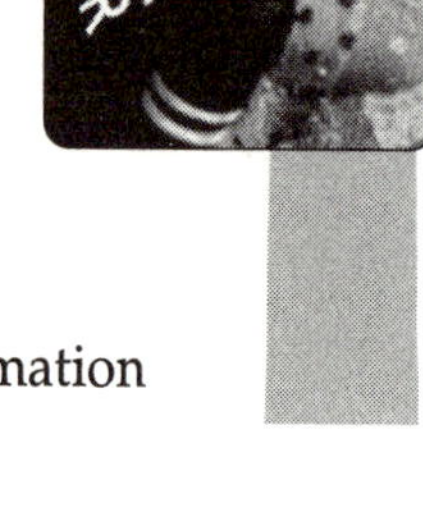

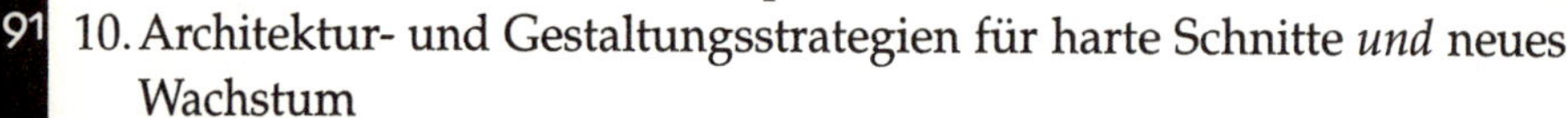

Das Phasenmodell und konkrete „Interventionen"

die Autoren

Dr. Barbara Heitger

geb. 1958 in Münster/Westfalen

Geschäftsführende Gesellschafterin
der Beratergruppe Neuwaldegg, Wien (seit 1990)
Vorstand der Forschergruppe Neuwaldegg
Mitherausgeberin der Zeitschrift für Organisationsentwicklung
Lehrende an diversen Universitäten

Ausbildungen und Erfahrungen:
Studium: Jura, Soziologie, Politologie, Pädagogik
Gruppendynamiktrainerin und Lehrberaterin bei der Österreichischen Gesellschaft für Gruppendynamik und Organisationsberatung
Systemische Beraterausbildungen, Supervisorin, Tiefenpsychologische Therapieausbildung
Beraterin, Projektmanagerin in einer Bank und einen internationalen Computerkonzern

Schwerpunkte:
Unternehmensentwicklung und Change-Management:
Konzeption, Architektur, Prozessberatung und -moderation, Umsetzungscontrolling und Verankerung
Strategiearbeit
Teamentwicklung und Coaching für Manager, Projektleiter und Berater
Beraterweiterbildung
Großgruppenveranstaltungen und -workshops
Konfliktmoderation
Fachberatung zu Projektmanagement, internen Dienstleistungen, Human Resources Management, Organisation und Management, Forschung

Veröffentlichungen
zu Strategieentwicklung, Projektmanagement zur Neupositionierung interner Dienstleister und Human Resources, zu Changemanagement, systemischer Beratung und Management-development.

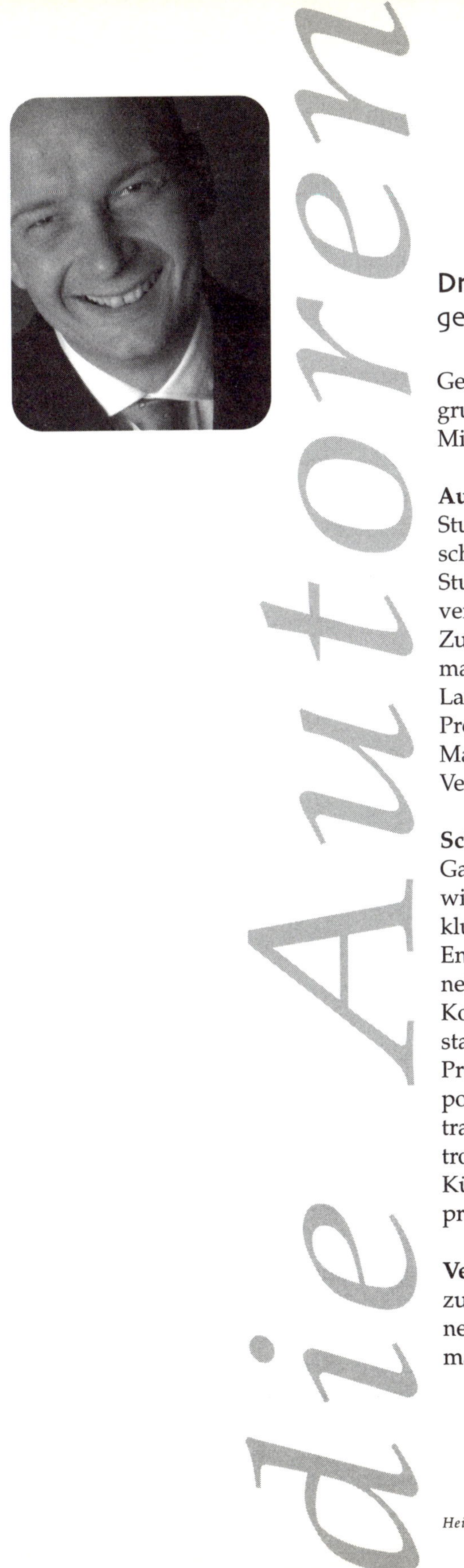

Dr. Mag. Alexander Doujak
geb. 1965 in Klagenfurt

Geschäftsführender Gesellschafter der Beratergruppe Neuwaldegg, Wien (seit 1995)
Mitglied der Forschergruppe Neuwaldegg

Ausbildungen und Erfahrungen:
Studium der Handelswissenschaften an der Wirtschaftsuniversität Wien
Studienaufenthalte in Boston (MIT, Harvard University)
Zusatzausbildungen in Internationalem Projektmanagement und Systemischer Beratung
Langjähriges Vorstandsmitglied der International Project Management Association
Manager im Medienbereich (Produkteinführung, Verlagsleitung)

Schwerpunkte:
Ganzheitliche Strategie- und Unternehmensentwicklungsprojekte, die Organisationsentwicklungs- und Rationalisierungsaspekte vereinen
Entwicklungsprozesse in internationalen Unternehmen
Konzeption und Durchführung von Großveranstaltungen
Projektmanagement (Koordination von Projektportfolios/Aufbau von Teams/Coaching von Auftraggebern und Projektleitern/Umsetzungscontrolling)
Künstlerische Interventionen in Beratungsprozessen

Veröffentlichungen
zu Projektmanagement, Projektportfolios, Reengineering als Entwicklungsprozess, IT und Changemanagement

die Autoren

Dr. Frank Boos
Unternehmensberater und geschäftsführender Gesellschafter der Beratergruppe Neuwaldegg, Wien Mitglied der Forschergruppe Neuwaldegg

Dipl. Ing. Alexander Exner
Unternehmensberater und geschäftsführender Gesellschafter der Beratergruppe Neuwaldegg, Wien Mitglied der Forschergruppe Neuwaldegg, Aufsichtsrat und Mitglied des Strategieteams der Palfinger AG

Dr. Katharina Fischer-Ledenice
Leiterin des Hernstein Institutes

Mag. Heinz Jarmai
Unternehmensberater und geschäftsführender Gesellschafter der Beratergruppe Neuwaldegg, Wien, Mitglied der Forschergruppe Neuwaldegg

Torsten Jung
Senior Manager HCS bei PriceWaterhouseCoopers

Mag. Erwin Lebic
Unternehmensberater und geschäftsführender Gesellschafter der Beratergruppe Neuwaldegg, Wien
Mitglied der Forschergruppe Neuwaldegg

Dr. Maria Rosiczky
Leitung Produktmanagement und -entwicklung beim KSV, Wien

Dr. Georg Sutter
Leiter HR Management bei der Quelle AG

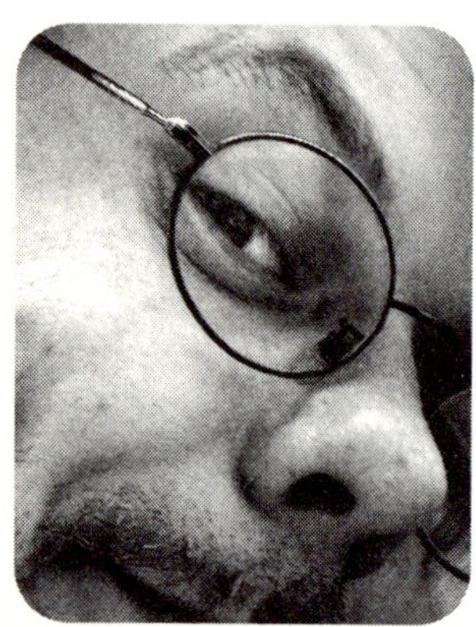

der Grafiker

Oliver Zehner
ist verantwortlich für das optische Konzept dieses Buches. Das Layout und sämtliche Illustrationen stammen aus seiner wiener Design-Werkstatt. Der gebürtige Steirer und begeisterte Wahlspanier gestaltet seine Umwelt seit er denken kann, und ist seit zwei Jahrzehnten als freier Art Director und MultiMediaMann zwischen Barcelona und Wien unterwegs. Er liebt es, immer wieder „um's Eck" zu denken ↰ und ist berüchtigt für seinen harten (Foto-Aus-)Schnitte. Er freut sich auf Ihre Kommentare per E-Mail: *zehner@aon.at*

KAPITEL 1

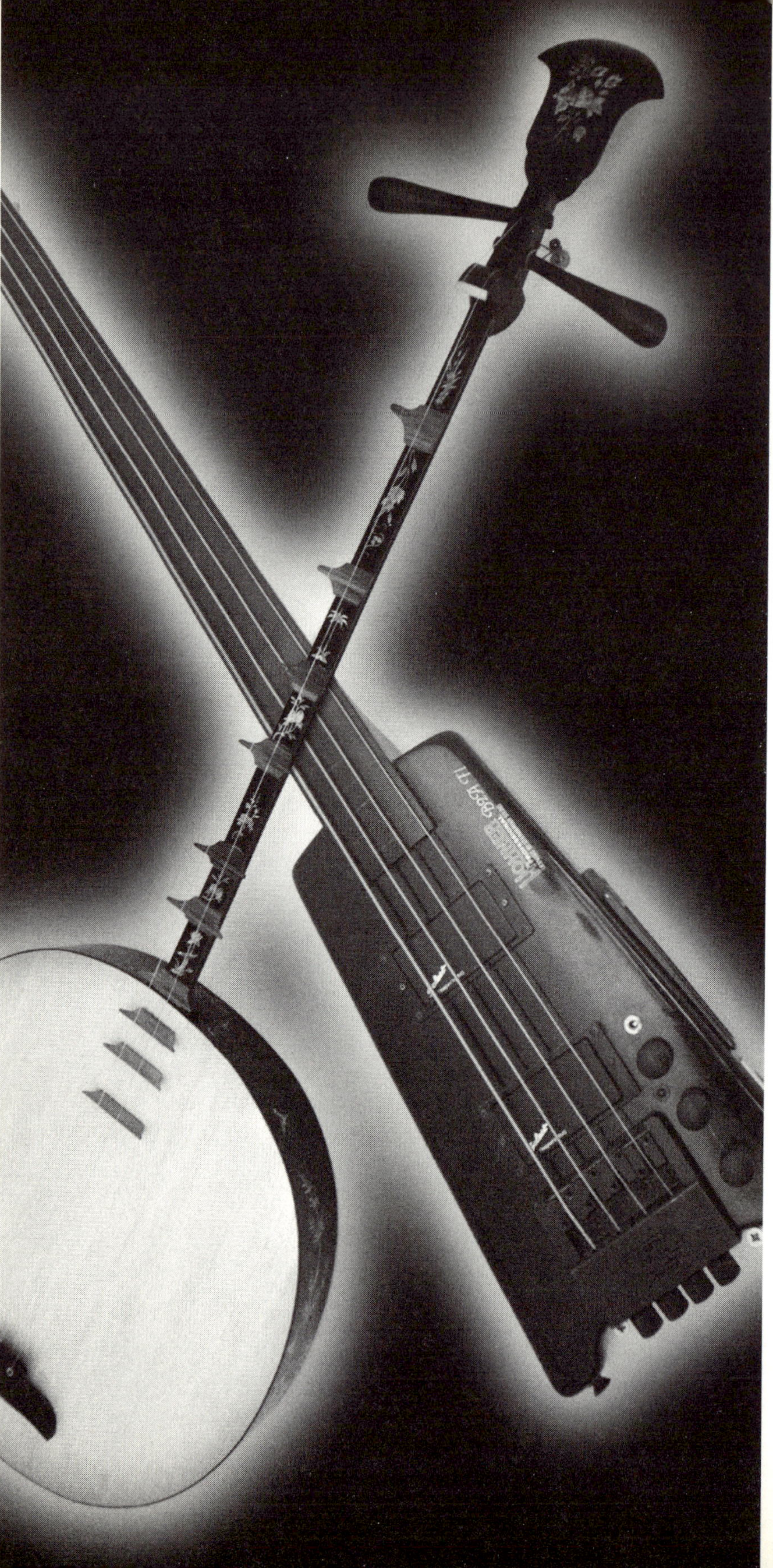

ALTES LIED ODER NEUE KOMPOSITION?

„Changevorhaben sind auch nicht mehr das, was sie einmal waren – nämlich übersichtliche Projekte zu einem Thema, zu Strategien, Rationalisierung, Organisationsentwicklung oder IT-Themen".

Das war das Statement eines Topmanagers, mit dem wir die Post-Merger-Integration im gerade fusionierten Unternehmen besprachen. Stimmt diese Einschätzung?
Brauchen wir für erfolgreiches Changemanagement, statt weiterhin das „alte Lied" zu spielen, eine „neue Komposition", weil sich Themen, Anforderungen und die Dynamik von Veränderungen geändert haben? Nur dann macht es schließlich Sinn, Selbstverständnis, Konzepte und die Toolbox des Changemanagements - insbesondere die Konzepte für „Transformation", die radikalere und umfassende Variante von Veränderung, zu überdenken.
Diese zentrale Frage – „Brauchen wir eine ‚neue Komposition' für erfolgreiche Changevorhaben?" - beleuchten wir zu Beginn aus zwei Perspektiven. Zunächst aus der Sicht von Top- und Changemanagern und im Anschluss daran auf Basis unserer Erfahrungen als Berater von Changeprozessen.

WAS CHANGE- UND LINIENMANAGER BESCHÄFTIGT

Nachfolgend finden Sie die wichtigsten Ergebnisse aus Interviews, die wir sowohl unmittelbar in den Changeprojekten als auch danach mit den involvierten Topmanagern geführt haben. Den „roten Faden" bilden exemplarisch ausgewählte Manager-Zitate, die von uns kurz kommentiert werden:

„Da gibt's die harten Sanierer mit ihrem Kahlschlag und ihren Zahlen und die sanften Organisationsentwickler auf dem Weg ins Nichts mit ihrem humanitären Touch!"
Dieses Zitat macht die **Aufspaltung zwischen Rationalisierungsvorhaben** und Changeprojekten, die an **evolutionärer Entwicklung** interessiert sind, besonders klar. Die oftmals spürbare Abwertung des jeweils anderen Konzeptes erschwert ihre Integration

bzw. das in bestimmten Phasen notwendige „aneinander Ando-cken". Was im eigenen Ansatz nicht integriert ist, wird beim Gegenüber abgelehnt.

„Am besten Augen zu und durch - das muss man schnell durchziehen, das gehört eben zu meinem Job."

Dieses Zitat eines Managers, der beauftragt wurde, harte Schnitte „umzusetzen", ist kennzeichnend für ein **Reaktionsmuster**, das man charakterisieren könnte mit **„Flucht nach vorne".** In kritischen, emotional verunsichernden Phasen des Veränderungsprozesses führt das zu negativen Beziehungserfahrungen, die in Zukunft neues Wachstum eher unterminieren. Der Druck auf Einzelne wird so groß, dass es auf den ersten Blick lohnender scheint, den Kopf in den Sand zu stecken. Konflikte verhärten sich - **„Kooperationskapital" wird „vernichtet"** und das Commitment der Mitarbeiter zum Unternehmen erschüttert. Der „materiell-psychologische" Kontrakt zwischen Mitarbeiter und Unternehmen wird vor allem dann „brüchig", wenn die Kommunikation über harte Schnitte zu kurz kommt.

„Ängste und Widerstände blockierten alles. Ehrlich gesagt, ich habe nicht mehr gewusst, was wir tun können."

Die **emotionale Intensität** in radikalen Veränderungsprozessen, die Manager in ihrem Umfeld und natürlich auch an sich selbst erleben, zu verstehen, sie zu verarbeiten und sie zu gestalten, ist sicher eine der größten Herausforderungen im Changemanagement: Wie soll ich als Manager mit kritischen und emotional sehr aufgeladenen Changesituationen umgehen, wenn doch der tradierte Anspruch an das Management darin besteht, rational definierte Ziele zu erreichen, Sicherheit zu geben, zu wissen, wo es lang geht und sich durchzusetzen? Mit kollektiver Verunsicherung umzugehen, ist alles andere als trivial. Erst recht dann, wenn man selbst involviert ist. Das erfordert Ich-Stärke und verlangt, die eigenen Muster, wenn es um die Veränderung geht, zu kennen. Das ist die eine ganz persönliche Seite – die der eigenen Ressourcen, aber auch Grenzen in Veränderungen. Die andere Seite zielt auf neues Managementwissen zu Veränderungen ab: Manager müssen über eine innere

Landkarte verfügen, in der verzeichnet ist, mit welchen Dynamiken in Changeprozessen mit harten Schnitten und mit welchen Dynamiken bei neuem Wachstum zu rechnen ist. Sie tun gut daran, die Logik der Gefühle solcher Prozesse zu verstehen, um produktiv agieren zu können und den Prozess voranzubringen.

„Das ist ein riesiger Widerspruch - auf der einen Seite hören wir dauernd ‚Menschen sind unser wichtigstes Kapital' und drei Sätze später hören wir das Statement, ‚das Einzige was wirklich zählt, ist der Shareholder Value' und das heißt Rationalisierung, Mitarbeiter kündigen."
Dieses Zitat ist als eines unter vielen ein Beleg dafür, dass die **Polaritäten**, die in Changeprojekten **zu verknüpfen** sind, immer stärker werden. Denn beides stimmt. Die Humanressourcen sind in der Tat das wichtigste Kapital eines Unternehmens. Wirkungsvolle Veränderung drückt sich letztlich immer im konkreten Verhalten der Mitarbeiter aus. Zugleich wird der Erfolg von Unternehmen auf dem Markt an Unternehmenskennzahlen bzw. an Aktienkursen gemessen. Alles, was die Mitarbeiterproduktivität erhöht - kurzfristig also auch Mitarbeiterabbau – wird positiv registriert. Wir glauben nicht, dass diese Polaritäten in stabiler Balance zu halten sind. Wie beim Surfen geht es darum, die Wellen, die Ungleichgewicht erzeugen, zu nutzen, um voranzukommen und Balance in der Bewegung zu finden.
Die Kunst liegt darin, solche Widersprüche in ihrer Polarität im Unternehmen mit allen pro und contra zu bearbeiten und jeweils im Prozess in die eine oder andere Richtung zu entscheiden. Für Manager leichter gesagt als getan: die „gute alte" Hierarchie verlangt Eindeutigkeit, Klarheit und widerspruchsfreie Ziele. Das ist, je turbulenter und schneller das Unternehmensumfeld ist, immer weniger machbar. Mehr Widersprüche zu managen, erfordert offenere Changeprozesse - Platz für die „Veränderung der Veränderung"

„Da wird doch alles schön geredet, das glaubt doch keiner. Und ein paar Sätze später: *„Die Internationalisierung ist unsere einzige Chance".*
„Bei uns gibt es dauernd neue Changeprojekte. Ich kann Ihnen die gar nicht alle aufzählen. Irgendwann verschwinden die dann still und leise".
Wie gelingt es Unternehmen, klar zu machen, warum und in welche Richtung verändert werden soll? Veränderungsenergie zu entwickeln, erfordert die **klare Orientierung** in Bezug auf ein „Warum" und ein „Wohin". Je mehr Veränderungsprojekte in je kürzeren Abständen laufen und je mehr unterschiedliche Devisen ausgegeben werden, desto schwerer gelingt es, die Mitarbeiter zu aktivieren. Das Misstrauen nimmt zu, ebenso wie die Einstellung „Schon wieder wird eine neue Kuh durchs Dorf getrieben, aber auch diese Verän-

derung wird an uns vorübergehen." Die Inflation von Changeinitiativen führt zu „Veränderungsresistenz" - Manager wie Mitarbeiter nehmen Ankündigungen nicht mehr so ernst wie früher. Die Stabilität liegt in informellen Netzwerken lang tradierter Kooperationen: Viel Wellen auf der Oberfläche, in der Tiefe Ruhe und Stabilität.
Wieso es dazu kommt?
Wir glauben, dass die Initiatoren von Veränderungsprogrammen Kapazität und Vermögen von Organisationen zur Veränderung überschätzen und „create a sense of urgency" (Kotter) als glaubwürdiger Startimpuls nicht überstrapaziert werden darf.

„Dann sind die Maschinen plötzlich still gestanden - die Haudegen und die alten Meister waren weg, und niemand wusste weiter."
Ein typisches Zitat für ein Projekt, in dem zugleich harte Schnitte realisiert und neues Wachstum initiiert wurden. Es macht deutlich, wie schnell **„Organisationsgedächtnis"** und wichtiges **Erfahrungswissen** verloren gehen können, wenn mit aller Kraft versucht wird, kurzfristige Rationalisierungsziele zu erreichen. Oft ist dies ein Nebeneffekt des „Augen zu und durch" Verhaltens, das den nachhaltigen Erfolg von Projekten gefährdet.

„Unsere Situation war ganz anders - unvergleichbar mit Changeprojekten in anderen Firmen. Wir sind einfach ins kalte Wasser gesprungen."
Das eigene Changemanagement wird als etwas ganz Einzigartiges beschrieben **Erfahrungsaustausch** mit anderen Unternehmen und **Best-Practice -Aktivitäten** dazu stehen nicht auf der Management-Agenda. Insbesondere bei Projekten, wo es auch um harte Schnitte geht, sind wir sehr oft auf diese Haltung gestoßen. Es gibt offensichtlich eine große Scheu, von Erfahrungen anderer Unternehmen, die auch in solchen Situationen gewesen sind, zu lernen. Wir haben drei Gründe dafür herausgearbeitet. Erstens ist der Veränderungsdruck so groß, dass Unternehmen sich wenig Zeit nehmen, Veränderung zu planen. Zweitens ist dieser Befund aber auch ein Indiz dafür, dass in vielen Unternehmen der Glaube an eine schnelle Veränderbarkeit von Systemen vorherrscht, quasi vergleichbar der Tätigkeit eines Ingenieurs an einer Maschine: An einer Schraube drehen heißt, eine Veränderung ist wirksam gelungen. Und drittens erzeugen gerade harte Schnitte Emotionen wie Angst, Peinlichkeit, das Gefühl schuld zu sein oder versagt zu haben. Die Lust, sich darüber auszutauschen, ist sehr begrenzt.

„Wir waren nur noch gefangen in unseren internen Kämpfen. Was auf dem Markt los war, was wir in Richtung Kunden bewirken wollten, ist völlig ins Hintertreffen geraten."

Wie stark der **Sog der internen Dynamik** ist, wenn Widersprüche zu managen sind und die heißen Phasen von Veränderungsprojekten laufen, belegt dieser Kommentar. Starke Innenorientierung ist immer wieder auch notwendig und kein Problem, wenn sie bewusst als Priorität gesetzt wird. Geraten der Markt und die ursprünglichen Ziele des Changevorhabens aber über längere Zeit aus dem Blick, wird die Entwicklung gefährlich.

„Die Externen haben kluge Konzepte gemacht und neue Ideen entwickelt, die sie ohne die Inputs von uns nicht geschafft hätten, und dann waren sie weg - seither liegt alles in der Schublade".

Wie anspruchsvoll es ist, wirklich innovative, auch radikale Inputs von außen mit dem internen Wissenskapital wirksam zu verknüpfen, belegt dieses Statement. Häufig wird zuerst ein Konzeptprojekt an externe Experten vergeben und die Umsetzung, als davon getrennter Part, wenn überhaupt deutlich später als „Relaunch" gestartet. So wie dieses Zitat zeigten viele Interviews, dass Entscheider harte Schnitte und Innovationen zum eigenen Geschäft, zu neuen Organisationskonzepten häufig an externe Berater delegieren. Das Vertrauen in die Innovationskompetenz des eigenen Unternehmens ist gering - das Wissen, wie innovationsfreudige Organisationen und Teams zu stärken sind, noch nicht selbstverständliches Management-Know-how. In den Gesprächen jedoch votierten die meisten Manager für eine gemeinsame Steuerung harter Schnitte und neuen Wachstums.

„Das war Veränderung per Anweisung - die war wie ein potemkinsches Dorf, niemand glaubte dran und nichts passierte" oder „Das waren zwei Welten - mein Tagesgeschäft, da habe ich wirklich gefehlt, wenn die Workshops waren, und die Changeworkshops, das war wie auf dem Traumschiff, völlig unwirklich und abgehoben."

Beide Aussagen repräsentieren zwei unterschiedliche Zugänge zum Management von Changeprozessen - einmal ein direktives, das Worte, aber keine Taten „produzierte" - das mag an fehlender Changebereitschaft der Initiatoren liegen oder auch an fehlendem Wissen darüber, wie komplexe Veränderungen auf den Weg zu bringen sind. Dem zweiten Zitat liegt ein Verständnis von Change zugrunde, das zwar Zeit und Raum für Veränderungen bereitstellt, aber weder einen produktiven

Bezug zum Tagesgeschäft leistet noch von Commitment getragen ist. Beide Ansätze greifen für die Komplexität harter Schnitte und neuen Wachstums zu kurz - nachhaltige Umsetzung wird nicht gelingen.

DREI BILDER VON CHANGEMANAGEMENT

Wir sind in den Interviews auf insgesamt drei gängige Bilder gestoßen:

CHANGEMANAGEMENT ALS ANSAGE UND ALS APPELL

Dieses Verständnis von Veränderung geht von einem Bild aus, bei dem der Initiator quasi wie ein Ingenieur agiert, der den Hebel an der Organisationsmaschine ansetzt. Sie wird von außen durch den richtigen Eingriff geändert („Expertensicherheit" - es kommt auf den richtigen Hebel an der richtigen Stelle an). Dass Veränderungsprojekte scheitern, wenn sie so konzipiert sind, ist umso wahrscheinlicher, je komplexer sie sind und je weniger traditionelle Hierarchie und Bürokratie als Steuerungsprinzipien greifen. Das typische Beispiel dazu: Das Konzept ist fertig, wird verkündet und dann passiert nichts mehr.

CHANGEMANAGEMENT ALS EINE „SERIE VON WORKSHOPS"

geht von der Annahme aus, dass sich das Unternehmen ändert, wenn Menschen sich mit Veränderung beschäftigen und beteiligt werden. Changemanagement konzentriert sich auf die „Summe der Menschen, die sich verändern sollen". Der Konnex zum Unternehmen als „System" bleibt außen vor. Der Schwerpunkt liegt darin, auf Personen und Beziehungssicherheit zu setzen, damit Veränderung gelingt. Umsetzung und Transfer ins Gesamtsystem und ins Tagesgeschäft sind bei diesem Ansatz gefährdet, besonders wenn es um radikale Veränderungen geht.

Das dritte Bild, das unserer Meinung nach der Komplexität aktueller Veränderungen am ehesten gerecht wird, betrachtet **CHANGEMANAGEMENT ALS EINEN SELBSTBEZÜGLICHEN PROZESS** im Unternehmen, der eine stabile Architektur braucht. Selbstbezüglich bedeutet, dass jede Intervention Reaktionen erzeugt, die den Changeprozess selbst wieder verändern. Gestalter sind immer auch Gestaltete. Die Architektur ermöglicht es, den durch widersprüchliche Turbulenzen gekennzeichneten Weg der Veränderung in stabile und verlässliche Prozesselemente zu gießen („Prozesssicherheit" statt reiner Expertensicherheit: d.h. Stabilität in der sozialen Architektur und im Prozess, nicht in der Absolutheit einmal entschiedener inhaltlicher Konzepte).

NEGATIVE STATEMENTS DOMINIEREN

In der Gesamtsicht der Auswertung der Managerinterviews - wir fragten in offenen Gesprächen nach „Ups & Downs" von Changeprozessen, Bildern und Wirkungen, „lessons learned" und nach den persönlichen Bilanzen - wurde uns eines besonders deutlich: Die kritischen und negativen Statements über Veränderung überwogen bei weitem. Wir vermuten dafür vier Gründe.

1. erstens eine nachvollziehbare Gegenreaktion auf die öffentliche Veränderungseuphorie. In diesem Sinn hatten diese Gespräche wohl auch Ventilfunktion, die in Changeprozessen wichtig ist.

2. zweitens sind Veränderungen dieser Intensität für alle - Berater wie Manager – Neuland: Wissen, Erfahrung und ausgefeilte Modelle dazu sind erst in der Entwicklung. Changcemanagementkompetenz ist ein neues Feld im General Management.

3. drittens sind Manager in Changeprozessen in doppelter Weise berührt, als Treiber und Betroffene, sie stecken selber auch in allen kognitiven und emotionalen Turbulenzen, die solche Prozesse auslösen. Zugleich sind sie aus ihrer Funktion heraus gefragt, Orientierung zu geben und Veränderungen wirkungsvoll zu gestalten.

4. viertens ist unserer Meinung nach die Frage zu stellen, ob viele der positiven Veränderungen in Unternehmen überhaupt als solche wahrgenommen werden bzw. unter der Überschrift „Change" laufen. Wie viel an positiver Veränderung einfach passiert – ohne so benannt zu werden – zeigen Berichte aus innovativen Unternehmen (3M, Microsoft, St. Luke´s) oder Start-ups.

CHANGEMANAGEMENT WIRD ZUM TAGESGESCHÄFT – UNSERE ERFAHRUNGEN ALS BERATER

Welche Entwicklungen haben wir als Berater von Changevorhaben in den letzten Jahren in den Unternehmen, mit denen wir gearbeitet haben, beobachtet?

Die **Anzahl** und **Vielfalt** von Changemanagementvorhaben, die gleichzeitig zu steuern sind, nimmt zu. Damit wächst auch ihre Abhängigkeit voneinander.

Die **Widersprüchlichkeit** in Changeprozessen wird größer. Es gibt immer mehr Projekte, die zugleich Rationalisierungsziele und Neupositionierung, Innovation bzw. Wachstum verfolgen. Immer mehr Projekte haben sich auch nicht mehr nur evolutionären Wandel („Wir werden besser") sondern radikale Veränderung, einen **Quantensprung,** zum Ziel gesetzt („Wir werden anders").

Der **Umsetzungsdruck**, also der Druck, schnell und wirksam Veränderungen im Unternehmen zu verankern, steigt. Die Effizienz des Changemanagements ist ein Erfolgsfaktor, den auch die Börsen honorieren. Nur wenige Unternehmen **messen** auch das Gelingen und den **Erfolg der Veränderungsprojekte.** Was haben wir mit der Veränderung tatsächlich bewirkt? Diese Frage ist anspruchsvoll. Sie wird selten gestellt.

Offenheit und „Moving targets" sind zunehmend Merkmale dieser Veränderungsprozesse. Unvorhersehbare Interventionen von außen, Marktereignisse oder Entscheidungen, die das Projekt berühren, müssen in den laufenden Changeprozess integriert werden. „Die Veränderung der Veränderung" ist Dauerthema. Kaum jemand glaubt mehr an die simple Machbarkeit von Veränderungen. Das ist der grundsätzliche Aspekt dieser Entwicklung. Praktisch geht es darum, in solchen Turbulenzen Prozesssicherheit für die Steuerung solcher Projekte aufzubauen, um gute Entscheidungen darüber zu treffen, wo auf Stabilität und wo auf Veränderung der Veränderung zu setzen ist.

Die Reaktion sowohl von Management- wie Mitarbeiterseite lautet immer öfter „nicht schon wieder" oder „das ist ja **ein wahrer Dschungel von Changekonzepten**, in dem wir uns da bewegen". Das ist ein Indiz für die Veränderungsmüdigkeit in Organisationen bzw. auch dafür, dass Changemanagementressourcen wie Zeit und Know-how, aber vor allem auch die emotionale Veränderungsenergie, die Lust auf Neues, begrenzt und nicht unerschöpflich sind.

Den **Widerspruch zwischen Innen- und Außenorientierung** in Veränderungsprojekten zu steuern ist anspruchsvoll: Nach außen geht es oft darum, der (kurzfristig orientierten) Logik der Zahlen zu entsprechen und den Fokus auf den Kundennutzen zu halten - das birgt oft schon genug Konfliktpotential in sich. Nach innen geht es darum, Commitment und Bewegung ins Unternehmen zu bringen. Interne Dynamiken - insbesondere emotionale Eskalationen und Verhärtungen - binden viel Energie ohne weiterzubringen. Die ganze Aufmerksamkeit richtet sich nach innen, die ursprünglichen Ziele geraten aus dem Blick.

Die **Weiterentwicklung der Changemanagementkompetenz** im Unternehmen selbst geht in dem Veränderungsdruck und der Notwendigkeit, Ziele zu erreichen, fast immer unter. Die Einschätzung der Changemanagementkompetenz ist die Antwort auf die Frage „Wo liegen unsere Stärken und wo unsere Schwächen in der Art und Weise, wie wir Veränderungskonzepte initiieren, konzipieren, starten, umsetzen und verankern?" In der persönlichen Dimension geht es um die soziale und kognitive Changemanagementkompetenz der Schlüsselpersonen, in der organisationsbezogenen um die Ressourcen und Muster der Organisation als System in Changeprozessen.

Veränderung „ist gut". Wer sich auf die Seite des Bewahrens, des Stabilisierens stellt, kommt schnell in den Ruf, veränderungsfeindlich und konservativ zu sein. Auf Seite der Veränderung gehört man zu den Gewinnern, zu den Fortschrittlichen. Das Zitat von Tom Peters „Nichts ist beständiger als der Wandel" hat sich als Ideologie in vielen Unternehmen fest verankert. Dahinter verbirgt sich auch der Glaube an die schnelle Veränderbarkeit von Systemen. Das ebenso notwendige Verankern und Stabilisieren gerät dabei leicht aus dem Blick. Die Konsequenz sind Changeprojekte, die auf der Oberfläche viele Wellen erzeugen, „abgearbeitet werden", aber die Tiefenstruktur von Unternehmen mit ihren eingefahrenen Handlungs- und Entscheidungsroutinen nicht verändern. Die Kernidentität, die typischen Muster, die eigene Positionierung, den Markt, Kunden und Partner wahrzunehmen und entsprechend zu agieren – bleiben unberührt. Vielleicht ist das unbewusst ein gelungener Kompromiss - auf der Oberfläche ändern, im Kern aber so zu bleiben, wie man ist -, wenn man sowohl der „Change-Idealisierung" als auch dem eigenen Bedürfnis nach Kontinuität gerecht werden will. Auf der Ergebnisseite bringt dieser Kompromiss jedoch wenig. Viele Projekte mit harten Schnitten und neuem Wachstum als Ziel trennen die Konzeptarbeit von der Umsetzungsarbeit. Gestartet wird mit Analysen, Datenvergleichen und Konzepten für Strategie und Organisation, die von externen Experten entwickelt dem Topmanagement zur Entscheidung vorgelegt werden. Führungskräfte und Mitarbeiter empfinden diese Modelle meist ambivalent - vielleicht innovativ und inhaltlich durchdacht, aber nicht passend zur gewachsenen Identität und zu ihrem spezifischen Tagesgeschäft. Natürlich verbirgt sich darin auch das Bedürfnis, am bisher Erreichten festzuhalten. Das Ergebnis ist fehlende Umsetzungsenergie und kein Commitment. Im zweiten Akt wird dann, oft mit neuer Besetzung - intern im Management oder extern mit neuen Beratern -, ein Umsetzungsprojekt gestartet. Inzwischen ist wertvolle Zeit verstrichen und die Chance für eine produktive Auseinandersetzung mit neuen Konzepten gesunken.

Am auffälligsten ist für uns eine andere häufig anzutreffende **„Spaltung"** in zwei Arten von Changevorhaben: Auf der einen Seite stehen solche mit „harten" Zielen, **Rationalisierungsprojekte**, die sehr stark am unmittelbaren ökonomischen Erfolg orientiert sind. Auf der anderen Seite geht es um entwicklungs-, **wachstumsorientierte Projekte**, die sich entweder auf die Veränderung der Kultur oder auf Erneuerung und Innovation konzentrieren. Jeder dieser beiden Typen erzeugt ein Steuerungskonzept und Erfolgskriterien für gelungene Veränderung, das die andere Seite jeweils ausblendet: Rationalisierungsprojekte haben die Reduktion von „Defiziten" im Fokus (Kosten senken, Mitarbeiter abbauen ...), Wachstum und Potentiale sind kein Thema („you can't shrink to success") – Wachstumsorientierte Vorhaben tun sich schwer mit Fokus und Konzentration auf messbaren Erfolg und Ressourcenbegrenzung. Häufiger überlagern „harte Schnitte" neues Wachstum, weil sie einschneidender sind und damit die verletzlichen Vorraussetzungen und Anreize für Erneuerung erschweren. Neues Wachstum als Transformation - also als „anders werden", nicht nur „besser werden" – bedeutet ja auch, eingefahrene Routinen und stabile Kooperation und Wahrnehmungsmuster in Frage zu stellen und schlussendlich auszugeben - für alle Beteiligten. Das muss sich erstens wirklich lohnen und will zweitens sehr gekonnt gesteuert werden.

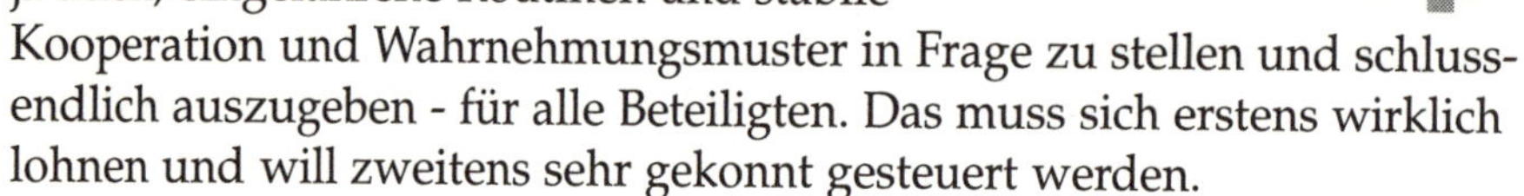

WAS FOLGT DARAUS?

Als Bilanz aus den Erfahrungen, Interviews und von uns zusammengetragenen Studienergebnissen wollen wir festhalten:
Neben ergebnisorientierten betriebswirtschaftlichen Kennzahlen sind

zunehmend qualitative Faktoren wie konsequente Strategieumsetzung, Managementqualität und Innovationsstärke Erfolgskriterien für Unternehmen. **Changemanagement** bringt mehr sichtbare **Wertschöpfung als früher.**

Die Bereitschaft und die Fähigkeit, komplexe Changevorhaben wirksam und schnell zu konzipieren und zu realisieren, sind Erfolgsfaktoren für die Manager und ein **Wettbewerbsvorteil** für Unternehmen. Das gilt **besonders** für Projekte, die **harte Schnitte** setzen **und** parallel dazu **Innovation** bzw. neues Wachstum zum Ziel haben. Widersprüchliche Dynamiken sind typisch für solche Changeprojekte.

Changemanagement braucht Professionalisierung, es war bisher als eigenes Kompetenzfeld nicht selbstverständlich auf der „Agenda" von Managern und Beratern. Der Orientierungs- und Repertoirebedarf dazu steigt.

Als Manager und Berater brauchen wir ein Verständnis dafür, wie sich Organisationen verändern, das der **Komplexität turbulenter Veränderung** gerecht wird (Change nicht per Anweisung oder als Serie von Workshops). Auf Basis einer solchen **Landkarte** geht es darum, Architekturen, Designs und Interventionen zu entwickeln, die harten Schnitten einerseits, Innovation andererseits sowie der typischen Dynamik der Veränderungsphasen gerecht werden. (Kapitel 2)

Unsere Bilder von Veränderung bestimmen, wie wir handeln, wie wir als Berater und Manager Veränderung „navigieren" und steuern und natürlich auch, was wir als Erfolg sehen. Auch unser Selbstbild ist entscheidend. Ein realistisch positives Bild von sich und dem Unternehmen und seinen Potentialen setzt viele Kräfte frei.
Wir brauchen mehr **Verständnis** darüber, **was harte Schnitte ausmacht und das, was neues Wachstum charakterisiert.** Erst dann können wir entscheiden, wo wir im Changeprozess beide Prozesse verbinden können und wo wir gut daran tun, sie jeweils autonom, parallel oder nacheinander laufen zu lassen. (Kapitel 3)

Change ist ein hochemotionales Thema - Veränderungen versetzen Organisationen in Aufruhr und uns als Personen ebenso. Die Muster und „Identität" der eigenen Organisation zu verstehen ist für Manager und Berater ebenso wichtig wie das Verständnis von sich selbst als Person im Veränderungsprozess. Die Logik der Gefühle bei sich und anderen wahrzunehmen und in einer Art „einfühlsamen Distanz" als Motor und Ressource zu nutzen, bringt viel - oft den Ausschlag zwischen Erfolg und Scheitern. (Kapitel 4)

ALTES LIED ODER NEUE KOMPOSITION IM CHANGEMANAGEMENT?

Wir glauben, dass Manager und Berater, die Veränderungen mit harten Schnitten und neuem Wachstum als Ziel voranbringen wollen, Abschied nehmen werden von liebgewonnenen Konzepten, wie Change gelingen kann. Wir haben all das selbst in unserer Arbeit erlebt.
Das hat uns dazu gebracht, unsere Konzepte systemischen Managements und systemischer Beratung weiterzuentwickeln, spezifische Instrumente für Changevorhaben mit harten Schnitten und neuem Wachstum als Ziel zu erarbeiten, zu erproben und dieses Buch zu schreiben.

Gedanken von Betroffenen (1): CHANGE MANAGER

... Mein Auftrag ist nicht klar ... ich werde mit grauslichen Emotionen konfrontiert werden ... es wird Stimmungstiefs geben ... das Topmanagement ist abgehoben ... wir haben viel zu viele Changeprojekte ... wie bekomme ich da einen Überblick? ... die Aufgabe reizt mich natürlich ... wenn ich es schaffe, die Organisation auf Vordermann zu bringen, kann ich viel gewinnen ... mein Standing kann natürlich auch sehr stark leiden darunter ... was kann ich als Einzelner eigentlich beeinflussen?... ich brauche ein gutes Team, das mich unterstützt ... wie kann ich die Kunden einbinden ... da ist es jetzt wahrscheinlich noch zu früh ... die Gerüchteküche brodelt schon, ganze Bereiche sollen wegrationalisiert werden ... ich habe dazu zwar eine klare Meinung, kann aber jetzt offiziell noch nichts sagen ... die ersten Pilotprojekte greifen ... da haben wir gute Resultate ... das Kundenfeedback baut auf ... wie ich meine private Situation manage in den nächsten sechs Wochen ist mir noch schleierhaft ... ich muss mit meiner Frau reden ... wie verschaffe ich mir selbst Ruhe und Stabilität? ... reizvoll ist das Ganze schon sehr ... und ich habe ja auch in der Vergangenheit schon viele Projekte gemacht ... diesmal ist es schon sehr komplex und herausfordernd ... was wohl in fünf Jahren sein wird ... da wird alles ganz anders aussehen ... ich werde wahrscheinlich wieder in einem anderen Projekt sitzen ... was sind eigentlich die Messkriterien für eine gute Arbeit eines Change Managers? Wer bewertet das? ... die Mitarbeiter, das Management? ... wie schaffe ich den Spagat zwischen Management und Mitarbeitern? ... Sandwichposition ... was waren bisher meine Vorbilder? ... welches Vorbild ist jetzt adäquat? ... wie krieg' ich den Prozess so organisiert, dass ich nicht 80 Stunden pro Woche arbeiten muss? ... ich freue mich schon auf die nächste Teamsitzung ... die Subprojekte, die mit Rationalisierung zu tun haben, brauchen starke emotionale Unterstützung ... wie geh´ ich mit Verlierern um? ... wie brems' ich die starke Euphorie oder ist es nicht gut sie in den Wachstumsbereichen zu bremsen? ... was waren eigentlich die wesentlichen Krisen in meinem Leben, wie habe ich sie gemeistert, was waren die Erfolgsrezepte? ... ich hab' schon viel geschafft ... die nächste Großveranstaltung macht mir Bauchweh ... ich bin es ja gewohnt vor vielen Leuten zu sprechen ... aber da gibt's jetzt soviel Emotion im Raum ... hoffentlich kann man das unter Kontrolle halten ... auf der anderen Seite ist es immer toll durch so große Veranstaltungen zu surfen ... es ist aufregend im Mittelpunkt zu stehen, Aufmerksamkeit zu bekommen ... ich denke die Präsentation wird sehr gut ... im informellen Netzwerken danach, da war ich schon immer gut ... so viele Fragen ... was mir hilft ist dieses Grundgefühl der Stärke...

KAPITEL 2

change!

IM DSCHUNGEL DER CHANGE-KONZEPTE

Wenn wir den Befund ernstnehmen, dass Changemanagement in seiner wachsenden Vielfalt und Bedeutung eine neue Komposition erfordert, brauchen wir eine „Landkarte", in der wir unterschiedliche „Changetypen" positionieren können.

Unterschiedliche Changesituationen und -bedarfe haben jeweils andere Changeziele im Blick. Sie erzeugen unterschiedliche Dynamiken im Unternehmen und verlangen jeweils nach spezifischer Architektur und Steuerung.
Eine der Schwierigkeiten, vor die sich Manager gestellt sehen, liegt darin, jenen Ansatz zu finden, der der eigenen Fragestellung am angemessensten ist. Orientierung ist gefragt.

EINE LANDKARTE GIBT ORIENTIERUNG

Die nachfolgende Landkarte unterscheidet bei Changevorhaben nach zwei Dimensionen.

Die erste: Wie groß ist die Veränderungsnotwendigkeit des Unternehmens in Relation zu seinem Markt? Systemisch geht es um die Einschätzung des Veränderungsbedarfes in der Außenrelation.
Die zentrale Frage ist: Brauchen wir in unserem Unternehmen eine evolutionäre Veränderung (step by step) oder aber eine radikale Veränderung (eine Transformation)?

Die zweite Dimension beschreibt das Veränderungsvermögen des Unternehmens. Systemisch geht es um die Einschätzung der Fähigkeit zu Selbststeuerung und Selbstentwicklung des Systems. Dieses Vermögen umfasst dreierlei: erstens Kompetenz in der Diagnose - nach außen: Markt, Wettbewerber, Wertschöpfungspartner, Kunden - und nach innen wie etwa zu Strategie, Strukturen, Gesellschaft und Prozessen, Human Ressourcen, Kernkompetenzen, Innovationspotentialen und Changemustern. Zweitens umfasst dieses Veränderungsvermögen die Fähigkeit zu entscheiden, wo auf „stabil halten", wo auf evolutionäre Weiterentwicklung und wo auf Transformation zu setzen ist. Drittens gehört Changemanagementkompetenz im engeren Sinn dazu - die persönliche, inhaltliche und soziale Kompetenz Veränderungsprozesse zu gestalten und das zum Unternehmen jeweils passende Steuerungsrepertoire, ebenso die Veränderungsfreundlichkeit der Organisation.

Ist das Veränderungsvermögen gering, bedarf es starker direktiver Top-Down-Steuerung im Veränderungsprozess. Im Gegensatz geht es bei hohem Veränderungsvermögen eher darum, indirekter zu steuern, nämlich Rahmen (Architektur und Prozesse) und Anreize für Selbstinitiative und -entwicklung zu setzen (Bott om-Up- und Quer-Vernetzungen).

Das folgende Bild zeigt die Positionierung typischer Changeziele und -konzepte in der Kombination beider Dimensionen, der Veränderungsnotwendigkeit und des Veränderungsvermögens.

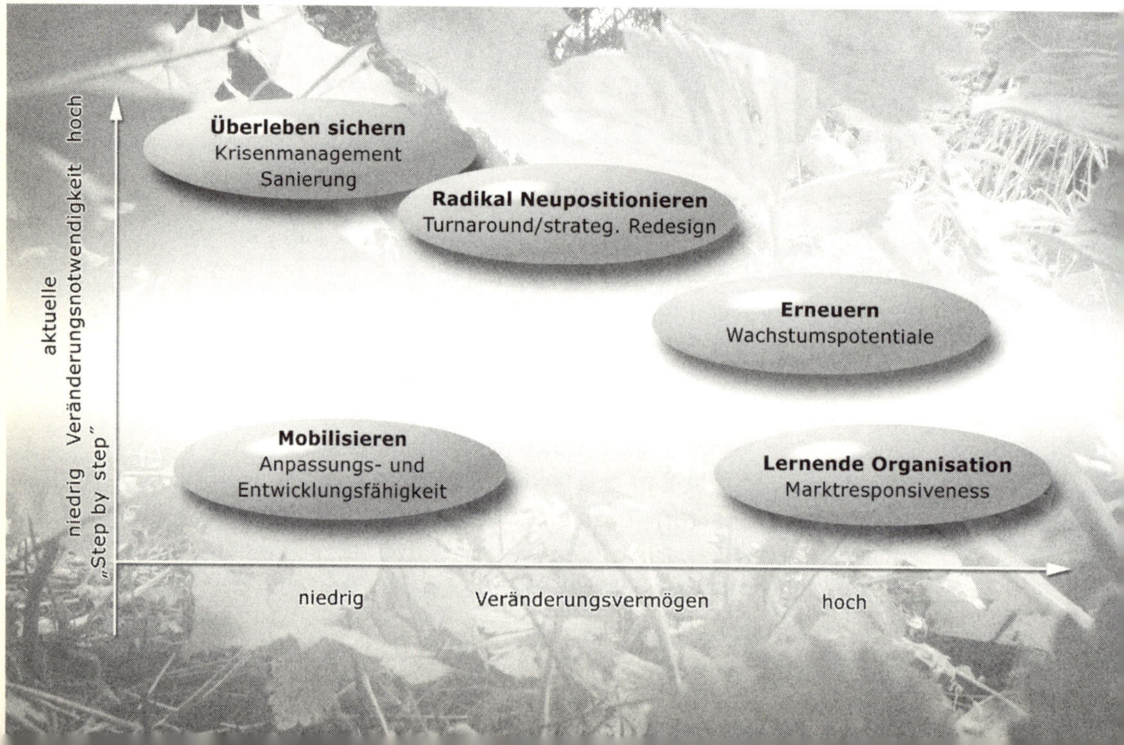

aktuelle Veränderungsnotwendigkeit
hoch
niedrig
„Step by step"

Überleben sichern
Krisenmanagement
Sanierung

Radikal Neupositionieren
Turnaround/strateg. Redesign

Erneuern
Wachstumspotentiale

Mobilisieren
Anpassungs- und Entwicklungsfähigkeit

Lernende Organisation
Marktresponsiveness

niedrig
Veränderungsvermögen
hoch

Top-Down Steuerung

Was leistet diese Landkarte für Initiatoren und Verantwortliche von Veränderung?

- Sie macht unterschiedliche Einschätzungen geplanter Projekte auf der Landkarte in einer sehr frühen Phase deutlich und führt zur notwendigen Diskussion über Diagnose, Ziele und Konsequenzen für Architektur und Steuerung. Damit schafft sie eine gemeinsame Ausrichtung unter den Initiatoren der Veränderung.

- Sie hilft zu konkretisieren, welches Changemanagementkonzept (Architektur, Rollen, Prozess) jeweils am besten passt. Sie bewahrt Manager davor, bereits erfolgreich angewandte Konzepte und Methoden vorschnell auf neu auftauchende, möglicherweise anders gelagerte Problemstellungen zu übertragen, weil sie für jeden Typ grundsätzliche Gestaltungsstrategien bereithält.

- Sie ist als „Portfolio-Landkarte“ gut geeignet, die laufenden Veränderungsprojekte im Unternehmen in ihrer Relation zueinander zu positionieren und damit ein Bild über Veränderungsintensität und -richtungen des Unternehmens zu geben. Das ist wichtig für die Gesamtsteuerung dieser Veränderungen. Wenn sich im Laufe eines Projektes seine Positionierung verschiebt, kann die Landkarte die Notwendigkeit "der Veränderung der Veränderung" verdeutlichen ("moving target").

WELCHE VERÄNDERUNGSRICHTUNGEN GIBT ES?

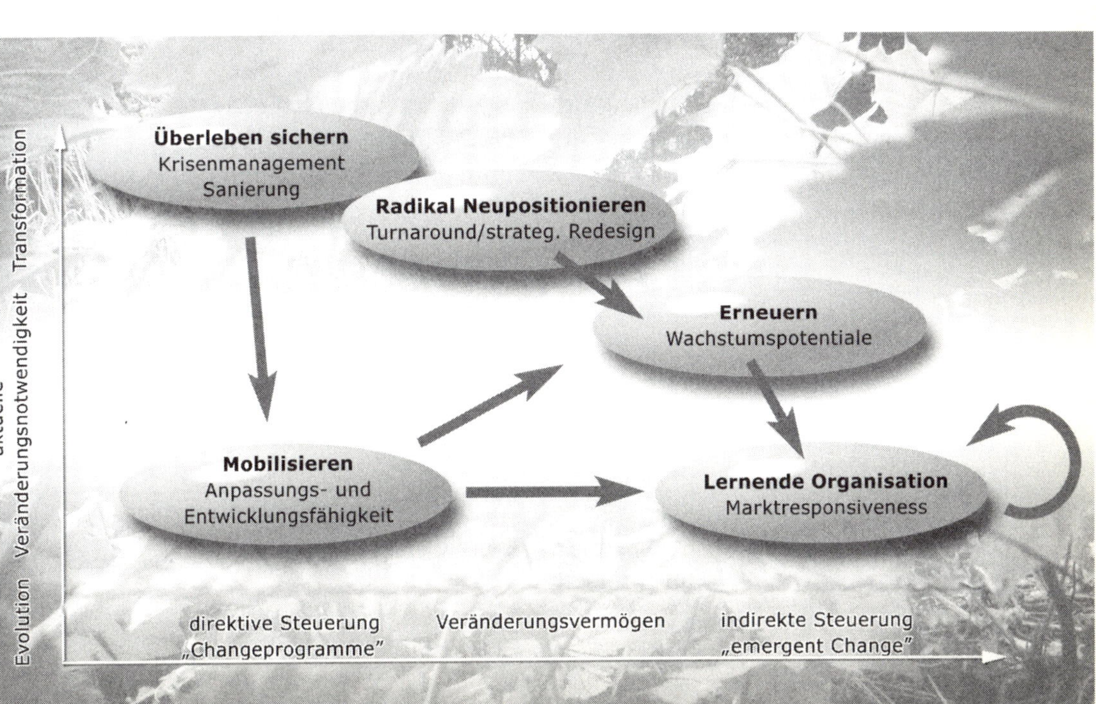

In **Sanierungsprojekten** geht es ums **Überleben**, ums Gesunden und darum, wieder in ruhiges Fahrwasser zu kommen. Es gilt, die akute Krise zu meistern und dadurch die aktuelle Veränderungsnotwendigkeit zu verringern, das Unternehmen zu stabilisieren.

Wenn das Ziel **Mobilisieren** ist, wollen die Changeinitiatoren in Phasen des Erfolges die Veränderungsfähigkeit von Personen und System erhöhen. Durch rechtzeitiges Lernen soll dem Entstehen von Krisen entgegengewirkt werden. Im Zuge dieses Prozesses kann sich aber auch die wahrgenommene Veränderungsnotwendigkeit erhöhen.

Radikales Neupositionieren hat in der Kombination von proaktivem Turnaround (eine potentielle Krise vorwegnehmen) und strategischem Redesign zum Ziel, sowohl wieder in stabilere Zonen zu kommen als auch die Veränderungsfähigkeit der Organisation zu stärken

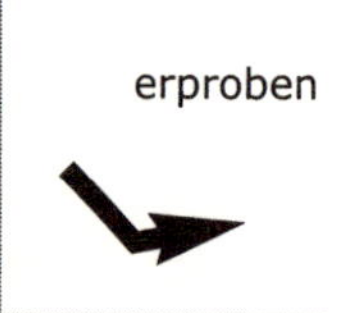

Sich als Unternehmen zu **erneuern** bedeutet - ohne Krise am Horizont - innovative Wachstums- und Zukunftspotentiale zu finden, zu erproben und zu integrieren: die eigene Identität zu erneuern.

In der **lernenden Organisation** geschieht Veränderung als Element des Tagesgeschäftes (emergent change). Markt, Anreiz- und Steuerungssysteme sowie die Kultur fördern Entwicklung und Innovation.

BEISPIELE:

(1) *In der Niederlassung eines internationalen Unternehmens der Telekomindustrie sind mehrere anvisierte Großprojekte nicht zum Abschluss gekommen - das bedeutet ein 2. Quartal mit roten Zahlen. Das Topmanagement ruft die Krise aus.*

(2) **Der Personalbereich eines internationalen Produktionsunternehmens, das gerade einen Merger hinter sich hat, ist intern völlig in Misskredit geraten - trotz kompetenter Experten. Seine Leistungen werden zum Teil zu Unrecht generell negativ bewertet. Die unterschiedlichen Produkte und Geschäftsprozesse haben sich verselbstständigt - sie sind nur teilweise miteinander verbunden und haben sich von der Gesamtentwicklung des Unternehmens abgekoppelt. Es steht an, die Wertschöpfung des Human Resources-Bereichs zu fokussieren und sich mit einer neuen Strategie und einem erneuerten Selbstverständnis entsprechend der geänderten Situation des Gesamtunternehmens (Internationalisierung, Innovations- und Kostendruck) als Bereich neu zu positionieren und die Kosten drastisch zu senken. Ein neuer Manager übernimmt die Leitung des Bereiches.**

(3) *Der neue Vorstand einer organisch und vielfältig gewachsenen Unternehmensgruppe im Handel, mit langer Tradition und im Familieneigentum, entscheidet ein Changeprojekt zu starten, das die strategische Repositionierung und in der Umsetzung die Neuordnung des Unternehmens zum Ziel hat. Das Unternehmen ist zwar erfolgreich, die Wachstumsraten haben aber deutlich abgenommen. So wie bisher kann es nicht weitergehen. Es geht vor allem darum, die Innovationskraft zu stärken (Stichwort „E-Commerce und Value chain" zu Lieferanten bzw. Kunden), Schwung ins Unternehmen zu bringen und Wachstumspotenziale für die Zukunft zu schaffen.*

(4) **Der etablierte, sehr strukturierte „Customer Services/Maintenance" Bereich eines Systemhauses bietet mehr und komplexere Dienstleistungen an als bisher und erwirtschaftet den größten Gewinnanteil im Unternehmen. Das Managementteam entscheidet, einen TQM-Prozess zu etablieren, um den Erfolg in dieser qualitativen und quantitativen Wachstumsphase zu festigen.**

(5) *Die Accountteams eines IT-Unternehmens, das komplexe Dienstleistungsprojekte anbietet, werden nach individuellen und teamorientierten Kennzahlen beurteilt, welche Ergebnisbeitrag, Kundenzufriedenheit und Innovationskraft messen. Auf internen Marktplätzen tauschen sie in informellen Settings Wissen und Erfahrung aus. Die Besten in einem Gebiet werden jeweils mit Aufgaben für alle betraut (Competence Center). Einmal jährlich findet ein Kundenparlament statt.*

Fünf Beispiele - fünf ganz unterschiedliche Changesituationen, die unterschiedliche Ziele verfolgen, andere Dynamiken im Unternehmen erzeugen und jeweils spezifische Steuerung und Architektur verlangen. Nehmen wir die zu Beginn skizzierten Beispiele, könnten die Positionierungen in etwa so aussehen:

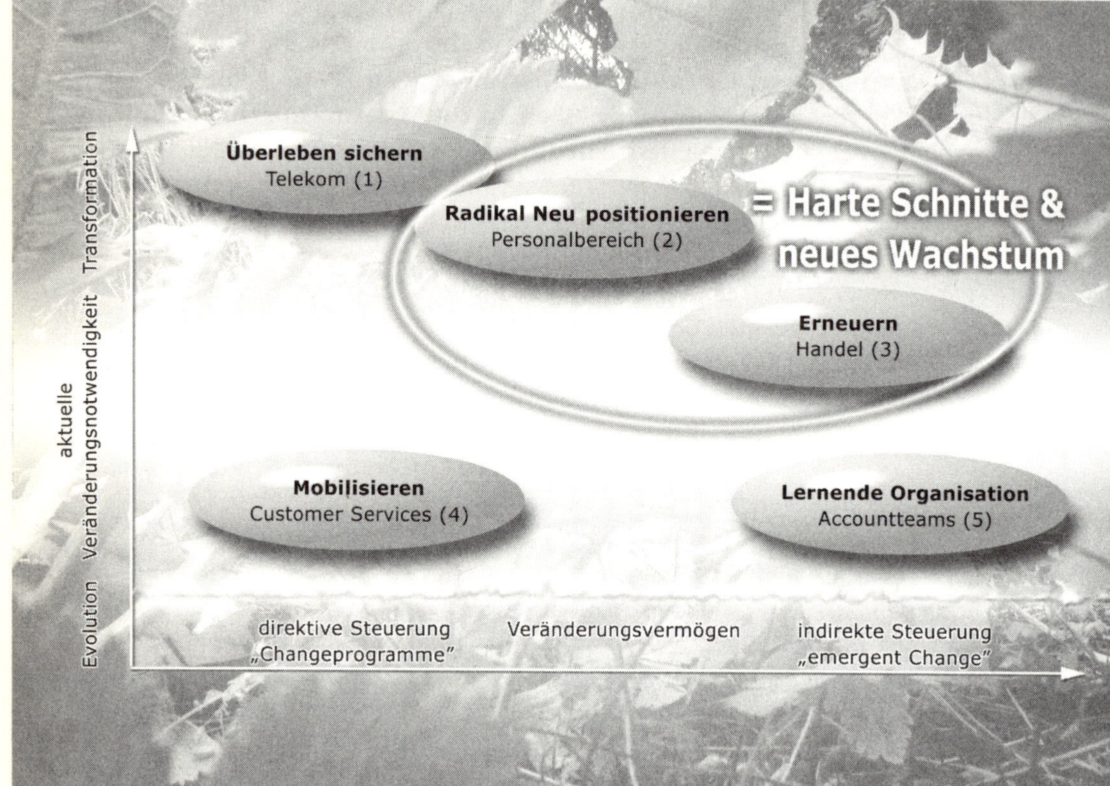

Wenn wir uns in diesem Buch in weiterer Folge auf Changeprojekte mit harten Schnitten und neuem Wachstum konzentrieren, meinen wir damit solche der Erneuerung und des sich radikal Neu-Positionierens (im obigen Fall Beispiel zwei und drei). Bei beiden geht es um radikale Veränderung der bisherigen Unternehmensidentität (Transformation!), obwohl es keine akute existenzielle Krise gibt, sondern im Gegenteil, ausreichende Changeressourcen und -kompetenzen bei den einzelnen Individuen und der Organisation vorhanden sind. Gerade diese Kombination erzeugt im Vergleich zu den anderen Changekonzepten die intensivsten Widersprüche. Auf den Punkt gebracht: Es geht darum jemand anders zu werden, obwohl man gut ist. Im Fall der Selbsterneuerung heißt das immer auch Trennung von der „alten Identität" als Erlebnis eines harten Schnitts; im Fall der radikalen Neupositionierung geht es um das Setzen harter Schnitte als Rationalisierung bei gleichzeitigem Wecken von Innovationsenergie. Ehe wir die Besonderheit dieser beiden Changetypen im Konzept der Un:balanced Transformation herausarbeiten, ein Blick auf die einzelnen in der Landkarte positionierten Konzepte.

DIE KONZEPTE IM ÜBERBLICK

Im Folgenden stellen wir die einzelnen Konzepte kurz vor. Den Beginn machen die für jedes Konzept typischen Auslöser und Ziele. Dem folgen erste Hinweise auf Prioritäten bei den zu ergreifenden Maßnahmen. Dann erläutern wir, worauf bei der Steuerung besonders zu achten ist und was die spezifischen Herausforderungen des jeweiligen Konzepts darstellen.

DAS CHANGEKONZEPT „ÜBERLEBEN SICHERN"

Bsp. Sanierungsmanagement

Changetreiber

Verluste über längere Zeit oder Markteinbrüche bzw. Katastrophen führen zu Liquiditätskrisen und abnehmendem Vertrauen von Stakeholdern (Kunden, Wertschöpfungspartner, Mitarbeiter, Shareholder, Banken, Öffentlichkeit) d.h. kurz- oder mittelfristige Existenzkrise.

Ziele

Überleben

- Liquidität erhöhen, kurzfristig positive Kennzahlen im operativen Geschäft und Vertrauen der Stakeholder wieder gewinnen
- Gestaltungsspielraum für Zukunft zurückgewinnen und Tagesgeschäft stabilisieren

Prioritäten

durchwegs harte Schnitte - Reduktion und Konzentration auf wenige Schwerpunkte: Kapital/Liquidität - Mitarbeiter - Verlust stoppen

- Business Portfolio und Assets bereinigen
- Reengineering von Kernprozessen (Lieferanten, Produktion, Vertrieb)
- Downsizing und gute Mitarbeiter halten
- Cash- und Liquiditätsmanagement
- Tagesgeschäft stabilisieren

- Verhandlungen mit Banken, Lieferanten, Kunden (bzw. Eigentümer)

Steuerung

worauf es bei der Gestaltung des Veränderungsprozesses ankommt:

- straffe und ergebnisorientierte Top-Down-Steuerung (Push-Prinzip)
- Changearchitektur parallel zum Tagesgeschäft als eigene Krisenorganisation einrichten, d.h. starker Krisenstab, eigenes Kommunikationscenter und Krisenteams (übergreifend, innovativ und stark besetzt, operative Experten), die inhaltliche Sanierungskonzepte ausarbeiten und in der Umsetzung die Linie unterstützen
- konsequente, intensive und jeweils zielgruppenspezifische Krisenkommunikation über Situation, Konsequenzen und Ziele bzw. Meilensteine des Sanierungsmanagements nach innen (Manager, Mitarbeiter, Arbeitnehmervertretung) und außen (Medien, Banken, Lieferanten, Kunden)
- teilweise Austausch im Management (neu Hinzukommende sind unbelastet von Wahrnehmungsbarrieren aus der Alltagsroutine und frei von Beziehungsverflechtungen)
- das Entwickeln und intensive Kommunizieren positiver Bilder über die kurzfristige Zukunft
- Controlling der Ergebnisse über die Linie

Herausforderung

- sich Zeit für die Diagnose nehmen und Commitment für die Krise gewinnen d.h. „hart, aber herzlich" kommunizieren und agieren (s. Kap. „Logik der Gefühle" und „Macht der Zahlen")
- das Survivorsyndrom managen
- die neuen Führungskräfte als Team etablieren (zukünftige Kooperationskultur im Krisenmanagement vorwegnehmen)

Siehe letzte Seite dieses Kapitels: ❶

DAS CHANGEKONZEPT „MOBILISIEREN"

Bsp. TQM, Kaizen

Changetreiber

Die Stabilität des Marktes oder kontinuierliche Erfolge haben die Routinen im Tagesgeschäft gut verankert. Das Management ist überzeugt, dass die Dynamik in der eigenen Branche zunimmt, die Mannschaft ist (zu) sehr an Sicherheit gewöhnt.

Ziele

Veränderungsfähigkeit und –bereitschaft des Unternehmens in Richtung Zukunft und unternehmerisches Agieren stärken, d.h. Kunden- und Ergebnisorientierung

- mehr Dynamik: Kreativität und Innovation vorantreiben
- in profitableres Wachstum und Zukunftspotentiale investieren können

Prioritäten

Aktivitäten für evolutionäres (quantitatives und qualitatives) Wachstum:

- Geschäftsstrategie, -pläne und –kennzahlen kommunizieren und Top-Down-/ Bottom-Up-Aktivitäten verknüpfen
- Transparenz erhöhen darüber, was der Beitrag des Einzelnen zum Unternehmenserfolg ist
- Anreiz- und Befähigungssysteme für unternehmerische Innovation und für Qualitätszuwachs etablieren - d.h. flächendeckende Potential- und Know-how-Entwicklung von Führungskräften und Mitarbeitern
- intensive Investition in Trainings und in die Weiterentwicklung der Führungssysteme (in Richtung unternehmerisch)
- kontinuierliche Impulse durch Kunden-/Mitarbeiterfeedback
- im Tagesgeschäft Controlling und Kommunikation der Optimierungen

Steuerung

worauf es bei der Gestaltung des Veränderungsprozesses ankommt:

- das Commitment des Topmanagements und die straffe und ergebnisorientierte Middle-Down- und Bottom-Up-Steuerung sind integriert in einen direktiven und bei Bedarf auch sehr formal gesteuerten Gesamtprozess
- Training, Training, Training
- Changearchitektur sichert integrierte Unternehmensentwicklung und langfristigen Potenzial-

aufbau z. B. durch ein bereichsübergreifendes Steuerteam mit starkem Involvement des mittleren Management; Teams auf Arbeitsebene sind themenspezifisch, entlang von Geschäftsprozessen oder entsprechend des Tagesgeschäfts, zusammengesetzt, mit Change-Know-how ausgestattet und treiben inhaltliche Innovationen voran. Großveranstaltungen sind Marktplätze für den Austausch ihrer Ergebnisse und fördern Motivation, Kooperation und Wettbewerb ebenso wie die Leistungssysteme und -kriterien. Verstärkte Projektarbeit bricht Bereichsstrukturen auf und bringt erste Veränderungserfahrungen und –erfolge.

- in "Dreamteams" (z. B. "junge Wilde") gibt es geschützten Raum für innovative Querdenker und ihre Ideen
- Erfolge zeigen, kommunizieren und erleben

Herausforderung

- der Übergang zur Hochleistungsorganisation (kontinuierliche Innovation schaffen) heißt, sich dann von „Push" als Steuerung auf „Pull" (lernende Organisation) umzustellen.
- breite organisatorische Veränderung, die großes Commitment und Konsequenz im Management erfordert – inhaltliche (im Sinne von „besser werden") und tempomäßige („schneller werden") evolutionäre Fortschritte.

Siehe letzte Seite dieses Kapitels: ❷

DAS CHANGEKONZEPT „SICH RADIKAL NEUPOSITIONIEREN"

Bsp. Business Process Reengineering; Post Merger Integration

Changetreiber

Frühwarnsignale über einen zukünftig gefährdeten Geschäftserfolg, die negative Entwicklung wichtiger Kennzahlen oder markante Marktveränderungen und neue Geschäftspotentiale machen ein radikales Redesign von Geschäft, Strategie und Kernprozessen nötig.

Ziele

Rationalisierungs- und Wachstums- bzw. Innovationsziele

- Werteabfluss und Potentialverlust stoppen im Sinne eines proaktiven Turnaround (potentielle Krise vorwegnehmen bzw. latente Krise aufgreifen)
- strategische Neuorientierung entwickeln und umsetzen (neues Geschäftsverständnis - Vision – Strategie - Redesign von Struktur - Prozessen - Führung)
- Kulturelle Neuorientierung begleitet den proaktiven strategischen Turnaround

Prioritäten

harte Schnitte und neues Wachstum (quantitativ und qualitativ):

- Rationalisierungsmaßnahmen und eventuell auch Downsizing (harte Schnitte), neue Vision und neues Geschäftsverständnis entwickeln
- Benchmarking, Best-Practice-Vergleiche und Gap-Analysen
- Redesign der Strategie (Wachstums- und Potentialziele - innovatives Wachstum)
- Redesign von Strukturorganisation, Kernprozessen und Systemen (Führung, Performance, Human-Resources- und IT-Systeme)
- Kernkompetenzen evaluieren, stärken und aufbauen
- Investment in Führungskompetenz und Kompetenzentwicklung der Mitarbeiter für das neue „Geschäft"

Steuerung

worauf es bei der Gestaltung des Veränderungsprozesses ankommt:

- eine Transformation mit eigenem Veränderungsvermögen erfordert eine „Push & Pull"-Steuerung
- Management der vorweggenommenen Krise bzw. der harten Schnitte straff, kontinuierlich und konsequent gesteuert durch die Linie und bei Bedarf „Krisenteams/Stab" (harte Schnitte - „Push") - Transitionsphase managen
- pointierter Top-Down-Start für die strategische Neuorientierung - inhaltliche Ausrichtung, neues Geschäftsverständnis und grundsätzliche Entscheidungen (insbesondere Personal) - steuert das Topmanagement („Push")

- sobald wie möglich allerdings „Breakthrough-Teams" und strategische Change-Teams (Innovatoren und Strategen) etablieren, um die Selbstorganisation, Potenziale und Ressourcen des Unternehmens zu nutzen. Innovationen entwikkeln, die schon früh als Pilots im Unternehmen umsetzungserprobt sind. („Pull", autorisierte Change-Teams und –Manager mit herausfordernden Zielen und Anreizen für Changeerfolg)
- nach pointierten Pilots möglichst rasch operative Geschäftseinheiten bilden (nicht tausend kleine Projekte)
- sowohl für „harte Schnitte" („Push") als auch für „neues Wachstum" („Push & Pull") eine integrierte, auf Kooperation und Wettbewerb ausgerichtete Transformations-Architektur aufbauen mit Elementen, die zum Teil auch getrennt voneinander harte Schnitte bzw. neues Wachstum voranbringen, aber mit einer Gesamtsteuerung (Steuerteam), die beide Elemente in ihre Interventionen integriert; von Push- zu Pull-Steuerung
- marktmäßige Verknüpfungen (ändern von außen nach innen; Kunden- und Marktimpulse bzw. Pilots) und Anreizsysteme stärken die kulturelle Veränderung
- Supportmaßnahmen - einerseits für die produktive Umsetzung harter Schnitte, andererseits für Training und Coaching in Fragen Changemanagement und Leadership. Das heißt neues Know-how und Coaching zielgruppenspezifisch z. B. für die, die gehen bzw. die von harten Schnitten Betroffenen, für Changemanager, die im Zentrum von Widersprüchen agieren, für zentrale Leistungsträger und für Mittelmanager, die wichtige Dolmetscher und Multiplikatoren sind
- konsequentes Controlling und Evaluieren des Changeprozesses ermöglicht flexible Steuerung
- Quick Wins als Motor nutzen
- der Changeprozess nimmt die zukünftige Kultur vorweg, ist Probebühne für die zukünftige Identität

Herausforderung

Die Notwendigkeit harter Schnitte und neuen Wachstums erzeugt eine höchst widersprüchliche Dynamik sowohl in der Logik der Zahlen (kurzfristige Erfolge erzielen und langfristige Potentiale aufbauen) wie auch in der Logik der Gefühle (Enttäuschung, Aggression und Aufbruchsstimmung), verheißt Zukunft und Aussicht auf Erfolg, aber auch Abschied nehmen, Risiko eingehen und Unsicherheiten ertragen. Die unterschiedlichen Steuerungsprinzipien sind Push (verpflichtende, klare und bindende Entscheidungen, die Orientierung geben) einerseits und Pull (öffnende Interventionen, die Anreiz sind für Experimente, Selbststeuerung, Innovation) andererseits. Die Entscheidung, wann welches Steuerungsprinzip passt, verlangt sorgfältige Diagnose, und viel Spielraum und Akzeptanz in der vertikalen und in der Peer-To-Peer-Kooperation.

Siehe letzte Seite dieses Kapitels: ❸

DAS CHANGEKONZEPT „ERNEUERN"

Bsp. E-Business-Integration, neue Strategie und strategische Geschäftsfeldorganisation entwickeln und einführen

Changetreiber

Zukunftsszenarien oder Benchmarking/Gap-Analysen zeigen, dass es, aus der Zukunftsperspektive betrachtet, ernstzunehmende Potentialkrisen und/oder Zukunftschancen gibt. Daraus lässt sich eine herausfordernde neue „Mission" oder Businessidee entwickeln.

Ziele

Wachstums- und Zukunftspotentiale aufbauen und festigen; Grundlagen für profitables Wachstum erweitern

- neue Vision und Strategie als „Zukunftsmagnet" für stärker unternehmerisch-innovatives Agieren entwickeln und verankern
- Innovationen konzipieren und umsetzen
- Innovationsfähigkeit und -freude stärken
- bei Bedarf Anpassung von Strukturen, Prozessen und Systemen (Führung, Leistung, HR, IT,...)
- Strategiearbeit mit der Arbeit an Prozessen und Kultur verknüpfen

Prioritäten

neues Wachstum und auch harte Schnitte als Aufgeben bisher zentraler Elemente der Unternehmensidentität und geübte Routinen trotz Erfolg(!):

- Innovationsinitiativen und Zukunftsarbeit, -szenarien mit Benchmarking und Learning Journeys verbinden
- Visionsarbeit und Varianten für Geschäftsmodelle und Businessdesigns entwickeln/bewerten –herausfordernde Zukunftsbilder entwerfen
- Strategievarianten entwerfen und bewerten
- breite Innovationsinitiativen starten - auf Sog (Pull) und Eigeninitiative/internen Markt setzen – viele Ideen fördern
- Qualifikation zu Change, Innovation und Leadership
- Businesspläne und Pilots/Simulationen zum Erproben
- Strategiearbeit mit Redesign von Organisation und Führung verknüpfen
- Umsetzung durch zukünftige Einheiten und deren Manager
- kontinuierliches Controlling - Fokus: Markt- und Kundenbezug und Innovationsrealisierung

Steuerung

worauf es bei der Gestaltung des Veränderungsprozesses ankommt:

- Topmanagement gibt Gesamtorientierung und Anreize/Rahmen für innovationsgetriebene Aktivitäten (mehr Pull als Push) und trifft zentrale Grundsatzentscheidungen
- Hochleistungsteams, Action-Learning-Pilotprojekte und Simulationen, die marktmäßig miteinander verknüpft sind, kennzeichnen die Changearchitektur (wo möglich Fokus auf dezentrale Selbststeuerung): "kleine Revolutionen" schaffen und fördern, Innovationszellen stärken und schützen
- harte Schnitte sind nur dort zu gestalten, wo das neue Wachstum eine deutliche Änderung der bisherigen Identität (z. B. Redesign Organisation, Führung, etc.) mit sich bringt, hier braucht es direktives und unterstützendes Changemanagement

- Kompetenzen auf den Gebieten Changemanagement, Leadership und Wissensmanagement sind zentral
- Anreize durch Kunden-/Marktimpulse und Integration von Wertschöpfungspartnern
- Quick Wins als Motor planen (!) und kommunizieren

Herausforderung

Innovationen als Transformation sind oft schwer zu realisieren, wenn kein aktueller Erfolgsdruck die Bereitschaft zu radikalen Veränderungen erhöht: „Warum wollen wir uns ändern, wo wir doch erfolgreich sind?" Wahrnehmungsbarrieren und „Unlust" auf scheinbar unnötige harte Schnitte vermindern die Veränderungsbereitschaft. Innovative Transformation erfordert auch die Bereitschaft, Bestehendes loszulassen bzw. zu zerstören („Creative Destruction").

Siehe letzte Seite dieses Kapitels: ❹

DAS CHANGEKONZEPT „LERNENDE ORGANISATION"

Bsp. Unternehmen wie GE, Hewlett Packard, Sony, 3M, Microsoft

Changetreiber

- die Treiber für Veränderungen ergeben sich aus dem Tagesgeschäft , d. h. es gibt nicht den Auslöser, sondern eine Fülle von weit verstreuten Veränderungsinitiativen, die selbstgesteuert entstehen
- Vision, Steuerungssysteme und die Kultur dieser Unternehmen schaffen Rahmen und Anreize dafür, dass Veränderung sich entwickelt und entsteht („Emergent Change" d.h. keine eigenständige Changearchitektur)

Ziele

Höchstleistungen und Innovation im Sinn der Vision voranzutreiben; die Kultur solcher Unternehmen ist sehr stark und geprägt von Statements wie: „die Nummer eins bleiben", „wir sind eine Elite", „wir haben Spaß und Erfolg", „wir glauben an uns"

- die Haltung ist: „wir gestalten die Zukunft" oder - noch pointierter - „wir ‚erfinden' unsere Zukunft".

Prioritäten
- in diesen Unternehmen sind kontinuierliche Verbesserungen und Innovationen mehr als in anderen Firmen ins Tagesgeschäft integriert
- die Konzepte der lernenden Organisation und innovativer Unternehmen beschreiben die Merkmale solcher Unternehmen

Steuerung
- Konzentration auf kleinere unternehmerische Einheiten (interner Markt, schnelle Umsetzung) und auf Personen (Anreize für Selbstentwicklung und persönliche Meisterschaft)
- Außenbezug und interne Vernetzung fördern den notwendigen, businessorientierten Mix von Kooperation und Wettbewerb der lernenden Organisation
- polyzentrale Veränderungen sind behutsam zu steuern, es geht hier vor allem um Systeme und Strukturen, die die Mitarbeiter befähigen, sich weiterzuentwickeln (Personalentwicklung, Führungssystem, Innovationssysteme, Anreiz- und Zielsysteme)
- zum Verkraften der permanenten Veränderung, dem ständigen Wandel der Identität, sind Rituale der „wertschätzenden" Verabschiedung wirkungsvoll, da sie auch Raum für die „andere Seite" des Wandels geben

Herausforderung: Das Umsetzen und Erhalten der „Lernenden Organisation" als langfristige Unternehmensphilosophie braucht ständige Reflexion des aktuellen Status und permanente – wenn auch vielleicht kleine, wohldosierte – Interventionen, die aufrütteln. „Panta rei – alles fließt" gilt auch für die Lernende Organisation – sie muss ständig weiterentwickelt werden, um zu bleiben was sie ist.

Siehe unten: 

 *Als Beispiel für die „Lernende Organisation" schließlich sei das Konzept der fünf Disziplinen von Peter Senge erwähnt. Im Kapitel* „Architekturen, Interventionen, Designs" *finden Sie unseren Fragebogen zur lernenden Organisation, den „Unternehmenstest – Lernende und innovative Organisation"*.

❷ *Als Beispiel für das Changekonzept „Überleben" sei verwiesen auf Patrick Lagadecs Krisenmanagement-Modell.*

❸ *Beispiele für das Konzept „Mobilisieren" sind die TQM-Modelle von Philip B. Crosby, W. Edward Deming, Kaoru Ishikawa und Joseph M. Juran.*

❹ *Als Beispiel für „Radikale Neupositionierung" dient das Business Reengineering-Modell von Michael Hammer und James Champy.*

❺ *Typische Vertreter des Konzepts des „Erneuerns" sind Gary Hamel, C. K. Prahalad mit ihrem Modell der Entwicklung „bahnbrechender Strategien".*

Zurück zu unserer Ausgangsfrage: Was unterscheidet nun radikales Neupositionieren und sich Erneuern als „Un:balanced Transformation" von den anderen Changekonzepten?
Gemeinsam sind beiden Konzepten Innovationsziele - qualitatives und meist auch quantitatives Wachstum mit Transformationscharakter, also mit dem Ziel, anders, nicht nur schneller oder besser zu werden. Gemeinsam ist ihnen auch das „Fehlen" einer Existenzkrise, die, einmal als solche wahrgenommen, wie von selbst alle Kräfte zu ihrer Bewältigung bündelt. In diesen Gemeinsamkeiten unterscheiden sich beide Konzepte von den anderen. Voneinander unterscheiden sie sich in der Intensität harter Schnitte, die beim Sich-Erneuern einhergeht mit dem Sich-Loslösen von der bisherigen Identität, wenn Transformationsinnovation zur Umsetzung kommt. Bei der radikalen Neupositionierung sind davor noch harte Schnitte als Rationalisierung (Abbau, Reduktion) zu realisieren.

Was verbirgt sich hinter dem Konzept der un:balanced Transformation?

Gedanken von Betroffenen (2): TOP MANAGER

... es ist doch sonnenklar, wo wir hin müssen ... wir müssen das Unternehmen komplett umbauen ... so wie es bisher war, geht es einfach nicht mehr weiter ... Wachstumsphantasien ... wir müssen neue Märkte, neue Kunden erschließen ... und dann dürfen wir nicht vergessen, dass wir die Effizienz deutlich steigern müssen ... ich denke, das wird sich an der Börse auch gut auswirken ... in der Branche wurde in der letzten Zeit in den traditionellen Bereichen mindestens 30 % rationalisiert ... das müssen wir auch hinkriegen ... wie schaff ich es nur, dass ich meine Leute in Bewegung kriege ... einige ziehen ja mit ... aber die Gesamtorganisation ist eine träge Masse ... wir könnten schon viel weiter sein ... wie überzeuge ich nur meinen Betriebsrat ... gehe ich auf Kampfstrategie? ... oder ist eine Einbindungsstrategie doch besser? ... wichtig ist, dass ich die beweglichen Leute stärke ... wobei Einzelne dazu wahrscheinlich zu wenig sein werden, ich brauche starke Gruppen ... mein Vorstandsvertrag läuft noch drei Jahre, da kann ich noch einiges bewegen ... aber die Resultate müssen auch im nächsten Jahr sichtbar werden ... das ist wohl die Quadratur des Kreises ... wie schaffe ich diesen Mix? ... Analysten haben ein eingeschränktes Beurteilungsbild... wie schaffe ich diesen Spagat nach außen .... wir müssen weg von den alten Strukturen und Prozessen ... wenn wir uns nur im Vorstand darüber einig wären ... aber da muss ich mich durchsetzen ... wie rüttle ich die Leute auf, ich denke wir brauchen eine große Kampagne ... mit Einzelgesprächen komm´ ich nicht mehr weiter ... die ganze Kommunikation muss neu aufgestellt werden ... was motiviert eigentlich meine Leute mitzuziehen? ... was die Kunden sagen, ist schon eindrucksvoll ... wir müssen noch viel schneller werden und neue Dinge angehen ... das Quartalsergebnis sieht eigentlich recht gut aus, es wäre eine gute Zeit die Schnitte zu setzen um die Auswirkungen auch abfedern zu können ... ich brauch' ein klares Zahlenbild vom Controlling und auch eine Szenarienrechnung ... die Leute wissen ja gar nicht wie viel ich abfedern muss ... ich bin richtig stolz auf das Innovationsteam ... das müssen wir noch viel mehr verstärken ... die Leute verstehen den Gesamtzusammenhang viel zu wenig, das muss ich mehr kommunizieren ... wir werden die Nummer 1, da bin ich mir sicher ... wo sind die besten Hebel ... wo kann ich am besten ansetzen ... mit meinen normalen Managementbesprechungen komm' ich nicht mehr weiter ... das ist ausgereizt, da brauche ich auch eine neue Form es anzugehen ... wie schaff ich die Balance zwischen Gewinnern und Verlierern, damit mir auch im Kleingeschäft die Leute nicht abwandern ... ich darf die Schlüsselpersonen nicht verlieren ... trotzdem muss ich neue fördern ... ich muss Karl ersetzen ... der schafft´ es nicht mehr ... obwohl er schon lange in Unternehmen ist ... oder gerade deswegen ... da brauche ich eine gute Lösung ... wieso mache ich das Ganze eigentlich? ... ich muss mich selbst entlasten ... nicht alles auf mich konzentrieren ... wenn mir etwas passiert? ... Kollege Peter hat Stress ... da stellt sich schon die Sinnfrage ... ich habe Verantwortung für meine Leute ...

(3): MITARBEITER

... uns geht's doch so gut, wieso schon wieder Kosten senken ... das Topmanagement wird von der Börse getrieben ... jedes Jahr ein neues „Changeprojekt" ... eine neue Kuh durch´s Dorf gejagt ... immer wieder etwas Neues, ohne dass wir unsere Prozesse stabilisieren können ... ich möchte jetzt wissen, was das neue Projekt für mich heißt ... das Management hat sich die Konsequenzen wieder mal nicht überlegt ... kommen mit einer Entscheidung und Meilensteinen, ohne eine Detailplanung dahinter gelegt zu haben ... jedes Jahr dasselbe und Palaver vom Ernst der Lage ... die haben nur Angst um ihre Boni und Aktienoptionen ... in Wahrheit verstehen sie nicht, was unser Kerngeschäft ist und wie sensibel unsere Prozesse auch sind... wie gut wir zusammengespielt sind ... jetzt heißt´s wieder rationalisieren ... das zerstört so viel ... wenn wir das Alte gut machen und noch besser machen, was wir auch sicher noch können, verdienen wir gutes Geld ... die Unruhe im Team ... kaum haben wir uns stabilisiert und es läuft rund, wird es wieder zerschlagen ... im neuen Organigramm hab´ ich meine Stelle gar nicht gesehen, was heißt das schon wieder? ... mein Bürokollege sagt, dass die uns diesmal ganz weghaben wollen ... das wird nicht so leicht gehen ... ich muss noch mit anderen Kollegen sprechen ... die da oben sagen nämlich immer nur die halbe Wahrheit ... aber ich lasse mich nicht für blöd verkaufen ... sollte mich doch vielleicht wieder extern auch umschauen, welche Perspektiven ich noch hab´ ... soll ich in einem der Projekte mitmachen? ... wie viel Chance hat das Ganze, wer steht eigentlich jetzt dahinter? ... oder machen alle nur so ein Reorganisationsspiel, um dabei zu sein, aber nicht zuviel zu riskieren ... was sind diesmal die Spielregeln? ... eigentlich wär's ja schöner mich in die Wachstumsbereiche zu begeben ... Innovation ... Zukunftssicherung ... Schlagwörter, hinter denen nichts steht ... aber das neue Produktteam gibt schon Gas ... ich glaub' da mach ich auch mit ... da muss ich mal den Projektleiter anschwimmen ... ja, da hätte ich auch die Chance sichtbarer zu werden und bin auch direkt in die Information eingebunden ... Kollege H. hat gekündigt ... der lässt sich das nicht bieten, ist eigentlich auch stark ... ich muss einfach schauen, dass ich unterschiedliche Möglichkeiten habe, oder ich mich intern vermehrt umschaue und auch extern ... es gibt eine gute Agentur, hab´ ich gehört ... auf anderer Seite hab´ ich mich wirklich gewöhnt an die Kollegen, an´s Team, wir haben im letzten Jahr sehr viel geschafft ... es wäre ein Wahnsinn das wieder aufzugeben und nicht weiter zu machen ... dass es nicht so weitergeht ist sonnenklar ... ´ na ob die anderen mitziehen ... und das Management sich auch dementsprechend verhält ... ist auch in der Vergangenheit immer gut gegangen ...

KAPITEL 3

TRANSFORMATION!
unbalanced

UN:BALANCED TRANSFORMATION

KAPITEL 3

Changeinitiativen, die zugleich Wachstum und harte Schnitte als Ziel verfolgen, nehmen zu. In einer Umfrage der American Management Association[1] definieren Manager Marktdynamik und Restrukturierung der Organisation als die zentralsten Treiber von Veränderungen. 36% aller befragten Firmen verfolgten zugleich Wachstums- und Rationalisierungsziele, bauten gleichzeitig Stellen ab und schufen neue Arbeitsplätze.

Solche Vorhaben sind besonders herausfordernd, geht es doch um völlig gegensätzliche Ziele. Zum einen um Rationalisierung, zum anderen um neues Wachstum. Bei beiden Changekonzepten ist nicht eine drohende Existenzkrise der Changetreiber. Im Gegenteil: Es geht also darum, trotz schwarzer Zahlen große Veränderungen voran zu bringen. Die Herausforderung liegt darin, sich inmitten von Anerkennung und Beifall von außen selbst in Frage stellen zu können. Nobelpreisträger Elias Canetti formuliert diese Herausforderung sehr deutlich: „Der Erfolgreiche hört nur noch Händeklatschen, sonst ist er taub."

Das ist die eine Seite. Auf der anderen Seite gilt: Harte Schnitte allein genügen nicht. „You can´t shrink to success" – oder „You can´t shrink your way to greatness", wie Arthur Martinez, CEO von Sears immer wieder zitiert wird[2]. Aber auch rein quantitatives Wachstum, z. B. durch Fusionen, hat sich, gemessen an Erfolgskennzahlen und Börsenakzeptanz, als nicht ausreichend erwiesen. Quantitatives *und* qualitatives Wachstum sind gefragt, Wachstum durch Innovation. Diejenigen Innovationen, die am meisten bringen, sind nicht die evolutionären, sondern die radikalen. Denn kontinuierliche Verbesserungen und Best-Practice-Anstrengungen von Unternehmen stoßen an ihre Grenzen. Innerhalb bestehender Branchen führen sie oft zu strategischer Konvergenz. Die Unternehmen werden immer ähnlicher, was den Wettbewerbsdruck weiter verstärkt und den „Return" solcher Innovationen verringert. Das ist immer dann zu beobachten, wenn Neuerun-

1) 2001 Staffing Survey, www.amanet.org

2) Business Week, Jan 8th, 1996

gen imitiert werden. Wenn z. B. Geschäftsmodelle wie das von Dell in der Computerindustrie nachgeahmt werden, oder VW, BMW und DaimlerChrysler alle Klassen in ihrem Produktangebot anbieten. Die Grenzen von Benchmarking und evolutionärer Innovation liegen dort, wo sie zum Hindernis für radikale Innovationen werden. Strategische Turnarounds und Sich-Erneuern als Changeziele erfordern aus diesem Grund mehr als nur evolutionäre Innovation, sie erfordern Transformation.

TRANSFORMATION ALS RADIKALE UND UMFASSENDE VERÄNDERUNG

Transformieren: „umwandeln, umformen, umgestalten"
(Duden, Fremdwörterbuch)

Eine Transformation ist **radikal**, weil sie in wesentlichen Elementen die Identität verändert. Sie ist **umfassend**, da sie das gesamte System involviert. Sie verändert die inhaltliche Ausrichtung des Unternehmens (Vision, Strategie, Ziele), die Strukturen, Prozesse und Systeme des Unternehmens, aber auch den „materiell-psychologischen" Kontrakt zwischen Unternehmen und Mitarbeitern und die Relation zu Kunden und Wertschöpfungspartnern. Dies bedeutet eine tiefgreifende Veränderung der Unternehmenskultur, auch wenn sich diese einer direkten Beeinflussung entzieht.

Transformation bedeutet somit wesentliche Veränderungen für das Unternehmen als soziales System.

Ein Beispiel aus der Praxis

Ein über 130 Jahre bestehendes Unternehmen aus der Informationsdienstleistungsbranche steht vor vollkommen neuen Perspektiven. Durch die technischen Möglichkeiten und den Erfolg des Internets gibt es die Chance, neue Produkte zu generieren. Über neue Vertriebskanäle können neue Zielgruppen angesprochen werden – aber auch die Konkurrenz und Transparenz steigt, aus einem lokal geschützten Markt wird ein „global marketplace".

Den Veränderungsdruck verstärkt auch die Tatsache, dass der Vorstand, der das Unternehmen über 30 Jahre geführt und sehr pointiert in der Öffent-

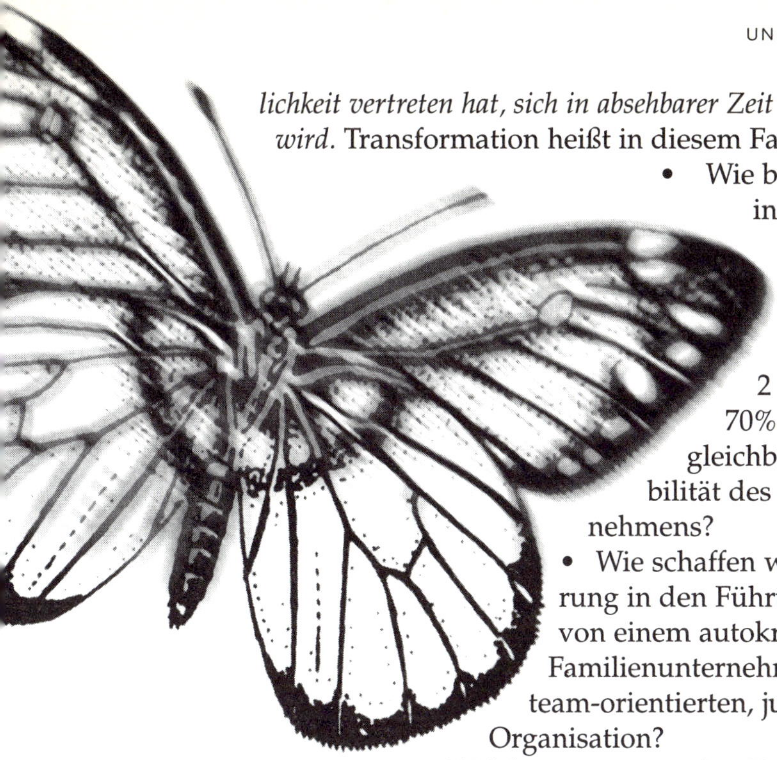

lichkeit vertreten hat, sich in absehbarer Zeit zurückziehen wird. Transformation heißt in diesem Fall konkret:

- Wie bauen wir ein internetbasiertes Geschäftsfeld auf, das den Internet-Umsatzanteil in 2 Jahren von 0 auf 70% steigert – bei gleichbleibender Profitabilität des Gesamtunternehmens?
- Wie schaffen wir die Veränderung in den Führungsstrukturen von einem autokratisch geführten Familienunternehmen zu einer team-orientierten, jungen Organisation?
- Welche internationalen Kooperationen müssen wir im nächsten Jahr eingehen, um am globalen Markt Chancen zu haben?
- Wie sichern wir unseren lokalen Stamm-Markt? Aus welchen Märkten ziehen wir uns zurück?

Eine kurze Theoriezumutung

Als systemisch orientierte Berater stellt sich für uns die Frage nach der Steuerbarkeit solcher Transformationen. Der Begriff systemisch verweist auf einen ganz bestimmten Theoriehintergrund[3)] - den der Systemtheorie.

Die wichtigsten Annahmen der Systemtheorie sind:

Unternehmen werden als offene soziale Systeme gedacht. Soziale Systeme steuern sich selbst (Autopoiese, Selbstreproduktion). Lebende Systeme operieren innerhalb ihrer eigenen Grenzen. Diese Grenzen aufrecht zu erhalten ist lebenserhaltender Mechanismus und Ziel der Selbstreproduktion, die bei Unternehmen - als zum Wirtschaftssystem gehörig - in der ständigen Erneuerung der Zahlungsfähigkeit liegt.

Soziale Systeme sind operativ geschlossen, funktionieren nach spezifischen Mustern, die mehr oder weniger durchlässige Grenzen nach außen haben

3) siehe Königswieser, Exner 1998, S. 25 f; Rudolf Wimmer, Organisationsberatung 1992, S. 59 ff

(strukturelle Kopplung mit anderen Systemen) - sie öffnen und schließen sich selektiv: Vieles, was in der Umwelt passiert, wird nicht wahrgenommen, fällt nicht in das Beobachtungsraster. Soziale Systeme können sich selbst und ihre Umwelten nie „ganz“ beobachten. Die wahrgenommene Wirklichkeit ist abhängig von der gewählten Perspektive (Prinzip der Wirklichkeitskonstruktion bei hoher Komplexität sozialer Systeme). Soziale Systeme sind selbstreferentiell, wer immer mit ihnen in Beziehung tritt, ist nicht nur Beobachter und Akteur, er ist auch „Gestalteter“. Die Dynamik, die Muster des Systems wirken auf ihn zurück. Mitarbeiter und Manager sind aus Sicht der Systemtheorie nicht Teil des Systems, sondern mit ihren Gefühlen, Ressourcen und Erfahrungen „Umwelt“ des Systems. Teil des Systems sind hingegen ihre Handlungen und Kommunikationen - auf diese und ihre Wirkungen (erfolgreicher Kundenabschluss, verlässliches Controlling ...) kommt es dem System an.

Wodurch bestimmen sich soziale Systeme?
Zum einen dadurch, wie sie die Beziehung zwischen ihren Teilen und dem Ganzen regeln (Differenzierung versus Integration). Dieses Spannungsfeld wird durch Steuerung und Organisation gestaltet. So kann Freiraum bzw. Zusammenspiel zwischen Teilen und Ganzem durch Strategien und Ziele ebenso gesteuert werden wie durch Aushandlungsprozesse (Interne Märkte), durch gemeinsame Werte bzw. eine starke Kultur („Wir gehören zusammen“), durch Strukturen (Hierarchie) oder durch Personen (Leitfiguren). Zum anderen bestimmen sich Systeme durch die Gestaltung der System-Umwelt-Relation. Wie zieht es Systemgrenzen, wer gehört dazu, wer nicht? Wer wird als relevante Umwelt wahrgenommen und wer nicht (Stakeholder wie Eigentümer, Kunden, Partner, Mitbewerber, Mitarbeiter, Politik ...)? Wie durchlässig sind diese Grenzen gestaltet? Sind sie zu offen, ist das System von Turbulenzen geprägt und verliert allmählich seine Identität. Sind sie zu geschlossen, übersieht das Unternehmen wesentliche Marktentwicklungen. Die System-Umwelt-Relation bestimmt, wie sich Markt und Umwelt im System reproduzieren (Strategie, Marketing). Der dritte bestimmende Faktor liegt im Sinn und in der Entwicklungsfähigkeit des Systems. Die Frage „Warum gibt es uns?“ ist die Frage nach der Kernidentität und bestimmt Antworten zur eigenen Weiterentwicklung.

Damit unterscheidet sich das Bild der Systemtheorie vom Unternehmen als soziales System deutlich von anderen gängigen Konzepten. Wird das Unternehmen bzw. die Organisation als „Maschine“ gedacht (Taylorismus, Bürokratie), bedeutet „managen“, wie ein Ingenieur von außen zu agieren, der „auf den richtigen Knopf drückt“ und mechanistisch die gewünschte Wirkung erzielt. Sein Handeln ist, wenn er die Technik kennt, berechenbar und er selber bleibt dabei unverändert. Dieses Modell funktioniert nur in stabilen und klaren Situationen. Ein anderes häufig anzutreffendes Bild versteht Unternehmen als die Summe der Mitarbeiter. Sie zu motivieren und zu verändern, Teams zu bilden, primär auf Partizipation zu setzen, sind daher die „logischen„ Interventionen[4]. Dieses Konzept ist geeignet für Changeprojekte mit evolutionären Entwicklungszielen – aber selbst dann birgt es die Gefahr hoher Innenorientierung.

Wenn wir die Annahmen der Systemtheorie ernstnehmen, ergeben sich daraus für das Management von Transformationen interessante Arbeitshypothesen:

- Transformationen beginnen und enden zwar mit dem „Geschäft“ – damit beginnen und enden sie mit Menschen bzw. ihrem Agieren – sie sind jedoch nicht direktiv linear steuerbar (Mechanismus des „wenn - dann“).
- Sie lösen als Intervention große Irritationen und Turbulenzen im System aus. Changemanager wie Berater sind als Intervenierende selbst zugleich Teil des Prozesses und spüren an sich selbst die Resonanz und Spannungsfelder, die sie miterzeugt haben.
- Um diesem hohen Ausmaß an Offenheit und Nichtplanbarkeit adäquat Sicherheit und Stabilität entgegenzusetzen, brauchen Transformationsprozesse stabile Interventions- und Steuerungsarchitekturen, also Gefäße, in denen Diagnose- und Entscheidungsarbeit als kontinuierlicher Prozess geleistet werden kann (z. B. Steuerteams, Soundingboards).
- Die „Wirklichkeitskonstruktionen“ sind umso gewinnbringender, je mehr Perspektiven sie integrieren (Produktion, Verkauf, Services, Kunden, Berater ...)
- Ohne Fehlerfreundlichkeit und Experimente als

4) zum Begriff „Intervention“ s. Glossar

Probefelder mit schneller Rückkoppelung geht es nicht – Die Wirkung der Change-interventionen und Erprobungen ist im Vorhinein nicht vorherzu-sehen.

- Die Spannung zwischen klaren Zielen mit vereinbarten Messgrößen und der Transformation als offenem Prozess mit ungewissem Ausgang bleibt die ganze Zeit aufrecht. Immer wieder sind Ziele und Erfolgskriterien auf den Prüfstand zu stellen und oft zu redefinieren, weil die aktuelle Diagnose andere Prioritäten nahe legt. Jede Intervention – in ambivalenten, komplexen Situationen – braucht eine solide Diagnose. Dafür ist es gut, die eigenen Beobachtungskategorien bzw. -muster und das eigene Wahrnehmungssensorium zu kennen. Ziel der Diagnose ist es, die System-Umwelt-Relationen (Stakeholder, Akteure), die Muster und Eigenlogik des Systems (Steuerung) und seine Identität (Selbstbild in Geschichte und Zukunft) zu erfassen und möglichst gut zu verstehen, worauf das System anspricht – im Sinn von Kooperationsbereitschaft oder auch im Sinn von Konflikt. Die Diagnose hilft, wirksame Interventionen für die Transformation zu setzen, sei es auf der Ebene der Ziele und Aufgaben (inhaltliche Dimension), auf der Ebene der Architektur (Organisation der Transformation und „Wer wird involviert?" als soziale Dimension) und auf der Ebene des Prozesses („Wann werden welche Schritte geplant?", „Meilensteine" als zeitliche Dimension). Auch die Frage nach Ressourcen (Zeitkapazitäten, Budgets, Technologie) bedarf der Standortbestimmung. Die systemische Steuerung von Transformationen ist ein Paradoxon.

Wie wirken Transformationen?

Transformationen sind radikal und umfassend. Dieses Modell veranschaulicht, in welchen Dimensionen.

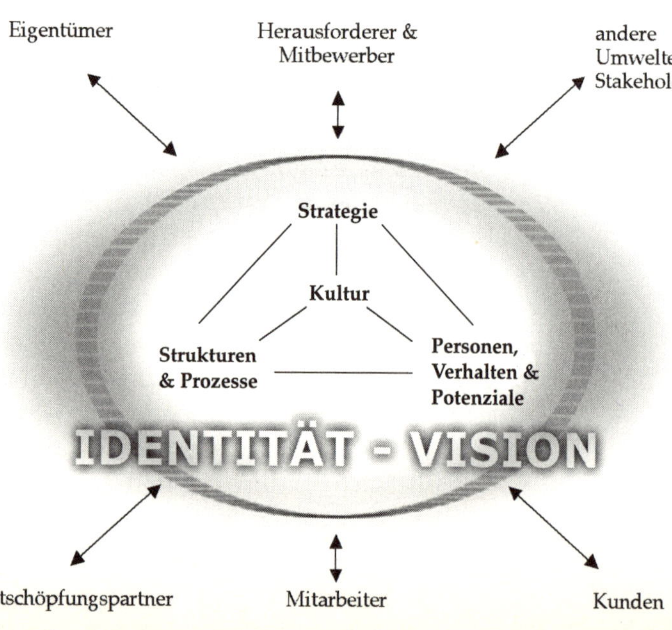

Transformationen wirken sich auf alle Elemente dieser Managementlandkarte aus. Sie erfordern Interventionen, die alle Elemente entsprechend auf die Transformation ausgerichtet integrieren. Wo am wirkungsvollsten zu beginnen ist (Hebel- und Sogwirkung), darüber orientiert die Diagnose.
Erfahrungsgemäß stehen Strukturen und Prozesse oft im Zentrum von Transformationsbemühungen, ebenso die Redefinition von Strategien (Geschäftsmodell, Werte für die Stakeholder, angestrebte Zukunft, strategische Ziele, Erfolgsfaktoren und -potentiale, Kernkompetenzen und Steuerungssysteme und -instrumente zur Umsetzung der Strategie). Dabei bringt mit den immer wieder übersehene Arbeit an der eigenen Identität des Unternehmens („Wer wollen wir sein?", „Was stiftet Sinn und damit Commitment?") oft eine Erneuerung des „materiell-psychologischen" Kontraktes mit dem Mitarbeiter mit sich, und damit Engagement für die Veränderung. Auf einer Großveranstaltung mit Topmanagern eines internationalen Pharmazieunternehmens beispielsweise, bei der extreme Wachstumsziele und Effizienzprogramme auf dem Tapet standen, sprach ein Patient darüber, wie sehr ihm Produkte der Firma ein lebenswertes Leben ermöglichten. So wurde die Bedeutung der Identitätsarbeit deutlich und die Beschäftigung damit wirkungsvoll angestoßen.

Transformation und Kultur - oft ausgeblendet?
Für die Kultur von Unternehmen bedeutet Transformation, dass sich die mentalen Modelle und Muster, die den Erfolg von heute und von früher ausgemacht haben, verändern. Sie sind oft selbstverständlich geworden, wirken unsichtbar im Tagesgeschäft und sind den Akteuren oft weniger bewusst als Beobachtern von außen. Mentale Modelle sind wichtige Ressourcen, denn sie schaffen Orientierung, begründen Gemeinsamkeit und Identität. Sie ziehen Grenzen, normieren und entlasten in Alltagsroutinen. Sie umfassen zentrale Glaubenssätze und Werte des Unternehmens. Als „wahr gewordene" Wirklichkeitskonstruktionen beinhalten sie die inneren Bilder über sich selbst – über eigene Ressourcen und Fähigkeiten, aber auch Defizite und Probleme, über die eigene Geschichte und die Zukunftsoptionen, über den Markt, Kunden, Mitarbeiter und andere Stakeholder. In der Alltagssprache des Managements spricht man von der „Kultur" des Unternehmens.
Diese mentalen Modelle erklären, wie das Unternehmen sich steuert, worauf es ankommt, welche „Ursache-Wirkungsketten" es „gibt". Sie sind Interpretationshilfen für das Geschehen und steuern Entscheidungen. Ihre Schattenseiten für Transformationsprozesse: Sie erzeugen immer auch Wahrnehmungsbarieren. Was sie an Annahmen und anderen möglichen Wirklichkeitskonstruktionen ausblenden, bleibt „außen vor",

steht als Innovations- und Veränderungspotential nicht zur Verfügung. Nicht ohne Grund kommen branchenrevolutionierende Ideen fast immer von Neulingen, Quereinsteigern und nicht von den „eingesessenen Stars" der Branche.

Transformation und Individuum - mit den Mitarbeitern beginnen und enden Veränderungen

Für die **Personen** bedeuten Transformationen, für sich selbst ein neues Zukunftsbild zu entwerfen und zu entscheiden, ob bzw. wie die Veränderung des Unternehmens mit der eigenen Identität und den Entwicklungsperspektiven korrespondiert. Das Warum und Wohin der Transformation zu verstehen ist notwendig, um den eigenen Beitrag dazu konkretisieren zu können, den persönlichen Sinn zu verstehen, die individuellen Veränderungskonsequenzen herauszufinden und sich dafür - oder dagegen - zu entscheiden. Dieses Commitment (Sinn, Überzeugung und Energie) entsteht durch Kommunikation, durch Nachdenken, Erleben und Entscheiden - nie durch bloße Information. Transformationen bedeuten in der Beziehung Mitarbeiter – Unternehmen den materiell-psychologischen Kontrakt zu erneuern, und die Vielfalt der wechselseitigen Währungen (Geld, Spaß, Herausforderung, Sicherheit ...) zu überprüfen und zu rebalancieren.

Inhaltlich geht es darum, Neues zu lernen, neues Verhalten und Wissen einzuüben, sich zu ändern. Ein solcher Aneignungsprozess gelingt - in Schwung gebracht durch Commitment und Lernen und Tun – vor allem durch Erleben, Experimentieren, Üben, Auswerten, Anpassen, Wiederholen. Neue Identitätselemente zu integrieren heißt, bisher Sicherheit Gebendes - wie zum Beispiel bestimmte Rollen oder Gewohnheiten - loszulassen, aufzugeben und zu „überlernen". Das Neue integriert sich mit dem Bisherigen **nur** durch Handeln und Erleben. Erst dadurch kann überprüft werden, ob es so oder anders funktionieren könnte - zum Beispiel, wenn es um die Gestaltung der Kundenbeziehung als Key-Account-Manager geht, wenn man bisher beim Kunden als Experte agiert hat. Diese Lernprozesse benötigen Experimentierfreude und Fehlerfreundlichkeit. Umsetzungsorientierung von Anfang an durch Simulationen oder Pilots - jeweils mit schnellen und direkten Rückkopplungsschleifen - unterstützen diesen Identitätswandel ebenso wie Anreizsysteme, die auf Markt und kooperativen Wettbewerb setzen. („Welcher Pilot hat den größten Erfolg bei Kunden?" etc.). Dieser Prozess braucht Zeit, um inhaltlich und emotional verarbeitet zu werden.

Für den einzelnen geht es nicht nur darum, „die Beziehung zu sich selbst" in Selbstverständnis und Selbstbild neu zu entwerfen (vom Meister zum Arbeiter am Fließband zu werden – aber dafür einen sicheren Arbeitsplatz zu haben; vom Produktverkäufer zum Key-Account-Manager zu werden etc.). Meist sind auch die persönlichen Arbeitsbeziehungen im Wandel. Kollegen verlassen das Unternehmen oder werden gekündigt, andere wechseln den Bereich. Neue Spielregeln ändern Chancen und Risiken für Beziehungen im Arbeitsprozess, deren Qualität für jeden von uns persönlich, aber auch für das Unternehmen lebenswichtig sind. Jetzt ist Selbstmanagement gefragt – und sich Zeit für die Übergangsphase (Transition) zu geben. **Transition** meint den schwierigen Prozess vom Loslassen einer überlebten Situation bis hin zur grundlegenden Neuorientierung[5)]. Diese Übergangsphase gestaltet sich je nach dem individuellen Mix von harten Schnitten und neuem Wachstum anders. In jedem Fall braucht sie Zeit - das weiß jeder von uns aus eigener Erfahrung, auch wenn es uns manchmal schwer fällt, uns selbst und anderen diese Zeit auch zuzugestehen. Immerhin verbringt, wer in Unternehmen arbeitet, oft mehr als zwei Drittel seiner wachen Zeit dort – diese Tatsache macht die persönliche Dimension von Transformation deutlich genug.

Die erste Phase in der Transition ist die des Loslassens. Dazu gehört das sichtbare Zurücknehmen von Engagement im „überlebten" Kontext und das Herausfinden, welche Elemente nicht mehr zur eigenen Identität passen. Das heißt auch Desillusionierung und Leere, Desorientierung. Die zweite Phase ist wie eine neutrale Zone zwischen der alten und neuen Welt, jetzt geht es darum sich zurückzuziehen, um den Verlust zu verarbeiten und den Wandel in die eigene Biografie zu integrieren: Was geht zu Ende? Welche Bedeutung hat das für mich? Was will ich jetzt, wofür könnte ich die Zukunft nutzen, wie entscheide ich mich? Im dritten Schritt geht es um den konkreten Neubeginn (neu und alt sind für die nächste Phase integriert), und darum, Energie und Bewegung zurück in den Fluss des Lebens zu bringen. Was sich dabei emotional abspielt, beschreibt das Kapitel „Die Logik der Gefühle".

Transformation und externe Stakeholder - oft weggeschoben ins Tagesgeschäft

Eine wesentliche – oft nicht genug beleuchtete – Dimension der Veränderung sind die Außenbeziehungen zu Kunden, Wertschöpfungspartnern, Eigentümern, den Stakeholdern generell. Die Transformation wirkt erst dann, wenn sich die Beziehungen zu den relevanten Umwelten verändern. Sie wird „innen" erst erfahrbar durch verändertes Auftreten, andere Rückmeldungen etc. von außen. Die innenorientierte Dynamik mancher konventioneller Veränderungsprozesse lässt diese Öffnung erst sehr spät oder gar nicht zu. Wertvolle Ressourcen können durch die

5) vgl. Joana Krizanits, "Selbstmanagement in Transition", Hernsteiner 1/2002 S. 16 ff und "Phasen im Changeprozess" S. #

bewusste Auseinandersetzung mit den Umwelten für die Transformation genutzt werden.

Kunden und Partner zu integrieren (z. B. durch Kunden- oder Partnerparlamente, empathische Kundenbeobachtung) stärkt Kunden- und Partnerbindung und bringt immer wieder ungeahnte Innovationspotenziale zu Tage. Oft erfordern Transformationen auch von externen Stakeholdern anderes Verhalten und Veränderung - umso mehr gilt es sie aktiv dafür zu gewinnen und rechtzeitig zu involvieren.

Dass Transformationen radikal und umfassend wirken, ist nun deutlich. Aber warum Un:balanced Transformation? Darum geht es im Folgenden.

DIE UN:BALANCE

Beispiele

Eine ungewöhnliche Personalentscheidung bringt viele Mitarbeiter zum Grübeln: Warum wurde als neuer Marketing-Vorstand ein absoluter Quereinsteiger ausgewählt, der von den Produkten keine Ahnung und zu den Stammkunden keine Beziehung hat?

Der Konzernchef gibt die Devise aus: Jede einzelne Landeseinheit muss im nächsten Jahr das Ergebnis verdreifachen.

Trotz eines 25%igen Umsatzwachstums in diesem Jahr verkündet das Top-Management einen „hiring freeze", einen Einstellungsstop. Die Begründung: „Das Konjunkturtief in Amerika wird auch Europa erreichen, wir müssen jetzt schon Fixkosten abbauen".

Transformationen brauchen, weil sie ohne Existenzkrise als Treiber „auskommen" müssen, zum Start eine kräftige „Un-Balance": Das ist zum Beispiel die Vorwegnahme künftiger Krisen oder das Setzen unrealistisch anmutender, anspruchsvoller Ziele in Richtung qualitativen und quantitativen Wachstums.
Damit wird klar signalisiert, dass mit einem mehr „desselben" oder bloßem Optimieren des Geschäftes kein Staat mehr zu machen ist. Erst ein deutliches Ungleichgewicht setzt das System in Richtung Transformation in Bewegung. Diese Unbalance entsteht erst, wenn sie sichtbar, kommuniziert und wahrgenommen wird. Es gibt Unternehmen, in denen Sparten jahrelang rote Zahlen erwirtschafteten, ohne dass Veränderung angesagt war.

Impulse für die Unbalance, die diese quasi legitimieren und für die Organisation argumentierbar machen, sind „objektive" externe Faktoren (Konjunkturschwäche, Veränderungen der Technologie, Entwicklungen im Wettbewerb, ...) und/oder interne Faktoren (Fehlen einer starken Vision, „verkrustete" Organisationsstrukturen, wiederholte Fehler in Geschäftsprozessen, ...) oder mitreißende Visionen (Pioniere in Gründerphasen von Unternehmen oder neue Manager).
Die notwendige Kommunikation der Unbalance löst immer Irritation, Ängste oder Aufbruchstimmung und Engagement aus. Unruhe entsteht, manchmal zugleich auch Erleichterung nach dem Motto „endlich ein klares Wort und Initiative". Ohne diese Irritation gelingt der Start nicht - Balancieren als Managementmethode lähmt. In solchen Changesituationen heißt es also - wieder einmal - Abschied zu nehmen von der traditionellen Organisationsentwicklung, die (im normativen Sinn) Unternehmens- und Mitarbeiterziele in Einklang bringen will und auf einen offenen konsensorientierten Entwicklungsprozess setzt. Erfahrungsgemäß ist diese Erkenntnis für Manager rational einleuchtend, emotional aber vor allem für langjährige Führungskräfte sehr herausfordernd. Unbalancen zu verstärken, bedeutet Risken einzugehen und sich Vorwürfen der Polarisierung und Ungerechtigkeit auszusetzen und gewachsene Beziehungen im Unternehmen in Frage zu stellen. Systemisch gesehen werden Manager in Phasen der Unbalance oft zu Symptomträgern. Sie erhalten viele Zuschreibungen, die nicht ihnen als Person gelten, sondern ihrer Funktion und ihrer Rolle. Viele Mitarbeiter sind verunsichert und projizieren ihre Ängste und Sorgen auf diejenigen, die die Verunsicherung auslösen. Es kommt zu einer Trennung von „Gut und Böse" und zu starken Personalisierungen.
Auch wenn es unbequem für andere (und für sich selbst) ist – Verantwortung für die Zukunft der Organisation zu übernehmen, bedeutet das für die betroffenen Manager, Entwicklungsimpulsen den Vorrang zu geben.

Im Laufe des weiteren Changeprozesses wird es dann wichtig „Containment" zu bieten: einen stärkenden aber auch schützenden Rahmen für Mitarbeiter und Manager. Mitten in der Veränderung geht es darum, Zonen der Stabilität und Sicherheit zu schaffen, um die Veränderungen auch wirkungsvoll umsetzen zu können - wieder zu balancieren, Ausgleich zu schaffen.

Insgesamt kommt es auf das gelungene Zusammenspiel zwischen dem Schaffen und Fördern von Ungleichgewicht einerseits („unbalancing")

und dem Sorgen für Balancen und Stabilität („rebalancing") andererseits an. Aus diesem Grund sprechen wir von „un:balanced transformation".
Un:balanced Transformation schließt die bewusste Steuerung von Unbalance und Balance ein und erreicht damit quasi eine „Balance höherer Ordnung". In einem Bild ausgedrückt: Der Change Leader erzeugt die Wellen, auf denen er dann surfen muss.

Das Steuerungsrepertoire von Managern
Welche Art von Managementinterventionen ist also wann notwendig? Die folgende Interventionstypologie (basierend auf der Systemtheorie) gibt Orientierung:
Interventionen von Managern wirken **schließend**, wenn sie Verbindlichkeit erzeugen - wie Anweisungen, Zielvereinbarungen, Personalentscheidungen oder solche zu einer neuen Organisationsstruktur. Sie wirken **öffnend**, wenn sie Freiräume und Anreize schaffen für Empowerment oder Experimente. Der wechselnde Mix von öffnenden und schließenden Entscheidungen ist auch Element der Un:balanced Transformation als Metasteuerung.
Inhaltlich geht es darum, in den eigenen Entscheidungen im Sinn dieser Gesamtsteuerung die Themen

- Identität und Vision
- Inhalte (Strategie, Ziele, Tagesgeschäft)
- Struktur, Prozesse und Steuerungssysteme
- Personen und ihre Beziehungen
- Beziehungen zu anderen Stakeholdern

zu integrieren bzw. zu vernetzen. Es geht darum, der Bearbeitung dieser Dimensionen Zeit, Geld und andere Ressourcen (Wissen etc.) zu widmen.

INTERVENTIONSDIMENSION	INTERVENTIONSWIRKUNG/BEISPIELE eher schließend, verpflichtend	eher öffnend, experimentierend
Verhalten	Rituale Gewohnheiten Konsequenz im Alltag	Überraschungen Humor spielerische Experimente
Entscheidungen erster Ordnung steuern das Tagesgeschäft	Entscheidungen im Tagesgeschäft direktive Anweisung Vorgabe/Ziel operativ	„Machen Sie, wie Sie meinen ...“ operativer Freiraum
Selbstbeobachtung/ Diagnose und Kommunikation darüber schaffen Orientierung für zukünftige Entscheidungen	Controlling Customer Survey Reviews Mitarbeiterbefragung Mitarbeitergespräche Analysen	Benchmarking Best-Practice-Vergleiche Learning Journeys Evaluation Szenarienarbeit
Entscheidungen zweiter Ordnung verändern den Rahmen	Neue Strategien, Strukturen und Prozesse, Anreiz- und Bezahlungssysteme, Steuerungs- und Controllingsysteme einführen	Wettbewerb von Pilots „grüne Wiese“ Projekte Inkubatoren schaffen Innovationsmärkte

Steuerungsrepertoire für Manager

Das Tagesgeschäft und das Geschäft kontinuierlicher Verbesserung und Innovation erfordern vor allem schließende Interventionen durch Verhalten, Entscheidungen erster Ordnung und Metakommunikation - sie stabilisieren und verankern. Sie erzeugen Konzentration und Kraft auf Bestehendes: Jedes **Verhalten** wirkt über seine unmittelbare Ziel- und Ergebnisorientierung hinaus auch als Intervention. Es wird beobachtet, interpretiert und für eigene Verhaltensentscheidungen herangezogen. So zeigen Untersuchungen, dass sich Mitarbeiter am Verhalten ihres Topmanagements mindestens genauso wie an deren Worten orientieren. Ihr wichtigster Bezugspunkt für die eigene Ausrichtung ist aber das Verhalten des unmittelbaren Vorgesetzen. Rituale, Symbole und „Alltagsverhalten“ sind von großer Wirkung.

Entscheidungen erster Ordnung beziehen sich zumeist auf das Tagesgeschäft - etwa die Entscheidung, wie auf eine Kundenreklamation zu reagieren ist. Solche Interventionen ändern nichts an den „Metaentscheidungen", an dem Rahmen, der inhaltlichen Ausrichtung, an der Organisation, der Ressourcenentwicklung bzw. -verteilung.
Selbstbeobachtung und Kommunikation darüber, also das Agieren nicht als Akteur sondern als Beobachter, bedeuten ein Innehalten zur Standortbestimmung und Diagnose. Schließende Interventionen dieser Art sind Controlling, Statistiken und Auswertungen, Beurteilungen (wie Mitarbeitergespräche), Reviews, Audits, aber auch Feasibility-Studien.
Durch **Interventionen zweiter Ordnung** ändert sich die Basis für das Tagesgeschäft. Solche Entscheidungen betreffen die Ausrichtung (Sinn, Strategien, Ziele), den Rahmen bzw. die Steuerung (Struktur, Prozesse, Systeme), Personen und die Relationen bzw. Geld- und Ressourcenzuteilung.
Schließend bedeutet, dass diese Änderung **entschieden** ist, **neue Orientierung** gibt und Verpflichtung erzeugt. Die Intensität der Änderung kann evolutionär sein (z. B. Ergebnisse aus Kaizen werden umgesetzt, Prozesse optimiert, Personalentscheidungen getroffen) oder wie im Fall der Transformation ein Quantensprung. Harte Schnitte durchzuführen – Mitarbeiter kündigen, einen Bereich schließen, ein Geschäftsfeld aufgeben ... - gehört ebenso dazu wie eine radikale neue strategische Positionierung mit dem Redesign von Organisation, Prozessen und Systemen.
Wenn es um Transformationen geht, die nicht nur harte Schnitte, sondern auch „neues Wachstum" erreichen wollen, ist **„systemische Innovation"** notwendig. Denn damit solches neues Wachstum einen fruchtbaren Boden findet, braucht es zunächst verstärkt **öffnende Interventionen.** Öffnende Interventionen schaffen Freiraum für das Erproben und Experimentieren. Sie erzeugen Unsicherheit und Irritation, die, systemgerecht „dosiert", anspornen, Neuland zu betreten.
Ohne Fokus oder das große Bild und ohne ausgerichtete Herausforderung bewirken öffnende Interventionen Beliebigkeit, Unverbindlichkeit bis hin zu destruktivem Chaos, während die Dominanz schließender Interventionen Enge, Entmündigung und Erstarrung mit sich bringt.

Traditionelle Führung konzentrierte sich vor allem auf schließende Interventionen. Leadership in Transformationsprozessen forciert auch öffnende.
Jede Intervention ist „relativ" öffnend und schließend. Das entscheiden immer ihre Adressaten bzw. deren Wahrnehmung. Die eigenen Interventionen daraufhin zu überprüfen, ist ein guter Praxistest für die beabsichtigte Wirkung und das persönliche Führungsrepertoire. In unserer Praxis haben wir immer wieder die Erfahrung gemacht, dass innovationsför-

dernde Interventionen in Transformationsprozessen viel weniger explizite Aufmerksamkeit bekommen, als sie verdienen - sieht man von Best-Practice-Beispielen wie 3 M, Microsoft usw., ab, bei denen sie Bestandteile der Kultur sind[6].

Leadership und Transformation
Changemanager sind, wenn es um harte Schnitte und neues Wachstum

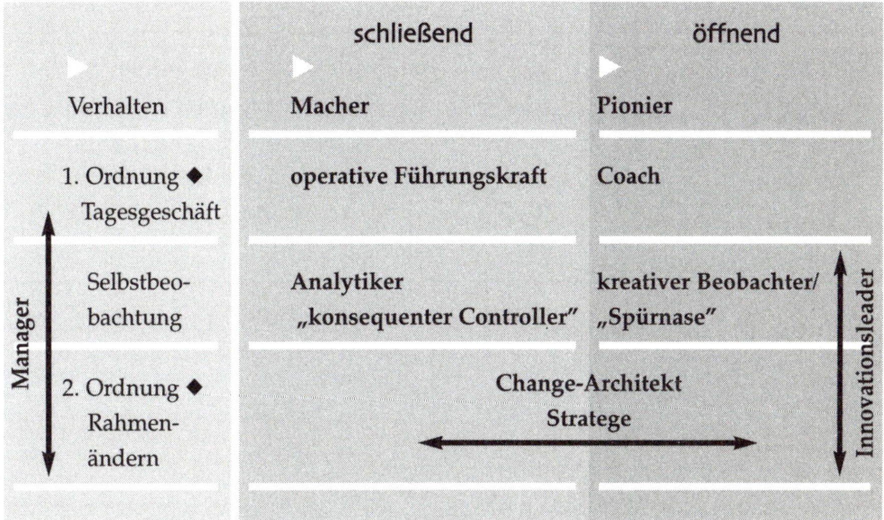

in Veränderungen geht, in ihrer Rollenvielfalt sehr gefordert. Vertraut aus dem Tagesgeschäft und dem traditionellen Management ist das Agieren als Macher, Manager, Controller. Weniger geläufig sind die Rollen, die öffnende Entscheidungen verlangen, wie sie für neues Wachstum notwendig sind: Pionier, Coach, Change-Architekt, Stratege, Innovationsleader.
Innovationsfördernde Interventionen destabilisieren, leisten „kreative Zerstörung". Sie schaffen neue Herausforderungen, die mit „herkömmlichem Herangehen" nicht gelöst werden können. Und sie schaffen Energie, Anreize und einen produktiven Rahmen für das Entwickeln kreativer neuer Antworten. Damit sind auch Manager neu gefordert - im Fall der Un:balanced Transformation kann es darum gehen, das zu beenden, was jetzt „gut funktioniert", um Platz und Energie für Neues zu schaffen - das verlangt Voraussicht, Querdenken, Mut zur produktiven Zerstörung und Überzeugungskraft gepaart mit Konsequenz - inhaltlich und emotional keine leichte Angelegenheit, geht es doch darum, den Raum von Unsicherheit, Risiko und Zukunftsoffenheit zu nutzen.

6) Dass systemische Interventionen zu diesem Themenfeld sich steigender Nachfrage erfreuen, zeigt übrigens auch die Literatur zu den Themen Innovation, Wissensentwicklung und "revolutionäres Leadership".

EINE ERSTE ZWISCHENBILANZ - ALTE UND NEUE BILDER ZU TRANSFORMATIONEN

Von diesen „Changeüberzeugungen" sollten sich Manager und Berater bei radikalen Transformationsprozessen verabschieden	**Diese Zugänge bringen mehr für Transformationen**
„Das Ausgleichen zwischen Spannungsfeldern und Widersprüchen bringt Veränderung voran." ➡ Balancieren stabilisiert – aber auch die Nichtveränderung	Veränderungsmanagement als Management von Unbalancen und Balancen ➡ Erst deutliche Unbalancen bringen Energie für Veränderung
„Kooperation ist wichtiger als Wettbewerb." ➡ Kooperation harmonisiert, schwächt, aber auch Unterschiede	Wettbewerb und Kooperation stehen im Wechselspiel („Coopetition") ➡ mehr Wettbewerb insbesondere zwischen Teams stimuliert Veränderungen
„Konflikte sind zu deeskalieren." ➡ Konflikte zu entschärfen, beruhigt um einen hohen Preis (Verdrängung, Neues entsteht nicht)	Transformation braucht Konflikt ➡ primär affektive Konflikte deeskalieren, kognitive Konflikte, bei denen es um die Sache gehen kann, jedoch in einem produktiven Rahmen forcieren; das schafft ein klares Verständnis für pro und contra, ist Probehandeln im Kopf, schafft Innovation und erspart Fehler.
„Gefühle sind eine Begleiterscheinung bei Transformationsprozessen, wir müssen sie in Kauf nehmen." ➡ So zu denken, erleichtert die Konzentration auf Zahlen, Daten, Fakten. Die Konsequenz sind aber Blockaden in der Umsetzung	Gefühle sind Motor für alle Phasen der Veränderung ➡ Gefühle als wichtige Ressourcen für das sich-Loslösen vom Bisherigen und die Integration des Neuen in die Identität nutzen

„Entscheidungen der Transformationen brauchen breiten Konsens." ➡ Konsens sichert Akzeptanz, relativiert aber die Radikalität der Veränderung (Verwässerung)	Der Mix von Top-Down-Entscheidungen und Bottom-Up-Involvement ist entscheidend ➡ Metaentscheidungen per „Diktat" sind ein notwendiges Risiko, sie schaffen Klarheit darüber, wofür sich harte Schnitte und neues Wachstum lohnen und wie die Reise aussehen wird.
„Transformation ist Top-Down geplanter Wandel; Kontrollierende Steuerung ist ein Erfolgsfaktor („planned change")." ➡ Changemanager als Ingenieure, die an den richtigen Schrauben drehen ➡ Changearchitekturen, die so gestaltet sind, scheitern, weil sie nicht „chaos- und fehlerfreundlich" sind.	Transformationen sind die Quadratur des Kreises - zugleich „geplanter Quantensprung" („planned change") und Wandel aus sich selbst heraus („emergent change"). ➡ Changemanager als Akteure und Beobachter, als Gestalter und Gestaltete, die sich selbst im Prozess mitverändern ➡ Das erfordert flexible Steuerung als „work in progress" und stabile Changearchitekturen, die den Spezifika und Dynamiken von harten Schnitten und neuem Wachstum gerecht werden. (Selbstorganisation)
„Ein gutes Konzept ist 90 % des Erfolges." ➡ gute Konzepte geben wichtige Impulse, übersehen aber oft das Andocken an das System und die Integration des Neuen ➡ Umsetzung von Konzeptarbeit zu trennen funktioniert nicht	Konzeptentwicklung ist von Anfang an mit Umsetzungsarbeit zu verknüpfen ➡ „Was wäre, wenn ..."-Szenarien geben wichtige Impulse für die Umsetzung und gewöhnen an den Gedanken der Transforma tion, schaffen Transparenz ➡ In kleinen, überschaubaren Umsetzungen ist die Dynamik der Gesamtveränderung zu erleben

„Die anderen müssen sich jetzt ändern. Wir haben den Change ja schließlich initiiert."

➡ die „Veränderer" werden zu den „Bewahrern" der einmal geplanten Transformation. Widerstand eskaliert. Der Prozess kommt ins Stocken

Transformation bedeutet für alle Involvierten auch - mehr oder weniger starke - persönliche Veränderung.

➡ Die Veränderungsbereitschaft der Initiatoren im Prozess selber wirkt als Multiplikator.

„Wichtig ist, immer alle einzubinden."

➡ Einbinden schafft Commitment, bedeutet aber auch, dass Verlangsamung, Überdruss und „Reaktionsinflation" entstehen, die nicht verarbeitet werden können

Pointiertes und abgestuftes Einbinden nach Phasen und Stakeholdern

➡ Commitment und Umsetzbarkeit werden gestärkt

„Bevor wir nach außen gehen können, müssen wir innen alles gelöst haben."

➡ Die „Lösungen" berücksichtigen Stakeholder-Interessen nur in der Antizipation, es findet wenig Lernen statt

Die Einbindung relevanter Umwelten von Beginn an

➡ bringt Energie für die Veränderung, wertvolle Feedback-Information und Umsetzungsgeschwindigkeit

---

„Wir setzen auf den Prozess. Der Weg ist das Ziel."

➡ Ziele und Ergebnisse geraten aus dem Blick

oder

„Diese Ziele und Ergebnisse müssen erreicht werden. Das schafft Commitment."

➡ Turbulenzen und Unvorhersehbares lassen einmal vereinbarte Ziele an Wert verlieren (falsche Priorität)

Das Spannungsfeld klarer Ziele und Ergebniskriterien einerseits und die Steuerung der Transformation als offenes „work in progress„ ist immer wieder zu bearbeiten. Dabei ist neu zu entscheiden, ob Ziele und Ergebniskriterien stabil gehalten oder mitentwickelt werden. (flexible Ziele durch kontinuierliche „Ziel - Umfeld"-Checks)

HARTE SCHNITTE

Wenn es bei Un:balanced Transformation um harte Schnitte und neues Wachstum geht - was ist mit „harten Schnitten" gemeint? Ein paar Beispiele:

1. *Das Management eines Technologie-Konzerns, der in seiner Geschichte nur Wachstum kannte, entscheidet sich zum ersten mal zu einem Downsizing-Programm – rote Zahlen in mehreren Quartalen und zu wenig Kunden-Projekte "in der Pipeline" sind der Anlass. Alle spüren, dass dieses Ereignis ein Wendepunkt in der Geschichte des Unternehmens sein wird, auch wenn man (noch) nicht von Existenzbedrohung sprechen kann. Ein strategischer Turnaround ist nötig, um Kosten zu senken*

2. *Im Rahmen eines Merger-Prozesses wird der IT-Bereich eines Industriekonzerns restrukturiert. Bestimmte Funktionen werden an einen externen Dienstleister ausgelagert. Ein Teil der Mitarbeiter wird von ihm übernommen, andere werden gekündigt. Einige Abteilungen des IT-Bereiches werden zusammengelegt. Der Integrationsprozess wird mit Rationalisierungszielen und neuer strategischer Positionierung verknüpft.*

3. *Ein Produktionsunternehmen im Konzernverbund stellt von Einzel- bzw. Sonderfertigung nach Auftrag auf Serienproduktion um. Kündigungen stehen im Raum, wenn es nicht gelingt, durch größere Serien mehr Ertrag zu erwirtschaften. Der Stolz der Mannschaft, als Generalisten das gesamte technisch komplexe Produkt zu beherrschen, dokumentierte sich bisher in der "Meister"-Identität. Die geht jetzt verloren – von der einzigartigen „Meisterwerkstatt" zum Serienproduzent zu werden, das empfinden alle als harten Einschnitt.*

4. *Eine erfolgreich gewachsene Unternehmensgruppe im Familienbesitz startet eine "strategische Erneuerung". In neuen strategischen Geschäftsfeldern werden ähnliche Businesses in Profit Centern zusammengeführt, um Synergien, Innovation und Wettbewerbsvorteile zu stärken. Das bedeutet für manche der Unternehmen den Verlust der Autonomie und die Notwendigkeit die eigene Identität im Unternehmensverbund neu zu definieren.*

Die Bandbreite an "harten Schnitten", die in diesen Beispielen zu bewältigen sind, ist groß. In den ersten beiden Beispielen geht es um eine radikale Neupositionierung des Unternehmens. Die Herausforderung besteht zunächst darin zu rationalisieren, die Effizienz markant zu steigern und die Kosten zu senken.[7)]

7) Dass dazu parallel auch Entwicklungsinitiativen gestartet werden müssen ist evident. Darauf gehen wir im nächsten Kapitel ein.

Im dritten und vierten Beispiel – klassischen Erneuerungsprojekten – stehen Wachstums- und Zukunftspotentiale als „Treiber" im Mittelpunkt. Es gilt, eine neue Identität zu entwerfen, die Wachstums- und zukünftige Erfolgspotentiale sichert. Die Ausgangssituation ist auf den ersten Blick nicht „existenzgefährdend" wie z. B. bei umfassenden Downsizing-Programmen. Die „harten Schnitte" tauchen hier in anderer Weise auf. Sie bestehen in einer Loslösung von der „alten Identität", bedeuten die Trennung von tief verankerten Identitätsbildern - besonders von den Elementen, die stolz und erfolgreich gemacht haben, wenn es um die Umsetzung der Erneuerung geht. Und das in einer Phase momentanen Erfolgs!

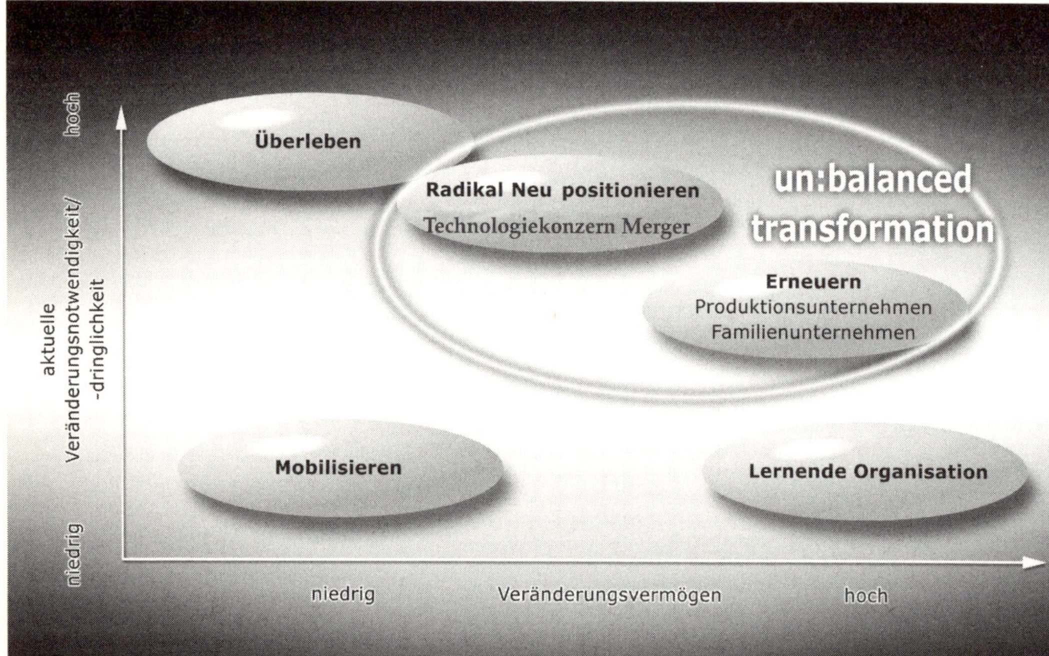

Wenn wir von „harten Schnitten" sprechen, meinen wir daher alle Interventionen im Changeprozess, die als Verlust der bisherigen Kernidentität wahrgenommen werden. Sie umfassen damit beide Varianten:

- **Harte Schnitte als Mitarbeiter-Rationalisierung** (Downsizing), d.h. die aktive Trennung von Mitarbeitern im Unternehmen, im Extremfall das Schließen eines Werkes oder von Organisationseinheiten – als stärkste Ausprägung, aber auch Kostenreduktion
- Harte Schnitte als **„Trennung von zentralen Elementen der bisherigen Identität"**[8)] beim Entwickeln einer neuen, ganz anderen Identität – als schwächste Ausprägung.

In unserer Arbeit fiel uns auf, dass für „Harte Schnitte als Rationalisierung in Gestalt von Downsizing" in Theorie und Praxis einiges in Entwicklung ist, insbesondere im amerikanischen Wirtschaftsraum, in dem ja Downsizing-Projekte Ende der 80er und 90er Jahre häufiger zu beobachten waren als im deutschen Sprachraum. Die zweite Variante, „Harte Schritte als Sich-Trennen von zentralen Elementen der Identität" ist hingegen kein vertrautes Thema der Managementliteratur. Wir glauben allerdings, dass beide Varianten ähnliche Dynamiken entfalten, wenn auch in unterschiedlicher Intensität. Wenn wir im Folgenden von harten Schnitten sprechen, gehen wir von der starken Ausprägung, notwendigem Mitarbeiterabbau, aus.

Regionale oder branchenspezifische Konjunkturschwächen werden am häufigsten als Ursachen für Downsizing betrachtet.[9)] Konjunkturzyklen führen zu Anpassungsnotwendigkeiten in Unternehmen, die nicht in Frage gestellt werden können. Oft bringen sie Schwächen bzw. Unproduktivitäten zu Tage, die in „besseren Zeiten" übertüncht wurden. Aber auch Technologieschübe z. B. in Rationalisierungs-Technologien schaffen Handlungsbedarf[10)]. Ebenso wie Privatisierungen und Deregulierungen staatlicher Monopole.

In der Dringlichkeits-Wahrnehmung von Managern spielt der „Wall-Street-Effekt" eine besondere Rolle. Downsizing wird im Gegensatz zu früher von den Börsen zumindest kurzfristig belohnt – durch steigende Aktienkurse. Der Druck zu (kurzfristigem) Shareholder Value durch Manager großer (Pensions)-Fonds[11)] steigt. Manager profitieren durch Stock-Option-Programme direkt von den Aktien-Entwicklungen („Dunlap-Syndrom"). Auf der anderen Seite erzeugen Best-Practice-Vergleiche Druck, den noch Effizienteren „nachzueifern". Manager, die die gleichen Maßnahmen durchführen wie viele andere Führungskräfte, geraten weniger stark in die Kritik, wenn sich diese als Fehlschläge erweisen, als diejenigen, die mit einer unüblichen Maßnahme scheitern („sharing the blame"[12)]).

Mit harten Schnitten wie Mitarbeiterabbau geht zumeist einher, dass argumentiert wird, der Druck komme „von außen" („Wir müssen, wir haben keine andere Wahl."). Sehr schnell gibt es eine Polarisierung in (vermutete) Verlierer und Gewinner (bzw. Verschonte). Der Fokus liegt auf kurzfristigen, in Zahlen

8) Als Identitätsdimensionen sehen wir den Sinn des Systems, die spezifische Form der Selbstorganisation und Steuerung des Systems, sowie die relevanten Umwelten und die Relation zu ihnen und seine Wirklichkeitskonstruktionen über Vergangenheit, Zukunft und Gegenwart

9) vgl. Huseman, Goodman, 1999, 44, 53. Die Werte in einer amerikanischen Untersuchung im Periodenvergleich: 73 % (1990-91); 65 % (1992-93); 36 % (1995-96)

10) siehe ebda: 8.1 % (1991); 20 % (1995-96)

11) „Die Chefs von 52 US-Firmen, die zwischen Januar und August jeweils mehr als 1.000 Mitarbeiter entlassen haben, können sich zufrieden zurücklehnen: Ihr Gehalt inklusive Bonus stieg im vergangenen Jahr um 20 Prozent. Er stieg stärker als das ihrer „humaneren" Kollegen. Spiegel online, 30.8.200 zitiert in: Kieser, Alfred: „Downsizing – eine vernünftige Strategie?" in Harvard Business manager, 2/2002, S. 32

12) vgl. Kieser, Alfred: „Downsizing – eine vernünftige Strategie?" in Harvard Business manager, 2/2002, S. 32

nachweisbaren und vergleichbaren Kosten-Reduktionen. Das vorherrschende Denkprinzip ist in der Regel defizitorientiert („Schwächen eliminieren" statt „Stärken aufbauen"). Die Fähigkeit, harte Schnitte erfolgreich meistern zu können, wird umso wichtiger, je turbulenter sich Märkte und Branchen entwickeln. Allerdings wird Downsizing zunehmend auch Managementmode und ist nicht mehr nur der Weg aus Krisen, sondern auch auf der Agenda von Unternehmen mit hervorragenden Ergebnissen.

Ist klassischer Mitarbeiterabbau erfolgreich?

Die Erfolgsquote von Downsizing-Projekten ist sehr gering:[13)]

- nur 40% erreichen eine bleibende Kostenreduktion
- nur 35% erreichen eine bessere Qualität der Güter
- nur 22% erreichen Produktivitätsgewinne (aber 75% der Firmen erwarten sie)
- nur 15% erreichen eine größere Schnelligkeit und weniger Bürokratie (aber 50% haben dies erwartet)
- der durchschnittliche ROA (Return on Assets – Gesamtkapitalrendite) steigt nicht signifikant stärker als der Branchendurchschnitt[14)]

Auch in Deutschland klaffen extreme Lücken zwischen den Zielen und realisierten Ergebnissen:

- nur 27% der untersuchten Unternehmen erreichten eine Steigerung der Produktivität, 78% hatten sich diese zum Ziel gesetzt
- nur 39% erreichten eine Erhöhung der Prozessgeschwindigkeit, obwohl es bei 70% der Unternehmen erklärtes Ziel gewesen war

Das Besondere an harten Schnitten

Wie erklärt sich nun diese geringe Erfolgsquote bei Downsizing-Projekten? Welche Dynamik lösen harte Schnitte aus?

Schlüsselfähigkeiten und Problemlösungspotentiale gehen verloren. Dabei geht es nicht nur um die fachlichen Kompetenzen derer, die gehen, nicht nur um ihr Erfahrungswissen („tacit knowledge"), sondern auch um ihre soziale Kompetenz in ihren Arbeitsbeziehungen und um ihr Beziehungskapitel zu Kunden, Kollegen oder Wertschöpfungspartnern.

Der materiell-psychologische Kontrakt zwischen Mitarbeiter und Unternehmen gerät aus dem Gleichgewicht. Das gilt natürlich am

13) Vgl. z.B. Huseman, Goodman, 1999, 44, 53; aber auch viele andere Studien belegen Ähnliches, z.B. Cascio, W. F./Young, C. E./Morris, J. R.: „Financial Consequences of Employment Change Decisions in Major U.S. Corporations", in: Academy of Management Journal, Vol. 40, Seite 1175-1189

14) ebenda Cascio

stärksten für die Gehenden bzw. für die, zu denen das Unternehmen sein Angebot in diesem Kontrakt wesentlich reduziert oder verschlechtert (Verlust von Kompetenzen, interessanten Arbeitsgebieten oder Einkommenseinbußen). Das emotionalisiert, enttäuscht, schafft intensiven Kommunikationsbedarf zwischen Mitarbeitern und Entscheidern.

Die Suche nach Sündenböcken bzw. Misstrauen und Vorwürfe vor allem in Richtung Führungskräfte sind die Folge. Mitarbeiter stellen sich die Frage, ob und unter welchen Bedingungen sie bei der Firma bleiben - gute, auf dem Arbeitsmarkt begehrte Kräfte sind eher geneigt zu wechseln. Die Gefahr, zentrale Know-how-Träger zu verlieren ist groß. Andere gehen in die innere Kündigung und stecken ihr Engagement deutlich zurück. Energielevel und Commitment sinken.

Managementfokus auf operative Inhalte - bei harten Schnitten sind so viel inhaltliche Entscheidungen zu treffen, dass Manager dazu neigen, emotionale Reaktionen, zumal sie oft unangenehm sind, beiseite zu schieben. Das verstärkt die Dynamik des Misstrauens und das Gefühl, im Stich gelassen zu sein.

Kosten des Umbruchs. Wer ist jetzt wofür zuständig? Wie läuft jetzt der Geschäftsprozess, wenn das Team aufgelöst wird? Wer übernimmt die Aufgaben der gekündigten Mitarbeiter? Desorientierung macht das Tagesgeschäft instabil.

Informationsunsicherheit und -mangel. Das Informationsbedürfnis ist hoch. Informationen laufen schnell, oft aber auch zufällig und in unterschiedlicher Qualität, je nach Führungskraft. Sie mischen sich mit Gerüchten und verselbständigen sich. Jeder ist auf der Suche nach gültiger, sicherer Information.

Der Arbeitsdruck nimmt zu - das Gleiche oder sogar mehr ist zu erledigen mit weniger Ressourcen (Überarbeitung und Stress).

Das Survivor Syndrom der „Überlebenden"[15)]
Das Erleben derjenigen, die im Unternehmen bleiben, hat eine besondere Dynamik, für die amerikanische Forscher den Begriff des „survivor syndrom" geprägt haben
Das erste Gefühl der Erleichterung bei den Bleibenden schlägt im Laufe des Prozesses um. Bei massiven Veränderungen gibt es niemanden in der Organisation, der davon nicht betroffen ist. Wie gesagt: Harte Schnitte emotionalisieren. Jeder stellt sich die Frage „Kann es mich (wenn nicht jetzt, viel-

15) Vgl. Noer S. 33

leicht in der Zukunft) treffen?" Auch die Bleibenden erleben es mit, sie können sich dem Geschehen nicht entziehen und beobachten sehr genau wie das Unternehmen diesen schmerzhaften Prozess der harten Schnitte gestaltet.

Merkmale des Survivor Syndroms sind Reaktionen wie persönliche Ängste in Bezug auf die eigene Zukunft, Depressions-Zustände, anhaltendes Misstrauen vor allem gegenüber Vorgesetzten. Die Mitarbeiter empfinden - oft unbewusst - Schuldgefühle gegenüber den Gekündigten, fühlen sich als Verräter, die ihre Kollegen im Stich gelassen oder übervorteilt haben. Durch den Vertrauensverlust zum Management steigt die Bereitschaft zum Stellenwechsel, besonders bei Leistungsträgern, die gute Chancen am relevanten Arbeitsmarkt haben. Vertrauen und Empowerment sinken. Damit sind wichtige Innovationsressourcen gefährdet. Harte Schnitte sind ein wesentlicher Eingriff in die Beziehung Mitarbeiter – Unternehmen. Der materiell-psychologische Kontrakt, die Vielfalt der materiellen und immateriellen Währungen, die zwischen Unternehmen und Mitarbeitern gehandelt werden, ist gestört. Dieser gelebte „Vertrag" geht über den formalrechtlichen (Geld und Benefits gegen Leistung bzw. Zeit) weit hinaus und bestimmt das Arbeitsverhalten, die Bindung ans Unternehmen und das Commitment sehr stark. Aus dieser Grundsituation heraus kommt es zu Polarisierungen („Ist es nötig?", „Wessen Schuld ist es?") und zu persönlichen Schuldzuweisungen. Wenn es gelingt, mit den „Überlebenden" an all diesen Themen zu arbeiten, lassen sich die vielen negativen Wirkungen des Downsizing minimieren.

Auch Entscheider zeigen Wirkung

Aber auch die Führungskräfte bleiben nicht verschont. Bei ihnen bewirken harte Schnitte ebenso emotionale Reaktionen wie Schuldgefühle, Rückzug, Zynismus und Entfremdung. Solche „negativen" Gefühle werden aber oft auf die Mitarbeiter projiziert. Aus falsch verstandener "Stärke" ist es für Führungskräfte besonders schwer, die eigenen Gefühle wahrzunehmen, sie zu akzeptieren und als Ressource zu nutzen.

Zerrissene Netzwerke und Teams

Durch den Stellenabbau werden sehr viele Arbeitsgruppen in ihrer Struktur, in jedem Fall aber in ihren Beziehungen zu anderen Gruppen oder Personen verändert. Das Zusammenspiel der Rollen wird neu definiert, die Machtverhältnisse werden durch das Ausscheiden von Gruppenmitgliedern in Frage gestellt. Dies führt zu Phasen notwendiger Neu-Orientierung[16)], die oft durch sich lange hinziehende Personal-Entscheidungsprozesse noch verstärkt werden. Die

16) Vgl. das Modell idealtypischer Phasen der Gruppenbildung „Forming - Storming – Norming – Performing - Adjourning" von Tuckman, 1965

aktuelle Leistung der Gruppen sinkt, teilweise signifikant. Die Organisation bietet dadurch weniger emotionale Haltegriffe und Stabilität für eigene Identität, weil der Teamrückhalt fehlt.

Nur ja keine Fehler und Verlust von Innovationspotential
Auf der Ebene des Gesamtunternehmens wird durch Downsizing Kooperationskapital und Erfahrungswissen vernichtet. Der Stellenabbau verändert gewachsene informelle Netzwerke, die für innovatives unternehmerisches Handeln wichtig sind („entrepeneurial networking"[17)]). „Defensivroutinen" (nichts riskieren, vorsichtig diplomatisch sein) und Bürokratie nehmen zu, da die Mitarbeiter dazu tendieren, alles unter Kontrolle haben zu wollen, damit sie keine Fehler machen.

Konsequenz: Zauberlehrling-Effekt
Durch harte Schnitte wächst der Widerstand gegen die Veränderung, politische Interessensgruppen multiplizieren sich. Die gemeinsame Organisationskultur wird brüchig. Das Zusammengehörigkeitsgefühl ist irritiert. Das Gefühl der Überlastung nimmt zu – Hingabe und Commitment für die Aufgabe und Kreativität verschwinden, es geht viel an Innovationskraft verloren. Der Fokus auf kurzfristige Erfolge verstärkt die Gefahr, dass langfristige Potentiale verloren gehen. Die Kommunikation wird restriktiv („nur noch gute Nachrichten"), parallel nehmen Konflikte zu („der zu verteilende Kuchen wird immer kleiner").
Harte Schnitte fallen daher oft – wenn sie singulär betrachtet und eingeführt werden – einer Art „Zauberlehrling-Effekt" zum Opfer. Die Rationalisierung erzeugt genau das, was sie vermindern will, nämlich Produktivitätskosten.

Verunsicherte Kunden und Wertschöpfungspartner
Behalte ich meinen Ansprechpartner? Wie wirken sich die harten Schnitte auf unsere künftige Beziehung aus? Welches Zukunftspotential hat das Unternehmen jetzt? Passen seine Strategien mit meinen Entwicklungsvorstellungen zusammen? Werden sich „harte Schnitte" auch auf mich auswirken? Soll ich weiter in diese Beziehung investieren oder nicht?
Kunden wie Lieferanten und Partner sind irritiert, haben großen Orientierungs - und Kommunikationsbedarf.

Ökonomische Krisen
Die gesellschaftspolitischen Konsequenzen von harten Schnitten wie Downsizing sind manchmal ökonomische Krisen für einzelne Personen, Kunden, Wertschöpfungspartner - im Extremfall für ganze Regionen. Damit geht es für Unternehmen um die Frage, wie sie sich gesellschaft-

17)
Dougherty, D. / Bowman, E.H.: The Effects of Organizational Downsizing on Product Innovation, in California Management Review Vol. 37, 1995, Seite 28-44

lich positionieren. Auch das wirkt zurück auf das Image in der Region, auf dem Markt und als Arbeitgeber.
All diese Momente lassen harte Schnitte bei Restrukturierungsprozessen zwar kurzfristig erfolgreich sein (wenn man von oft beträchtlichen Restrukturierungskosten absieht). Zur Gestaltung solcher Restrukturierungen gibt es wenig ausgereifte Modelle – wenn, dann aus dem amerikanischen Raum. Da der Handlungsdruck in solchen Managementsituationen sowieso sehr hoch ist, multiplizieren sich die negativen Dynamiken harter Schnitte. Kurzfristige Erfolge werden mit langfristigen Kosten oft teuer bezahlt – die Produktivität sinkt, Erfolgspotentiale gehen verloren, das Commitment zum Unternehmen wird brüchig. Das gilt vor allem für radikal harte Schnitte.
„Downsizing als kontinuierlicher Prozess" gehört bei den „Top-Performern" zum Tagesgeschäft. Es beinhaltet eine konsequente, umfassende Kostenbetrachtung, für die jeder Mitarbeiter mitverantwortlich ist. Dieses Downsizing-Verständnis ist evolutionär, schafft einen Sog für Innovation und zieht die oben beschriebene Negativspirale nicht mit sich, weil es die Unsicherheiten der radikalen harten Schnitte vermeidet.

Doch was ist zu tun, wenn die harten Schnitte des radikalen Downsizing zur Diskussion stehen?

DIE MANAGEMENTAGENDA FÜR HARTE SCHNITTE - WAS TUN?

Sorgfältig entscheiden - Abbauen von Mitarbeitern als letzte Alternative
Inzwischen gibt es innovative Beispiele für andere Rationalisierungsmaßnahmen, z. B. Mitarbeiter an Kunden oder Lieferanten zu „verleihen" oder flexible Arbeitszeitmodelle. Üblich sind auch Aufnahmestopps, Einkommensminderung oder unbezahlte Urlaube. Erst wenn das nicht ausreicht, Mitarbeiterabbau ins Kalkül ziehen.

Glaubwürdig konkretisieren, was die harten Schnitte bringen
– und zwar über die kurzfristige Kostenreduktion hinaus. Wo schaffen sie Wettbewerbsvorteile? Für welche längerfristig gedachte Zukunft sind sie ein wichtiger Schritt? **Downsizing und Strategie verknüpfen!**

Umfassende Planung der harten Schnitte auf Basis einer Stakeholder-Diagnose
Was wird die unterschiedlich Involvierten bewegen und worin würde ihr Beitrag zum Gelingen liegen? Da geht es um die Perspektiven von Kunden und Wertschöpfungspartnern, eventuell auch der Presse bzw. der Region. Vor allem aber um die Gehenden, die Bleibenden, ihre Vorgesetzten, um das Topmanagement, den Betriebsrat, HR-, Finanz- und Rechtsexperten und die Unternehmenskommunikation, um nur einige

zu nennen. Um Diagnose und Plan professionell zu entwickeln, ist ein übergreifendes Kernteam sinnvoll, das bei Bedarf Experten einlädt. Ca. 50 % der Aktivitäten der harten Schnitte liegen in dieser Planungsphase! Das Team konkretisiert Inhalt, Spielregeln und Umfang des Downsizing-Pakets: Je transparenter, fairer und nachvollziehbarer, umso besser. Je mehr Wahlmöglichkeiten die Adressaten haben, umso besser. Je intensiver die unmittelbaren Vorgesetzten involviert und auf die Aufgabe vorbereitet werden, fair, klar, aber herzlich und mit Respekt zu agieren, umso besser. Zur Planung gehört also auch Training für Manager: Wie überbringe ich die schlechte Nachricht als Vorgesetzter, wie halte ich wichtige Leistungsträger, wie führe ich die Bleibenden? Für sie ist intensive Kommunikation ein Muss - über die Geschäftssituation, die nächsten Schritte in der Übergangsphase, über ganz konkrete, auch provisorische, Zwischenlösungen, Kundenkommunikation etc. Darauf gilt es sich als Führungskraft vorzubereiten - inhaltlich und persönlich emotional. Vor allem zu Beginn braucht diese Planung Vertraulichkeit und direkte Kommunikation zwischen Managern bzw. Workshops abseits des Tagesgeschäfts. Das breite Involvement und die Intensivtrainings der Manager finden kurz vor der Ankündigung statt.

Kommunikation: so klar und genau wie möglich - offen - interaktiv - mit inhaltlichen und emotionalen Botschaften
Gründe, Ziele, Spielregeln, Schritte und Termine der harten Schnitte stehen im Zentrum des Interesses, um eine Antwort auf die wichtigste Frage zu bekommen: Was heißt das alles für mich? Diese erste Kommunikation ist einer der Schlüssel zum Gelingen. Hier gilt es die Logik der Zahlen mit der Logik der Aufgabe (Strategie, Kunden ...) und vor allem mit der Logik der Gefühle zu verknüpfen. Dazu gehört es für die Führungskraft, die eigene persönliche Perspektive deutlich zu machen: Was bedeutet dieses Programm für sie selbst, in ihrer Geschichte, für ihre Beziehung zum Unternehmen und zu den Kollegen? Wie möchte der Manager in dieser Phase führen? Wertschätzung, Klarheit, Präsenz, Zuhören und im Gespräch bleiben - das sind die Ingredienzien für das Gelingen. Ein Kommunikationsplan - wer, wozu, mit wem, wann – ist ein auch zentraler Part der Ankündigung, die Gelegenheit zu Gruppendiskussion bzw. Fragen und Antworten gibt. Notwendig sind jetzt die vielfältige, konsequente und regelmäßige Kommunikation und die – physische, inhaltliche und emotionale – Erreichbarkeit des Seniormanagements. In dieser Phase gibt es kein Zuviel an Kommunikation!

Umsetzung wie angekündigt und Unterstützungsangebote
Die Umsetzung bezieht sich auf alle Stakeholdergruppen. Die Bleibenden erleben, dass mit denen, die gehen, fair, klar und respektvoll umge-

gangen wird, dass sie Unterstützungsangebote erhalten und dass das Abschied nehmen voneinander je nach Unternehmenskultur passend Raum bekommt. Das gibt Vertrauen. Kommunikation von Angesicht zu Angesicht ist jetzt am wirksamsten. Es geht darum, mit den Bleibenden – wenn nötig – an persönlichen Fragen zu arbeiten (Arbeitsbelastung, Commitment ...), insgesamt aber vor allem die Übergangsphase im Tagesgeschäft zu planen (Businesspläne, Organisation ...). Dazu gehören Ideen, die eigene Arbeit neu oder anders zu strukturieren, interne Prozesse zu optimieren. Trainings und Kommunikationsplattformen (Großveranstaltungen, Treffen von „Communities of Practice") anzubieten, signalisiert Aufbruch und stärkt Commitment und Vertrauen für die Zukunft. Die emotionale Verarbeitung dieses Prozesses kann eine Weile brauchen (siehe Kap. „Logik der Gefühle"). Leadership und Führung auf allen Ebenen sind gefragt und brauchen - weil Spannungsfelder und Druck groß sind - Entlastung und Unterstützung durch Coaching, Counseling, intensive Kurztrainings bzw. Infopakete zum Thema. Human-Resource-Bereiche sind „Hochleister" in dieser Phase - sie entwickeln Strategien und Pakete für die Gehenden, für die Bleibenden, für Hochleistungsträger (Retention-Programme) und vor allem für die Führungskräfte, auf die es in der Situation der harten Schnitte am meisten ankommt: Am Verhalten des unmittelbaren Vorgesetzten orientieren sich Mitarbeiter am meisten.

Monitoring und Evaluation der Ergebnisse - kontinuierlich
Das Messen und Monitoring setzt voraus, dass zu Beginn der harten Schnitte Ergebnisse als Zielgrößen definiert wurden, am besten auf Basis der Stakeholder-Analyse und des Beitrags der harten Schnitte zur Strategie. Pro Zielgruppe zu überlegen, welche Kriterien als Erfolg gelten, hält den Prozess des Downsizing in Bewegung und sichert ein klares Ende. Zwei Tipps zur Kriterienentscheidung:
1. Da harte Schnitte eine defizitorientierte Haltung verstärken, gilt es für jede Zielgruppe zu fragen:
   - was wollen wir in Relation z. B. zu den Leistungsträgern erreichen?
   - was wollen wir auf jeden Fall verhindern?
   - was wollen wir erhalten?
2. Integrieren Sie auch außenorientierte und innovationsstärkende Messkriterien, z. B. zur Kundenzufriedenheit in der Downsizing-Phase.

Die Steuerung und das Monitoring des Prozesses liegt weiter bei einem Kernteam, die Verantwortung für die inhaltliche Umsetzung vor allem bei Führungskräften. Deren Interventionen sind primär Klarheit schaffende, stabilisierende - um die Unsicherheiten und Turbulenzen auszubalancieren und damit Vertrauen und Engagement für das neue Wachstum vorzubereiten. Das erfordert neue Skills der Führungskräfte im Verständnis der Logik der Gefühle bei solchen Veränderungen. Die Reflexion darüber, wie Führungskräfte in solchen Situationen selbst reagieren, macht deutlich: Wie wir mit den Gefühlen anderer umgehen, ist meist ein Spiegel dessen, wie wir uns zu unseren eigenen Emotionen in Beziehung setzen.

NEUES WACHSTUM

Der Weltmarktführer von LKW-Kränen erweiterte in den letzten Jahren konsequent seine Produktpalette um neue Hebehilfen für den industriellen Anwendungsbereich. Ein neue Idee revolutioniert jetzt das gesamte Unternehmen. Es wird in Zukunft nicht mehr darum gehen, einzelne neue Produkte zu entwickeln, sondern als Dienstleistungsanbieter und Systemlieferant für die gesamte Logistik-Kette aufzutreten: „E-logistics" ist geboren. Ein neuer Geschäftsbereich wird gegründet, Internet-Startups gekauft und integriert, neue Vertriebskanäle sind im Entstehen.

„Neues Wachstum" bezeichnet jene Seite der Transformation, auf der es darum geht, sich „neu zu erfinden". Ideen, Mut und Experimentierfreude sind gefragt. Im Zentrum der Aufmerksamkeit steht die Innovationskraft des gesamten Unternehmens. Wir beziehen diese Innovationsstärke hier aber nicht - wie sonst üblich - unmittelbar auf Produktinnovationen, sondern auf die Bereitschaft und Fähigkeit der Organisation und der involvierten Personen, Innovationen zu entwickeln, zu erproben und in der Umsetzung voranzutreiben.

Gegenstand von Innovationen können nicht nur Produkte, sondern auch neue Geschäftsmodelle oder Kernprozesse sein.
Anders formuliert geht es also um die Innovationskraft oder die Innovativität des Unternehmens. Mit Innovationen in diesem Sinn beschäftigen sich Innovationsfachleute (z. B. Tushman), Experten der Strategie- und Unternehmensentwicklung (Leifer, Schrage oder Hamel) und Experten des Wissensmanagement (Nonaka, Takeuchi, von Krogh, Ichijo – Nähere Angaben finden Sie im Literaturverzeichnis).
Um die Intensität von Innovationen zu differenzieren, ist uns folgende Unterscheidung wichtig: Evolutionäre Innovationen haben zum Ziel, schneller, besser, größer, effizienter oder umfassender zu werden. Es geht darum Bestehendes zu optimieren („exploitation"), egal, ob das nun Produkte bzw. Dienstleistungen, Geschäftsprozesse oder Managementsysteme sind.
Radikale Innovationen hingegen bewirken einen „Durchbruch" („exploration") - sie setzen eine andere Wahrnehmung und andere Maßstäbe als

die bisher üblichen, also Transformation voraus. Um diese Spielart neuen Wachstums geht es uns hier.
Radikale Innovationen verlangen, wie diese Grafik[18] zeigt, eine ganz andere Steuerung als kontinuierliche Verbesserung (evolutionäre Innovationen) und als harte Schnitte. Die Innovationsseite des Transformationsprozesses folgt, im Vergleich zum Tagesgeschäft und zu den harten Schnitten, einer ganz andere Logik, sowohl hinsichtlich der Logik der Zahlen (kein Fokus auf kurzfristige Kostenminimierung und Gewinn sondern auf Zukunftspotentiale) als auch hinsichtlich der Logik der Gefühle (Aufbruchstimmung, spielerische Neugier, Risikobereitschaft statt Sorgen, Ängsten, aber auch Aggression bei harten Schnitten).

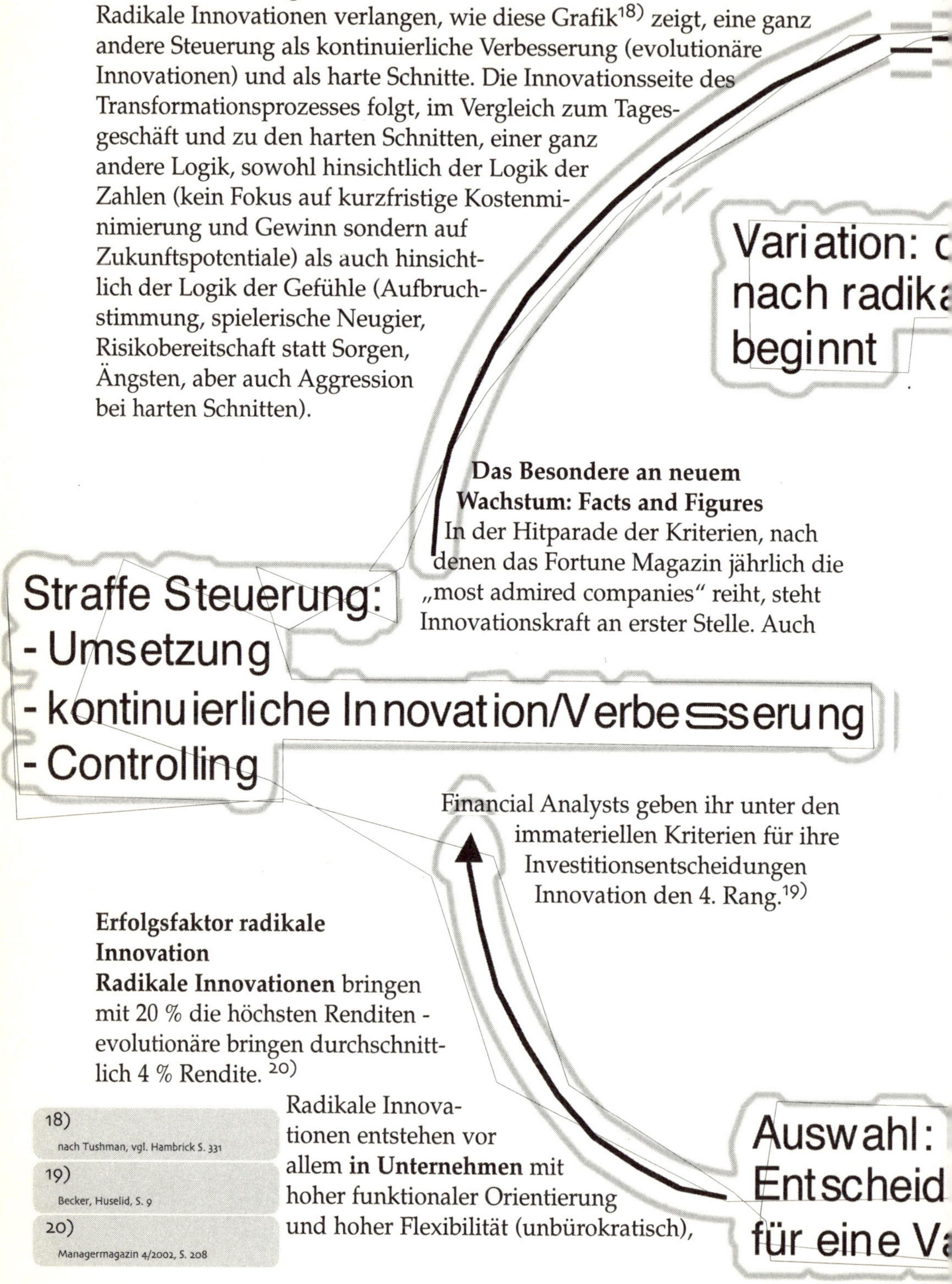

Das Besondere an neuem Wachstum: Facts and Figures
In der Hitparade der Kriterien, nach denen das Fortune Magazin jährlich die „most admired companies" reiht, steht Innovationskraft an erster Stelle. Auch Financial Analysts geben ihr unter den immateriellen Kriterien für ihre Investitionsentscheidungen Innovation den 4. Rang.[19]

Erfolgsfaktor radikale Innovation
Radikale Innovationen bringen mit 20 % die höchsten Renditen - evolutionäre bringen durchschnittlich 4 % Rendite. [20]

Radikale Innovationen entstehen vor allem **in Unternehmen** mit hoher funktionaler Orientierung und hoher Flexibilität (unbürokratisch),

18) nach Tushman, vgl. Hambrick S. 331

19) Becker, Huselid, S. 9

20) Managermagazin 4/2002, S. 208

mit langfristiger Strategie bzw. Vision, mit Mitarbeitern mit hoher charakterlicher Vielfalt und Kreativität, einem Fokus eher auf Ser-vice denn als auf Technik und Unternehmen mit großer Veränderungsfreude.

Radikale Innovation als das Erfinden neuer Geschäftskonzepte

Wer hat die Veränderungen in Ihrer Branche in den letzten 10 Jahren am besten zu nutzen gewusst? Auf diese Frage lautet die mehrheitliche Antwort: **Neueinsteiger**, indem sie die „Spielregeln" änderten (diskontinuierliche, radikale Innovation). Die Grenzen der eigenen Vorstellungskraft sind stark. Die meisten Angehörigen einer Branche sind auf die gleiche Weise blind - sie achten auf die gleichen Dinge und sind den gleichen Dingen gegenüber unaufmerksam. Damit wird die andere Seite von radikaler Innovation sichtbar: die Schwierigkeit, aus Tagesgeschäft und „eingeübten erfolgreichen Routinen" heraus radikal anders wahrzunehmen, zu denken, zu entscheiden. Radikale Innovationen voranzubringen ist eine der größten Managementherausforderungen.

Suche
r Innovation

Lose Steuerung:
- Gärungsphase
- Wettbewerb
- Experimente erproben
- Monitoring

Best Practice - die Strategien der Top-Performer für mehr Innovation

Neues Wachstum dieser Art zu fördern, oder besser noch herauszufordern, ist nicht trivial, geht es doch darum einerseits die „Selbstverständlichkeiten" der Alltagsroutine bisheriger Erfolge hinter sich zu lassen (Wirklichkeitskonstruktionen, innere Bilder und Annahmen über sich, Kunden, Mitbewerber, den Markt, Manager, Mitarbeiter, Handlungs- und Entscheidungsmuster, die sich bewährt haben). Andererseits geht es darum

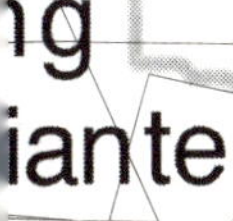

Offenheit und Anreize dafür zu schaffen, dass „ganz Anderes" entstehen und reifen kann. Welche Art von Managementinterventionen sind dann notwendig?

Die Top-Performer unter den innovativsten Unternehmen unterscheiden sich vor allem durch die folgenden Faktoren von anderen Unternehmen.

Innovation ist eine grundsätzliche Fähigkeit der Organisation und nicht nur bezogen auf das Einführen neuer Produkte.
Wenn man unterscheidet zwischen **gemanagter Innovation** (systematisch geplant mit Fokus auf vielen evolutionären Innovationen) auf der einen Seite und **offen gesteuerter Innovation** auf der anderen (flexibel, wenig strukturiert, interaktiv, vernetzt, offen für alle Arten von auch radikaler Erneuerung, wo es ein eigener Wert ist, Neues zu entwickeln und Innovation Kernkompetenz ist), dann dominiert der offen gesteuerte Innovationsprozeß den nach Plan gemanagten bei den Top-Performern in Sachen Innovation.
Offenheit und Schutz für neue Ideen: Neue Ideen werden – woher auch immer sie kommen – zusammengetragen, und in ihrer Konkretisierung und Erprobung geschützt. Die Top-Performer evaluieren sie deutlich später als ihre Vergleichsgruppen (Schutz in verletzlicher Ideenphase!). Anreiz und Belohnungssysteme fördern Neuheit und Risikokapital, um die Weiterentwicklung von Ideen ohne die üblichen Einschränkungen voranzuteiben.

Für Kultur und Klima der Top-Performer gilt:
Das **Involvement der Mitarbeiter** beim Setzen herausfordernder Ziele motiviert und energetisiert.
Großer Freiraum im Gestalten der Arbeit und im Kommunizieren und gute Vernetzung (Information, Wissen austauschen) sind wichtige Motoren für Motivation und Innovation. **(Vertrauen und Offenheit als Maxime)**. Es gibt definierte bzw. selbstverständliche Zeitressourcen, um Ideen und Potentiale zu entdecken und zu erforschen (im Gegensatz zu wenig innovativen Unternehmen – dort herrscht oft hoher operativer Zeitdruck).
Unterstützung für Ideen und **produktive Debatten**: Die Top-Performer vermeiden zu frühe Beurteilung und Kritik – statt dessen setzen sie entwickelte Kreativitätstools und Teamprozesse ein, die Ideenfluss, Vielfalt und Beiträge von allen Seiten fördern (intensive Nutzung von IT im Ideenmanagementsprozeß, IT als Marktplatz), die Devise lautet, sich wechselseitig durch kritische Fragen produktiv herauszufordern. Die **Meßkriterien** lassen auch **Risikofreude** und Experiementieren

zu. **Leadership** bei den Top-Performern ist nicht „top down"-geprägt, sondern **situativ**, moderierend und stärkend, es schafft ein innovatives Klima. Die Entwicklung und Auswahl der Führungskräfte spielen eine zentrale Rolle.
Mitarbeiter, die „**Innovationschampions**" sind, werden in den innovativsten Unternehmen als Vorbilder gestärkt, Kunden und Wertschöpfungspartner sind in den Innovationsprozess involviert.

MANAGEMENTAGENDA FÜR DIE ENTWICKLUNG RADIKALER INNOVATIONEN - WAS TUN?

Wir konzentrieren uns hier auf die Entwicklungsphase solcher Innovationen. Sie können nicht erzwungen, nicht direkt gemanagt werden. Sie erfordern öffnende Interventionen, die einen fruchtbaren Boden für sie schaffen. Dann können sie gedeihen.

- **Herausfordernde Zukunftsbilder und Visionen**. Sie machen es notwendig, neue Perspektiven zu entwickeln und anders zu denken als bisher. Sie wirken wie ein Magnet, der Energie und Aufmerksamkeit bündelt und ausrichtet.
- **Autonomie**. Sie gibt Zeit und Ressourcen sich mit Neuem zu beschäftigen. Fehlerfreundlichkeit und Handlungsspielräume stärken die Motivation, sich mit neuem zu beschäftigen. Die Organisation ermöglicht freien Zugang zu Wissen und die Chance sich zu vernetzen.
- **Redundanz** gibt durch gemeinsame Sprache und Erfahrungen Teams größere Chancen neue Lösungen zu finden. Redundanz wird durch Downsizing-Prozesse oft gefährdet, wenn Unternehmen zentralisieren oder entscheiden, dass bestimmte Kompetenzen nur einmal im Unternehmen gepflegt und entwickelt werden.
- **Interne Unterschiedlichkeit**, die die Komplexität und Dynamik des externen Marktes im Unternehmen abbildet. Diese Unterschiede sind offen und frei zugänglich (offene Kommunikation, informell starke Kommunikationskultur, Communities of Practice).
- **Kreatives Chaos, lose Kopplungen und interne Fluktuation** verhindern eindimensionales Bereichsdenken und funktionale Wahrnehmungsbarrieren für Innovationen (funktionsübergreifende Karrierewege, Chancen zum Austausch in informellen, sich selbst steuernden Netzwerken).

Barrieren für Innovation

„Drop your tools or you will die"

Innovationen machen auch harte Schnitte notwendig. Dann nämlich, wenn vertraute, bisher erfolgbringende Kernelemente der eigenen Identität aufgegeben werden, sobald es an die Umsetzung der Innovation geht[21]. Diesem Phänomen ist Karl Weick in seiner Untersuchung „Drop your tools or you will die"[22] nachgegangen. Im Speziellen beschäftigte sich Karl Weick mit der Frage, worauf der Widerwillen zurückzuführen ist, die Werkzeuge, an die man gewohnt ist, aufzugeben, wenn Gefahr droht. Anlass waren Beispiele, in denen Experten (Feuerwehrleute, Piloten, Seeleute) sich in Krisensituationen nicht von ihren berufsspezifischen „tools" getrennt hatten und sich deshalb in große Gefahr brachten oder ums Leben kamen. So konnten z. B. wiederholt Feuerwehrleute bei Waldbränden dem Feuer nicht mehr rechtzeitig entkommen, weil sie sich trotz mehrmaliger Aufforderungen weigerten, ihre schweren Geräte zurückzulassen. Schließlich hatten ihnen diese bisher gute Dienste erwiesen. „Drop down your tools or you will die" ist damit ein Synonym für die Flexibilität und Fähigkeit, „Gelerntes und Gewohntes" loszulassen. Die Gründe für das Beharren besser zu verstehen, heißt dann auch mehr Freiraum für Innovation zu schaffen. Die in den Untersuchungen der Unglücksfälle herausgefundenen Gründe lassen sich auf Organisationen gut übertragen. Warum also werden die gewohnten „Werkzeuge" nicht aufgegeben? Tiefeninterviews ergaben folgende Barrieren:

- Die Botschaft „drop down tools and run" wird nicht gehört.
- Die Begründung und die Dringlichkeit, sich der Werkzeuge zu entledigen, wurde nicht kommuniziert.
- Wenn die ungewohnte Anweisung „drop down tools" von fremden Personen kommt, oder solchen, zu denen kein Vertrauen herrscht, bleibt sie ohne Konsequenz.
- Die Werkzeuge geben ihren Besitzern das Gefühl wirksam zu handeln, ihr Umfeld gestalten zu können, sie geben emotionale Sicherheit - gerade in der Gefahr.
- Es existiert oft wenig Übung darin, die eigenen Werkzeuge schnell und wirksam loszuwerden - wer nicht immer wieder einmal improvisiert, ist wie gelähmt und fühlt sich hilflos.
- Was ohne Werkzeuge zu tun wäre, ist unvertraut und macht Angst, wurde nie ausprobiert. Das neue „statt dessen" fehlt.
- Wegwerfen würde bedeuten, einen Fehler zuzugeben, als Experte versagt zu haben.
- Die soziale Dynamik wirkt: wenn andere jeweils bei ihren bisherigen Werkzeugen bleiben, entsteht die Überzeugung „So schlimm ist es nicht, wir müssen nichts anders machen.".
- Die Überzeugung herrscht vor, das Wegwerfen bringe keinen deutlichen Unterschied.

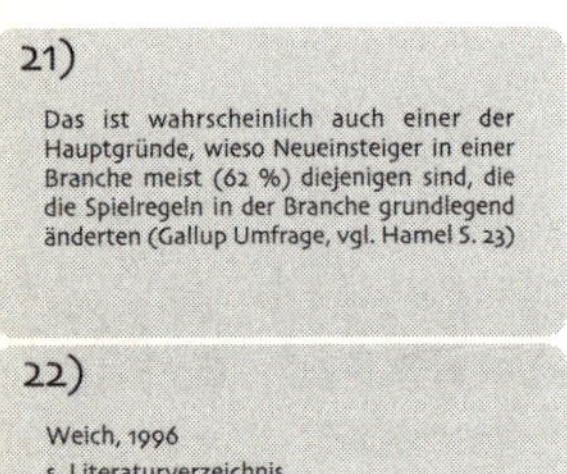
21)

Das ist wahrscheinlich auch einer der Hauptgründe, wieso Neueinsteiger in einer Branche meist (62 %) diejenigen sind, die die Spielregeln in der Branche grundlegend änderten (Gallup Umfrage, vgl. Hamel S. 23)

22)

Weich, 1996
s. Literaturverzeichnis

- Die eigenen Werkzeuge sind Ausdruck und Symbol für die Berufsidentität - was sind Manager oder Experten ohne die Werkzeuge, Systeme und Instrumente, die sie nutzen?

Was aber kann man tun, um leichter „loslassen" zu können und damit Innovationsbarrieren zu überwinden?

1. Aufmerksamkeit erhöhen und sehr deutliche Botschaften, insbesondere in Umbruchsituationen „senden" und überprüfen, ob sie „gelandet" sind
2. Die Überzeugung für die Gründe des Handels verdeutlichen („case for action")
3. Das Vertrauen in stabile Netzwerke stärken
4. Wissen bedeutet steuern und kontrollieren zu können: „Im Notfall schalten wir auf „Autopilot" und greifen auf alte Muster zurück („panic button") - den ‚leeren Zwischenraum' zwischen alt und neu akzeptieren wir nur schwer." Dieses Phänomen ansprechen und durch eigenes Beispiel dazu ermutigen
5. Lernen und Üben, sich von Wissen und Werkzeugen zu entlasten; loslassen können - als Managementintervention immer wieder neue Kontexte schaffen, in denen das Loslassen geübt wird
6. Die Fähigkeit steigern, Ersatzaktivitäten einzusetzen, zu improvisieren und Fehlerfreundlichkeit üben (was insbesondere Experten schwer fällt)
7. Die soziale Dynamik insbesondere von Gruppen hinterfragen – die Gefahr der „Ignoranz der Mehrheit" beleuchten; Dogmen sichtbar machen
8. Proben für den „Ernstfall" (was tun wir, wenn ...) - durch schöpferisches Andershandeln zu neuer Identität kommen

Innovationsfördernde Interventionen destabilisieren, leisten „kreatives Entrümpeln". Sie schaffen neue Herausforderungen, die mit „herkömmlichen Herangehen" nicht gehört werden können. Und sie schaffen Energie, Anreize und einen produktiven Rahmen für das Entwickeln kreativer neuer Antworten. Damit sind auch Manager neu gefordert - im Fall der Un:balanced Transformation kann es darum gehen, das, was jetzt „gut funktioniert", zu hinterfragen oder außer Kraft zu setzen, um Platz und Energie für Neues zu schaffen. Das verlangt Voraussicht, Querdenken, Mut zur produktiven „Zerstörung" und Überzeugungskraft gepaart mit Konsequenz - inhaltlich und emotional keine leichte Angelegenheit, geht es doch darum, den Zwischenraum zwischen Unsicherheit, Risiko und Zukunftsoffenheit zu nutzen. Radikale Innovationen gehen immer einher mit positiven Turbulenzen.

10 SPIELREGELN FÜR EIN INNOVATIONSFÖRDERNDES KLIMA

Anreize und Interventionen für innovative Organisationen und Unternehmenskulturen - Innovationsregeln

1. **Träume und unvernünftige, (scheinbar) unmögliche Ziele** als Herausforderung setzen. Sie machen klar, dass ein mehr, besser, schneller Desselben nicht ausreicht, sondern neues Denken gefragt ist und Intensität (in Geschwindigkeit, Energie und Ressourcen) für Innovation notwendig ist.

2. Die **Grenzen des eigenen Geschäftsfeldes ausweiten** und dehnen. **Anliegen und Sinn** stehen im Vordergrund und „treiben" weiter, nicht das bestehende Geschäft. Daraus erst entsteht der Mut für Neues und die Bereitschaft, bisheriges Sozial- und Wissenskapital abzuschreiben (z. B. Virgin Atlantic: „Wir sollten denkwürdige Augenblicke für unsere Kunden schaffen". Schwab: „Wir sind die Hüter der finanziellen Träume unserer Kunden").
   Radikale Innovationen setzten „neue" kreative Problemdefinitionen und Fragestellungen voraus - andere mentale Bilder und erweiterte Wahrnehmungsfelder schaffen andere Landschaften für Innovationen als die gängigen, die bestenfalls kontinuierliche Verbesserungen erzielen lassen.

3. **Unterschiede als Produktivkraft nutzen**, Gegensätze herausfordern und hinterfragen – das ist einer der wichtigsten Motoren für Innovation. Dazu müssen die Unterschiede überhaupt erst sichtbar werden. Das Zusammenbringen von multiperspektiven Sichtweisen in interaktiven Settings macht Unterschiede transparent und schafft fruchtbaren Boden für neue Ideen (Kundenparlamente, empathische Kundenbeobachtung mittels Video und Auswertung durch interdisziplinäre Teams, Szenarien mit den innovativsten Kunden und Partnern). Teams und Großgruppenveranstaltungen sind besonders geeignet, aus Unterschieden Ideen und Neuerungen zu generieren.

4. **Neue, revolutionäre Stimmen** zu Wort kommen lassen: Wer „jung" denkt, erst kurz im Unternehmen, Spezialist

auf einem anderen Gebiet oder unerfahren ist, kann tradierte Wahrnehmungsbarrieren der „alten Herren" wirkungsvoll hinterfragen und sichtbar machen und - mehr noch - unverblümt die unmöglichsten Ideen ins Spiel bringen. Umgekehrtes Mentoring - wenn Senior Manager sich junge High Potentials im Unternehmen auswählen, damit sie ihnen etwas über die Zukunft und Trends beibringen - ist eine Intervention in diese Richtung, ebenso das „Schattenkabinett" wo „junge Löwen" in Teams erarbeiten, welche Schwerpunkte sie als Managementteam setzen würden. Das ist oft auch unbequem - „Langsam-Anpasser" und eigensinnige Querdenker wirken oft zunächst sperrig und werden als nicht klassisch produktiv wahrgenommen. Innovation braucht aber andere Menschen als KVP-Experten. Andere Stimmen kommen auch zu Wort, wenn Unternehmen ihre Antennen in Richtung Peripherie ausrichten, also aktiv Experten von außen hereinholen oder neue Mitarbeiter (vor allem aus anderen Branchen) und ihre Ressourcen nutzen. Dazu gehört ebenso, Mitarbeiter, die nicht im etablierten Zentrum sondern „am Rand" des Unternehmens agieren, zu befragen und involvieren.

5. **Offene Märkte für Ideen, für Kapital und für Talente schaffen**
   - **Ideen:** Interaktive Großveranstaltungen wie „Open Space" oder interne Innovationsmessen - eventuell auch mit Kunden, wo Angebote und Nachfragen ausgehandelt werden - sind Beispiele für solche offenen Märkte.
   - **Kapital:** Business Angels als Risikokapitalgeber lassen sich auch unternehmensintern etablieren, Innovationsbudgets mit wettbewerbsorientierten Spielregeln schaffen marktähnliche Situationen und Anreize.
   - **Talente:** Wechsel erleichtern (z. B. Titel an Person, nicht an Position binden, Phantomaktien für Gründungsteams neuer Bereiche, sich bewerben...), Ressourcen anziehen (Sogwirkung) statt Ressourcen verteilen.

6. **Viele schnelle, risikoarme und kleine Experimente fördern:** Darin liegen zwei Herausforderungen: das Schützen von Ideen (sie nicht als noch zu zarte Pflänz-

chen strengen ROI-Rechnungen unterziehen) und Fehlerfreundlichkeit (wenn Experimente scheitern, ist das kein Mißerfolg). Der Auswahlprozess schließt die Entwicklungsphase radikaler Innovation ab.
Die Idee als solides Konzept mit attraktiver Einschätzung in Sachen Wertschöpfung wurde zum Experiment. Das Experiment ist zumindest machbar und hat bei seinen Kunden große positive Resonanz ausgelöst und Befürworter gefunden. Jetzt wird es zum „Venture", wo Ertrag, Nachhaltigkeit und Entwicklungsfähigkeit nachzuweisen sind (Pilotierung im Echtbetrieb z. B. eines neuen Geschäftsprozesses oder Geschäftsmodells). Die Positionierung in diesem Entwicklungsprozess erleichtert Orientierung beim jeweiligen Entscheidungsbedarf.

7. **Differenzieren und Teilen**: Konzentration auf kleine Marktanteile bzw. Nischen – alle sind „Entrepreneure". Zellteilungen schaffen Platz für neue Geschäftsmodelle. „Communities of practice" sorgen dafür, dass Wissen und Erfahrung geteilt werden.

8. **Auflüge in fremde Welten organisieren**: Das können z.B. Learning Journeys zu Innovationsthemen in anderen Unternehmen sein (Innovationen erfordern den Zyklus von erleben-beobachten-auswerten/entwickeln-probieren-auswerten/reifen lassen-entscheiden) oder die empathische Kundenbeobachtung (mit Videos und interdisziplinären Auswertungsteams, Kunden bei der Nutzung von Produkten beobachten), um latente, unbewusste Kundenbedürfnisse zu eruieren. Mit „Lead"-Kunden oder -Partnern (das sind solche, die das Unternehmen herausfordern, weil sie selber innovativ und anspruchsvoll sind) kann eine „Innovationsallianz" gebildet werden - z. B. um in Workshops Zukunftsszenarien zu entwickeln, Mitarbeiter (z. B. High Potentials, Querdenker) auszutauschen und deren Erfahrungen in Richtung Innovation voranzutreiben. Sabbaticals und Leben in fremden neuen Welten sollten unterstützt werden, beginnend damit, Fachkonferenzen fremder Disziplinen zu besuchen und sich davon inspirieren zu lassen, bis dahin Ideen umzusetzen, wie als japanischer Autoentwickler mehrere Monate in einer ame-

rikanischen Mittelstandsfamilie zu leben, um zu verstehen, welche Bedürfnisse rund ums Autofahren für den US-Markt der Mittelklasse zentral sind. Andere Räume für Innovationsarbeit als die des Tagesgeschäftes helfen auch als Symbol, um in Teams den Übergang vom einen Arbeitsmodus auf den anderen zu beschleunigen.

9. **Innovationsstrategie mit Kennzahlen entwickeln** und überprüfen – Wie viel Prozent unserer Produkte sind jünger als drei Jahre? Wie viel Umsatz erwirtschaften wir? Wie viele Klienten, die in ihrer Branche Innovationsleader sind, beraten wir ...? Das sind Beispiele für Fragen, die Innovationsanstrengungen im Managementfokus voran- treiben.

10. **Eigenverantwortung und Autonomie für Personen und Teams** stärken in einem Klima von Offenheit, Herausforderung, Anteilnahme und intensiver Kommunikation: Innovationsmessen mit „Lead-"Kunden und ausgewählten Partnern, Wettbewerbe mit produktiven Debatten, die Konflikte als Motor nutzen. Bei Innovationen ist der „ganze Mensch" angesprochen; Ideen verfolgen, braucht Experimentierzeit, probieren können – dauernder operativer Arbeitsdruck hindert Neues. Die Ideen brauchen zunächst Schutz vor Managern des Tagesgeschäftes und vor Kunden - sie brauchen Inkubationszeit wie eine Pflanze: sie wächst nicht schneller, wenn man daran zupft. Leistungsdruck ist für Innovationen produktiv, operativer Zeitdruck nicht. Innovationen reifen, brauchen Disziplin, Commitment, Herausforderung und viel Freiraum, sie gedeihen in einer Kultur von Selbstvertrauen und Leistung, in der auch der Wechsel von Spannung (intensive Arbeit) und Entspannung (Loslassen - etwas ganz anderes tun) Platz hat. Für viele Unternehmen ist das etwas Neues, Ungewohntes - Innovation lässt sich anders als operatives Tagesgeschäft nicht als Tagesordnungspunkt erarbeiten. Damit das gelingt, brauchen wir Organisationen mit großer Aufnahmefähigkeit und Empfänglichkeit für Neues, Anderes - darum geht es beim Schaffen eines innovationsfreundlichen Klimas.

HARTE SCHNITTE UND NEUES WACHSTUM ALS GLEICHZEITIGE UND PARALLELE ZIELE

Woran „harte Schnitte" scheitern können und woran „neues Wachstum", haben wir herausgearbeitet. Was aber heißt das nun für die Steuerung? Ist ein Nacheinander sinnvoll? Zuerst Restrukturieren und Downsizing, dann neues Wachstum, Innovation und Kulturwandel? Diese Variante hat einen entscheidenden Nachteil - der Prozess dauert sehr lange (bei GE zum Beispiel fast 20 Jahre). Immerhin ist diese Abfolge, weil sie in eine positive Zukunft führt, erfolgreicher als die umgekehrte Variante. Denn zuerst neues Wachstum und Innovation zu initiieren, um danach harte Schnitte zu setzen, zerstört das Vertrauen in die Führung und Bindung ans Unternehmen. Es dominiert das Gefühl „betrogen worden zu sein", desinformiert mit „Schönwetterprognosen".
Beide Varianten „ersparen" dem System, die Spannung zwischen beiden Zielen aktuell zu durchleben und durchzuarbeiten, was - wenn es gelingt - die Systemidentität und das Organisationslernen über Transformationen enorm stärkt und die Reife bzw. Zukunftsfähigkeit der Organisation steigert.

Un:balanced Transformation meint die **Gleichzeitigkeit von harten Schnitten und neuem Wachstum**. Die Gründe für diese Notwendigkeit kommen einerseits von außen. Der Druck in Richtung „schnelle Veränderungen" wächst. Die Märkte entwickeln sich immer dynamischer. Die Börsennotierung führender Unternehmen bringt die kurzfristige Kapitalmarktlogik in die Organisationen. Aber auch „interne" Gründe sprechen für die Gleichzeitigkeit. Zahlreiche Studien belegen, dass harte Schnitte alleine nicht viel bringen („you can't shrink to success") und erfolgreiche Redimensionierung nicht ohne Zukunftsarbeit möglich ist. Auf der anderen Seite bleiben auch Wachstumsstrategien ohne harte Schnitte häufig unter den Erwartungen. Die erfolgreichsten Unternehmen sind schließlich solche, die zugleich Wachstumsinitiativen starten und harte Schnitte setzen und zwar in Profitabilität, Shareholder Value, Produktqualität und Produktivität [23].

Die Change-Landkarte rekapituliert noch einmal unsere Grundhypothese: Aus beiden Grundpositionen (Radikales Neupositionieren / Erneuern) heraus gilt es einen integrierten Veränderungsprozess zu gestalten, der beide Ziele - harte Schnitte und neues Wachstum - auf eine Weise verbindet, die einerseits, wo notwendig, Abstimmung gewährleistet (enge Koppelung), andererseits aber auch Strukturen und Prozesse bereitstellt, in denen sich die widersprüchliche Dynamik und Logik beider Ziele pro-

23) amanet. org Studie 2001

duktiv entfalten können. In diesem Sinne geht es darum eine **„zweihändige" oder „duale" Changearchitektur** „auf Zeit" zu schaffen[24], die einerseits harte Schnitte steuert, gleichzeitig aber Innovationen als „Tochtersystemen" Schutz und Entwicklungsraum bietet. Die Konsequenzen für die Change-Architektur verdeutlicht die folgende Gegenüberstellung.

UN:BALANCED TRANSFORMATION

Parallel und gleichzeitig Verankern

HARTE SCHNITTE

- direktiv, operativ steuern
- Kurzfristig und ergebnisorientiert vorgehen/stabilisieren
- Prozesse, Kosten und Ressourcen optimieren
- Top-Down-Ansatz, klare Vorgaben Entscheidungen und transparente („push"-) Spielregeln
- intensive Kommunikation und hohes Involvement von Senior- und Mittelmanagement (Linie)
- straff, klar, aber mit Herz führen

NEUES WACHSTUM

- über die Gestaltung des Kontextes (Rahmen, Anreize, Setting) steuern
- risiko- und experimentierfreudig vorgehen/irritieren, öffnen, herausfordern
- gären lassen, improvisieren, experimentieren; learning by doing; intensive Arbeit; Regeln brechen
- Sog schaffen - Engagement und Commitment zu Selbststeuerung für „Zukunftspilots" entwickeln („pull"): Vision/Träume als Magnet, Autonomie stärken, Redundanz schaffen, Unterschiede stärken und nutzen, Fluktuation und Chaos ermöglichen
- andere Wirklichkeitskonstruktion (Szenarien, Ziele) entwickeln und herausfordern - kreative Konflikte fördern - Manager als Architekt, Promotor; Leader für Innovation
- lose und offen führen

Was ist nun das Besondere an der **Parallelität** und **Gleichzeitigkeit** von harten Schnitten und neuem Wachstum? Ein wesentlicher Aspekt liegt im gekonnten Umgehen mit den strukturellen Widersprüchen, die diese beiden Transformationsziele notwendigerweise mit sich bringen. Dabei geht es aber nicht um „faule Kompromisse" oder um eine „krampfhafte Suche nach Integration" sondern um die Nutzung der Widersprüche

24) Ähnlich schlägt Tushman (1997, S. 187) duale Organisationen vor, um evolutionäre Innovationen einerseits (traditionelle Steuerung) und radikale Innovationen (offene, anreizorientierte Kontextsteuerung) voranzutreiben.

	HARTE SCHNITTE	NEUES WACHSTUM
Ziele	Fokus auf kurzfristige Finanzkennzahlen, Effizienz und ökonomisches Kapital	Fokus auf langfristige Erfolgspotentiale für die Zukunft – Investment und Wissenskapital
Steuerung	Top Down - straff, klar, direktiv, linear, nach Programm - „planned change"	Involvement: Anreize für Bottom-Up- und Quer-Selbststeuerung und Vernetzung, offen. „emergent change" stärken
Inhalte	Ressourcen/Kosten senken - Fokus auf Prozesse, Struktur, Systeme, evtl. Mitarbeiterabbau	Involvement, innovative Kultur
Human Resources	eher als Kosten betrachten	eher als Kapital, Ressource, „Entrepreneure"betrachten
Logik der Gefühle	erfordern längeren Verarbeitungsprozess (Sorgen, Misstrauen, Aggression, Enttäuschung, Abschied nehmen - allmählich neues Commitment)	erfordert Konzentration, Gemeinsamkeit (Teams sind wichtig) und Freude, Herausforderung und Zuversicht als Grundgefühl
Wirklichkeitskonstruktion	Gefühl von Verlust, Verlierer sein prägt die Wahrnehmung	Aufbruch und Mix von Disziplin und „Abenteuerstimmung" prägen die Wahrnehmung (Pioniere, Gewinner der Zukunft)

	HARTE SCHNITTE	NEUES WACHSTUM
Architektur	Kernteam steuert Prozess der harten Schnitte - intensives Involvement von HR und der Linienmanager in der Umsetzung	autonome Initiativen bzw. Strukturen mit schnellen Experimenten unterstützen - abseits der Linie und des Tagesgeschäfts (Schutz bis zur Reife)
Orientierung	Sog nach Vergangenheit und nach innen - Bedürfnis nach Stabilisierung und Erneuerung des Kontraktes Mitarbeiter - Unternehmen	Sog nach Zukunft und nach außen - Bedürfnis danach „Bestehendes zu ignorieren" bzw. zu überwinden
Führungskräfte	Produzenten, Botschafter und Umsetzer der „schlechten Nachricht"- Situation erfordert Präsenz und Rollen als „Umsetzer", Coach, Kommunikator und Krisen- / Transitionexperte (Sicherheit, Orientierung)	Architekt, "Enabler" und Promotor für Innovation - Situation erfordert Loslassen und Autonomie stärken, „Revolutionäre" ermutigen (Aufbruch, Neuland)
Motor/Motivation für Personen	Sicherheit und Risiken minimieren, den eigenen Platz finden, stabil halten	Involvement, Herausforderung und Freiraum, Commitment. Anspruchsvolles Neues leisten

Diese Polarität erfordert in der Steuerung ein tiefes Verständnis der systemischen Dynamik beider Ziele, sowohl im Topmanagement als auch im Steuerteam, bei den Changemanagementverantwortlichen und schließlich auch bei den Linienmanagern - sie haben diese Widersprüche ja „im Feld" wirksam zu kommunizieren und schlußendlich zu verankern.

DIE GESAMTSTEUERUNG VON HARTEN SCHNITTEN UND NEUEM WACHSTUM BRAUCHT EIN INTEGRIERTES „SET VON ARCHITEKTUREN, INTERVENTIONEN UND LEADERSHIP"

Transformation erfordert daher ein **integriertes „Set" von Interventionen**, damit eine integrierte und konsequente Umsetzung gelingt und sich ein balanciertes „transformiertes" System entwickeln kann.
Für solche Veränderungen sind „Lösungen von der Stange" nicht brauchbar – Transformation ist immer sowohl ein klar gemanagter, geplanter Wandel („change program") als auch „emergent change" - eine Veränderung, die aus der Selbstorganisation und -steuerung des Systems heraus entsteht. Der Prozess braucht beides, eine **straffe Steuerung einerseits, Öffnung bzw. Redundanz andererseits**. Und auf jeden Fall benötigt er **Experimentierfelder** und **Fehlerfreundlichkeit**. Der Wandel wirkt auf sich selbst zurück. Diese Komplexität macht ihn so unberechenbar für kontrollierte, lineare Steuerung.
Transformationen brauchen Beobachterinputs, Impulse von Außen und stabile Arbeitssettings, die sich klar vom Tagesgeschäft, seinem operativen Ergebnisdruck und seinen Routinen unterscheiden. Sie geben den Involvierten Spielraum, Rollen und Perspektiven zu wechseln, insbesondere zwischen der Rolle des „Akteurs" (entscheiden, handeln, umsetzen) und der des „Kreativen Beobachters" (aus empathischer Distanz neue Interpretationen und ein neues Systemverständnis entwickeln, spielerisches Experimentieren mit Zukunftsbildern und Ideen).
Solche Transformationen brauchen starkes „**Changeleadership**", das beide Seiten - die harten Schnitte und das neue Wachstum - emotional spüren und kognitiv gut unterscheiden kann. Denn zur Gesamtsteuerung solcher Prozesse gehört auch, beiden Seiten gerecht zu werden, also zu entscheiden, wo in der Changearchitektur jeweils für harte Schnitte und neues Wachstum eigene Elemente und Prozesse notwendig sind und wo sie sich direkt aufeinanderbeziehen müssen. In unserem Modell kann das besonders in den ersten drei Phasen auch eine duale Changemanagementarchitektur bedeuten.

Jede gelungene Transformation ist mehr als ein „Turnaround", eine bloß auf Zahlen bezogene Gesundung. Sie erzeugt neue Zukunftsbilder und übersetzt sie in Strategie, Strukturen und Weiterentwicklung der Human Resources und der Kultur. Transformation verändert damit aber nicht nur Identität, Geschäftsverständnis, Strategie, Organisation, Kultur und das Know-how und Wissen der Mitarbeiter. In Transformationen **erneuert und stärkt das Unternehmen** seine Changemanagementkompetenz, seine Muster im Management harter und klarer Schnitte; es übt Muster des Beendens, des Auflösens bisher erfolgreicher Arbeit und Relationen.

Und es übt, Unsicherheit zu durchleben, „den Raum zwischen altem Gewohnten und neuem Unbekannten" durch Risikobereitschaft, Experimente und allen Aufs und Abs, die zu solchen Phasen gehören. Das Unternehmen **trainiert** und verbessert also seine eigene **Veränderungsfähigkeit**. Insofern bewirken gelungene Transformationen nicht nur inhaltlich erfolgreiche Umsetzungen. Genauso wichtig ist der Zugewinn an Selbstvertrauen im Unternehmen, auch zukünftige Changeprozesse gewinnbringend gestalten zu können, weil die Erfahrung, anspruchsvolle Veränderungen geschafft zu haben, stärkt. Als gelungen wahrgenommene Veränderungen von System und Individuen sind daher immer auch Investitionen in die zukünftige Veränderungsfähigkeit und -bereitschaft des Systems und seiner Stakeholder. Sie geben Sicherheit, auch zukünftige Turbulenzen erfolgreich zu meistern.

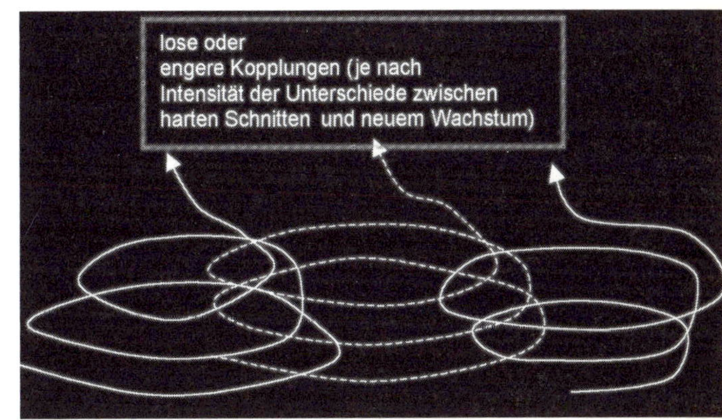

ARCHITEKTUR- UND GESTALTUNGSSTRATEGIEN FÜR HARTE SCHNITTE *UND* NEUES WACHSTUM

So wie Architekten Räume planen und dadurch Rahmen schaffen, in denen sich Unterschiedliches ereignen kann, entwerfen auch Manager und Berater Architekturen für Veränderungen, indem sie soziale, zeitliche, räumliche und inhaltliche Fixpunkte schaffen. „Die Architektur entscheidet, *dass* etwas stattfindet und *was* stattfindet" [25]. Entscheidend für den Erfolg von Transformation ist Architektur- und Strategie-Know-how. Wie es auch in der Architektur Schulen mit klar umrissenen Prinzipien einer „guten" Architektur gibt, kann man auch für die Gestaltung von Veränderungs-Architekturen Richtlinien im Sinn von Gestaltungsoptionen angeben.

1. **Diagnose:**
   Am Beginn des Changevorhabens sollte eine sorgfältige Diagnose des Systems und Planung des Changevorhabens stehen, mit der Diagnose Entscheidungen hinsichtlich der prinzipiellen „Anlage" der Architektur getroffen werden:

25) vgl. Königswieser/Exner, Systemische Intervention, Klett-Cotta, 1998, Seite 47ff

- wie breit/eng wird die Transformation gefasst (welche und wie viele Stakeholder sind einzubeziehen)?
- wie oberflächlich/tief werden die Ziele konzipiert (Oberfläche/Tiefenstruktur)?
- wie umfassend bzw. offen/pointiert werden die Ziele ausgewählt (welches Themenspektrum wollen wir bearbeiten)?
- projekt- oder liniendeterminierte Steuerung der Changeinitiative (Verankerung in der Linie oder als Zusammenspiel zwischen Linie und Projekt)?

2. **Architektur**
   Die Transformation als „flexibles, zeitlich befristetes Unternehmen" mit dem Ziel, die Transformation umzusetzen, muss mit einer eigenen stabilen Architektur eingerichtet werden. Sie braucht Elemente, die folgende Funktionen erfüllen:
   - **steuern und entscheiden**
     Ziel ist eine stabile Gesamtsteuerung harter Schnitte und neuen Wachstums, ihres Zusammenspiels und konsequentes Change-Leadership.
     Architekturelemente sind z. B. der Auftraggeber-Dialog, die Einrichtung eines Steuerteams (Zusammensetzung übergreifend nach Funktionen, Ebenen und nach Stakeholdern), Controllingsysteme
   - **inhaltlich arbeiten**
     Ziel ist eine wirksame Arbeit mit einem klarem Business-Bezug. Architekturelemente wären z. B. Arbeitsteams, Expertenpools (z. B. zu HR-Themen bei harten Schnitten, IT - Teams, Vertriebsgruppen), Kern- und Teilprojekte.
   - **erproben/simulieren**
     Ziel ist, im Kleinen die Wirkung für das ganze System zu erproben und für die Umsetzung Erfahrungen zu sammeln und zu lernen.
     Architekturelemente sind z. B. Pilotteams, -projekte, Simulationsworkshops mit Anwendern und Kunden.
   - **kommunizieren**
     Ziel ist der Dialog mit allen relevanten Stakeholdern, um das notwendige Commitment zu bekommen („Zuwenig Kommunikation" gibt es nicht).
     Architekturelemente wären u.a. Großveranstaltungen, Schneeballsysteme, IT-Plattformen, „open space"-Veranstaltungen.
   - **Resonanz und Impulse geben und empfangen**
     Ziel: „You get what you measure (and hear)" – es geht darum klares Feedback, Impulse zu Inhalten und zum „Wie" der Verän-

derung zu erhalten. Architekturelemente: z. B. Kundenparlament, Fokusgruppen, Sounding Board

- Ressourcen weiterentwickeln und unterstützen
  Ziel ist, die nötigen Befähigungen zu entwickeln und für ausreichende Ressourcen zu sorgen.
  Architekturelemente wären z. B. Gruppen- und Einzelcoachings, Aus- und Weiterbildung, Changemanagementkompetenz für wichtige Schlüsselpersonen.

3. **Widerspruch kommunizieren**
   Harte Schnitte und neues Wachstum als widersprüchliche Ziele explizit kommunizieren und zwar aus der Zukunftsperspektive heraus (warum beides?) verknüpfen.

4. **Dualer Führungsstil als Maxime**
   für harte Schnitte (Top Down, straff) und neues Wachstum (Bottom Up, Involvement, lose). Dazu gehört auch, der jeweils unterschiedlichen Logik der Zahlen (Kosteneffizienz bei harten Schnitten, Investment in Wissenskapital bei neuen Wachstum) ebenso wie der Logik der Gefühle ("zu Tode betrübt", misstrauisch, irritiert bei harten Schnitten; Freude, Aufbruchstimmung bei neuem Wachstum) gerecht zu werden.

5. **Trennen und Verbinden von harten Schnitten und neuem Wachstum.**
   Besonders zu Beginn geht es darum, für harte Schnitte und für neues Wachstum jeweils eigene Architekturelemente zu schaffen - in den ersten drei Phasen ist ihre Eigendynamik zu widersprüchlich. In der Phase der breiten Umsetzung ist die konsequente Integration beider in der Architektur angesagt.

6. **Die Dramaturgie gestalten**
   Die Verhaltenswissenschaften geben folgende Hinweise für die Change-Dramaturgie
   - Unangenehme Erfahrungen und schwierige Themen möglichst zu Beginn anpacken – das gilt besonders für schlechte Nachrichten und heiße Eisen.
   - Schlechte Nachrichten und Misserfolge möglichst bündeln (keine Salamitaktik) und intensiv verarbeiten.
   - Es empfiehlt sich, Architekturelemente einzusetzen, die am Ende einen Höhepunkt, einen sichtbaren Erfolg darstellen, da die erlebte Schluss-Situation die Erinnerung prägt.
   - Positive Erfahrungen/Erfolge auskosten und in mehrere

Sequenzen teilen, um sie als Ressource und Kraftquelle besser nutzen zu können (das gilt besonders für das Planen von „quick wins" und deren Kommunikation im Unternehmen).

- Das Commitment lässt sich - auch bei harten Schnitten - durch Wahl- und Entscheidungsoptionen stärken (z. B. Abfindung oder Outplacement-Beratung).
- Rituale und Symbole und sie zur „Tradition" werden zu lassen, unterstützen in Phasen großer Unsicherheit das Gefühl von Kontinuität und Zugehörigkeit.

7. **Geschäft ist Geschäft!**
   Jede Veränderung beginnt und endet mit dem „Geschäft" (dem Sinn) des Unternehmens. Das Grundprinzip lautet daher: von außen nach innen zu verändern, keine „bloßen" Kulturprojekte zu starten, sondern sich auf Umsetzungsschwerpunkte mit Business-Relevanz zu konzentrieren. Flexible Steuerung und Umsetzungsorientierung müssen von Anfang an spürbar sein und der Veränderungsprozess selbst sollte so gestaltet sein, dass er die angestrebten Ziele und Kultur erlebbar macht, sie quasi vorwegnimmt.

8. **Prozess nach „Drehbuch" aber offen für Eigendynamik, Optionen, Turbulenzen**
   Diese Gestaltungsmaxime gehört zu den größten Herausforderungen für Topmanager und Steuerteams - die Ingredienzien dafür sind ein klares Controllingsystem, pointierte Evaluation (s. Kap. „Macht der Zahlen") und ein konfliktfähiges und offenes Steuerteam, das flexible Zielentwicklung und Konsequenz als Widerspruch balanciert.

9. **Berater**
   Berater als Experten, die das Unternehmen und die Mitarbeiter stärken. Berater beschränkt einsetzen - sie bringen Wissen und Fähigkeiten, die dem Unternehmen oft speziell am Beginn eines organisationalen Veränderungsprozesses fehlen. Berater als Initialzündung, sie unterstützen das Management in seiner Rolle als Leader der Veränderung und führen nicht selbst den Veränderungsprozess an! Nach der Anfangsphase übernimmt das Management dann die Aufgaben immer mehr selber (keine Abhängigkeit und/oder Bequemlichkeit!). Berater als Changemanagementexperten, Architekten, Moderatoren und Sparringpartner im Changeprozess entlasten und ermöglichen den Involvierten, sich stärker auf die Changeinhalte zu konzentrieren.

10. **Transformation bedeutet immer auch die eigene Identität, sich selbst, zu ändern.**
    Das erfordert Ich-Stärke und die Auseinandersetzung zentraler Leistungsträger im Changeprozess damit, wie man selber im eigenen Leben Umbruchsituationen erlebt und gestaltet hat - inhaltlich, emotional und im eigenen Beziehungsgeflecht. Nur was wir selber - real und/oder gedanklich - durchlebt und auch emotional begriffen haben, dafür bringen wir Verständnis bei uns selber und bei anderen auf, mit deren Reaktionen und Gefühlen wir im Changeprozess konfrontiert werden, wenn es um klare Schnitte und neues Wachstum geht. Dabei geht es um empathische Distanz und um vorübergehende Identifikation mit unterschiedlichen Perspektiven als Basis für gelungene Kommunikation (sich selbst und die eigenen Gefühle nutzen als „Probebühne und Resonanzkörper" für das, was im Unternehmen geschieht).

Die Fallbeispiele im letzten Teil des Buches verdeutlichen diese Gestaltungsstrategien. Werfen Sie mit uns einen Blick in diese "Praxiswerkstatt".

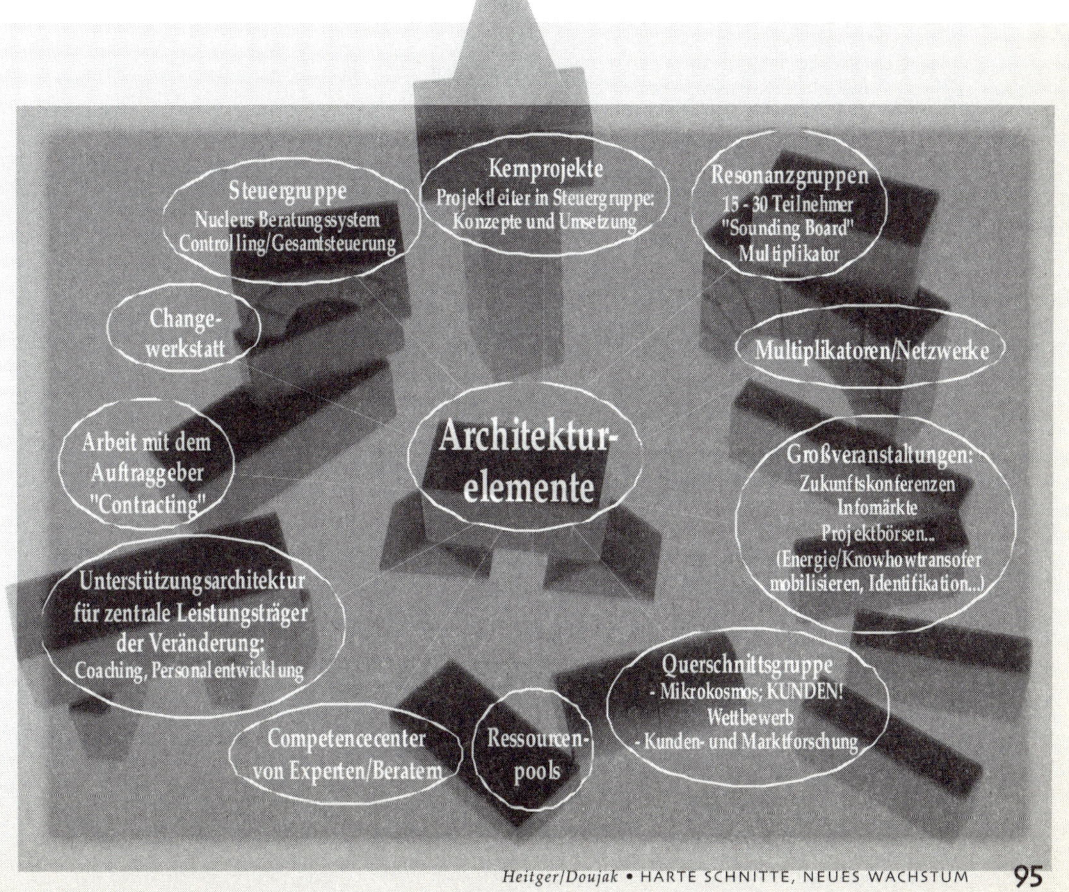

ÜBERSICHT CHANGEARCHITEKTUR UND -ORGANISATION

Wer seine Kenntnisse vertiefen möchte, kann z. B. zum Thema Innovation in folgendem Buch weiterlesen: Tushman/ O'Reilly, *Winning through Innovation;* zum Thema Wissensmanagement und insbesondere -entwicklung: Nonaka/ Takeuchi, *Die Organisation des Wissens*, Krogh/ Ichijo/ Nonaka, *Enabling Knowledge Creation;* zum Thema revolutionäre Leadership: Tichy, *Regieanweisung für Revolutionäre: Unternehmenswandel in drei Akten*, Hamel, *Leading the Revolution*. Alle Angaben finden Sie im Literaturverzeichnis.

Gedanken von Betroffenen (4): MIDDLE MANAGER

... So, jetzt sind wenigstens die Personalentscheidungen klar ... bin ich also mittelfristig noch im Boot ... aber wie soll ich's meinen Leuten beibringen ... schon wieder 25 % Rationalisierung ... das ist jetzt quasi die vierte Welle ... den Neuen kann ich's ja gut verklickern, aber die Stammspieler werden es nicht verstehen ... jedes Jahr mit der gleichen Argumentation, jetzt die nächste Welle ... Kundenanforderungen, Markteinbruch, Ergebnis, die Elemente sind austauschbar ... der Druck wird immer stärker ... und ich wieder dazwischen, Sandwichposition ... na ja, wie viel davon kann man wirklich glauben ... ich denke an die anderen Bereiche – wir haben schon so viel rationalisiert, die sollen mal bei sich selbst schauen ... wenn die Vorstände die gleichen Auflagen bekämen wie wir selbst, die würden schön schauen ... was mir Zuversicht macht, ist das Wachstum im Bereich X ... die Ideen, die wir dort haben ... und Optimierung ist endlich auch ein vernünftiges Ziel, ehrgeizig waren wir ja schon immer ... immer vorne weg zu sein, auch vor den anderen Bereichen ... ich denke, es ist schon schaffbar ... mit einem gewissen sportlichen Ehrgeiz ist es machbar ... wir werden unser Ziel erreichen, keine Frage ... aber was werden diesmal die Kosten sein ... langsam krieg´ ich eine Elefantenhaut ... ob das so gut ist ... wie kann ich mich eigentlich selbst motivieren? ... wie schaff´ ich das? ... weiterhin die Nr. 1 zu sein, das ist so abstrakt ... was hab' ich davon ... da zählt schon mehr der sportliche Wettbewerb mit meinen Kollegen ... ist sicher angenehmer als das Rationalisieren ... vielleicht ist diese Balance auch etwas, das ich bei meinen Leuten gut rüberbringen kann ... ich denke, jeder wird auf etwas anderes anspringen... ich brauche Leute, auf die ich zählen kann und dann muss ich die auch richtig fokussieren ... ich denke, ich starte einige Projekte in meinem Bereich ... mit starken Leuten müsste das schon gehen ... jetzt, wo alles durcheinander gewirbelt wird ... ich brauche starke Leute in meinem Changeteam ... jetzt haben die wieder einen Changemanager eingesetzt ... bin schon neugierig auf dessen Rollenbeschreibung ... es wird wieder Unruhe geben ... dann muss ich meine Position wahren ... gleichzeitig freu´ ich mich aufs Neue...

(5): KUNDEN

... die müssen einfach kapieren, dass es schneller gehen muss ... sie wissen doch gar nicht, was wir für einen Druck von unseren Kunden bekommen ... gleichzeitig darf natürlich die Stabilität und die Qualität der Produkte nicht sinken ... auch bei uns gehen die Anforderungen ja ständig hoch ... das Letzte, was ich mir leisten kann, sind Unsicherheiten im Tagesgeschäft ... wo wir doch selbst so viel zu tun und zu reorganisieren haben ... die neuen Produkte, die sie uns versprechen, klingen ja verheißungsvoll, ob die auch so funktionieren? ... der Service wird auch immer wichtiger ... wir müssen das ja auch sehr viel einfacher machen ... Schnittstellen ... ob sie die Reorganisation schaffen ... ich sollte vielleicht auch einmal eine Wettbewerbsanalyse machen ... liefert vielleicht gute Argumente für den Einkauf ... auf der anderen Seite, wenn wir es schaffen, gemeinsam an solchen Prozessen zu arbeiten, könnte sich da vieles weiterentwickeln ... gleichzeitig darf die Abhängigkeit von einzelnen Lieferanten nicht zu stark werden ... das darf nicht passieren ... ich brauche eine Transparenz über die Vorgänge dort ... auch das Gefühl, ob sie das schaffen oder nicht ... ich denke, sie wollen das im stillen Kämmerlein machen, damit wir nichts mitbekommen ... und glauben, alles sei beim Alten ... aber es gibt einige Mitarbeiter, die Kontakte dorthin haben ... das blanke Chaos herrscht ... der Key Accounter stellt das natürlich anders da, aber ich denke, da müssen wir wirklich aufmerksam sein ... die Idee mit den übergreifenden Projektteams gefällt mir eigentlich sehr gut ... wir kriegen auch mehr Einblicke in ihre Prozesse ... Supply Chain ... welche Bilder es da immer gibt ... sind wir im gleichen Zug oder sind wir Nachbarn ... ich denke, es ist eine gute Zeit ehrgeizige Anforderungen an die Burschen zu stellen ... damit hält man den Veränderungswillen dort höher ... „Hängt ihn höher" ... sie haben das auch bei uns intern zu verkaufen ... ich hab' gehört, sie gehen in gänzlich andere neue Felder ... da bin ich ja neugierig, was als Kerngeschäft für uns Stammkunden übrig bleibt ... das müssen wir wohl genau beobachten ... wenn sie die besten Leute in die neuen Bereiche schicken, mache ich mir Sorgen um unsere Produkte ... andererseits stecke ich ja so stark im Tagesgeschäft, dass ich eigentlich nur Resultate möchte ... denke, das werden wir beim nächsten Kundengespräch noch deutlich sagen ...

KAPITEL 4

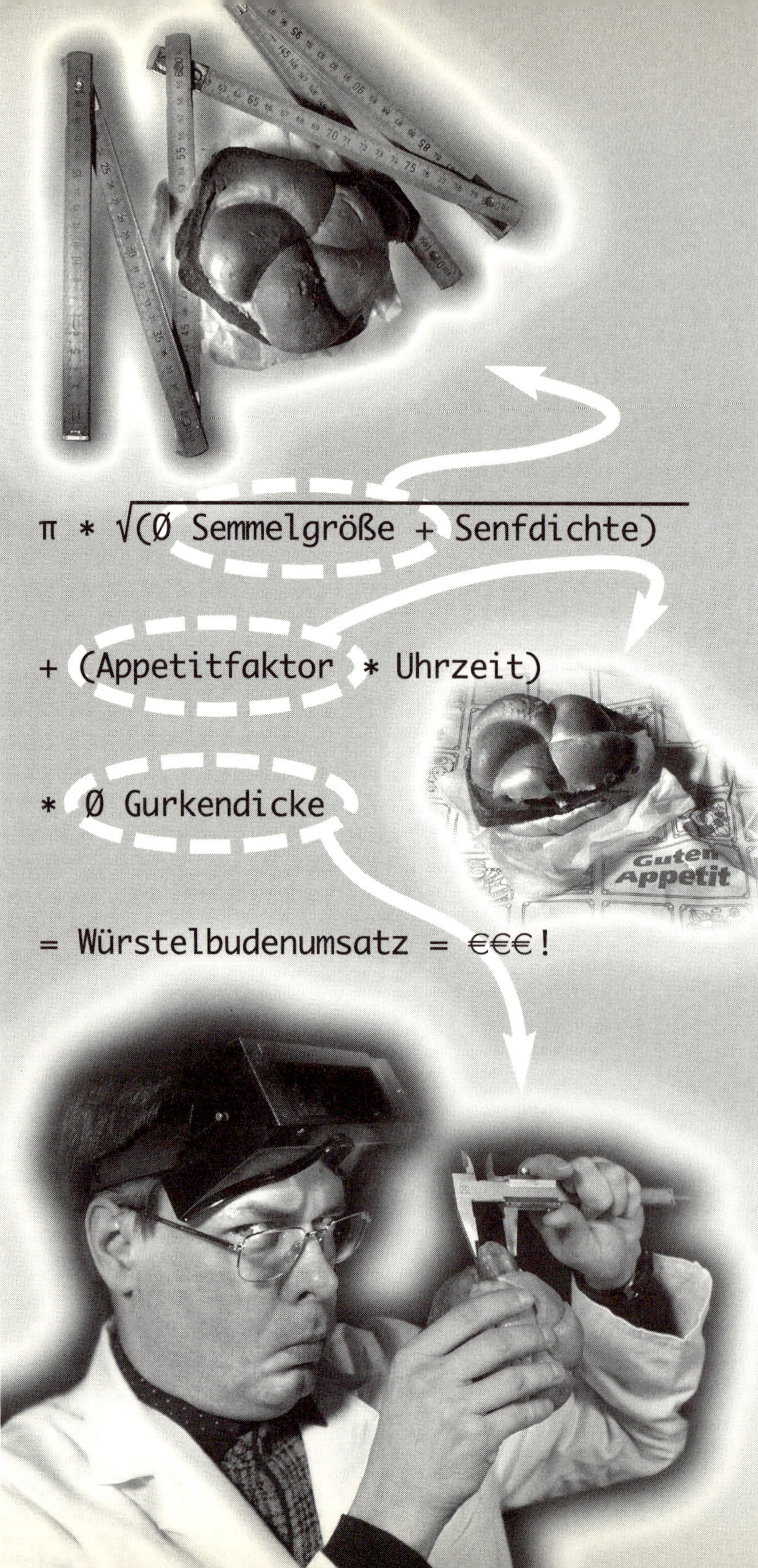
π * √(Ø Semmelgröße + Senfdichte)
+ (Appetitfaktor * Uhrzeit)
* Ø Gurkendicke
= Würstelbudenumsatz = €€€!
Guten Appetit

DIE MACHT DER ZAHLEN

„Nur was gemessen wird, kann auch gemanagt werden." - das gilt auch für Veränderungsmanagement. Aber wie beeinflussen Zahlen die Ziele und die Steuerung von Transformationsprozessen? Lassen sich deren Ziele messen? Und wenn ja, wie – wenn Transformationen ein sich permanent neu rebalancierender Mix von Steuerung und Turbulenzen sind? Gilt dann nicht viel mehr eine Zeile aus einem Song von John Lennon: „Life is what happens while we are making plans"?

Fest steht: Zahlen und Unternehmen - das gehört zusammen, da Unternehmen ihre Lebensfähigkeit (aus systemtheoretischer Sicht) erst dadurch erhalten, dass sie ihre Zahlungsfähigkeit immer wieder erneuern. Wer nicht mehr zahlen kann, meldet Vergleich oder Konkurs an. Unternehmen werden über Zahlen gesteuert - die Macht und Magie von Zahlen sind groß. Wer seine Positionen am besten mit Zahlen belegen kann, hat einen Vorsprung. Zahlen dienen als Kurzformel für zu erreichende Ziele.

Wann immer die Leistungen eines Systems beurteilt werden, sind Zahlen im Spiel. Das gilt für Unternehmen besonders.

Um zu verstehen, was eine Zahl konkret bedeutet, brauchen wir jedenfalls Antworten auf diese Fragen:

- Was wird gemessen, was ist der Maßstab und worauf wird der Blick mit diesem Maßstab gelenkt (z. B. Umsatz oder Profit, ROI oder RONA)?
- In welche Relation wird die gemessene Zahl gesetzt (welcher Vergleichsmaßstab gilt)? Wird über Zeitperioden verglichen oder Kriterien miteinander oder im Vergleich mit anderen?
- Wer misst und mit welchem Interesse (z. B. Analysten oder Mitarbeiter)?

Jeder kennt diese Fragen im Kontext der Bewertung von Organisationen. Welche Maßstäbe für die Bewertung des eigenen Erfolges ausgewählt werden, ist eine Managemententscheidung mit vielen Konsequenzen für das Agieren im Tagesgeschäft und damit auch für die Unternehmensentwicklung. Zahlen steuern Verhalten, sie wirken wie Magneten, die Energie und Aufmerksamkeit bündeln, ausrichten und konzentrieren. Die Auswahl und das Zusammenspiel von Erfolgskriterien als integriertes „Zahlengefüge" eines Unternehmens sind ebenso wichtige inhaltliche Elemente wirksamer Controllingarchitekturen, wie die schnelle und interaktive Rückkopplung der Ergebnisse. Die jeweilige Antwort auf die Frage, wann Unternehmen als erfolgreich gelten, entscheidet auch, welche Ziele überhaupt ins „Visier" für Transformationen kommen.

WANN SIND UNTERNEHMEN ERFOLGREICH? – MODELLE

Die Antwort auf diese Frage hängt ab von den mentalen Modellen darüber, worum es im Unternehmen eigentlich geht und was daher auch Treiber für Changeprozesse wird.
Inzwischen gibt es dazu immer mehr Konzepte: Ratings und Modelle der Unternehmensbewertung wie Shareholder Value fokussieren den Kapitalwert von Unternehmen („Unternehmen als Ware bzw. Aktie").
Das EFQM-Konzept (siehe Grafik) unterscheidet bei den Messkriterien zwischen Befähigern und Ergebnissen, rückt damit Ergebnisse und Entwicklungspotentiale in den Mittelpunkt („Unternehmen als Produzent" von Waren oder Dienstleistungen.)

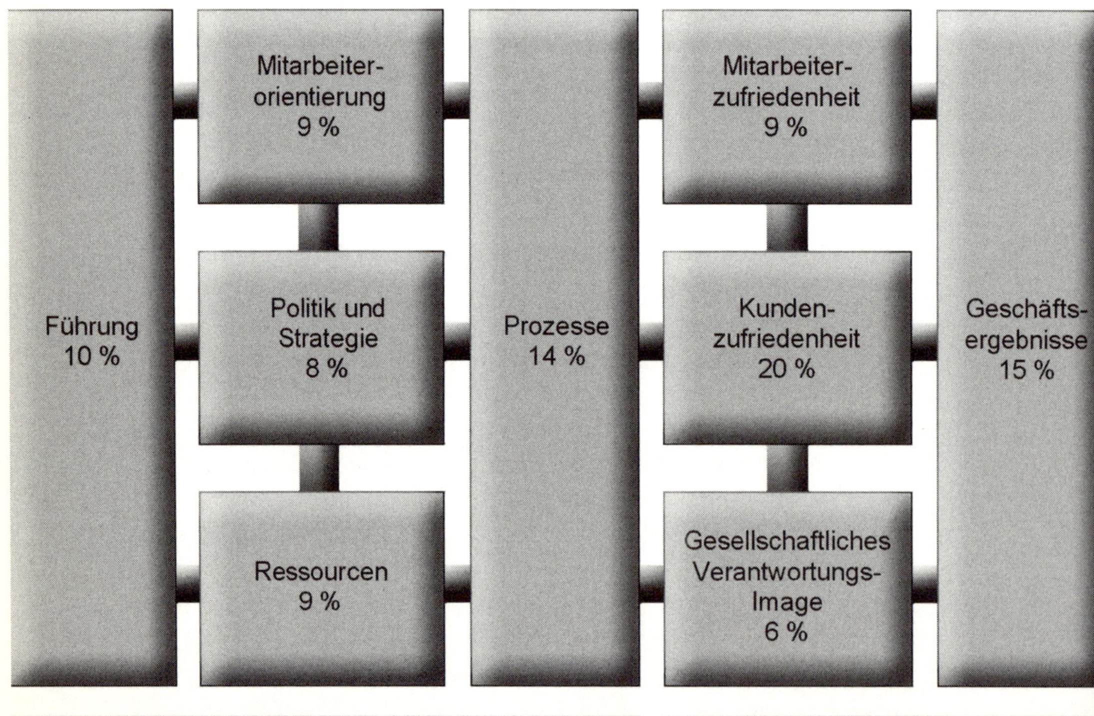

Die Balanced Scorecard (BSC), die Kaplan und Norton in ihrem gleichnamigen Buch entwickelt haben, kombiniert als Steuerungslandkarte zur Strategieumsetzung die Kundenperspektive mit der Perspektive interner Geschäftsprozesse und die Dimension der Finanzen mit der Dimension von Lernen und Entwicklung.

Damit verdeutlichen Kaplan und Norton die Spannungsfelder zwischen Außen- und Innenorientierung einerseits und kurz- bzw. langfristiger Orientierung andererseits sowie die Notwendigkeit zu entscheiden, ob Balance oder Unbalance zwischen diesen Spannungsfeldern die jeweils passende Priorität darstellt.

Ein letztes, erst in seinen Anfängen stehendes Modell ist der Intellectual Capital Navigator, mit dem Edvinsson, seinerzeit Verantwortlicher für Wissensmanagement bei Skandia, die Balanced Scorecard weiterentwikkelte, um das Wissenskapital des Unternehmens sichtbar zu machen. Modelle wie dieses fungieren als Radar für die Zukunftspotentiale, die im Wissenskapital liegen – und sagen über die Innovationskraft eines Unternehmens mehr aus als vergangenheitsorientierte Finanzzahlen[1)].

1) Edvinsson, Malone in Intellectual Capital, Piatkus London 1997, Seite 69ff

Edvinsson schlägt vor, den Marktwert eines Unternehmens nach dem Finanzkapital einerseits und dem Wissenskapital andererseits zu bemessen (Der Vergleich dieses Modells mit anderen Konzepten insbesondere solchen der Unternehmensbewertung wäre wichtig zu diskutieren. Das steht noch aus.)

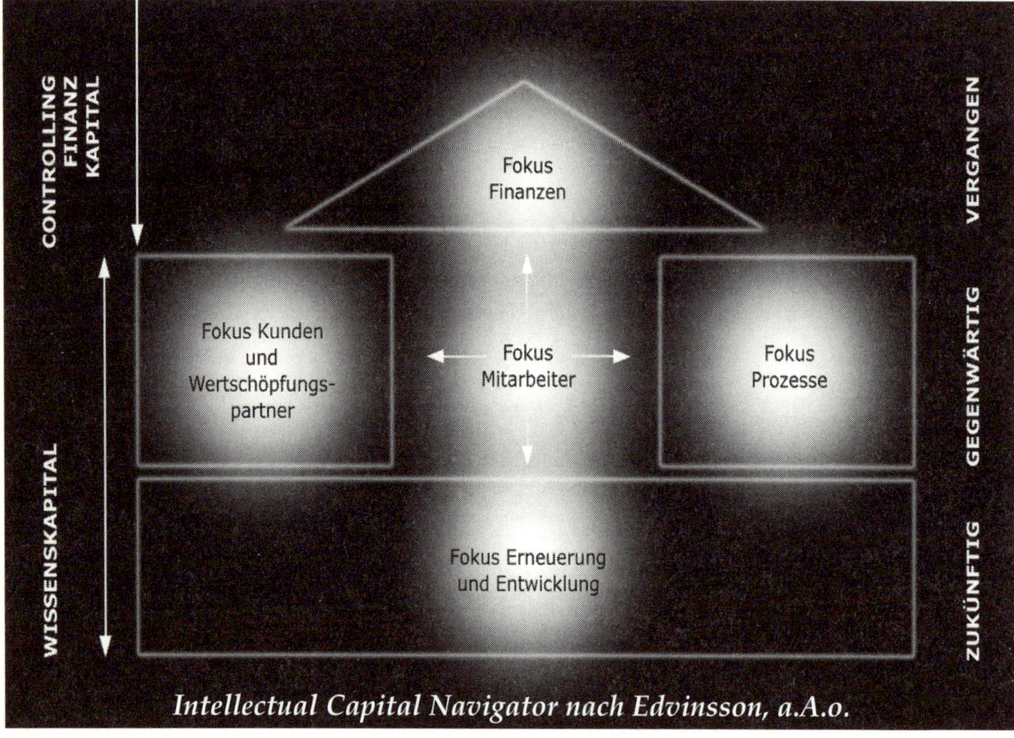

Intellectual Capital Navigator nach Edvinsson, a.A.o.

Für jeden Fokus sind wie bei der Balanced Scorecard die spezifischen Ziele und Kennzahlen zu entscheiden. Messkriterien für „Wissenskapital Kunden" können sich etwa auf unterschiedliche Kundentypen, Dauer der Kundenbeziehung, Rolle und Beitrag des Kunden, Maßnahmen zur Unterstützung des Kunden und Kundenerfolg beziehen.
Alle diese Modelle bieten bestimmte Beobachtungsraster an und schließen damit andere aus. Damit steuern sie nicht nur das Tagesgeschäft, sondern auch Entscheidungen über Transformationen und deren Ziele. EVA und Shareholdermodelle werden eher an finanziellen Zielen orientierte Transformationsziele und damit häufiger auch harte Schnitte ins Kalkül ziehen, EFQM als Basismodell eher evolutionäre Vorhaben. Die Balanced Scorecard wird besonders die Dilemmata zwischen harten Schnitten und neuem Wachstum deutlich machen, der Intellectual Capital Navigator lenkt die Aufmerksamkeit eher auf Innovationsziele und das „unsichtbare Kapital Wissen".

Nach Edvinsson,
(s.Literaturverz.), S. 52

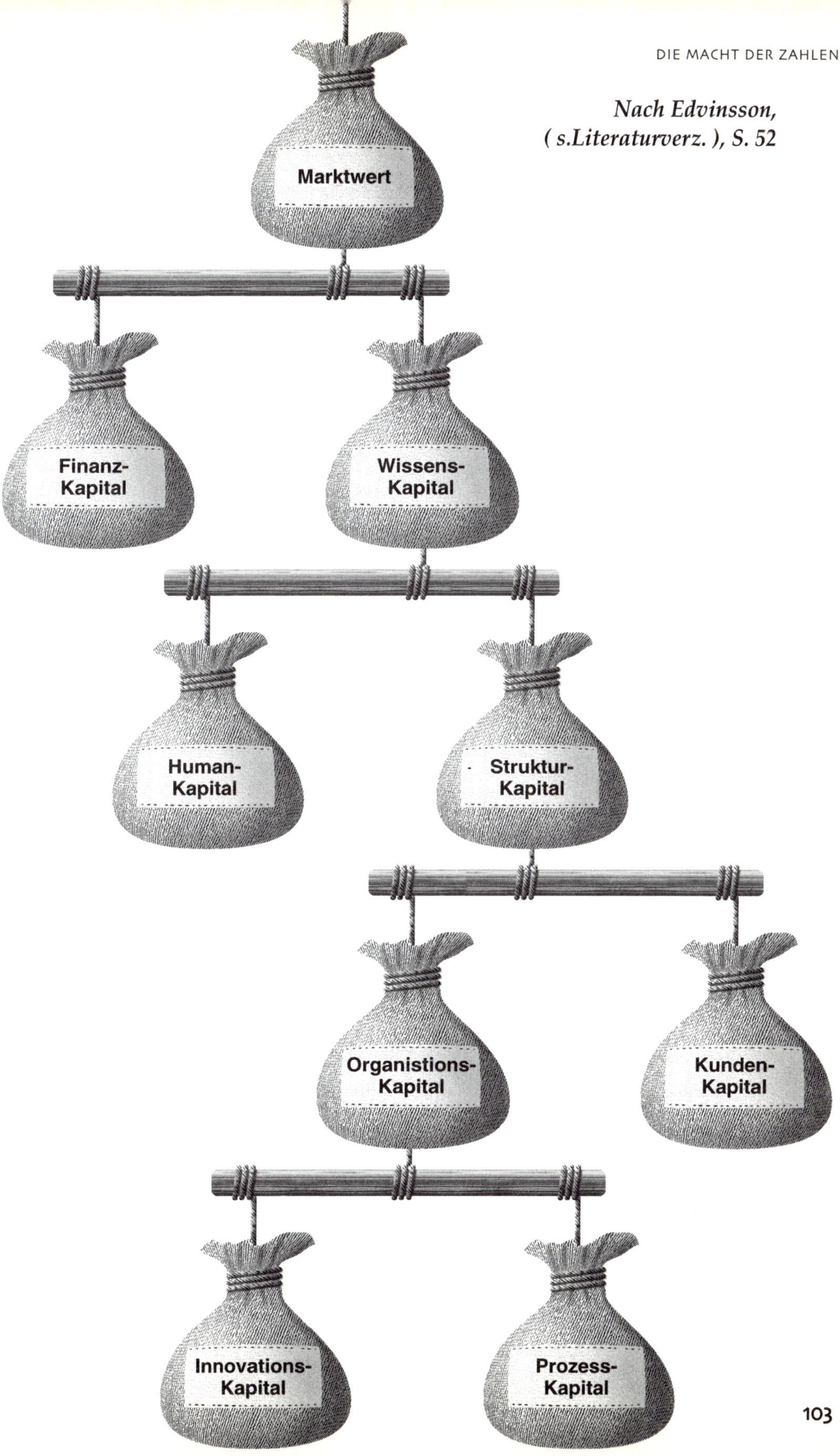

Marktwert

Finanz-Kapital

Wissens-Kapital

Human-Kapital

Struktur-Kapital

Organistions-Kapital

Kunden-Kapital

Innovations-Kapital

Prozess-Kapital

WAS ZÄHLT? DER ZUSAMMENHANG VON CHANGE UND WERTSCHÖPFUNG – UNTERSUCHUNGEN

Das amerikanische Fortune Magazin beurteilt in der jährlichen Hitparade der „most admired companies“ die Unternehmen nach folgenden Kriterien:

- Innovationskraft
- Managementqualität
- Human Ressources Potential/Talent
- Produkt- und Servicequalität
- langfristiger Investitionswert
- finanzielle Stabilität
- soziale Verantwortlichkeit und
- Verwendungszweck des Firmenkapitals

Nach einer Untersuchung von Ernst & Young[2)] orientieren Financial Analysts und Portfoliomanager ihre Investitionsentscheidungen zu 35% an nichtfinanziellen Informationen. Die Rangreihe der Kriterien sieht dabei so aus:

1. Umsetzung der Unternehmensstrategie
2. Glaubwürdigkeit des Managements
3. Qualität der Unternehmensstrategie
4. Innovation
5. Fähigkeit, Mitarbeiter mit Potential zu gewinnen und zu halten
6. Marktanteil
7. Managementexpertise
8. Zahlungssysteme abgestimmt auf Shareholderinteressen
9. Leadership in der Forschung
10. Qualität wesentlicher Geschäftsprozesse

Beide Untersuchungen zeigen, dass sich gelungenes **Changemanagement** nicht nur an Umsatz- und Gewinnwachstum messen lassen kann, sondern mehr als in der Vergangenheit dadurch **Wettbewerbsvorteile** schafft, dass es **Innovationskraft** stärkt und die **Umsetzung der Unternehmensstrategie** voran bringt. Foster und Kaplan weisen darauf hin, dass im amerikanischen „Standard and Poor Index“ die 90 Unternehmen, die dort 1920 aufgelistet waren, im Schnitt 65 Jahre dabei waren. 1998 beträgt die durchschnittliche Zugehörigkeit zum „Standard and Poor 500 Index“ nur mehr 10 Jahre. Die Fähigkeit, sich wirksam und innovativ mit dem Markt oder ihm voran zu verändern, wird also immer bedeutsamer.

Warum aber gleichzeitig neues Wachstum und harte

2) J. Low, T. Siesfield, Measures That Matter (Boston, Ernst & Young 1998)

Schnitte als Ziele? Die American Management Association (www.amanet.com) wertet jährlich Management - Surveys aus und kommt zu dem Ergebnis, dass langfristig die Unternehmen, die **zugleich Arbeitsplätze eliminieren und neue schaffen, bessere Ergebnisse** in ihrer Produktivität, in Qualität, Profitabilität und Shareholder Value **ausweisen**.[3)] Bei diesen Unternehmen gehören neues Wachstum und harte Schnitte sozusagen zum Tagesgeschäft, werden evolutionär gemanagt.

Teresa Joyce und Ralph Kilman beschäftigten sich in einer Untersuchung[4)] auch mit Zielen von Transformationsprozessen. Die Ergebnisse:

- Produktivität erhöhen 20 %
- Kundenorientierung erhöhen 19 %
- Produktqualität erhöhen 19 %
- Partizipation erhöhen 19 %
- Kostenreduktion erreichen 19 %
- Commitment und Betriebsklima verbessern 18%

Also eine Balance von Wachstumszielen, Produktivitätszielen und Kulturzielen.

ERFOLG ODER FEHLSCHLAG? – WAS IM CHANGEMANAGEMENT ZÄHLT

Untersuchungen darüber, was Treiber und Erfolgsfaktoren von Changeprozessen sind, nehmen allmählich zu; die meisten kommen aus dem amerikanischen Raum.

Die wirksamsten **Hebel** für den Erfolg tiefgreifender Veränderung waren laut Joyce und Kilman:

1. Markt als Treiber: je mehr Wettbewerb im Markt, desto eher ist Changeprojekten Erfolg beschieden. Wettbewerbsorientierung schlägt andere Motive deutlich (z. B. Kulturveränderung, andere innenorientierte Ziele).
2. Veränderungen, die länger als 2 Jahre konsequent vorangetrieben wurden, waren signifikant erfolgreicher als kürzer angelegte. Verankerung, Konsequenz in der Umsetzung als zentrale Botschaft für nachhaltige Veränderung heißt auch, Changevorhaben nicht

3) Survey 2001, S. 3

4) OD Journal 17/2 Summer 99, 71 ff

vorzeitig zu beenden und ein Changethema nach dem anderen durchzu peitschen.
3. Je mehr Mitarbeiterbeteiligung, umso mehr Erfolg. Das erzeugt Commitment zur Veränderung und Integration von Erfahrungswissen. Diese drei Faktoren als Merkmale von Veränderungsprojekten hatten signifikant bessere Ergebnisse als andere.

Eine der wenigen europäischen Studien, die „Management of Change" Studie des ILOI 1997, beschäftigte sich vor allem mit Barrieren und Erfolgsfaktoren für erfolgreiche bzw. weniger erfolgreiche Veränderungsprojekte. **Erfolgreiche Projekte** zeichnete vor allem aus:

- schnelle Realisierungserfolge
- Zielvereinbarungen
- Controlling der Projekte
- Ansetzen an den richtigen Stellhebeln
- Feedback über den Veränderungsprozess
- Rollendefinition der Beteiligten
- Kenntnis der Unternehmenskultur

Die **„Glaubenssätze"** zu Veränderungsprozessen waren bei den Erfolgreicheren **positiv und ressourcenorientiert:**

- Lernen ist ein wichtiger Teil der Arbeit.
- Es gibt kein Problem, mit dem wir nicht fertig werden.
- Gute Leistung zahlt sich immer aus.
- Wir machen aus allem das Beste.

Die **Schlusslichter** waren (diese „Glaubenssätze" galten in erfolgreichen Unternehmen *nicht*):

- Bei uns wird sich sowieso nichts ändern.
- Was ich hier mache, interessiert ohnehin niemanden.
- Der Ehrliche ist bei uns meist der Dumme.
- Meinem Chef kann ich es nie recht machen.
- Wie es wirklich bei uns aussieht, erfahren wir sowieso nicht.
- Offenheit wird letztlich doch nur ausgenutzt.

Nebeneinander gestellt machen die Spitzenreiter und Schlusslichter deutlich, dass eine im Unternehmen verankerte Identität

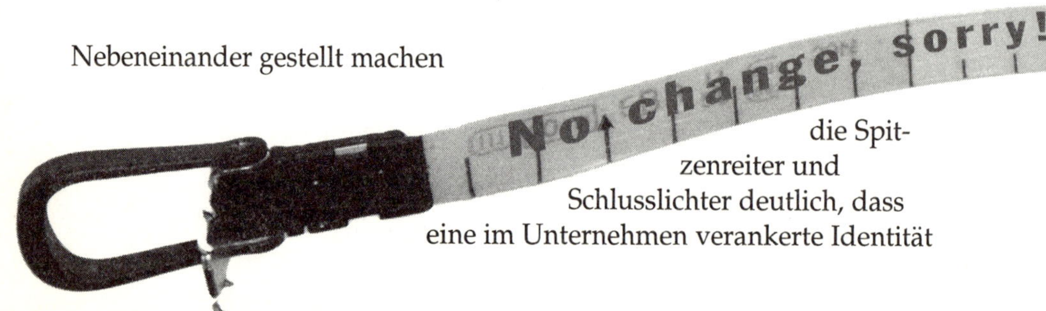

und Kultur von hohem Selbstwert, Optimismus und Zukunftsorientierung mit Wettbewerbselementen, schnellem Feedback und Offenheit in der Kommunikation entscheidend sind für das Gelingen von Veränderungsprojekten - ein Befund, der ja durch die Konzepte der lernenden Organisation sehr bestätigt wird.

Welche Faktoren behindern den Wandel?
Organisationskultur und Tradition 58 %,
Widerstand der Mitarbeiter 48 %,
Langwierigkeit der Veränderungsprozesse 30 %,
unzureichende Fähigkeiten der Manager 25 %
Das ergab eine Studie von Wyatt Company - veröffentlicht im Managermagazin 7/1995
Auffällig ist, dass die weichen Faktoren wie Organisationskultur, Tradition oder Widerstand insofern die „harten“ sind, weil sie als die größten Hindernisse wahrgenommen werden. Es ist eine Herausforderung, Vertrautes aufzugeben (Kultur, Tradition) und auszuhandeln, was zu bewahren und zu erneuern ist (Widerstand als Signal und Botschaft ernst zu nehmen).

Insgesamt fiel uns bei der Auswertung dieser Untersuchungen das Fehlen von Architektur und Masterplan als „Forschungsobjekt“ (siehe Fallbeispiele) auf. Wir halten diese beiden für wesentliche Erfolgsfaktoren für Transformationen, weil durch sie für das Paradoxon zwischen Steuerung und Turbulenzen ein stabiler Rahmen bereit steht.

Jetzt haben wir besprochen, wie sich Zahlen und dahinter liegende Modelle auf Changeziele auswirken („Was“) und von welchen Faktoren angenommen wird, dass sie für Erfolg und Misslingen von Wandel entscheidend sind („Wie“). Wie sieht die Praxis des Changemanagement dazu aus? Messen Unternehmen Ziele und Prozess der Transformationen?

BESSER NICHT - WAS DAFÜR SPRICHT, CHANGEPROZESSE NICHT ZU MESSEN

Controlling und Evaluation von Transformationsprozessen unterbrechen den Fluss des Geschehens. Sie stören, erzeugen noch mehr Entscheidungsdruck und Komplexität in der Umbruchsituation.

Die Ergebnisse sind manchmal desillusionierend und führen in emotional aufgeladenen Situationen (siehe Abschnitt „Harte Schnitte“) zu Rückzug oder Eskalation und zur Suche nach Sündenböcken, zu Angriff und Verteidigung. Das Messen selbst braucht Zeit.
Messen engt auch die Freiräume der Involvierten ein. Unüberlegt ausgewählte Messkriterien erzeugen ungewolltes Verhalten.

WOZU DENN BITTE MESSEN UND EVALUIEREN?

Messen als Controlling ausgewählter Kennzahlen entlang der Transformationsziele und **Evaluation als Diagnose** um die Gesamtwirkung der Transformation im Unternehmen mit allen beabsichtigten und unbeabsichtigten Folgen zu verstehen sind mächtige Interventionen in das Changegeschehen. Zu klären ist, **wofür** sie Motor und Multiplikator sein sollen, was sie primär bewirken sollen. Bewertet werden Changeprozesse immer – wenn nicht offiziell, dann auf dem „Schwarzmarkt“ - auf der informellen Bühne des Unternehmens.

Den Mix von **Controlling** als kontinuierlichem Messen von Zielen, Inhalt und Prozess der Transformation einerseits und von **Evaluation** als qualitativer Diagnose des Systems, die die Gesamtsicht mit allen positiven und kritischen, beabsichtigten und nichtbeabsichtigten Wirkungen erfasst, halten wir bei Changekonzepten der Un:balanced Transformation für notwendig. Damit kann der Brückenschlag zwischen Zielorientierung (Controlling) und offener Steuerung des Prozesses, um auf Unvorhergesehenes einzugehen (Evaluation) leichter gelingen.

In der Praxis geht es dabei vor allem um folgende Funktionen:
Wirksames **Controlling** sorgt für:

- Bewertung des Changeerfolges
- Klärung der aktuellen Zielerreichung
- Priorisierung und Steuerung
- Motivation und das Aktivieren der Involvierten

Evaluation sorgt für:

- Diagnose und Lernen (Systemverständnis)
- Beteiligung, Motivation und Kommunikation
- gesamtheitliche Kursausrichtung
- Beschleunigung und Effizienz - die richtigen Stellhebel und Interventionen finden im Zusammenspiel von Interventionen zu geplantem Wandel und Selbststeuerung statt.

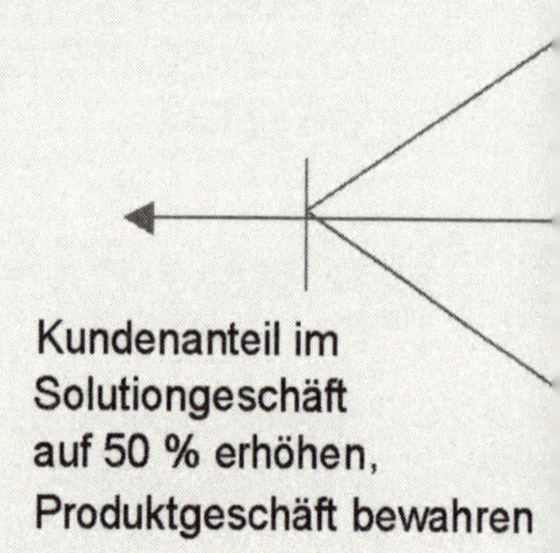

Kundenanteil im
Solutiongeschäft
auf 50 % erhöhen,
Produktgeschäft bewahren

AGENDA FÜR GUTE CONTROLLINGKONZEPTE IN TRANSFORMATIONEN

Controlling beginnt mit einer Diagnose und dem Klarwerden über die priorisierten Ziele der Transformation.
Was wird beim Controlling von Veränderungen gemessen? Wir haben bei Projekten der Un:balanced Transformation mit einer für Changevorhaben adaptierten Balanced Scorecard gute Erfahrungen gemacht (z. B. in Startworkshops mit Steuerteams).

Ausgehend von Vision und Strategie der Transformation geht es darum,

- in einem ersten Schritt die **Ziele der Transformation** für jede der vier Dimensionen der Balanced Scorecard zu konkretisieren; Indikatoren, Kennzahlen für den Erfolg zu erarbeiten und zwar zu den folgenden beiden Fragen
  – „**Was** werden wir z. B. in der Dimension Kundenperspektive auf jeden Fall **erreichen bzw. verändern**?"
  – „**Was** werden wir in der Dimension Kundenperspektive auf jeden Fall weiter **erhalten**?"
- im zweiten Schritt zu klären, welche Vorgaben und Voraussetzungen in den drei anderen Dimensionen zu beachten sind, wenn das Kundenziel angepackt wird (also in der Finanz/Innovations- und Prozessperspektive). Mit diesem Vorgehen sind nicht nur Indikatoren und Kennzahlen für **Ziele der Veränderung und Stabilität** definiert, sondern auch für „Frühwarnsignale" in den anderen Dimensionen. In diesem Setting arbeiten die Steuerteams alle vier Dimensionen durch. Dabei läuft viel gemeinsame Diagnosearbeit über mögliche Turbulenzen der Transformation mit.
- im dritten Schritt gilt es die Intensität der Ziele und ihrer Auswirkungen einzuschätzen und in der Bedeutung zu markieren durch die wachsende Entfernung von der Mitte („Un:balance")

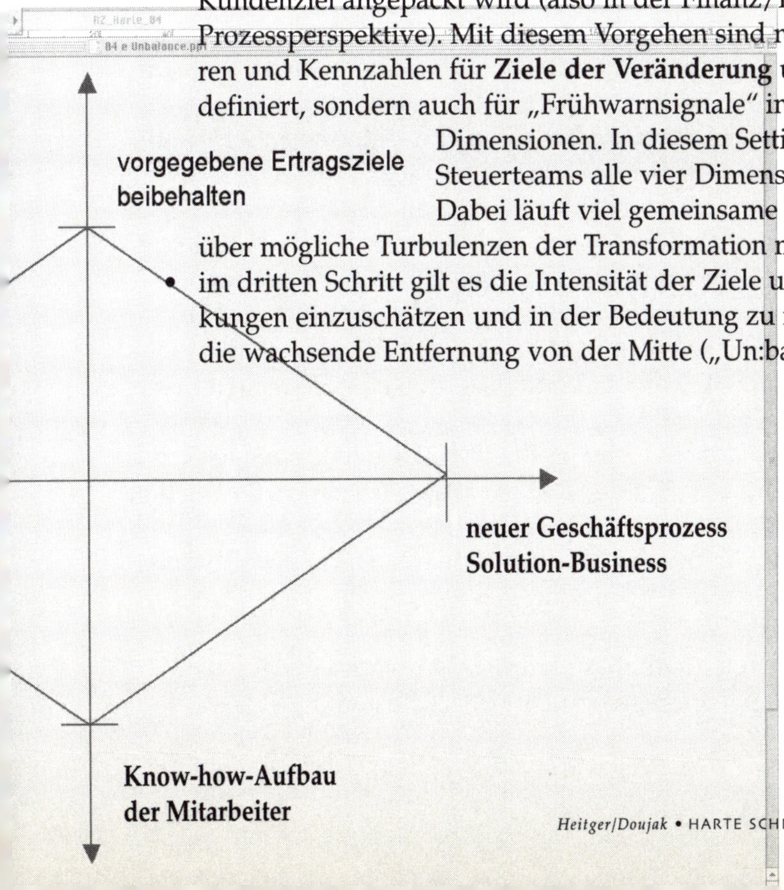

vorgegebene Ertragsziele beibehalten

neuer Geschäftsprozess Solution-Business

Know-how-Aufbau der Mitarbeiter

<< So sah der Einstieg in die Controllingthematik bei einem Projekt aus, dessen Ziel es war, das Unternehmen als Lösungsanbieter neu zu positionieren.

Die vier Scorecards, die in einem solchen Prozess entstehen, sind meist zu komplex, sodass anschließend im Gesamtbild eine Verdichtung auf die wichtigsten Ziel- und Frühwarnkennzahlen zu leisten ist.

Wie sieht der **Controllingprozess** aus - wer misst wann, wer diskutiert die Ergebnisse und trifft Entscheidungen?

- **wer**: jemand, dem Kompetenz und Neutralität zugestanden wird
- **wann**: vor wichtigen Weggabelungen im Prozess z. B. entlang der fünf Changephasen bzw. vereinbarter Meilensteine.
- **Prozess**: Controlling und Steuerung gehören zusammen, daher Verarbeitung der Ergebnisse durch Entscheider und wichtige Mitgestalter der Transformation (Auftraggeber, Initiatoren, Steuerteam, Umsetzungsverantwortliche je nach Architektur und Phase.
- die **Kommunikation** der Ergebnisse und der zugehörigen Steuerungsentscheidungen erzeugt Commitment und Vertrauen.

AGENDA FÜR WIRKSAME EVALUATION

Evaluation ist anders als Controlling nicht im Steuerteam bzw. bei den Entscheidern anzusiedeln, sondern **als eigenes Element in der Architektur** der Transformation, weil Evaluation **Außenperspektive und Allparteilichkeit** braucht, geht es doch darum, die **beabsichtigten und unbeabsichtigten Wirkungen und Dynamiken wahrzunehmen**, zu verstehen und als **Diagnose** den jeweils involvierten Gestaltern zurückzuspiegeln. Allparteilichkeit in der Evaluation bedeutet – im Unterschied zur Neutralität des Controllers – sich als Evaluierer passager, also jeweils vorübergehend, mit den unterschiedlichen Perspektiven der Involvierten zu identifizieren, um Reaktionen, Agieren und Resonanz nachzuvollziehen und Hypothesen zur Dynamik und Wirkungen im Gesamtsystem entwickeln zu können. Systemische Evaluation erfordert **Frage- und Diagnose-Know-how** darüber, manifeste und latente Themen aus der Erhebung dem Klienten produktiv zur Verfügung zu stellen. Um ein differenziertes Gesamtbild über „Wirkungen und Nebenwirkungen" zu entwickeln, braucht es Distanz und Allparteilichkeit, die demjenigen fehlt, der ganz im Zentrum des Geschehens steht. Auftraggeber für die Evaluation ist üblicherweise das Steuerteam, die Projekt- bzw. Changemanager oder das Topmanagement. In der Praxis haben sich unterschiedliche Varianten von Evaluation bewährt.
Beispiele dafür sind:

- Evaluation durch **qualitative Gruppeninterviews** mit Kunden, Mitarbeitern und Managern

- Evaluation durch **empathische Beobachtung**, wie Kunden Produkte in ihrem Alltag – bewussten und unbewussten Bedürfnissen folgend – nutzen, um Innovationspotential zu evaluieren
- Ein **Workshop mit Resonanzgruppen**, die übergreifend nach Stakeholdern zusammengesetzt sind und zu Beginn durch vom Berater moderierte Diagnosearbeit dazu beitragen, dass Zielfindung und Architektur der Transformation maßgeschneidert sind. In späteren Phasen, insbesondere nach den Pilots, können solche Workshops wertvolle Impulse geben, wenn die Pilots simuliert, ihre Ergebnisse ausgewertet und Chancen bzw. Risiken evaluiert werden
- **Offene Einzelinterviews** mit Repräsentanten der Stakeholder – vor allem zu Beginn legen solche Einzelinterviews in einer Diagnose zum Start eine solide Basis für die zentralen Entscheidungen, die das Steuerteam zu Beginn trifft (Ziele, Architektur, Besetzung der Teams, Phasen, Meilensteine, Masterplan, Kommunikationsstrategien und das passende Controlling)
- Eine Kombination von einem kurzen **Fragebogen** mit 5-8 quantitativen Fragen (der die Vergleichbarkeit erhöht) mit offenen Interviews von **stabilen Evaluationsteams** pro Bereich – dies ist eine sehr effiziente Evaluation. Dabei wird zu wichtigen Meilensteinen von externen Interviewern befragt und die anonym ausgewerteten Ergebnisse im Steuerteam diskutiert. Zudem erhält jeder Bereichsleiter die Auswertung seines Bereiches.

Da solche Evaluationen sensible Interventionen sind, gilt es - egal ob als interner oder externer Experte – folgende Fragen bzw. Punkte mit dem Auftraggeber sorgfältig zu klären:

- Was soll mit der Evaluation bewirkt werden?
- Die Wirkung welcher Inhalte und Themen soll evaluiert werden?
- Wie ist der Prozess zu gestalten?
  Wer wird befragt? (möglichst multiperspektiv ist sinnvoll)
  Wer steuert und organisiert den Prozess?
  Wie werden die Beteiligten informiert und in den Prozess involviert?
  Transparenz der Diagnose: Mit wem werden die Ergebnisse diskutiert, an wen kommuniziert?
  Vereinbarung der Vertraulichkeit (keine personenspezifische Auswertung)
- Evaluationsergebnis/Diagnose als Intervention: Es ist die Aufgabe vor allem des Evaluierers, die Diagnose so zu gestalten, dass sie die Selbststeuerung des Systems stärkt. Dies erfordert Frage- und Diagnosekompetenz.

In einem sorgfältigen Kontrakt mit dem Auftraggeber ist das **Setting für die Rückspiegelung und Verarbeitung der Diagnose** zu klären: als Agenda des Steuerteams, in Form von Feedbackgesprächen im Linienmanagement, mittels Rückspiegelung in Workshops oder in Großveranstaltungen mit anschließenden Arbeitsgruppen. Nachvollziehbarkeit, Professionalität in Methodik (Interviewführung und Diagnose) und Kommunikation (Setting und Design) sind unverzichtbar. So werden Evaluationen zu einem der wirksamsten Instrumente, um in Transformationen mit Turbulenzen und Eigendynamik produktiv umzugehen. Es ist dann jeweils maßgeschneidert auf Basis der aktuellen Evaluation zu entscheiden, ob Ziele und Prioritäten neu zu setzen sind oder nicht. **Evaluation führt den Entscheidern das Gesamtbild** vor. Sie bietet - systemisch beschrieben - produktive Wirklichkeitskonstruktionen an und lässt die Gestalter des Changeprozesses Distanz, Gelassenheit und gemeinsames Commitment für die nächsten Schritte gewinnen.

Gedanken von Betroffenen (6): EXTERNER BERATER

... die Synergien liegen auf der Hand ... niemand greift sie an ... Bereichslogiken sind so starr ... das zieht sich durch das ganze Unternehmen durch ... schon wieder ein Vorstand, der sich nicht einig ist über die Gesamtlinie ... die lähmen sich gegenseitig ... jetzt brauchen sie wieder neue Berater ... weil sie wissen, dass wir ja die Spezialisten für solche Fälle sind, holen sie uns ... eine wichtige Frage wird auch sein, wie wir uns jetzt als die achten Berater erfolgreich positionieren können ... ich denke, da wird unser Konzept gut greifen ... wir brauchen klare Aufträge und klare Strukturen ... die Kultur dort ist mir eigentlich sehr sympathisch ... sie packen wirklich viel an ... auf der anderen Seite gibt es soviel Eigendynamik ... durch die großen Veränderungen denkt jetzt jeder mal an seine Position oder an seine Perspektive ... denke, da können wir gut vermitteln ... Klarheit und Orientierung ... es wird eine sehr komplexe Situation ... alles wieder neu ... der Info-Austausch im Beraterteam wird wichtig ... die Zielkonflikte sind vorprogrammiert ... wenn sie jetzt gleichzeitig rationalisieren und auf der anderen Seite wachsen wollen, ist da sehr viel Sprengkraft drin ... wie setzen wir das auf ... parallel oder gleichzeitig ... oder hintereinander ... wir brauchen eine gute Verbindung zum Auftraggeber ... es muss eine stabile Beziehung sein, sonst wird es schwierig werden ... ist abzusehen, dass es ein sehr bewegter Ritt werden wird ... wir müssen auch in unserem Beraterteam die richtigen Qualifikationen abbilden ... wie krieg' ich da eine gute Mischung ... vielleicht lassen wir uns vor den Karren spannen, um die Leute zu motivieren ... ich denke, das muss nachhaltig aufgesetzt sein ... die ticken so schnell, das ist ein Wahnsinn ... für ihren internen Entwicklungsprozess brauchen sie ewig und dann sollen wir als externe die heißen Kartoffeln aus dem Feuer holen ... und das kurzfristigst ... ich denke, das muss ich dem Auftraggeber auch einmal kommunizieren ... auf der anderen Seite ist es ja gut, wenn die Anfangsphasen so schnell gehen, da hatte sich schon ein ziemlicher Entscheidungsstau gebildet... wenn wir richtig intervenieren, haben wir gute Chancen, dass das Ganze ein Erfolg wird ... muss mir mal die letzten Projekte ansehen ... der interne Changemanager gefällt mir eigentlich sehr gut ... die Auftraggeber sind so schwach ... da müssen wir andere Anknüpfungen schaffen ... die Frage ist auch, ob wir auch mit anderen Beratern kooperieren sollen ... ich denk', die brauchen noch dringend Technologieberatung für ihre neuen Produkte ... Kommunikation ... das Ganze wird ein heißes Ding ... hier brauchen wir auch stabilisierende Elemente ... die Balance verfeinern und bewahren kommt wieder mal auf´s Tapet ... wie schaffen wir es, dass die Leute die Verantwortung für die Rationalisierung selbst in die Hand nehmen ... selbst auch gestalten ... einige sind fast apathisch, im Schockzustand ... die Kündigung des Vorstands war doch sehr hart ... viele brauchen neue Orientierung, um wieder handlungsfähig zu werden ... es gibt so viele unterschiedliche Sichtweisen ... Mitarbeiter, die sagen, dass nichts weitergeht, weil der Vorstand nichts weiterbringt ... die Vorstände, die sagen, dass sich die Mitarbeiter nicht bewegen ... die Konkurrenz zwischen denen ... wie kann man die vorhandene Aggression in Gestaltungsenergie umwandeln? ... wie viel von den Erfahrungen aus den anderen Projekten kann man hier überhaupt anwenden ... wie viel neue Aspekte muss man hier auch mit in Betracht ziehen ... das Ganze muss doch maßgeschneidert sein ... obwohl wir nicht sehr viel Zeit haben ... das wird ein harter Job ... die Verbindung zum Management braucht ein neues Selbstverständnis, Entwicklungspartnerschaft, mit dieser alten Grenze intern/extern kommen wir alleine nicht weiter ... was ist die Vision unserer Zusammenarbeit? ... was ist meine Vision? ... die Akquisitionsphase für dieses Projekt war auch sehr interessant ... wenn sich das so fortsetzt ... das wird ein interessantes Projekt ... eigentlich müssten wir jubeln, auf der einen Seite haben wir so viele andere parallele Projekte, dass es schwer ist sich zu fokussieren ... vor Ort ist die Konzentration ja wieder 100 % da ... der Spagat von rationalisieren und entwickeln parallel... ist ein sehr hoher Anspruch dahinter ... da multipliziert sich unser Ehrgeiz und der Ehrgeiz der dortigen Manager und der Mitarbeiter ... eigentlich stärker der Manager ... brauchen ein gutes Back Office für dieses Projekt ... freu mich auf die Veranstaltung ... im Grunde habe ich eigentlich eine sehr schöne Aufgabe ...

KAPITEL 5

DIE LOGIK DER GEFÜHLE

Gefühle sind der Motor für die Umsetzung von Veränderungen. Wenn wir sie in ihrer Funktion und Dynamik verstehen, können wir adäquat darauf reagieren und sie schöpferisch für das System nutzen.

Es ist wichtig zu verstehen, dass Gefühle sich in ihrer „Logik" fundamental von der Logik der Zahlen oder der Logik der jeweiligen Aufgabe unterscheiden. Weder lassen sie sich direkt steuern, noch sind sie in ihrer Dauer und Intensität berechenbar. Jedes Gefühl – sei es Angst, Wut, Trauer oder Freude – hat seine spezielle Funktion und seinen besonderen Wert im Changeprozess und ebenso seine eigene Logik in Bezug auf Wahrnehmung, Zeitrhythmus und Handlungsmuster. All diese unterschiedlichen, teilweise im Konflikt miteinander liegenden Logiken haben in einem organisatorischen Veränderungsprozess ihre eigene Bedeutung und Wichtigkeit. Nur wer sie im Auge behält und versteht, kann sie auch steuern - in dem er ihre jeweils produktive Seite verstärkt und ihr Potenzial nutzt.

GEFÜHLE AUF DER BÜHNE VON VERÄNDERUNGEN

Himmelhoch jauchzend – zu Tode betrübt: Es ist einfach nachzuvollziehen, dass Projekte, bei denen es zugleich um harte Schnitte und neues Wachstum geht, auch gefühlsmäßig polarisieren. Es gibt eine Gleichzeitigkeit unterschiedlichster Gefühle, die sehr stark sein können (nicht alle Mitglieder eines Unternehmens durchleben zur selben Zeit die selben Gefühle) ebenso wie es natürlich auch sequentiell verschiedene Phasen von Emotionen gibt, die in solch einem Veränderungsprozess durchlebt werden. Angst, Ärger und Enttäuschung haben dabei ebenso ihre wichtige (und nicht überspringbare) Funktion wie Freude, Begeisterung, Mut.

Idealisierung der Veränderung: Die Ideologie „Wandel an sich ist etwas Positives" führt zur Idealisierung von Veränderung und erzeugt gleichzeitig auch viele blinde Flecken in Change-Prozessen: Wenn dadurch bisherige Erfolge und Leistungen zu wenig gewürdigt werden, wenn frühere Veränderungen als Irrweg wahrgenommen werden, statt als wichtiger Schritt, auf dem aufzubauen ist, oder wenn aus dem Blickfeld gerät, was an Kontinuität und Stabilität notwendig und intern ebenso wie am Markt erfolgsversprechend ist, dann sind Widerstand und innerer Rückzug auf Seiten der Mitarbeiter die Folge. Es kommt zur Ausbildung eines Zwei-Welten-Unternehmens mit „Veränderungsenthusiasten“, die sagen: „Super, genau das wollen wir! Das ist unsere Zukunft. Dahinter stehen wir!“ und „Veränderungsgegnern“, die in den Widerstand gehen, das Projekt ablehnen und für falsch halten. Die Wirkung aufs Gesamtsystem ist eine altbekannte: Es tut sich viel, aber es ändert sich nichts. Das System bleibt stabil im Gleichgewicht zwischen Veränderern und Bewahrern. Daher gilt es auch bewusst ins Auge zu fassen, was an der Identität eines Unternehmens bewahrt werden soll, damit die Bedürfnisse nach Stabilität und Kontinuität nicht vollständig „in die Ecke gestellt“ werden. Wie man weiß, kommt das, was emotional beiseite geschoben wird, immer wieder hervor.

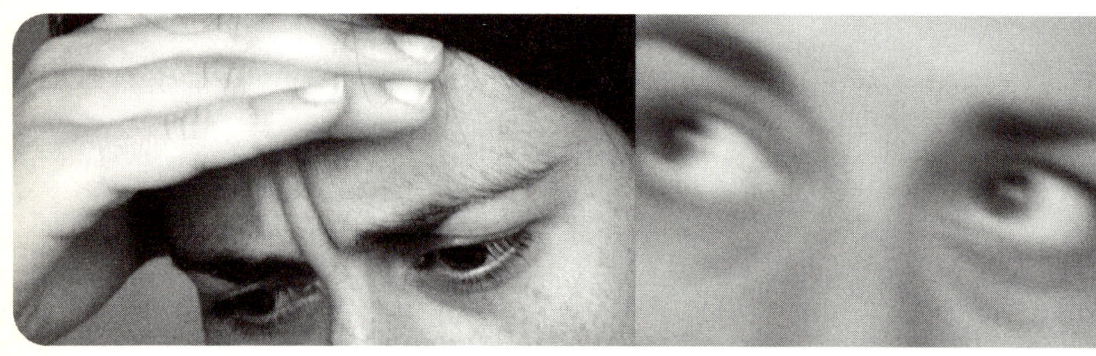

Erstens kommt es anders ... : Wenn es um harte Schnitte und neues Wachstum geht, bewegen sich die Beteiligten immer in einem Raum großer Unsicherheit. Sie möchten Orientierung haben und bekommen statt dessen fortwährend neue Irritation. Was heute funktioniert, kann morgen schon ganz anders sein. Überraschende Geschäftsoptionen führen zu Kooperationen oder Fusionen; unerwartete Krisen verlangen pointierte Reaktionen. Da geht es nicht mehr nur um Change-Management, sondern es geht sozusagen auch um den Change des Change. Diese Projekte sind „emotionale Wechselbäder“ und wirken auch auf die Veränderer selbst zurück: Auch die Veränderer müssen sich ändern, auch die Veränderer sind dem Wechselbad der Gefühle ausgesetzt.

Gefühle kennen keine Zeit: Wir knüpfen bei unseren Begegnungen an dem Gefühlskontext an, der zuletzt im System oder in den Bezie-

hungen vorherrschend war. Denken Sie nur einmal an eine Begegnung mit einem Menschen, die für Sie selbst sehr wichtig war. Das mag eine ärgerliche oder eine sehr erfreuliche Erfahrung gewesen sein. Sie haben diesen Menschen ewig nicht mehr gesehen, aber in dem Augenblick, in dem Sie sich wiedersehen, ist sofort dieses Gefühl wieder präsent.
Die Art und Weise, wie Organisationen auf Gefühle reagieren und wie sie damit umgehen, spielt also eine große Rolle, vor allem in Umbruchsituationen.
Eingeübte Routinen sind „emotionale Autobahnen": Wiederholen sich diese Reaktionen mehrmals, dann bauen sich in der Organisation diese Muster von Fühlen, Denken und Handeln ein in das, was man als Alltagskultur bezeichnet oder als Alltagsdynamik, als typisches Verhalten im Alltag. Diese oft wiederholten Fühl-, Denk- und Verhaltensprozesse werden sozusagen zu emotionalen Autobahnen, wo kleinste Sequenzen als Auslöser genügen, um die üblichen Muster einrasten zu lassen.

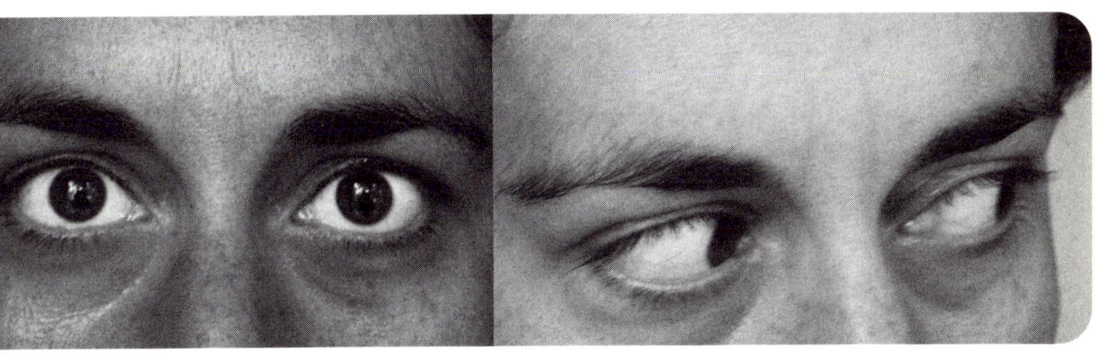

Ist diese emotionale Autobahn einmal verankert, dann muss man, um eine Änderung zu bewirken, emotional schon intensiv „aufheizen". Denn tendenziell folgt jeder eher der eingeschliffenen Bahn. Es braucht daher, bildlich gesprochen, großen Aufwand, um neue „Autobahnen" zu bauen. Wenn einmal eingerastet ist „Alles, was vom Verkauf kommt, ist nicht zu gebrauchen" oder „Meetings sind bei uns immer Frust", dann sind das solche eingefahrenen Muster für kollektive Gefühle, die in Organisationen starke Wirkung haben.

Bleiben Sie sachlich, Herr Kollege, und seien Sie doch bitte positiv!

Wie stehen Organisationen nun grundsätzlich zu Gefühlen? Organisationen sind von ihrem Selbstverständnis her aufgabenorientierte Systeme. Die Bürokratie, die traditionellste aller Organisationsformen, war das besonders. Arbeitsstellen mit bestimmten Aufgaben,

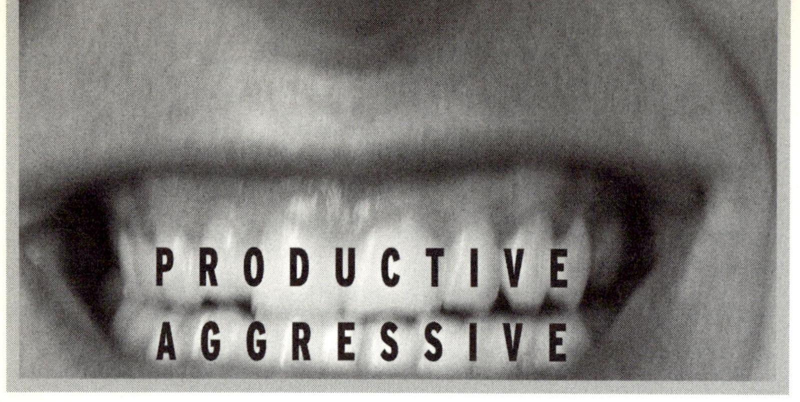

Verantwortung und Kompetenz wurden in formalen Prozessen miteinander verbunden. Der „Stelleninhaber“ sollte austauschbar sein. Heute werden allerdings Organisationen zunehmend zu Systemen, die viel mehr als früher Emotionalität von ihren Mitarbeitern geradezu einfordern, und zwar vor allem die positiven Gefühle Begeisterung, Eigeninitiative, Mut, ja eine gewisse produktive Aggressivität. („Wir kämpfen um die Marktführerschaft!“, „Wir erobern den Markt im Eiltempo!“). Es kommt mehr auf die Personen als auf die Stelle an, der ganze Mensch ist gefragt, wenn es um Commitment, Flexibilität oder Innovation geht. Zugleich wird von den Menschen verlangt, viel mehr an Ängsten, an Unsicherheit auszuhalten als früher - Stichworte Empowerment, Entrepreneurship, Umstrukturierungen. Dem gegenüber steht, dass Manager selten darauf vorbereitet sind, mit kritischen Situationen und unangenehmen Gefühlen verständnisvoll umzugehen – das ist kein Vorwurf, einfach ein Faktum. Damit zu tun hat auch die Beobachtung, dass „negative“ Gefühle in Unternehmen in aller Regel als störend erlebt werden und quasi „verboten“ sind, während „positive“ wie Begeisterung und Enthusiasmus für das Unternehmen mitunter sogar verordnet werden.

Häufig trifft man in Unternehmen auch auf die Aufspaltung in die „harten Sanierer“ einerseits und die „weichen Organisationsentwickler“ auf der anderen Seite. Beide Qualitäten sind aber für einen konstruktiven Entwicklungsprozess notwendig, nur eben nicht im Sinne einer Aufspaltung, die dazu führt, dass eine wirkliche Auseinandersetzung, die die Weiterentwicklung der Identität fördert, verhindert wird.

Sachlich bleiben geht nicht

Gefühle stecken an und entwickeln ihre eigene Dynamik. Zwei kurze Geschichten sollen dies verdeutlichen:

Eine Führungskraft kündigt vor versammelter Mannschaft an, man müsse Kosten sparen und sagt dann sinngemäß: „Meine sehr geehrten Damen und Herren, unsere Zahlen sind schlecht, daher müssen wir 10% Kosten sparen und 10% Mitarbeiter abbauen. Haben Sie dazu Fragen?" Also sehr sachlich und durchaus nicht unfreundlich. Was ist die Wirkung? Wenig verwunderlich: Es treten Gefühle auf wie Angst und Ärger sowie Gedanken wie „Was ist das nur für ein cooler Typ?" „Bin ich nur ein Kostenfaktor?" „Wie geht diese Firma mit uns um?"

Der Manager einer Firma, die eben ein riesengroßes, wichtiges Projekt verloren hat, sagt zur stark verunsicherten Belegschaft: „Es gibt einen traurigen und unangenehmen Anlass für unser heutiges Zusammenkommen. Wir haben ein Projekt nicht gewonnen, auf das wir große Hoffnung gesetzt haben. Ich finde das sehr enttäuschend und habe mich darüber geärgert, denn wir haben möglichen Umsatz verloren - aber es ist eben so. Ich möchte gerne, dass wir uns überlegen, wie uns das passiert ist, was dazu geführt hat. Dann können wir Konsequenzen daraus ziehen und einen Ausweg aus dieser schwierigen Situation finden." Wie das wirkt? Ganz anders.

Jede dieser Aussagen ist, systemisch gesprochen, eine Intervention. Die zweite integriert die vorhandene Emotionalität und macht auch negative Gefühle salonfähig, sodass der Verlust des Kundenprojektes

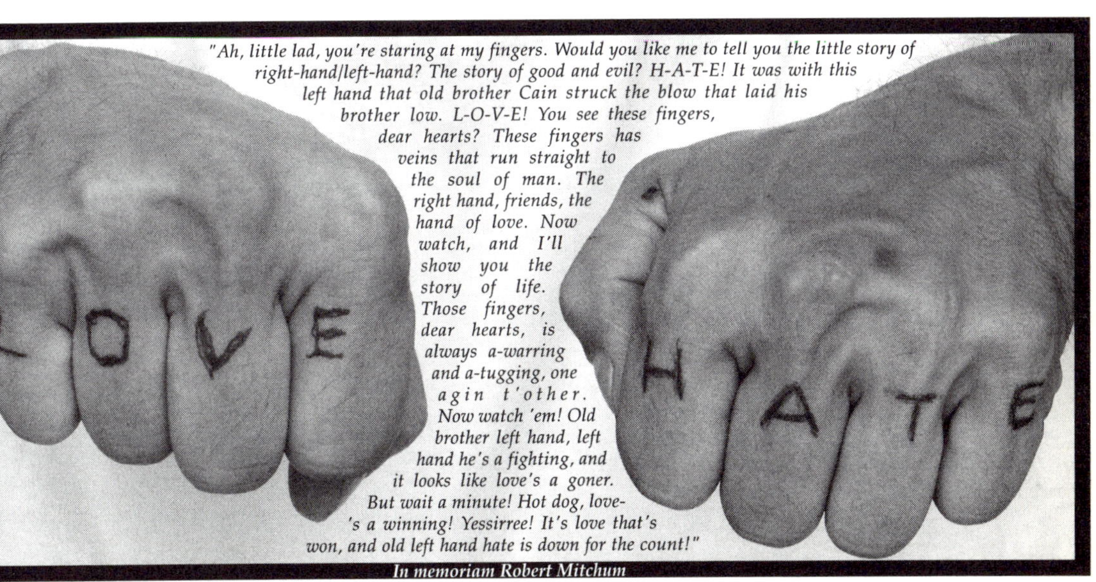

In memoriam Robert Mitchum

inhaltlich und emotional durchgearbeitet werden kann. Sozial führte das im konkreten Fall eher zu offenen Auseinandersetzungen und mehr „teambuilding" (Streiten schafft Bindung!), inhaltlich eher zu pragmatischen, neuen Spielregeln und Supportmaßnahmen für die Pre-Sales-Phase und die Projektakquisition. Diese Ergebnisse wären ohne die Emotionalität als Motor nicht erreicht worden.

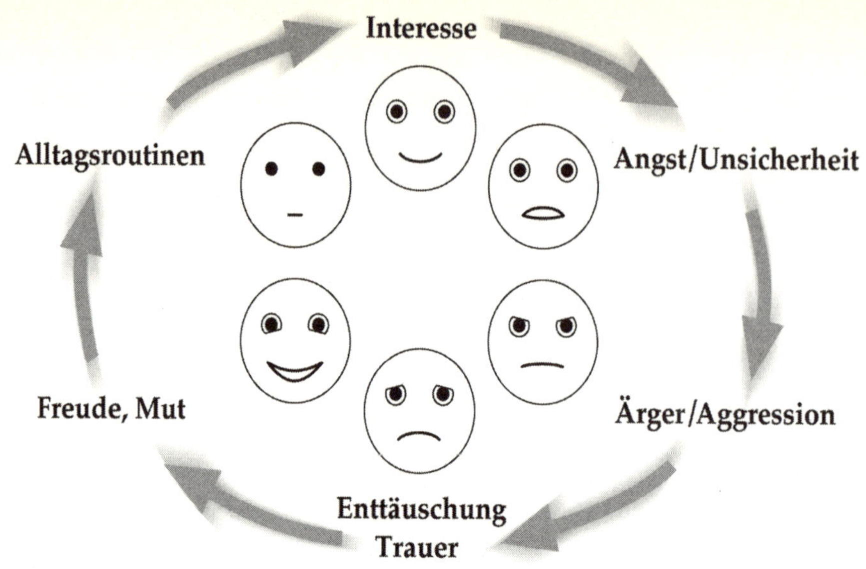

DIE VIER GRUNDKATEGORIEN VON GEFÜHLEN – EIN BLICK HINTER DIE KULISSEN

Kommen wir nun zu den einzelnen Gefühlskategorien. Es hat sich bewährt, vier Grundkategorien von Gefühlen zu unterscheiden (siehe dazu auch die Graphik „Spirale der Grundgefühle im Change-Prozess“): einerseits Angst, Unsicherheit und Sorge, dann Ärger und Aggression, Trauer und Enttäuschung und nicht zuletzt Aufbruchsstimmung, Freude, Mut. Was ist nun jeweils die Funktion dieser Gefühle? Was ist ihre Dynamik und Logik im Umgang mit ihnen? Und was ist daher wichtig zu tun? – Denn all diese Gefühle sind notwendig für gelungene Veränderungen. Im Veränderungsprozess geht es aus Sicht der Logik der Gefühle zunächst darum, aus den „eingeübten Alltagsroutinen“, die mit ihren Mustern wie gewohnte emotionale Autobahnen wirken, Aufmerksamkeit und Interesse dafür zu wecken, dass jetzt etwas anders wird, etwas Neues sich nähert.

ANGST

1. ANGST, UNSICHERHEIT, SORGE: NICHTS WIE WEG!

Die Funktion: Die Funktion von Angst ist, Energie zu sammeln und sich so auf einen zentralen Gefahrenpunkt zu konzentrieren. Angst hilft zu erkennen „Hier wird etwas anders und das könnte auch bedrohlich sein“. Die erste Reaktion ist üblicherweise ein Fluchtimpuls: „Ich will damit nichts zu tun haben“. Oft gibt es in Organisationen aber auch eine erste Reaktion der Art, dass alle sagen: „Super,

jetzt kommt endlich Veränderung." – sozusagen der Fluchtimpuls ins Gegenteil verkehrt. Wenn es um radikale Veränderung geht, kann das eine Art sein, Angst zunächst nicht an sich herankommen zu lassen. Sie findet ihren Ausdruck dann im Informellen. Erst allmählich kommt die Angst dann an die Oberfläche. Angst und Flucht sind auch eine Art Zeitgewinn, um Kräfte zu sammeln und um mir des Ernstes der Lage bewusst zu werden: Ich brauche Zeit, bis ich mich damit auseinandersetzen und konfrontieren kann.
Dynamik, Logik: Was die Angst in ihrer Dynamik erzeugt, ist einerseits Verleugnung, man will zunächst gar nicht hinschauen. Typischerweise heißt es von Seiten des Managements: „Wir haben das doch kommuniziert. Was ist denn los mit den Leuten? Wir haben es schon drei Mal gesagt, müssen wir es noch ein viertes Mal sagen?" Doch hier geht es nicht um kognitives Verstehen. Oft muss man solche Botschaften tatsächlich dreimal oder öfter mitteilen, weil erst die häufige, konsequente Kommunikation sie auch emotional „landen" lässt. Es wäre eine kontraproduktive Intervention, so zu tun, als ob es Angst nicht gibt, nach dem Motto: „Angst darf nicht sein." Kontraproduktiv wäre auch die Aussage: „Wir arbeiten jetzt mal einen Plan aus, wie wir das umsetzen", also nur auf der rationalen Ebene weiterzuarbeiten, da das Denken emotional überhaupt noch nicht dazu bereit ist. Beobachtet man Teams in solchen Situationen, dann sieht man: Den Betroffenen fällt nichts ein. Das hat nichts damit zu tun, dass die Leute nicht klug genug wären. Angst braucht Zeit und Raum, sich auszudrücken und stabilisierende Managementinterventionen, damit sich Energieblockaden wieder auflösen. Nicht umsonst heißt es: Angst macht „dumm", sie verengt die Sicht. Aber Angst mobilisiert auch, macht deutlich „es ist ernst" und das ist nötig für „Un:balanced Transformation".

Was ist zu tun?
Am wirkungsvollsten ist es, wenn Führungskräfte an diesem Thema persönlich arbeiten, sich z. B. anhand von Fragen annähern wie: „Hat es Situationen gegeben, in denen ich selber einmal wirklich harte Schnitte erlebt haben? Wie ging es mir selbst dabei? Was habe ich gemacht? Was hat mir geholfen? Was war für mich schwierig? Was glaube ich, wie die Mitarbeiter in diesem Fall reagieren werden?" Die Schwierigkeit ist, Angst zu Beginn überhaupt einmal salonfähig zu machen, denn dieses Thema wird in vielen Organisationen eher informell behandelt. Daher bietet es sich an, Settings zu schaffen, die auch diesen informellen Charakter haben, etwa durch den Vorschlag: „Gehen Sie mal zu zweit spazieren und besprechen Sie, was Ihnen in diesem Zusammenhang so alles durch den Kopf geht, was das für

Sie heißt, was Sie irritiert, was Sie anspricht." Wer sich an eigene Ängste erinnert, weiß sehr schnell, was hilft und motiviert. Dieses Wissen gilt es vor allem in Managementteams zu reaktivieren, die den Wandel gestalten.

Das Wichtigste, das Manager tun können, ist die Botschaft zu geben, dass Angst überhaupt existieren darf. Angst gehört dazu, sie hat eine wichtige Funktion, weil sie Aufmerksamkeit produziert. Es geht also darum, die Funktion der Angst positiv zu beschreiben. Je stärker sie von der Oberfläche weggedrückt wird, desto stärker und „eingefrorener" wird sie. (Angst macht vielleicht dumm, aber Tollkühnheit ist deshalb noch lange nicht intelligent!)

Für Organisationen ist es daher besonders wichtig, „Räume" zu schaffen, in denen Angst thematisiert werden kann - das können Coaching-Paare sein oder Erfahrungsaustausch in Teams sein. Oft geht es nicht darum, die Dinge neu zu erfinden, sondern zu überlegen, wo es im Unternehmen bereits Räume gibt, in denen mit Angst produktiv umgegangen werden kann (Räume der geschützten Kommunikation, denn Angst verträgt maximal die Größe einer Gruppe). Angst braucht kleine und vertraute Kommunikationsinseln. Zentral ist, was und wie Manager kommunizieren. Eine Rede, in der ein Manager sagt, „Ich muss Ihnen heute etwas mitteilen, was ich selber zum ersten mal in meiner Karriere mache. Es geht darum, dass wir Personal abbauen müssen. Ich hab einige schlaflose Nächte gehabt deswegen und ich muss Ihnen sagen, ich verstehe gut, wenn das Angst macht. Aber das gehört dazu. Wir haben die Entscheidung sorgfältig getroffen und sind uns sicher ..." ist bereits eine massive und wirkungsvolle Intervention, um das Thema Angst besprechbar zu machen, weil so das Sachliche dosiert mit dem Persönlichen und der eigenen Gefühlswelt verknüpft wird und damit implizit die Integration von Zahlen-, Aufgaben- und Gefühlswelt vorgelebt wird. Neben der persönlichen Perspektive geht es aber auch darum, sich klar darüber zu werden, ob es in der Organisation eher zuviel Angst oder zu viel Sicherheit gibt und entsprechend zu intervenieren - Angst zu relativieren oder zu verstärken.

ÄRGER

2. ÄRGER, AGGRESSION: SO NICHT!

Die Funktion: Aggression dient dazu, Grenzen zu setzen, die eigene Identität zu verteidigen, zu wahren, sie zu erweitern, neue Gebiete für sich zu erobern oder Identität zu begründen. Aggressivität schützt mitunter auch vor eigenen verborgenen, „verbotenen" Gefühlen wie etwa Trauer.

Dynamik, Logik: Wut und Aggression sind schnelle Gefühle, sie tauchen schnell auf, können aber auch schnell wieder „verrauchen". Sie mobilisieren Kraft auf einen bestimmten Fokus hin und erhöhen den Energiepegel. Herrscht bereits eine gewisse Grundspannung, reicht oft der berühmte Funke zur Explosion und zur weiteren Eskalation. Gleichzeitig wirkt Aggression distanzierend - die anderen halten Abstand. Wenn Aggression auftaucht, wird die Veränderung ernst genommen und persönlich. Aggression heißt, es geht um die eigene Sache, die persönliche Zukunft. Veränderung wird erst konkret in der persönlichen Auseinandersetzung - Aggression hat ihre unangenehmen Seiten, aber sie ist notwendig für Transformation.

Was ist zu tun?

Je mehr aggressive Impulse unterdrückt werden, desto explosiver der Ausbruch. Wut und Ärger sind häufig auch Folge des entwertenden Umgangs mit dem Vergangenen („War das Bisherige nur schlecht?"). Wird die Vergangenheit hingegen angemessen gewürdigt, bleibt auch der eigene Selbstwert erhalten. Aggression im Changeprozess – oft unter dem Stichwort „Widerstand" gehandelt – ermöglicht erst Aushandlungsprozesse zwischen Bewahren und Verändern. Der Drahtseilakt heißt: Verständnis zeigen, Brücken bauen, anknüpfen an positive gemeinsame Erfahrungen, aber auch Zukunftsszenarien entwerfen und Position beziehen. Wir arbeiten hier oft mit dem „Neuwaldegger Modell" des Verhandlungsmarktes mit Stakeholdern. Ebenso hilfreich sind auch Interventionen aus der Mediation.

3. TRAUER, ENTTÄUSCHUNG: ES WIRD NICHTS MEHR SO SEIN WIE FRÜHER!

trauer

Funktion: Trauer hat die Funktion, sich zu lösen, Verluste zu überwinden, alte Bindungen Schritt für Schritt aufzulösen, Abschied zu nehmen und damit Platz zu schaffen für Neues.

Dynamik, Logik: Jemand, der traurig ist, denkt in Richtung Vergangenheit, denkt an das, was vorbei ist, was nicht mehr da ist, wo sich eine Bindung auflöst. Trauer heißt Konzentration auf Vergangenes und Verlorenes. Trauern erfordert Zeit. Wut und Aggression sind schnell, Trauer ist ein langsames Gefühl. Oft braucht es genau diese Verlangsamung vor dem unvermuteten Durchbruch, der dann plötzlich wieder Optimismus und Kraft und neue Perspektiven in den Blick bringt.

Was ist zu tun?
Trauer ist ein stilles Gefühl und oft schwer zu erkennen. Das Wichtigste in einer solchen Situation ist Zeit zu gewähren und, wenn die Trauer sehr groß ist, dafür zu sorgen, dass es einen stabilen Alltag gibt. Rituale geben Halt und Sicherheit. Emotionale Präsenz und Kommunikationsangebote entlasten. Es gilt, das Alte, Vergangene zu würdigen, zu akzeptieren und wertzuschätzen, damit man es loslassen und Neues an sich herankommen lassen kann. Es geht um die bewusste und gezielte Gestaltung des Abschiednehmens und des Neubeginns. Ein Fest zu feiern erscheint vielleicht übertrieben, aber ein gemeinsam geplanter und gestalteter Event, um Bisheriges zu verabschieden erzielt oft beträchtliche Wirkungen.
Der Vorteil solcher Interventionen ist, dass das Bisherige wertgeschätzt wird, und das ist etwas, das Organisationen viel zu selten tun. In der Praxis lautet die unterschwellige Botschaft oft:
„Wie wir uns bisher organisiert haben, war völlig falsch und veraltet.“
Die Art und Weise, wie Veränderung kommuniziert wird, ist aber einer der erfolgskritischen Faktoren in Veränderungsprozessen. Die eigene Geschichtsschreibung als einen Weiterentwicklungsprozess darzustellen, trägt viel dazu bei, das Festklammern an Altem zu überwinden. Dann kann man auch sagen: „Da haben wir uns geirrt, das war nicht optimal, aber dennoch, der Schritt war wichtig und hat uns ermöglicht, dass wir jetzt dorthin weiter gehen können.“ oder „Das hat vor fünf Jahren optimal gepasst, jetzt bauen wir darauf auf, wenn wir uns neu positionieren.“

4. AUFBRUCHSTIMMUNG, FREUDE, MUT: PACKEN WIR´S AN!

Funktion: Kreativ und offen im Denken zu sein, sozusagen im Fluss zu sein, erfordert als „Basisgefühl“ immer eine positive Grundgestimmtheit. Das muss nicht ekstatische Freude sein, aber eine Zustimmung im Sinne von „Wir haben hier zusammen etwas vor und das passt mir, das ist gut, das will ich.“ Eine breite Aufbruchstimmung aktiviert Energien und

steckt an. Gefühle wirken wie Schleusen, sie öffnen oder schließen Denkwege. Aufbruchsstimmung und Freude öffnen Denkwege, Angst hingegen blockiert und verengt sie.
Dynamik, Logik: Die Aufbruchstimmung hilft, Vergangenheit und Zukunft miteinander zu versöhnen, öffnet für Neues und erweitert den Fokus der Aufmerksamkeit. Eine mögliche Gefahr liegt hier in einer Idealisierung des Neuen, Anderen und einer einseitigen Gewichtung durch die „Veränderungsenthusiasten" zulasten des Bewahrenswerten.

Was ist zu tun?
Herrscht Freude und Aufbruchstimmung, geht es darum, dies zu stärken und zu ermutigen, es sichtbar zu machen durch Rituale und Symbole. So beschloss etwa ein Manager, der ein ehrgeiziges Wachstumsprogramm verfolgte, immer dann, wenn ein Geschäftsfeld in die schwarzen Zahlen gekommen war, das Gebäude dieses Geschäftsfeldes neu streichen zu lassen. Ein originelles und für alle sehr sichtbares Zeichen. Erst dieses Gefühl des Aufbruchs, der Freude erzeugt das Denken, die Gemeinsamkeit, den Schwung und die Energie, um kraftraubende Prozesse voranzutreiben.

Zu jeder dieser Phasen in der Logik der Gefühle gibt es verschiedene Interventionschancen, um im Change-Prozess Gefühle oder den Kontext von Gefühlen steuern zu können. Für jede Phase gibt es, so wurde auch sichtbar, eher produktive und eher hinderliche Interventionen.

WAS GILT ES BEI INTERVENTIONEN ZU BEACHTEN?

Aufrütteln: Zu Beginn eines jeden Veränderungsprozesses gilt es, bei den Beteiligten überhaupt Interesse daran zu wecken, aus den bisherigen Routinen und Mustern auszubrechen. „Aufrütteln" heißt daher die Devise! Interesse ist der Treibstoff, um unterschiedliche Gefühle aufzutanken und mit Energie zu versehen. Was ist dazu notwendig? Vor allem ist es notwendig, den „case for action", die Beweggründe klar und transparent zu machen und intensiv zu kommunizieren im Sinne von „Wenn wir dies nicht tun, dann haben wir in fünf Jahren das Problem X."
Orientierung: Ebenso notwendig wie aufzurütteln ist es, Orientierung zu geben, wohin es geht, wie die Vision aussieht und wofür die Führung steht.

Talk the walk: „Talk the walk" ist die Gegenposition zum im Management oft zitierten „walk the talk" (Tu das, was du predigst!). Angesichts der Komplexität und Turbulenzen von Veränderungen ist das immer weniger möglich, da sich bereits während des Weges vieles bereits wieder verändert. Daher ist es ehrlicher und produktiver zu sagen: „Ja, wir wollen grundsätzlich in diese Richtung gehen und wir werden sehen, wo der Weg uns vorbei führt. Grundsätzlich stabil sind auf diesem Weg jedenfalls das Gesamtbild, unsere Ausrichtung, der Prozess, die Kommunikation und eine hohe Transparenz. Wir reden offen darüber, wohin und wie wir gerade gehen und wann wir den Weg ändern." Legt man sich als Manager hingegen auf „walk the talk" fest, engt das die Mitarbeiter ein, erzeugt Zweifel an der Glaubwürdigkeit und fördert die negativen Wirkungen von Gefühlen – blockierende Angst, Frustration etc. „Walk the talk" bleibt sozusagen dem alten Bild verhaftet, dass Manager immer genau sagen können, was zu tun ist und wohin es geht. Das ist unrealistisch, wenn es um Transformation geht.

Spirale der Grundgefühle: Als Manager das oben abgebildete Phasenmodell zu kennen, hilft, das eigene Bild von Veränderung zu verändern: Gefühle erscheinen dann mit einem Mal als normal, sie dürfen sein, gehören dazu und sind nicht willkürlich herbei oder weg zu zaubern. Zur gewünschten Begeisterung gehören eben vorher auch Phasen der Angst und der Trauer. Sie sind nicht Störfaktor, sondern Motor für Veränderung. Man könnte auch sagen: „Kein Effekt ohne Affekt."

Anfangsbotschaften sind entscheidend: Kritische, labile Situationen, wie sie die Anfangssituation solch eines Change-Prozesses unweigerlich ist, erfordern von Managern eine besondere Sensibilität und Empfänglichkeit. Sich als Manager genau zu überlegen „Wie gestalte ich die Anfangskommunikation von einem solchen Change-Projekt?", „Was ist die fundamentale, emotionale Botschaft, die ich damit transportiere?", ist ein entscheidender Schritt für das weitere Gelingen.

Was ist die fundametale emotionale Botschaft?

KAPITEL 6

FALLBEISPIELE I BIS VII

my.change, my.chance

Der Weg zum Solution Provider

Alexander Doujak, Barbara Heitger

EINLEITUNG:

Dieses Fallbeispiel ist eng mit der Arbeit an diesem Buch verknüpft. Anfang Januar 2000 haben wir Autoren uns drei Wochen zur Arbeit am Buch „geblockt" mit dem Ziel, wesentliche Teile des Buches fertig zu stellen. Aber: „Erstens kommt es anders, zweitens als man denkt".

Für diese Fallgeschichte gilt dies aus der Sicht der Berater von Anfang an: In den Weihnachtsferien gibt es ein Mittagessen mit dem Manager eines internationalen Softwarehauses, der auch einen unserer Kunden betreut. Zum Schluss des Gespräches berichtet der Manager von einer eigenen Restrukturierung, die ins Haus stünde. Es seien schon andere Berater angefragt worden, die Zeit dränge, eine Mitarbeiterveranstaltung stünde ins Haus. Ob wir denn Interesse hätten, ein Beratungsangebot zu konzipieren? Der Fall interessiert uns, wir überlegen nun, unter welchen Rahmenbedingungen wir ein Angebot vorlegen könnten.

Eine wesentliche Überlegung ist: Wir brauchen direkten Kontakt mit den Topmanagern, müssen deren Sichtweise des Projekts kennen lernen. Interviewtermine werden schnell vereinbart, es gelingt, mit allen fünf Teilnehmern des Steering Comittees Gespräche zu führen. Diese Gespräche sind die Basis des Angebots. In einem Meeting stellen wir unsere Hypothesen und Vorschläge zur Vorgehensweise vor. Wir achten darauf, dass bereits in der Angebotsphase die gemeinsamen Arbeits-Sequenzen die Arbeitsform im späteren Projekt erlebbar machen. Das Steering Committee erteilt uns den Zuschlag, und dann geht es Schlag auf Schlag ... aber vorerst sehen wir uns die Ausgangssituation des Kunden an.

DIE AUSGANGSSITUATION

Der Kunde ist ein internationales Software-Haus, das Enterprise Resource Planning Software (ERP) entwickelt und implementiert. Die internationale Dachorganisation hat ein neues Struktur- und Prozessmodell entwickelt, das von den nationalen Einheiten umgesetzt werden soll. Der Wandel ist grundlegend. Aus einem Softwarehaus, das Standardsoftware liefert, soll ein Solution Provider werden, der value-orientiert gemeinsam mit den Kunden Lösungen erarbeitet und diese implementiert. Zusätzliche Produkte, die vor allem Internet-basiert sind, erschließen neue Marktsegmente, steigern aber auch die Komplexität. Dies bedeutet einen Wechsel der Grundposition vom „Marktleader ERP“ in gesättigten Märkten in die Position des Anbieters von neuen Lösungen in neuen Marktsegmenten. Die Priorität verschiebt sich von „möglichst viele Neukunden zu gewinnen“ zur „Bearbeitung und Pflege der Bestandskunden“.

Das Jahr 2000 war ein sehr erfolgreiches Jahr für die österreichische Einheit, für 2001 ist weiteres Wachstum geplant. Die Marktsituation ist sehr anspruchsvoll, neue Anbieter drängen vor allem in den neuen Segmenten auf den Markt. Intern ist das Template der neuen Organisation in zwei Projekten gestaltet worden; einem Visionsprojekt und einem Field Operations Projekt (FOP), das Strukturen und Rollen für die neue Organisation entwickelte. Ein erster Entwurf der neuen Aufbauorganisation wurde vom Management erarbeitet. Dieses Changeprojekt ist, nach den vorangegangenen Jahren großen personellen Wachstums und Ausweitung des Leistungsumfanges, das umfassendste Vorhaben dieser Art in der österreichischen Einheit.
Die Ausgangsituation wird von den Führungskräften auch in Bildern beschrieben. Drei Bilder sind sehr aussagekräftig und machen den hohen Anspruch und die zu erwartenden Turbulenzen des Wandels deutlich:

- Ruhe vor dem Sturm
- Hoher Berg mit Serpentinen, vor dem wir stehen
- Jetzt Fürstentümer, in Zukunft autonome Städte und Gemeinden in einem gemeinsamen Ganzen

DIE PROJEKTARCHITEKTUR

Der erste Schritt: Projekt-Architektur entscheiden, Ziele und Zusammensetzung des Projektteams festlegen

Die Anfangsphase nimmt viel von der späteren Dynamik bereits vorweg. In einer ersten Abend- und Nachtsitzung mit den Entscheidungsträgern

(Regional Managern, dem designierten neuen Country Manager und dem designierten Projektleiter) wird die Grundarchitektur verabschiedet. Diese sieht folgende Elemente vor: Ein Steering-Committee, das sich aus Managern der übergeordneten Einheit (Region Management) zusammensetzt, ein Change Board, an dem alle Führungskräfte der österreichischen Organisation teilnehmen, ein Sounding Board, das alle Mitarbeiter umfasst.

Eine richtungsweisende Entscheidung ist die Besetzung des Change Teams, das mit dem Projektleiter als Teamleader den Veränderungsprozess steuern und vorantreiben soll. Wir wählen einen Mikrokosmos-Ansatz, alle wesentlichen Strömungen im Unternehmen sollen sich in diesem Projektteam widerspiegeln. Die personellen Vorschläge werden zunächst nach den Kriterien

- Zugehörigkeit zu den involvierten Organisationseinheiten
- Unternehmenszugehörigkeit <1 <2 >2 Jahren
- Grundeinstellung: progressiv / bewahrend
- FOP-Know-how: hoch / mittel / niedrig

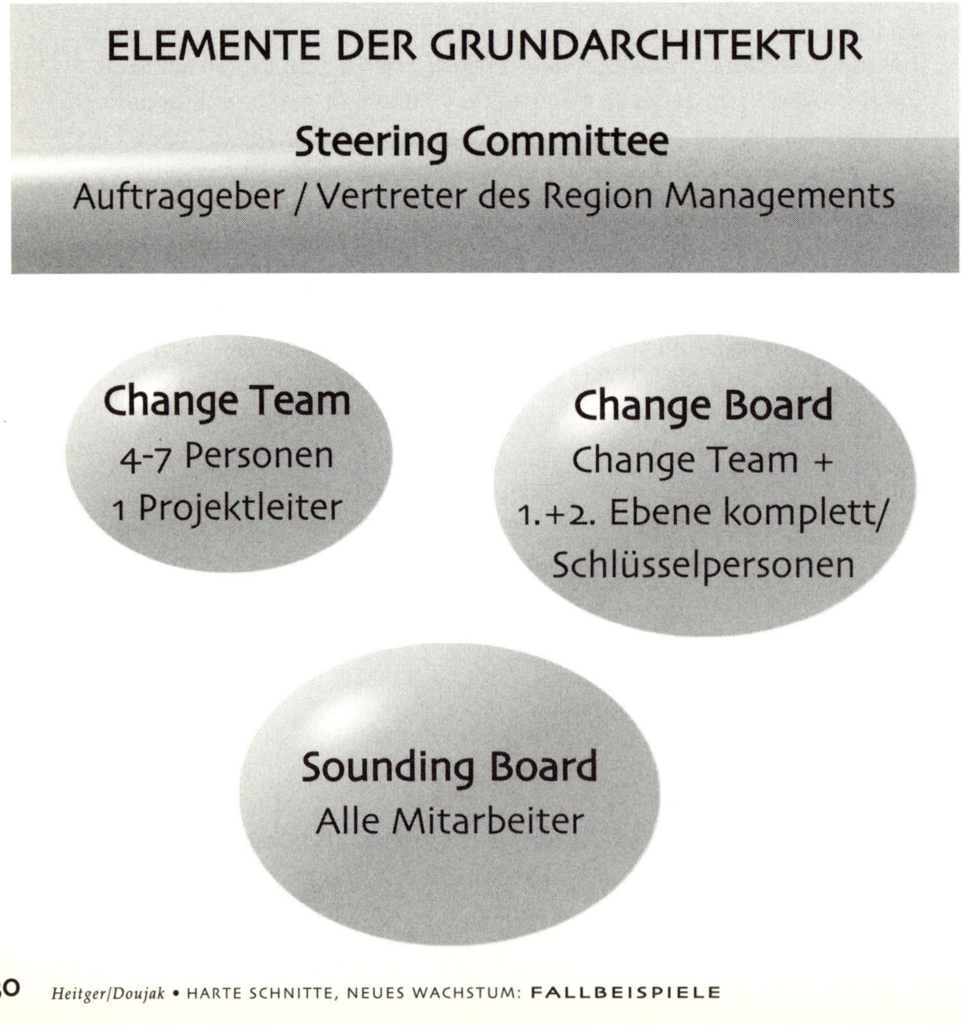

ELEMENTE DER GRUNDARCHITEKTUR

Steering Committee
Auftraggeber / Vertreter des Region Managements

Change Team
4-7 Personen
1 Projektleiter

Change Board
Change Team +
1.+2. Ebene komplett/
Schlüsselpersonen

Sounding Board
Alle Mitarbeiter

bewertet. Das Entscheidungsgremium stimmt nach einem zweistufigen Verfahren ab: in einer ersten Runde bewertet jeder die Kandidaten aus seiner individuellen Einschätzung (Punktabfrage), danach wird das Gesamtbild diskutiert. Interessant ist in diesem Entscheidungsprozess, dass - aus dem Gesamtbild heraus - die erste Entscheidung noch erheblich verändert wird. Entschieden wird für eine „ausgewogene Mischung", die in der Symbolik nach außen die Repräsentanz aller Kräfte und Perspektiven dokumentiert.
An diesem Abend wird unserer Beobachtung nach Grundlegendes, zum Teil auch implizit, entschieden: Die Keyplayer für den kommenden Prozess, wesentliche Verantwortlichkeiten und die Form der Zusammenarbeit und Entscheidungsfindung. Und nicht zuletzt das Standing der Berater. Die Auseinandersetzung rund um den Mikrokosmos-Ansatz für das Projektteam schafft Akzeptanz – in einem System, das selbst viel Beratungs-Know-how besitzt, keine Selbstverständlichkeit.

Der zweite Schritt: Phasen festlegen und die künftige Führungsmannschaft entscheiden

In einer nächsten Sequenz wird in der Entscheidungsgruppe ein Phasenmodell mit den konkreten Meilensteinen erarbeitet und verabschiedet. Das ist der zweite zentrale Entscheidungsprozess in einer zweiten Nachtsitzung. Die Grundüberlegungen dazu:

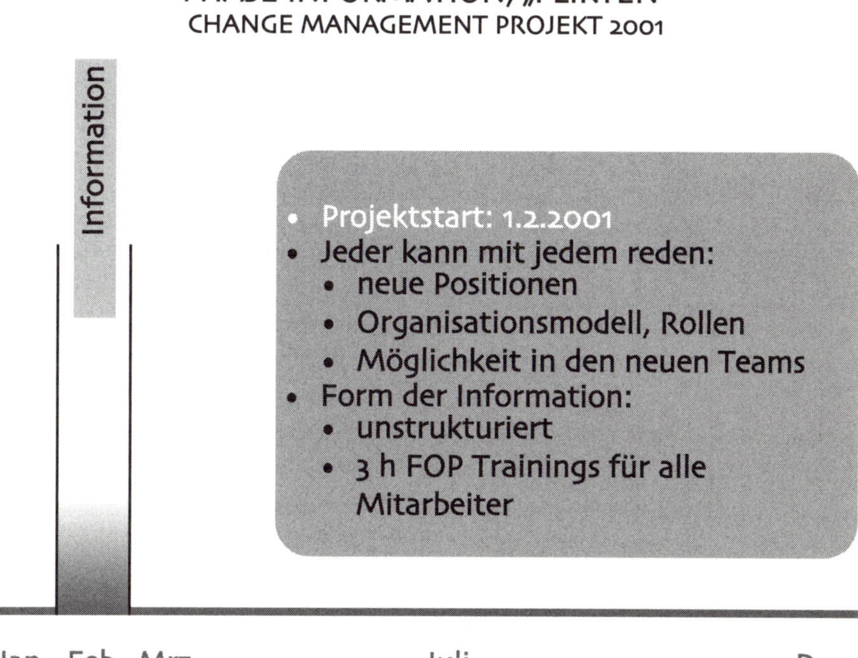

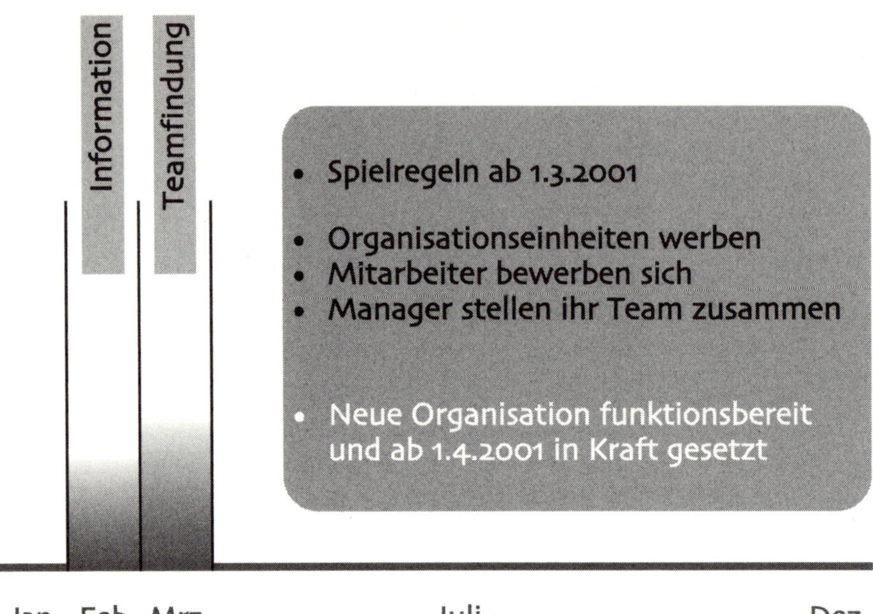
PHASE TEAMFINDUNG, „VERLOBEN"
CHANGE MANAGEMENT PROJEKT 2001
Information
Teamfindung
• Spielregeln ab 1.3.2001
• Organisationseinheiten werben
• Mitarbeiter bewerben sich
• Manager stellen ihr Team zusammen
• Neue Organisation funktionsbereit und ab 1.4.2001 in Kraft gesetzt
Jan
Feb
Mrz
Juli -
Dez

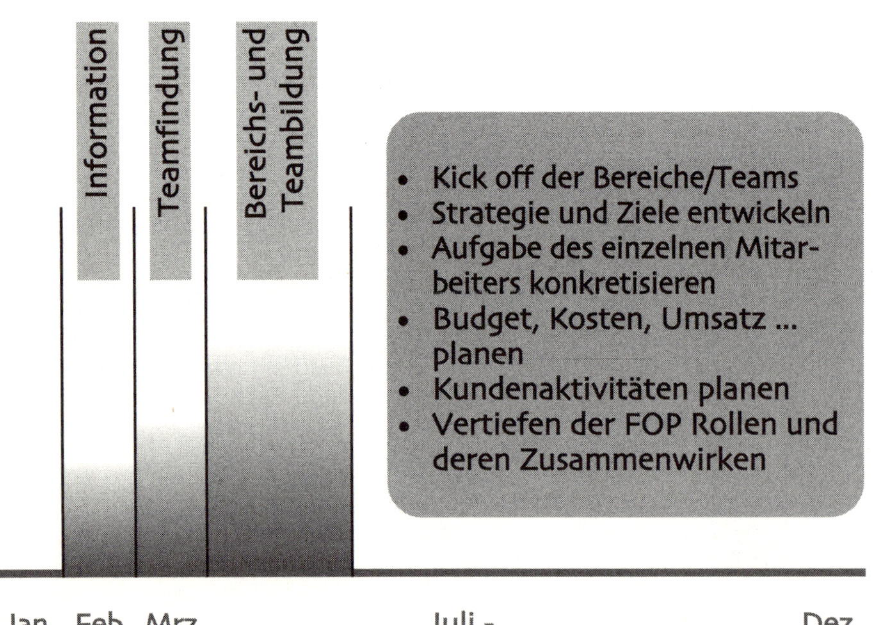
PHASE TEAMBILDUNG, „HEIRAT"
CHANGE MANAGEMENT PROJEKT 2001
Information
Teamfindung
Bereichs- und Teambildung
• Kick off der Bereiche/Teams
• Strategie und Ziele entwickeln
• Aufgabe des einzelnen Mitarbeiters konkretisieren
• Budget, Kosten, Umsatz ... planen
• Kundenaktivitäten planen
• Vertiefen der FOP Rollen und deren Zusammenwirken
Jan
Feb
Mrz
Juli -
Dez

PHASE OPTIMIERUNG, „EHE"
CHANGE MANAGEMENT PROJEKT 2001

Optimierung

- Vertiefen FOP Gedanke
- Hinaustragen FOP Gedanke in den Markt
- Kick off der Bereiche/Teams
- FOP Rollen und Prozesse in der Praxis leben
- Optimieren der Gesamtorganisation
- Projektabschluss am 31.12.

Jan Feb Mrz Juli - Dez

Daraus ergibt sich folgendes Gesamtbild, das zeigt, das die Taktung am Anfang des Prozesses wesentlich schneller ist als in den späteren Phasen. Bemerkenswert ist auch die zeitliche Konzentration der Termine wesentlicher Gremien (Steering Committee, Change Board, Sounding Board) rund um die Meilensteine. Das schafft von Beginn an Entscheidungsnotwendigkeit, Kommunikationstempo und schnellen Umsetzungsrhythmus.

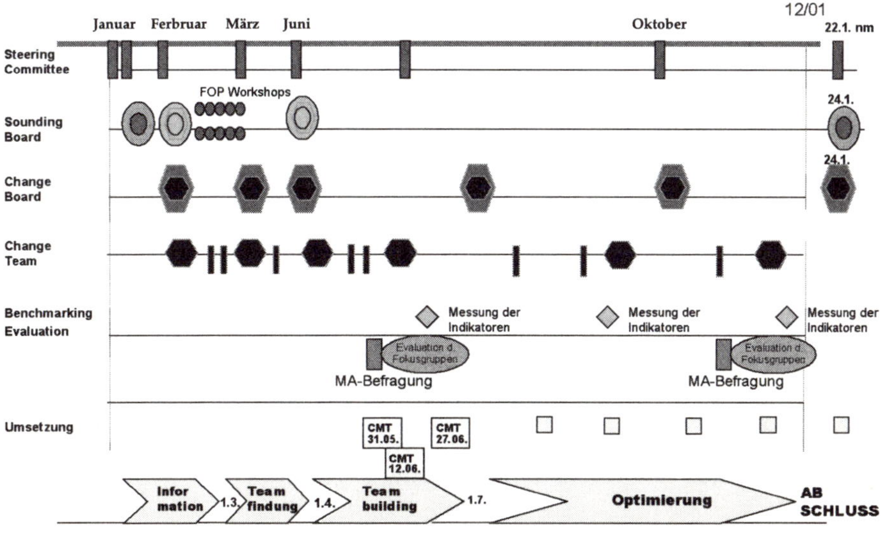

Zentrale Erfolgsfaktoren für den Umsetzungsprozess

1. Die Vision „Solution Provider“ kraftvoll umsetzen
2. Viel Eigeninitiative im Prozess, Förderung von Selbständigkeit
3. Schnell, einfach, pragmatisch
4. Sicherheit bieten, Orientierung und Kontinuität (intern mit Mitarbeitern, extern gegenüber Kunden)
5. Die richtigen Leute auf den richtigen Platz
6. Business + Emotion (Logik der Zahlen und der Gefühle verbinden)
7. Gesamtblick, klare Changearchitektur und gleichzeitige Flexibilität
8. Nicht nur erste Erfolge, sondern nachhaltiger Wandel („es fertig bringen“, „keine verbrannte Erde“)
9. Zukünftige Führungskräfte als verantwortliche Changemanager für ihre Bereiche etablieren und vernetzen
10. Anspruchsvolle, zeitlich enge Taktung im Zusammenspiel von Change Team, Change Board, Steering Committee und Sounding Board umsetzen - dadurch schnelle Rückkoppelung und die Integration von Anregungen verstärken

Offizieller Start: Betriebsversammlung, die Informationsphase beginnt - „Flirten“

Ziel dieser Phase ist, das Warum und Wohin des Solution Providing zu kommunizieren, dazu ein gemeinsames Bild zu entwickeln und die Mitarbeiter für diesen Weg zu gewinnen und zu aktivieren. Mit einer Betriebsversammlung am 30.1.2001 startet das Gesamtprojekt offiziell mit allen Mitarbeitern. Sie enthält als „Mikrokosmos“ des Changeprozesses alle Grundelemente, die den gesamten Prozess kennzeichnen. Die grundlegenden Entscheidungen der Auftraggeber werden präsentiert. Neben der Vision sind vor allem die Personalentscheidungen zur Besetzung der ersten Führungsebene, sowie die Vorstellung des Projektteams und der weiteren Vorgehensweise die Hauptthemen.

Das Projektteam führt in weiterer Folge Informationsworkshops für alle Mitarbeiter durch, in denen einerseits die Grundzüge der FOP-Organisation vorgestellt werden, andererseits im interaktiven Setting Feedback und Fragen zur aktuellen Situation der Mitarbeiter deutlich werden. Dadurch bekommt das Change Team die notwendige „Bodenhaftung“. Der direkte Dialog stärkt die Position des Teams. Die Workshops machen eines klar: Es gibt unterschiedlichste Zugänge zum Thema FOP und Solution Providing, insbesondere wenn es um die konkrete Ausgestaltung von neuen Rollen geht. Einige Personalentscheidungen bei den Führungskräften emotionalisieren zusätzlich. Der Druck im Unternehmen steigt, viele Mitarbeiter sind vor allem wegen der offenen persön-

lichen Perspektive unsicher.
Eine eingerichtete Intranet-Plattform zum Thema „Change" funktioniert anfangs gut, nach einer Eskalation, in der es persönliche Angriffe auf Mitarbeiter gab, entscheidet das Steering Committee, die Plattform einzustellen.

PHASE INFORMATION

WAS WURDE GEPLANT	SITUATION IN DIESER PHASE

• Projektstart: 1.2.2001
• Jeder kann mit jedem reden:
  • neue Positionen
  • Organisationsmodell, Rollen
  • Möglichkeit in den neuen Teams
• Form der Information:
  • unstrukturiert
  • 3 h FOP Trainings für alle Mitarbeiter
	• Hoher Druck im Unternehmen
	• Hohe Unsicherheit
	• Offene Punkte:
	  • Einheitliche Vorstellung über FOP und Inhalte
	  • Prozeß für Local Accounts
	  • Ausprägungen und Inhalte von bestimmten Rollen
	  • Viel Emotion über manche FK Besetzungen
	• Hohe Erwartungshaltung bei Mitarbeitern über Art und Umfang der Veränderung

Die Teamfindungsphase: „Verloben"
Das FOP-Konzept sieht vor, dass vor allem die marktorientierten Teams (vier branchenspezifische „Segmente") quantitativ wie qualitativ aufgestockt werden sollen, um den Solution Providing-Ansatz auch umsetzen zu können. Diese Neubesetzungen sollen vor allem intern abgedeckt werden, erst im zweiten Schritt geht es um externes Recruiting. Das Ziel für diese Phase lautet: „Die richtigen Leute an den richtigen Platz – und dies in einem Prozess, der für alle spannend und transparent verläuft, und der die Kultur von Eigeninitiative und unternehmerischem Agieren der Firma nutzt."
Das Grundprinzip lautet: „interner Markt" mit klaren Spielregeln. Die neuen Führungskräfte werben für neue Mitarbeiter bzw. Mitarbeiter können sich bewerben. Als Unterstützung werden zur Orientierung für Mitarbeiter bzw. als Entscheidungsgrundlage Assessments durchgeführt, und zwar auf Nachfrage von Mitarbeitern oder Managern. Die Resonanz darauf ist in Bereichen sehr unterschiedlich.

Das Change Team stellt als Prozessarchitekt einige Grundregeln für diese zeitlich befristete Phase auf (1.3.-31.3.) und steht als Informationsdrehscheibe zur Verfügung. Eine wesentliche Rahmenbedingung ist z. B., dass sich jeder Mitarbeiter nur für *einen* neuen Job bewerben darf. Die Spielregeln werden in einem Change Board Anfang Februar mit dem Management abgestimmt. Die Resonanz auf diese Veranstaltung ist im Nachhinein sehr ambivalent. Es wird deutlich, dass unterschiedliches Engagement bzw. unterschiedliche Erwartungen aneinander herrschen. Der Entscheidungsprozess ist auch diesmal ein zweistufiger. Nach der grundsätzlichen Vereinbarung zwischen dem Mitarbeiter und der Führungskraft wird das Gesamtbild aller Entscheidungen dem „Dreier-Team", einem Entscheidungsausschuss des Steering Committees, gemeldet. Das Dreier-Team trifft die letzte Entscheidung in Fällen, in denen es keine Einigung unter den Führungskräften gibt, und gibt den gesamten Personalplan im Sinn einer fairen und vernünftigen Ressourcenverteilung frei. In insgesamt nur drei Fällen ist die Revidierung einer Entscheidung durch das Dreierteam notwendig. Die Ersteinschätzung „Wir kennen unsere Leute seit langem, 80% der Personalentscheidungen sind eigentlich klar" wird bestätigt. Ende März haben die Führungskräfte ihre Teams besetzt, einige Stellen sind noch extern zu besetzen. Die Personalentscheidungen binden fast die gesamte Aufmerksamkeit, die Klärung von Prozess- und Rollenbeschreibungen, die Kommunikation nach außen sind unterbelichtet. Das Commitment für die eigene Position ist jedoch gestärkt, da sich jeder noch einmal persönlich entschieden hat.

PHASE TEAMFINDUNG

WAS WURDE GEPLANT

- Spielregeln ab 1.3.2001
- Organisationseinheiten werben
- Mitarbeiter bewerben sich
- Manager stellen ihr Team zusammen
- Neue Organisation funktionsbereit und ab 1.4.2001 in Kraft

SITUATION IN DIESER PHASE

- Weiter hoher Druck
- Wichtige Entscheidungen:
  - 3-er Kreis / S.C. Bewerbung
  - Compensation Model
  - Interne Verrechnung
  - Ziele für Mitarbeiter
  - Kommunikation zu Kunden und Partnern definieren
  - Prozess für Freigabe von Prozess- und Rollenbeschreibungen bestimmen
  - Rollenzuordnung zu Organisationseinheiten
  - Einheitliche Sicht schaffen
- Beginn/Lernen mit FOP in der Praxis zu leben
- Aufbau der FK Verantwortung

don't care too much for money, 'cause money can't buy me love

Kick-off-Phase in den Bereichen und den Teams: „Heiraten"

Am 1.4. wird die Organisation „scharf geschaltet" (Originalzitat des internen Auftraggebers). Bereits am 29.3. gibt es diesbezüglich Treffen des Steering Committees, des Change Boards, und ein Sounding Board mit allen Mitarbeitern. In einer Kaskade werden wesentliche Punkte abgestimmt, verfeinert, aus unterschiedlichen Perspektiven beleuchtet, um die Umsetzungswirksamkeit abzusichern. Im Change Board arbeiten die Führungskräfte vor allem an der Frage der Umsetzbarkeit der neuen Struktur in ihrem jeweiligen Bereich. In einer Raum-Aufstellung werden die unterschiedlichen Einschätzungen sichtbar und kontrovers diskutierbar.

Höhepunkte der Mitarbeiterveranstaltung (Sounding Board) ist eine analoge Darstellung der neuen Prozesse mit allen betroffenen Mitarbeitern, konkrete Szenarien werden durchgespielt. In einem interaktiven Frage-Antwort-Spiel steht der Dialog des neuen Country Managers mit den neugeformten Teams im Mittelpunkt. Eine Frage beschäftigt alle: Wie viel wird sich wirklich verändern? Am stärksten schätzen jene Teams die zukünftige Veränderung ein, in denen es personelle Wechsel, vor allem bei der Führungskraft, gegeben hat.

Die neuen Teams vor allem in den branchenorientierten Sektoren starten mit Teamfindungs-Workshops, teilweise sind sie noch rudimentär besetzt. Das Change Team führt eine erste Bewertung durch, die ergibt, dass das Verständnis der einzelnen Stakeholder für die Gründe der Veränderung relativ hoch liegt (70-80%), der eigene Beitrag zum Projekt aber nicht allen klar ist. Insbesondere in der Außenkommunikation gibt es noch immer Lücken (siehe z. B. Evaluationssonne).

Das Change Team findet sich zunehmend in einer Beobachtungs- und Controlling-Funktion. Die neuen Linienmanager kommen in die Rolle der „Change Driver".

Evaluationssonne

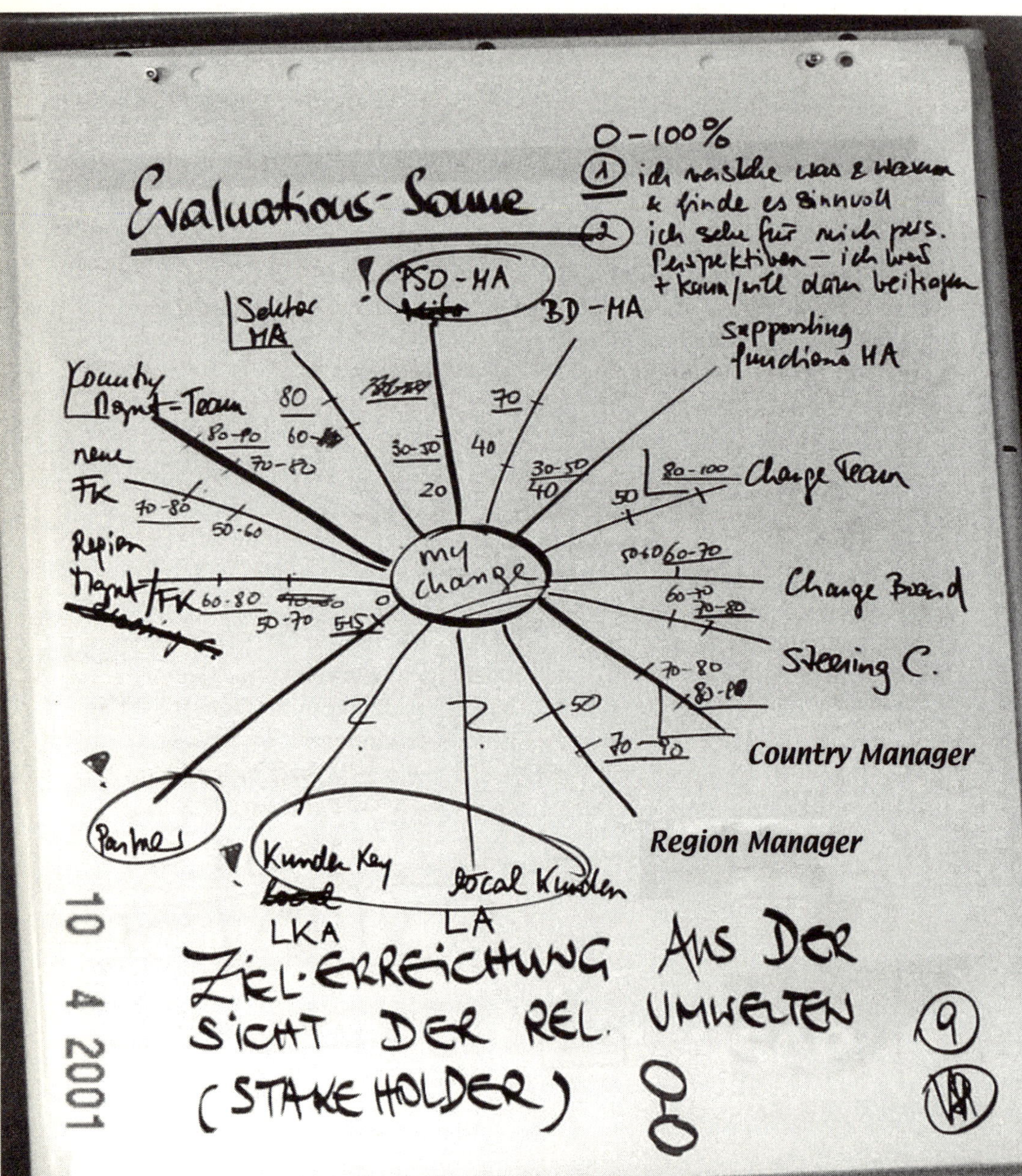

Optimierung in den Bereichen („Ehe"), erste Evaluation
Nachdem die personellen Besetzungen geklärt sind, rücken intern Struktur- und Prozessthemen in den Vordergrund. Das Country Management Team der neuen Organisation beginnt sich langsam zu formieren, mit dem Effekt, dass zwei Country Management - Teammitglieder im Change Team in eine Doppelrolle kommen. Das verdeutlicht die allmähliche Übergabe der Stafette „Change-Verantwortung" vom Change Team ins Country Management Team (CMT). Die Führungskräfte haben sich auf das neue Geschäftsmodell und seine Steuerung neu einzustellen, und tun dies mit einem „Kopfsprung ins Wasser". Es geht für alle nicht nur um die Arbeit im neuen Team, am neuen Business Modell und das Erreichen der operativen Ziele. Das neue CMT repräsentiert auch eine neue Managementgeneration. Die früheren Topmanager konzentrieren sich jetzt auf das Wachstum in der neuen Region. Unterstützung holen sich einige CMT - Mitglieder durch Einzelberatung, in der auf die spezifische Situation wirkungsvoll eingegangen werden kann.
In dieser Situation wird eine qualitative Evaluation aufgrund von Gruppen- und Einzelinterviews durchgeführt. Die Interviews werden sehr ernst genommen, was sich z. B. an Pünktlichkeit und vollzähligem Erscheinen äußert. Mitte Juni werden die Ergebnisse dem Change Board präsentiert.

Drei Strömungen sind deutlich erkennbar:

- Gewinner: „Ich war seit zwei Jahren der Meinung, dass die Strategie in diese Richtung verändert werden muss."
- Beleidigte: „Wir waren mit unserer alten Strategie die Besten auf dem Markt. Warum muss es immer eine Veränderung geben?"
- Vogel Strauß: „Ach, ich habe schon viele Veränderungen in unserem Hause mitgemacht, letztendlich bleibt immer doch alles beim alten! Auch dies wird mal vorbei sein!"

Positive wie auch kritische Stimmen sind recht ausgewogen.

Im Change Board werden folgende Hypothesen zur Ist-Situation erarbeitet:

- Die Veränderung im Unternehmen ist noch nicht für alle spürbar. Die Wahrnehmung der Veränderungen hängt von der Involvierung in den Veränderungsprozess ab.
- Die neue Struktur wird als Belastung wahrgenommen, da das Alte noch nicht zur Gänze verabschiedet wurde. Bei vielen gibt es die Hoffnung, dass am Ende des Jahres ein Zurück möglich sein wird.
- Beim Topmanagement wird das Vorleben der neuen Kulturele-

mente vermisst. Durch das Einziehen eines neuen Führungsebene sind viele Mitarbeiter irritiert. („Seit der Besetzung der neuen Führungskräftepositionen nimmt die Anzahl der 5er BMWs in der Garage wöchentlich zu." Diese Aussage entspricht nicht den Tatsachen, steht aber symptomatisch für das Grundgefühl vieler Mitarbeiter)

ERGEBNISSE

ERGEBNISSE

Wie wichtig ist das Projekt für unseren Zukunftserfolg?

min. 40%
max. 100%
ø 70%

Wo steht unser Unternehmen, Ihrer Meinung nach, zur Zeit im Hinblick auf Zielerreichung im Gesamtprojekt my.change?

min. 20%
max. 50%
ø 40%

Was ist, Ihrer Meinung nach, die Auswirkung von my.change auf die Kundenbeziehungen? (50% steht für unverändert, 50% negativ, 50% positiv)

min. 50%
max. 75%
ø 60%

Was ist, Ihrer Meinung nach, die Auswirkung von my.change auf die Partnerbeziehungen? (50% steht für unverändert, 50% negativ, 50% positiv)?

min. 25%
max. 40%
ø 30%

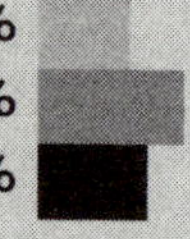

Positive Stimmen

Infopolitik zum Veränderungsprozess war sehr gut

Überlebensstrategie: ohne diesen neuen Kurs keine Erfolge mehr

„Lines of Business"-Denken geht zurück

Neue Teams werden positiv erlebt

Sehr viele haben miteinander gesprochen.

Kritische Stimmen

Kündigungswelle als Risiko

Alte Aufgaben hindern an der Ausübung neuer Rollen

Ressourcenproblematik

Kunden/Partner zuwenig einbezogen

Kommunikation war nicht gut

Die Aufgaben Business Development sind nicht geklärt

Führungskräfte sind nicht akzeptiert

Umsetzungskrise und langsame Übergabe der Verantwortung vom Projekt in die Linie

Das Projekt kommt langsam in die Mühen der Hochebene. Die meiste Energie liegt in der Selbstfindung der Teams und in kundenorientierten Aktivitäten. Das Change Team fühlt sich nach der starken Macher- und Beratungsfunktion in seiner Controlling-Funktion etwas degradiert, hat aber noch kein Vertrauen, dass die neuen Führungsstrukturen „ihr" Veränderungsprojekt so vorantreiben, dass eine konsequente Umsetzung gewährleistet wäre. Dazu kommt, dass die Evaluationsergebnisse zwar gehört und scheinbar verstanden werden, aber keine diesbezüglichen Umsetzungsaktivitäten vereinbart werden. „Heiße Themen" wie zum Beispiel mangelnde Akzeptanz von Führungskräften in manchen Bereichen werden totgeschwiegen. Ein inhaltlich logisches „Ampelmodell" zum Controlling der Umsetzungsaktivitäten wird von den Führungskräften „abgeschossen". Was auch klar wird: Es gibt noch keine Star-Projekte, die aufgrund der neuen Struktur entstanden sind. Einige präsentierte Beispiele werden als „Mogelpackung" bewertet. Es gibt operative Umsetzungsmängel. In einer Aufarbeitung wird klar, dass die Gründe dafür vor allem strukturell bedingt sind. Das Change Board hat keine Umsetzungsenergie mehr, diese liegt im Country Management Team. Das CMT ist allerdings mit seinen Aufgaben und Erneuerung mehr als überlastet. Es gilt ein neues Modell zu finden, in dem die Verlagerung

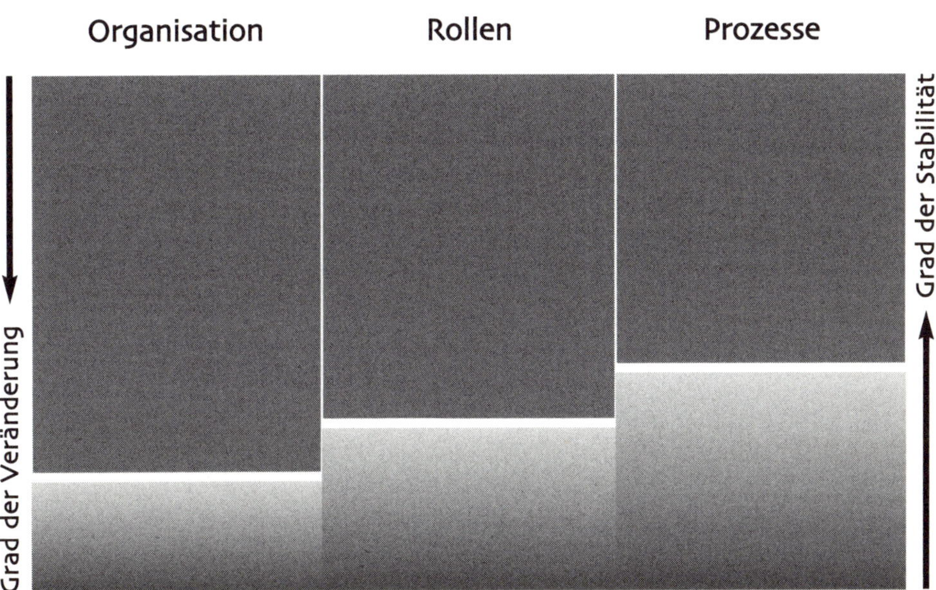

TRÄGER DER UMSETZUNG

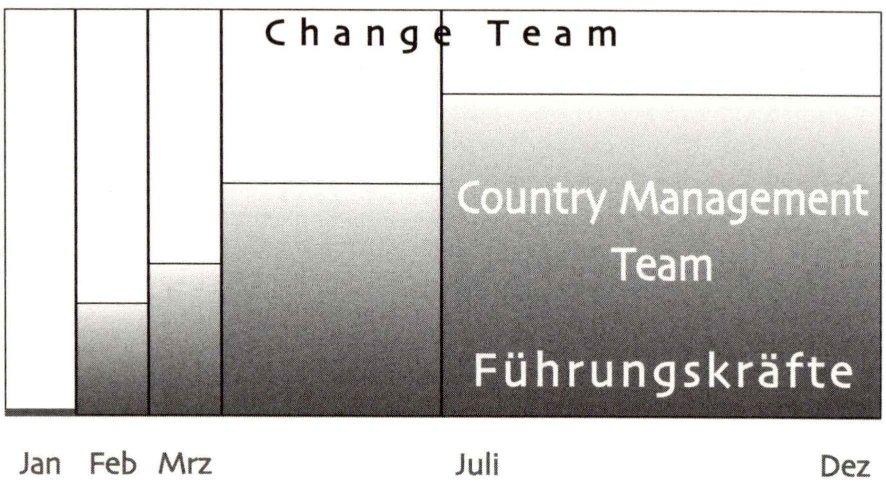

PHASEN DES CHANGE PROJEKTS

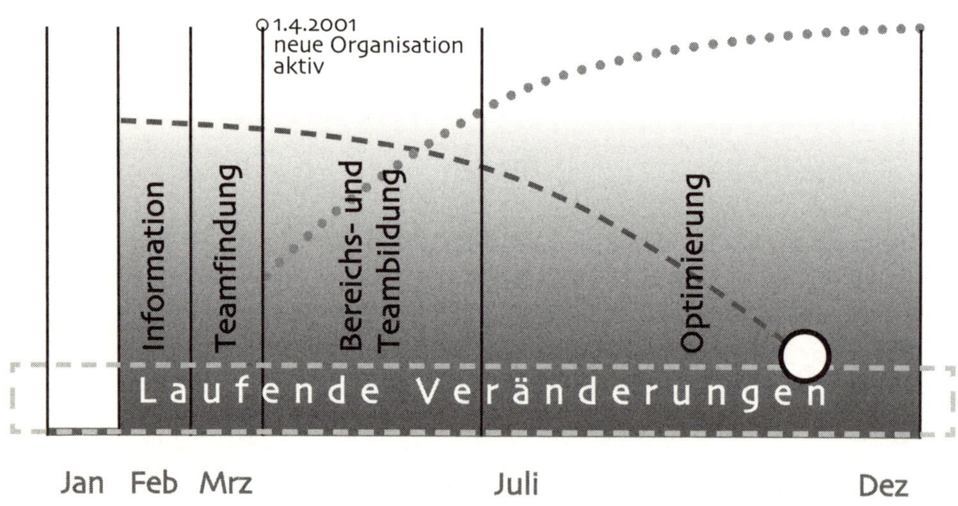

•••••• Aktivitätsniveau und Bedeutung des Country Management bzw. der neuen Führungskräfte im Change Projekt

– – – – Aktivitätsniveau und Bedeutung des Change Teams für das Projekt der Changeverantwortung vom Projekt in die Linie deutlich wird.

Eine beispielhafte Umsetzung in den Sektoren

DAS SEKTOR KUNDENPARLAMENT

Kundenparlament

Mitarbeiterklausur

In einem der Sektoren wird die Umsetzung der neuen „Solution Providing"-Strategie marktbezogen aufgesetzt. Es gibt zwei Stoßrichtungen: erstens eine konsequente Pflege von Vorstandskontakten bei den Key Accounts mit dem Ziel, Solution Providing in den obersten Kunden-Etagen zu etablieren. Mit der zweiten Zielgruppe der traditionellen Ansprechpartner, den IT-Managern wird ein „Kundenparlament" veranstaltet. Ziel ist es, Solution Providing bei den operativen Ansprechpartnern der Kunden zu verankern und das Konzept gemeinsam weiterzuentwickeln. In einer innovativen Veranstaltung soll es direkten, persönlichen Dialog aller relevanten Kunden geben. Für die Kunden bedeutet dies einen Prozess, der die Zusammenarbeit mit dem Unternehmen und den Erfahrungsaustausch mit anderen Usern auf eine bessere Basis stellt. Durch den besonderen Ablauf der Veranstaltung – die Mitarbeiter dürfen wie die Bürger im Parlament nur zuhören, aber nicht mitdiskutieren – ist direktes, ungefiltertes Feedback der Kunden garantiert. Die Kunden diskutieren ihre Wahrnehmung der Zusammenarbeit in einer Offenheit, die manche Mitarbeiter schockiert. Die Hauptrückmeldung ist, dass Solution Providing bei weitem noch nicht bei den Kunden gelandet ist und es viele Ansätze der Verbesserung der Zusammenarbeit gibt.
In einer darauffolgenden Mitarbeiter-Klausur werden die Ergebnisse aufgearbeitet und ein kundenspezifisches Follow Up vereinbart. Das Kundenparlament hat aufrüttelnde Wirkung nach innen, aber auch nach außen. Neue Projekte entstehen aufgrund der Auseinandersetzung im Kundenparlament, die Kundenbindung wird intensiver.

Der Abschluss des Change Teams und die Übergabe an die Linie

Die Übergabe an die Linie dauert länger als zunächst vermutet. Mehrere „Ehrenrunden" müssen noch gedreht werden. Zu stark wirkt der Projektauftrag mit dem Grundziel „Projektende Ende Dezember". Erst gibt es Ambivalenzen im Change Team selbst, loszulassen und an die Linienmanager zu übergeben. Nach Vorgesprächen mit dem Country Manager versucht auch das Steering Committee zunächst noch, das Projektteam in die Pflicht für die „nachhaltige Verankerung" zu nehmen. Die Grundfrage ist: Wie schaffen wir es, auch in der Linienorganisation eine eindeutige Verantwortung für die FOP-Umsetzung zu schaffen? Zunächst ist eine Stabstelle „Unternehmensentwicklung" im Gespräch. Die schlussendlich entschiedene Variante sieht dann (Teilzeit-)Verantwortung für Unternehmensentwicklung bei einem Manager des CMT vor. Die Verantwortung dieser Funktion ist das Monitoring und Treiben des Change-Prozesses und die diesbezügliche Unterstützung des Country Managers. Diese Entscheidung bringt Stabilität und Klarheit für die weitere konsequente Steuerung des Changeprozesses mit Schwerpunkt auf Finetuning und Verankerung im Tagesgeschäft.

Das Country Management Team startet durch
Im November ist es dann so weit. Die offizielle Verabschiedung des Changteams wird symbolisch dadurch unterstützt, dass die Führungskräfte und das CMT Arbeitspakete in Gestalt gelber Postpakete vom Change Team übernehmen. Ein Spiegel auf jedem Paket soll die Selbstbeobachtung in Bezug auf die FOP-Umsetzung schärfen. Der anschließende CMT-Worshop steht im Zeichen von Fokussierung, Priorisierung und Verbesserung der Arbeitsfähigkeit im Team. In der Vorbereitung werden 24 Themen „mit Priorität" für das Meeting vorgeschlagen. Unsere Intervention besteht darin, diese in Portfolios einordnen zu lassen und ein Beobachterteam einzurichten, das die Arbeitsweise der Teams beobachtet. Aus der eigenen Analyse wird klar, dass die Arbeitsform zu verbessern ist und das Team auch eine eigene Architektur braucht, um in Abstimmung mit anderen Teams die Arbeitsfähigkeit zu steigern. Das Country Management Team muss seine unterschiedlichen Funktionen (Strategiearbeit, Change Management und Unternehmensentwicklung, Steuerung des operativen Geschäfts) differenzierter wahrnehmen.

THEMENKATEGORIEN FÜR CMT-MEETINGS

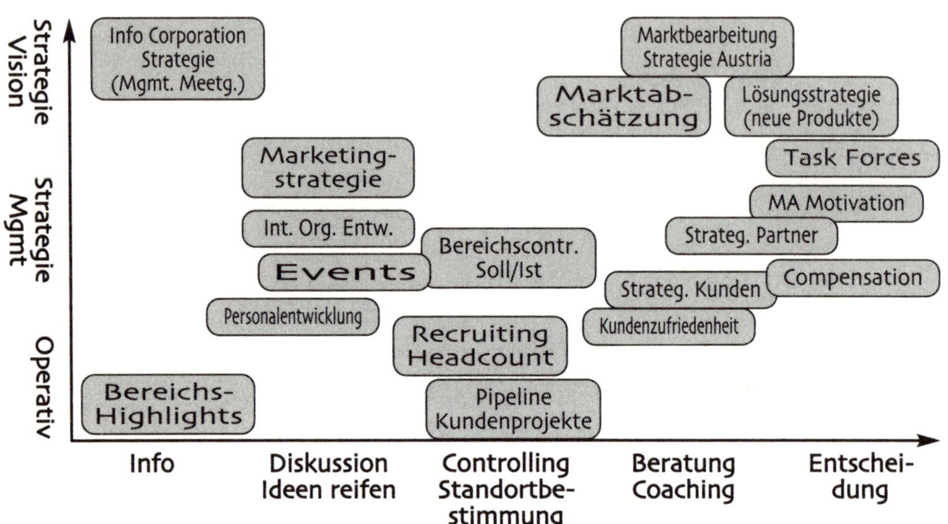

MEETING CALENDAR

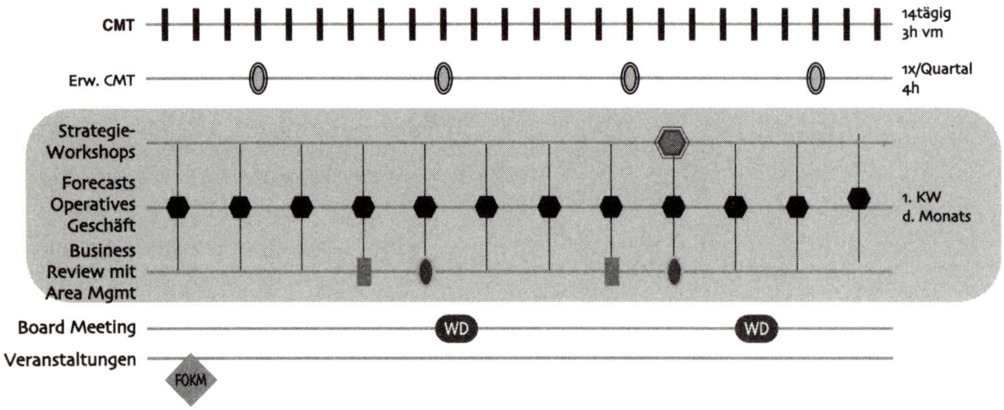

CMT — 14tägig 3h vm

Erw. CMT — 1x/Quartal 4h

Strategie-Workshops

Forecasts Operatives Geschäft — 1. KW d. Monats

Business Review mit Area Mgmt

Board Meeting — WD — WD

Veranstaltungen — FOKM

Die abschließende qualitative Evaluation
Im Januar 2002 wird eine abschließende qualitative Evaluation durchgeführt. Das Setting ist dasselbe wie im Juni. Gruppen- und Einzelinterviews zu den Grundfragen „Wie ist das aktuelle Stimmungsbild zum Change-Prozess, zur neuen Struktur und zum Thema Solution Providing?", „Was hat sich im Vergleich zum Frühjahr 2001 verändert?", „Wie gut sind wir für die Zukunft aufgestellt?" werden durch einen eigenen Beraterstaff durchgeführt. Folgende Ergebnisse werden im Februar 2002 dem Country Management Team präsentiert:

Die neue Struktur wird grundsätzlich positiv betrachtet. Das Arbeiten in den Sektoren ermöglicht es, sich besser auf die eigenen Aufgaben konzentrieren zu können. Es gibt klare Ansprechpartner für Kundenanfragen. („Ich weiß jetzt, an wen ich sie weitergeben kann.")
Das Arbeiten in Sektoren ist akzeptiert. Die im Frühjahr 2001 vorhandenen Irritationen sind weitgehend verschwunden. Die noch vorhandenen Unklarheiten in Bezug auf die neuen Prozesse bereiten weniger Sorge, da man die Aufgaben im eigenen Sektor, weniger die Prozesse im Blick hat.
Die neue Struktur löst aber noch Unwohlsein aus, wenn der eigene Beitrag für das Ganze, die genaue Aufgabe noch nicht klar ist, noch Unsicherheit besteht, ob man die erforderlichen Kompetenzen besitzt, und sich Hierarchie und Bürokratie eher verstärken: (Ein häufiges Bild: „Leute schauen nach oben, versuchen selber, die Treppen nach oben zu steigen und halten sich am Rockzipfel des Vordermanns fest.")
Der Change-Prozess wird vor allem auf die Implementierung der neuen Struktur bezogen und insoweit als beendet betrachtet. Die neuen Prozesse sind bekannt, werden aber noch nicht bzw. nicht ausreichend erlebt. Die Gestaltung der Prozesse und Klärung neuer Rollen im Tagesgeschäft wird - von dem eigenen direkten Umfeld abgesehen - als Aufgabe des Managements gesehen. („Der Feinschliff muss noch erfolgen, hier ist das Management gefordert".)
Fragen der Veränderung der Identität und der Unternehmenskultur werden erst in Anfängen diskutiert. Ein Aspekt ist besonders wichtig: Einer der Kernwerte der Kultur ist, kompetent zu sein, Kompetenz auszustrahlen. Im Zuge des Solution Providings verändert sich das Kompetenzbild massiv vom Fachberater, (der es „besser weiß" als die Kunden) zum Lösungsberater (der mit dem Kunden gemeinsam arbeitet: „Da muss ich den Kunden fragen!?"). Diese Dimension löst noch viel Unbehagen aus.

Mit dem Abschluss des ersten Jahres Solution Providings endet auch unsere Beschreibung des Prozesses. Was noch nachzutragen ist, weil es ein wesentlicher Erfolgsfaktor des Prozesses war: Trotz der Umstrukturierung wurden die wesentlichen Business-Jahresziele erreicht. Das Projekt endet einen Monat früher als geplant und wird in Auswertungsgesprächen mit dem Steering Committee und dem Country Manager als sehr erfolgreich abgeschlossen.

Unser Beitrag als Berater im Sinn der „Entwicklungspartnerschaft" mit dem Kunden

- Intensive Diagnose und Interventionsarbeit mit dem Change Team
- Moderation und Designentwicklung für die Change Boards und für die Großveranstaltungen des Sounding Boards (>200 MA)
- Kickoff Workshops in den Bereichen
- Auf Nachfrage Einzelberatung und Coaching von Managern
- Strategiearbeit mit einzelnen Teams
- Konzeption, Moderation und Auswertung des Kundenparlaments
- Trainingsworkshops, in denen das neue Selbstverständnis des Lösungsberaters erprobt und mit Change Management Know-how angereichert wurde
- Evaluation (durch Neuwaldegger Berater, die sonst nicht ins Projekt involviert waren, zur Verstärkung der Außenperspektive)

Das Besondere an der Kooperation mit den Kunden waren in diesem Fall das hohe Tempo und die beiderseitige Flexibilität. Die „Feuerproben" zu Beginn und der intensive Kontakt in der Akquisitions- und Planungsphase durch die unmittelbare Arbeit an der Architektur legten den Grundstein für große Offenheit und Direktheit im Zusammenspiel Berater und Kunde. Unüblich war für uns auch unsere eigene Rollenvielfalt: Wir waren (Fach-)Berater für Changearchitekturen und -prozesse, als systemische Berater entwickelten wir Designs, moderierten Veranstaltungen, brachten Außenperspektiven ein und stärkten die Selbststeuerung des Systems. Wir agierten als Einzelberater für die individuelle Betreuung von Schlüsselpersonen. Als Trainer in einem Change Management Workshop brachten wir Impulse für die Gestaltung von Kundenprojekten ein. Lediglich in der Evaluation war uns personelle Trennung wichtig. Bei diesem Projekt hatte diese ungewöhnliche Rollenvielfalt Vorteile, weil unser Klient, selbst im Beratungsgeschäft zu Hause, große Kompetenz und Erfahrung in der flexiblen Gestaltung von Rollen hat. Zudem gestalteten wir unser Zusammenspiel untereinander so, dass einer stärker als der andere involviert war, sodass wir nach innen in unserer Staffarbeit die unterschiedliche Nähe/Distanz zum Klienten gut nutzen konnten. Das Projekt machte uns viel Spaß, wir erlebten über alle Hochs und Tiefs eine klare Entwicklungspartnerschaft vom Start bis zur Umsetzung.

LESSONS LEARNED

In der Change Landkarte ist dieses Fallbeispiel in der Position „Erneuern“ einzuordnen. Welche Schlüsse ziehen wir für harte Schnitte und neues Wachstum aus diesem Fall bzw. dieser Position?

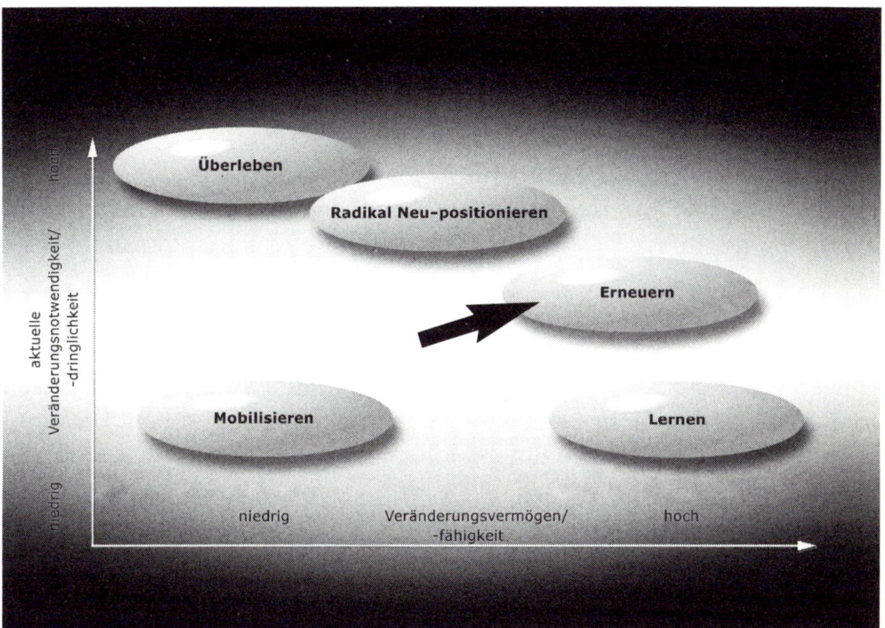

Harte Schnitte
Es ist sehr schwierig Organisationen in einer Phase großen Erfolgs zu verändern. Die Notwendigkeit, harte Schnitte zu begründen bzw. gemeinsam zu erarbeiten ist eine wesentliche Erfolgsbedingung, nicht nur am Start, sondern auch kontinuierlich im Laufe des Prozesses. Schnelle Personalentscheidungen am Beginn (in diesem Fall die Entscheidung der ersten Führungsebene) polarisieren zwar, geben aber Orientierung. Der schnelle Wechsel von Top-Down-Entscheidungen auf breites Bottom-Up-Involvement („Flirten“, „Verloben“, „Heiraten“) mobilisierte viel Veränderungsenergie.
In der Phase unklarer Verantwortlichkeiten ist die persönliche Kommunikation durch das Change Team und die Führungskräfte sehr wichtig. Die interaktiven Informations- und Feedback-Workshops, in denen sich das Change Team stark involvierte, waren ein Schlüssel für die Akzeptanz des Gesamtprozesses.
Die Transition-Phase (die Zwischenphase mit Abschied von Bisherigem

und der Öffnung für Neues) dauert unterschiedlich lange für einzelne Zielgruppen. Die Akzeptanz der harten Schnitte ist daher sehr lange unterschiedlich, die Grundstimmung lange ambivalent.

Neues Wachstum

Neues Wachstum braucht nachweisbare erste Businesserfolge. Die Akzeptanz wird wesentlich dadurch gesteigert, dass keine Mogelpackungen als „quick wins" verkauft werden.

Veränderung der Organisation „von außen nach innen" bringt Energie. Die frühzeitige Einbindung der Kunden, wie sie zum Beispiel im Rahmen des Kundenparlaments erfolgte, bringt wichtige Innovationsimpulse für das Unternehmen *und* für die Kunden.

Als wesentliche Change Driver für neues Wachstum beobachteten wir vor allem die Mitbewerbssituation in den neuen Marktsegmenten und ambitionierte eigene Ziele (<50% Umsatz mit dem neuen Produkt).

Gesamtsteuerung

Die Verankerung von Businesszielen im Projektauftrag für Veränderungsprojekte stärkt die Umsetzungsorientierung und bildet eine strukturelle Brücke zur Linie. In diesem Fall war dieses „Experiment" erfolgreich; wir denken, dass die Entscheidung dafür oder dagegen in jedem Projekt neu überdacht werden muss.

Die kontinuierliche Arbeit und die Reflexion der Gesamtsteuerung mit den Auftraggebern und Schlüsselpersonen verstärkt die Prozess-Sicherheit und die Koppelung von Klienten- und Beratersystem.

Ein früher Wechsel in der Projekt-Architektur, die Übergabe der Verantwortung vom Projekt in die Linie hat sich in diesem Fall bewährt. In einem Bild ausgedrückt: Change-Projekte sind „Hebammen, aber keine Kindermädchen" von Veränderungen.

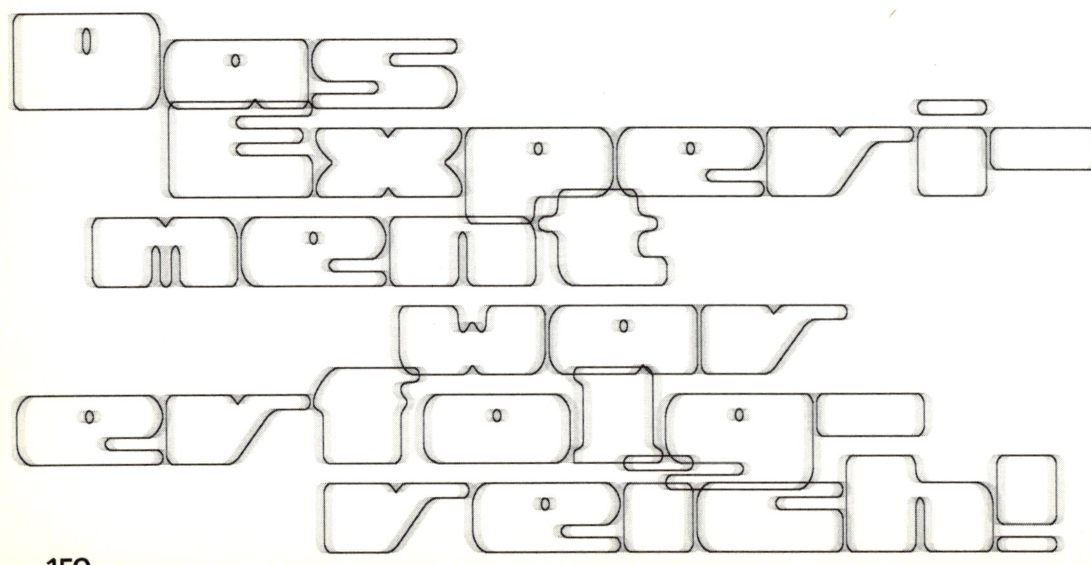

Mit Tradition in die New Economy

wie ein 130 Jahre altes Unternehmen zum Internet-Leader wird

Alexander Doujak, Erwin Lebic, Maria Rosiczky

DIE AUSGANGSSITUATION

Ein sehr traditionelles österreichisches Dienstleistungsunternehmen der Informationsverarbeitungsbranche steht vor einem radikalen Wandel. Das Unternehmen hat eine dominierende Marktstellung, ist der Leader am österreichischen Markt. Das Image in der Öffentlichkeit ist hervorragend, die Werte Seriosität, Vertrauenswürdigkeit, Professionalität werden der Organisation zugeschrieben und sind eine wichtige Basis ihres Erfolges.

Eckdaten
Die Organisation ist als Verein organisiert, hat 20.000 Mitglieder, 360 Mitarbeiter und erwirtschaftet mit zehn Beteiligungen im In-und Ausland einen Umsatz von rund 35 Mio. Euro. Pro Jahr erteilen die Mitarbeiter rund 5 Mio. Bonitätsauskünfte, behandeln über 100.000 Inkassofälle und unterstützen in über 5.000 Gerichtsverfahren rund 90.000 Gläubiger.
Die letzten Jahrzehnte sind durch die zentrale Person des Geschäftsführers geprägt, der das Unternehmen nach außen sehr stark vertritt. Die Funktionsperiode dieses Geschäftsführers nähert sich aber dem Ende. Zwei weitere Geschäftsführer werden ernannt, um diese Übergangsphase in einem Dreierteam zu gestalten. Das Umfeld des Unternehmens verändert sich sehr stark, die weitgehende Internationalisierung in der Branche stellt eine neue und große Herausforderung dar. Neue gesetzliche Bestimmungen führen dazu, dass die Vorherrschaft am Markt in Frage gestellt ist. Nicht zuletzt kommt auch Druck von Seiten der jungen Mitarbeiter im mittleren Management, die sehr deutlich eine Veränderung der Unternehmensprozesse und des Führungsstils verlangen. Sehr viele initiative Projekte stehen an, es geht darum, diese zu integrieren und fokussiert zu bearbeiten.
In dieser Phase wird von der Geschäftsleitung ein Changeprojekt aufgesetzt, zu dem wir als Berater eingeladen werden. Interessanterweise hat es drei Jahre vorher bereits einen Kontakt gegeben, der aber zu keiner Zusammenarbeit geführt hatte. Die Geschäftsführer erinnern sich noch daran, dass wir damals ein Angebot abgelehnt haben, da unserer Meinung nach keine Chance auf einen integrierten Gesamtprozess vorhanden gewesen ist. Jetzt scheint sich die Lage gewandelt zu haben.

Die Zielsetzung aus Beratersicht

- Begleitung des Programmes zur nachhaltigen Weiterentwicklung des Unternehmens
- Berücksichtung aller wichtigen Elemente (Strategie, Struktur, Kultur)
- Laufende Einbindung der Mitarbeiter, Verankerung der Neuorientierung bei den Mitarbeitern
- Betreuung von Sub-Projekten nach Bedarf

DIE ZIELE

Es soll ein Programm zur nachhaltigen Weiterentwicklung der Organisation entwickelt und umgesetzt werden, in dem die Elemente Strategie, Struktur und Kultur berücksichtigt werden. Umsetzungsorientierung ist für den Auftraggeber ein wesentlicher Erfolgsfaktor, das Veränderungsprojekt soll daher an konkreten Ergebnissen orientiert sein, die Mitarbeiter sollen laufend eingebunden sein und die Neuorientierung soll bei allen Mitarbeitern verankert werden. So oder ähnlich klingen viele Zielsetzungen von Veränderungsprojekten. Das Besondere an diesem Projekt ist die starke Innovationsorientierung, die sich in einer Vielzahl derartiger Projekte äußert.

In der Change-Landkarte stimmt am ehesten die Position „Mobilisieren". Es gilt sowohl die Wahrnehmung der Veränderungsnotwendigkeit in der Organisation als auch die Veränderungsfähigkeit von Personen und System zu steigern.

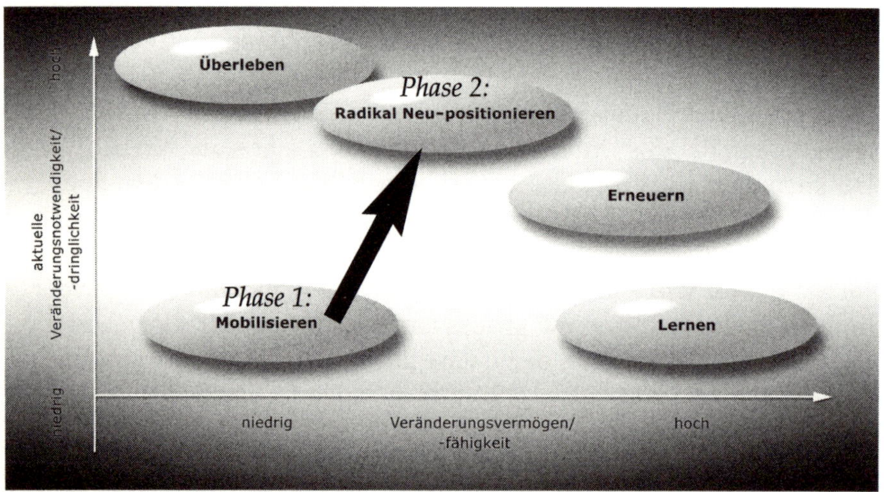

DIE PROJEKT-ARCHITEKTUR

Die Startphase

Als Auftraggeber fungieren die zwei neuen Geschäftsführer im Team. Sie haben die Funktionen der Letztentscheidung und der Festlegung der Gesamtstrategie. Mit diesem Auftraggeberteam wird im ersten Schritt sehr intensiv an der persönlichen Perspektive, aber auch an der Perspektive hinsichtlich der weiteren Entwicklung des Gesamtunternehmens gearbeitet. Das ist einer der Grundpfeiler für den Gesamtprozess. Als Abschluss dieser ersten Sequenz wird die Steuergruppe nominiert, die aus Vertretern der unterschiedlichsten Unternehmensbereiche zusammengesetzt ist. Ziel ist, einen möglichst repräsentativen Querschnitt des Gesamtunternehmens in dieser sehr großen Gruppe zu etablieren, insgesamt 22 Mitarbeiter inklusive der Geschäftsführung. Diese ungewöhnlich große Steuergruppe entsteht dadurch, dass es eine der Hauptbestrebungen ist, die Mitarbeiter auf einer breiten Basis einzubinden und ihnen die Möglichkeit zu geben, gestaltend an der Zukunft mitzuwirken. Zudem soll die Steuergruppe die Führungskultur der Zukunft symbolisieren.

ARCHITEKTUR PHASE 1

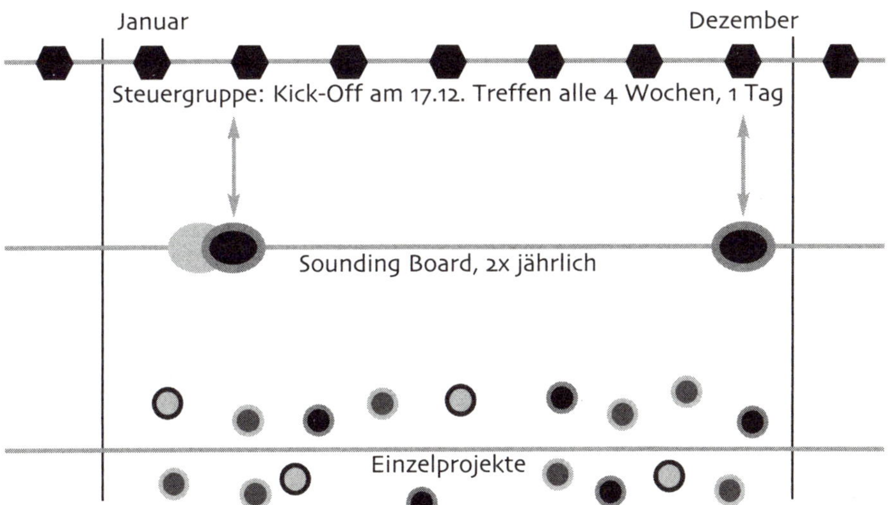

Auf der inhaltlichen Ebene werden in einem ersten Workshop aufgrund des Grundmodells „Strategie – Struktur – Kultur" Schwerpunkte fest gelegt, wobei es anspruchsvoll ist, aus der Fülle der vorgeschlagenen Projekte die wesentlichen herauszufiltern und zu priorisieren. Dies wird in zwei Schleifen geschafft. Die Projektentscheidung fällt aufgrund eines „Filtermodells". Der erste Filter ist der Strategie-Fit, die strategische Sinnhaftigkeit des einzelnen Projektes. Der nächste Filter ist der Ressourcen-Fit, d.h. die Machbarkeit mit den vorhandenen Personalressourcen. Der dritte Filter ist der Kosten-Nutzen-Fit im Sinne der budgetmäßigen Abbildung des Projektes und der Sinnhaftigkeit aufgrund einer Investitionskalkulation. Der vierte Fit ist schließlich die zeitliche Priorisierung der einzelnen Projekte.

Jedes Mitglied der Steuergruppe leitet ein Projekt, sodass die Projektverantwortung sehr breit auf die Mitarbeiter verteilt ist. Über 80% der Projekte tragen zur strategischen Hauptstoßrichtung, der Internet-Ausrichtung, bei. Diese erste Phase ist sehr energiegeladen und konstruktiv. Es entsteht eine Aufbruchsstimmung, die Rückmeldungen aus den einzelnen Projekten sind sehr ermutigend.

Die ersten vier Sitzungen der Steuergruppe, die monatlich stattfinden und jeweils einen Tag lang dauern, sind von den Berichten aus den Projekten geprägt, aber auch von der Reflexion des gesamten Entwicklungsprozesses aufgrund der Projektergebnisse. Ein weiterer Bestandteil dieser Sitzungen ist die Selbstreflexion mit persönlichem Feedback unter den Steuergruppenmitgliedern hinsichtlich ihrer Führungsqualitäten und gegenseitigen Performanceerwartungen. Die Geschäftsleitung nimmt an all diesen Sitzungen teil, was einen wesentlichen Erfolg in Hinblick auf die Ernsthaftigkeit des gesamten Changevorhabens darstellt. Denn in der Vergangenheit hat es schon mehrere solche Initiativen gegeben, und diese Kontinuität der Teilnahme der Geschäftsleitung sichert diesmal die strategische Priorität nachhaltig. Diese Teilnahme muss zwar „hart erkämpft" werden, die Geschäftsführung gelangt dann aber doch zur Überzeugung, dass sie diesen wesentlichsten Wandel des Unternehmens nicht „delegieren" kann.

Soundingboard und Mitarbeiterveranstaltung

Die Krönung des ersten Halbjahres ist das Soundingboard, das mit allen Mitarbeitern durchgeführt wird. In der Vorbereitung des Soundingboard wird diskutiert, ob man den Betrieb nicht lahm legen würde, wenn man alle Mitarbeiter auf einmal zusammenfasst, weshalb dann entschieden wird, das Soundingboard in zwei Sequenzen zu gestalten. Der grundlegende Aufbau ist sehr interaktiv. Zum Start bringen alle Beteiligten in Gruppen kurz ihren Standpunkt und die Erwartungen ein, dann gibt es nach einem Einstiegsvortrag und einer Diskussion einen „Marktplatz“, auf dem alle Projekte ihre Aktivitäten ausstellen und die Mitarbeiter wie auf einer Messe von einem Stand zum anderen wandern können. Die Beteiligung ist rege, das Engagement sehr hoch. Die Resonanzen werden danach in einer Großgruppenausstellung eingeholt und sind durchaus sehr positiv. Bisher hat es in diesem Unternehmen solche Veranstaltungen noch nicht gegeben. Es zeigt sich eindrucksvoll, dass die kollektive Veränderungsenergie in solchen Großveranstaltungen sehr gut gehoben werden kann.
Das nächste große Event ist ein Mitarbeiterausflug. Dieser Ausflug („Mitarbeiterevent“) wird auch dafür genutzt, die gemeinsame Weiterentwicklung emotional anzusprechen.

Durchhänger im Herbst

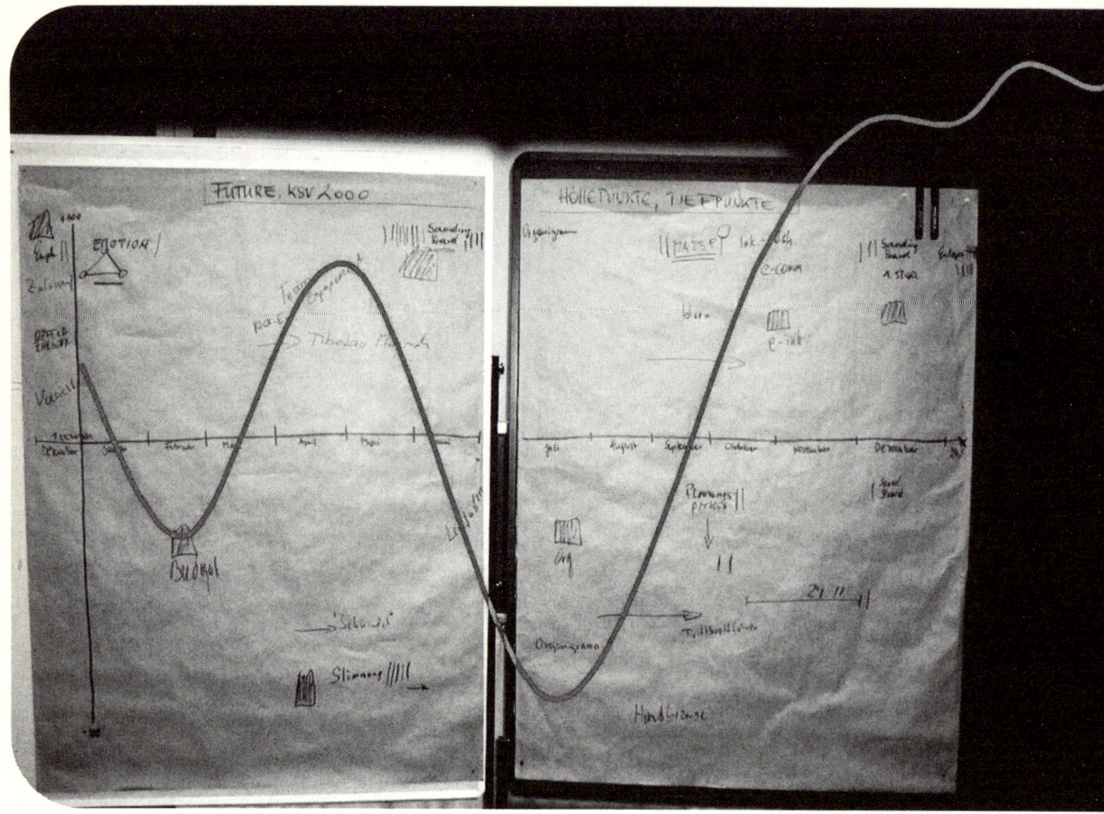

Lebenslinie des Projekts
Nach diesen Hochs kommt es zu einigen Durchhängern im nachfolgenden Herbst. Einige Ereignisse machen deutlich, dass es durchaus auch einige Mitarbeiter in abwartender Position gibt. Der Planungsprozess für das darauffolgende Jahr wird zum negativen Tiefpunkt. Dies zwar nicht innerhalb des „offiziellen Teiles des Projektes" – da aber alle Mitarbeiter des Steuerteams Anteil daran haben, schlägt sich dieses Ereignis auch auf die Steuergruppe nieder. Zusätzlich kommt es in dieser Zeit zu strategischen Veränderungen, die die Geschäftsführung sehr stark in Anspruch nehmen. Der Aufsichtsrat wird neu bestellt und bei der Diskussion möglicher Beteiligungen oder internationaler Kooperationen geht es „richtig rund".

Da diese Themen in diesem Frühstadium noch nicht breit kommunizierbar sind, aber sehr viel Energie der Geschäftsleitung beanspruchen, entsteht vielerorts der Eindruck, die Geschäftsführung sei abgehoben bzw. würde sich nicht mehr so um die Belange der Steuergruppe und die dort angesiedelten Projekte kümmern. In einer Steuergruppensitzung wird sehr deutlich, dass die Geschwindigkeiten und Prioritäten des Geschäftsführerteams und der Restgruppe weit auseinander liegen. Als weitere Irritation erweist sich ein Outsourcing-Projekt eines Teiles der EDV. Zwei Mitglieder der Gruppe ziehen sich aus der Steuergruppe zurück, da sie mittlerweile einer anderen Gesellschaft angehören.

Durch die Anzahl der Projekte ist der überwiegende Teil der Diskussionen der Steuergruppe sehr vom Operativen bestimmt. Die große Linie kommt mehr und mehr abhanden, zumal die Teilnehmer wissen, dass im Hintergrund einige übergeordnete strategische Projekte laufen. Da eines dieser Projekte die Ausgründung des größten Teiles des Unternehmens betrifft, dies aber nicht offen besprochen werden kann, haben viele das Gefühl „nicht mehr am wichtigsten Nerv des Unternehmens" zu arbeiten. Dementsprechend sinkt auch die Aufmerksamkeit für den Gesamtprozess.

In einem anderen Steuergruppenmeeting wird ein neues Organigramm vorgestellt, das zu einer weiteren, großen Irritation führt. Einige der Personen in der Steuergruppe sind nicht für leitende Funktionen vorgesehen. Dies wird von der Gruppe sehr ambivalent aufgenommen, was im Nachhinein vom zuständigen Personalmanager als sehr negatives persönliches Erlebnis interpretiert werden wird.

Kritisch betrachtet könnte man auch sagen, dass in der Anfangsphase die Projektfortschritte zu positiv beurteilt werden und einige der Projekte im späteren Verlauf dann eingestehen müssen, am Anfang zu optimistisch voran gegangen zu sein.

Das zweite Soundingboard und ein wichtiger Workshop
Die letzte Phase des ersten Jahres ist durch ein zweites Soundingboard gekennzeichnet, zu dem ein Großteil der Mitarbeiter eingeladen ist. Auch dieses Soundingboard wird wieder mit Spannung erwartet, wenn natürlich auch durch die Erfolge des ersten Mals das Anspruchsniveau sehr hoch liegt. Insgesamt wird die Veranstaltung auch als Erfolg gewertet, die Attraktivität des „ersten Mals" hat sie aber natürlich nicht mehr. Eine wesentliche Sequenz ist eine Session mit der Geschäftsführerin (Questions and Answers), die in Form eines Hearings durchgeführt wird (genaues Design s. Kap. „Interventionen"), bei dem die Geschäftsführung sehr offen über die anstehenden Projekte und die Gesamtsituation kommuniziert. Der Projektmarkt wird mit einiger Aufmerksamkeit besucht, es zeigt sich aber auch, dass es eine Inflation solcher Veranstaltungen geben kann. Der Reiz des absolut Neuen ist jetzt weg.

Der Höhepunkt des zweiten Halbjahres ist ein Workshop, der die Fusion und Ausgründung zweier Geschäftesfelder zum Gegenstand hat. Der Hintergrund dazu: Die gesamte Organisation ist aus traditionellen Gründen als Verein organisiert und strukturiert. Um internationale Beteiligungen möglich zu machen, ist es jedoch notwendig, einzelne Bereiche des Vereins in eine Personengesellschaft zusammenzufassen und auszugliedern. Dass dies eine vollkommen neue Dynamik mit sich bringt, sehr viele Schnittstellen und Prozesse erst abgeklärt werden müssen und eine wesentliche Weiterentwicklung der Identität bevorsteht, ist klar. Es entstehen Gerüchte - auch Ängste, dass es zu einem Ausverkauf käme und dass die Ausgründung und der spätere Verkauf dieses Teiles notwendig seien, um das Gesamte zu sichern. Sicherheit der Arbeitsplätze und relativ wenig Veränderung sind bisher Leitwerte der Organisation gewesen, weshalb die Irritation natürlich sehr hoch ist. Der Workshop ist so aufgebaut, dass die Rahmenbedingungen und die grundlegenden strategischen Festlegungen durch die Geschäftsführung am ersten Abend präsentiert und danach auch diskutiert werden. Dies geschieht in einer sehr offenen Atmosphäre, was das Vertrauen der Beteiligten erhöht und eine sehr konstruktive Grundstimmung entstehen lässt. Am zweiten Tag werden ohne Anwesenheit der Geschäftsführung das Projekt strukturiert und auf einer inhaltlichen Ebene die Schwerpunkte dargestellt. Als wesentlicher Punkt kristallisiert sich die Arbeit an einer Gesamtvision heraus. Dabei wird deutlich, dass durch die Ausgründungen, die auf Grund einer recht klaren Vision erfolgt sind, die übrigen Geschäftsfelder in Zugzwang geraten, d.h. die Frage nach der Vision für die anderen Geschäftsfelder bzw. der Entwicklung einer Gesamtvision als Orientierungshilfe für alle Mitarbeiter taucht auf. Dies wird in einem Visionsspiel in kurzen Szenen, die von den Teilnehmern erarbeitet worden sind, dargestellt. Jede Gruppe führt ein Horror- bzw. ein Wunschszenario vor.

eine Gesamtvision als Orientierungshilfe für *alle Mitarbeiter* taucht auf

Dabei kommen die grundlegenden Ängste und Befürchtungen ebenso zum Ausdruck wie die Chancen und Potentiale, die in dieser neuen Konstellation liegen. Die persönlichen Perspektiven der Einzelnen werden so viel leichter verstanden, eine konstruktive Diskussion darüber wird möglich.

Abschluss und Ausblick
Die erste Phase dieses Veränderungsprozesses wird mit einem Abschlussworkshop beendet. Die Mitglieder der Steuergruppe werden gebeten, ein Symbol für die Identität dieses Veränderungsprozesses mitzubringen. Gemeinsam wird die Lebenslinie des Projektes dargestellt und diskutiert, wobei es eine sehr kongruente Auffassung über den Verlauf dieses Prozesses gibt.
In der nächsten Phase wird es darum gehen – nach einem Jahr im Zeichen von Projekten – Strukturveränderungen anzugehen, alle Produktsparten verstärkt auf E-Business auszurichten, sowie konsequente Strategiearbeit in allen Bereichen zu leisten. In unserer Change-Landkarte verortet geht es also nun um die Erneuerung des Unternehmens.

Auch die Architektur der zweiten Phase wird entsprechend angepasst, der folgende Überblick verdeutlicht dies:

ARCHITEKTUR PHASE 2

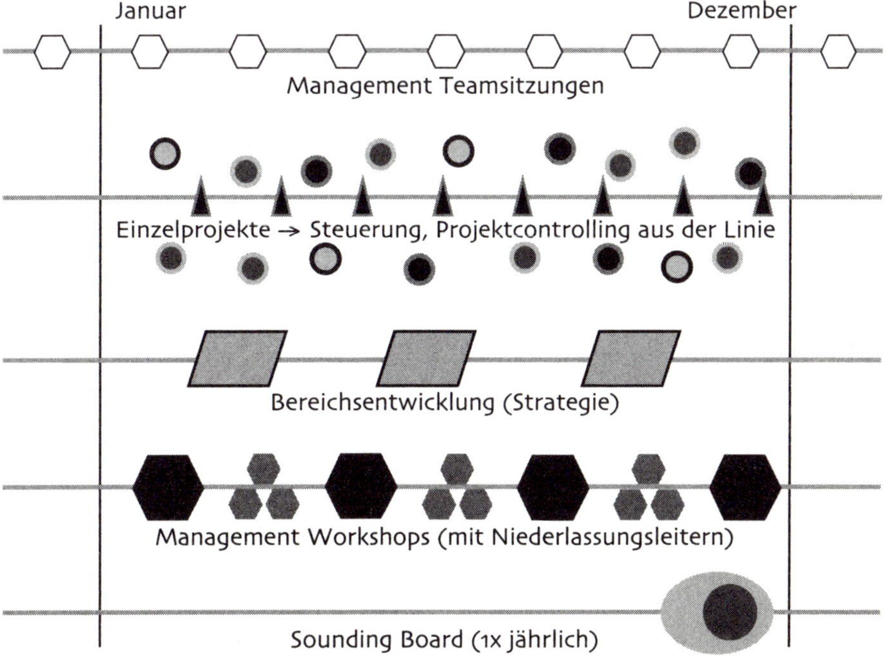

LESSONS LEARNED

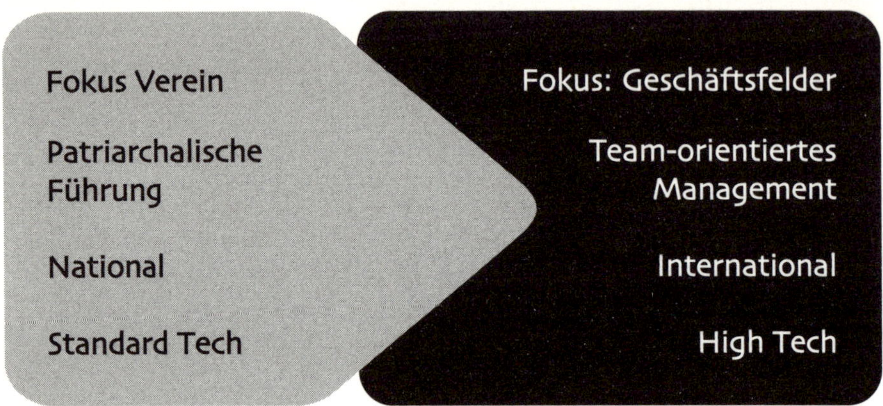

Die harten Schnitte bestehen in diesem Fall vor allem in den strukturellen Konsequenzen, d.h. dem Outsourcing eines Teiles der EDV und der Ausgründung eines von zwei wesentlichen Geschäftsbereichen. Rückblickend muss man hier kritisch anmerken, dass im ersten Fall der Prozess der Ausgründung zwar in der Vorbereitung sorgfältig und gut gewesen ist, die Umsetzung in der Organisation jedoch von sehr viel Hektik und auch Emotionalität getragen wurde. Dies wird dann zum Anlass genommen, den zweiten Prozess zur Ausgliederung anders aufzusetzen – unter größerer Einbindung der Mitarbeiter.

Dazu kann man aus diesem Fallbeispiel folgendes lernen:

- Im Falle von Ausgründungen ist – nach den strategischen Abklärungen - den Personalentscheidungen (Wer bleibt im Unternehmen? Wer verlässt es und muss sich nach einem neuen Arbeitsplatz umsehen?) höchste Priorität zu geben. Lange Entscheidungszeiträume lassen die Produktivität massiv sinken.
- Großveranstaltungen, an denen alle Mitarbeiter teilnehmen können, sind ein besonders effizienter Hebel in der Gestaltung des Prozesses, wenn neben inhaltlichen und strukturellen Themen auch Platz für Emotionen ist
- Die Führungskräfte spielen eine zentrale Rolle, an ihnen orientieren sich die Mitarbeiter. Die Präsenz vor Ort ist eine der wichtigsten Aufgaben in der Umbruchphase.

Im Sinne des angestrebten „neuen Wachstums" erweist sich dieses Projekt als voller Erfolg. Strukturell gesehen wird das über ein Projekt-Portfolio geschafft, in dem wesentliche Innovationsprojekte zusammengefasst und fokus-

Hart bleiben un

siert werden. Über die Projektumsetzungen können sehr viele Innovationsaspekte integriert und weiterentwickelt werden.
Inhaltlich gelingt hier der Ausbau von Internetprodukten, mit denen die Marktposition des Unternehmens in Österreich in diesem Bereich weiter gefestigt und ausgebaut wird und die Organisation als eine der größten New Economy- oder Internetfirmen gelten kann.

Dazu kann man aus diesem Fallbeispiel Folgendes lernen:

- Projekte eignen sich sehr gut dazu, eine Organisation aus ihrem Dornröschen-Schlaf zu wecken, wenn dies im Rahmen eines umfassenden Programms geschieht.
- Die Teilnahme „junger" Führungskräfte bzw. Schlüsselpersonen, die die Zukunft des Unternehmens repräsentieren, ist besonders wichtig. So wird die etablierte Ordnung irritiert und wesentliche Entwicklungsimpulse gesetzt. Wir denken, dass der Faktor Wettbewerb zwischen Projektleitern hierbei ein wesentlicher Punkt war.
- Der Auswahlprozess für die Projekte ist sehr entscheidend. Werden die strategischen Prioritäten in den Projekten abgebildet, kann das den Grundstein für eine neue Phase der Entwicklung des Gesamtunternehmens einläuten.
- Projektarbeit stellt jedoch erst den ersten Schritt dar. Nach diesem „Aufrütteln" geht es um die Verankerung des neuen Wachstums in der Linie.

Gesamtsteuerung
Ein wesentlicher Erfolgsfaktor für den Gesamtprozess ist das Commitment der Geschäftsleitung und die Präsenz der Geschäftsleitung bei den wesentlichen Steuergruppen und den Großveranstaltungen.

Dazu kann man aus diesem Fallbeispiel Folgendes lernen:

- Es wird in den meisten Fällen nicht selbstverständlich sein, dass die Geschäftsleitung an allen wesentlichen Veranstaltungen teilnimmt. Für die Mitarbeiter ist dies jedoch eines der stärksten Signale für die Bedeutung des Prozesses und Arbeit jedes Einzelnen. Das bedeutet für die Projektverantwortlichen: „Hart bleiben und auf der Teilnahme bestehen – es zahlt sich aus!"
- Durch die Etablierung von Projekten, in den die Geschäftsführung auch aktiv mitarbeitet (und nicht nur „delegiert") kann dieser Aspekt noch weiter vertieft werden.

uf der Teilnahme bestehen –
es zahlt sich aus!

Aus 1 + 1 mach 1

Post-Merger-Integration in der Dienstleistungsbranche

Alexander Exner, Katharina Fischer-Ledenice, Torsten Jung

EINLEITUNG:

Dieses Beratungsprojekt bei dem Deutschland-Merger zweier weltweit agierender Dienstleistungsunternehmen war durch zwei wesentliche Herausforderungen gekennzeichnet:

- auf Seiten des Klienten: den Merger auch als „Menschen bewegendes" Projekt anzuerkennen und den Selbstfindungsprozess („Wer sind wir als neues Unternehmen? Welche Strategie und welche Struktur haben wir?") mit kulturellen Aspekten zu verbinden
- auf der Seite der Berater: zu akzeptieren, dass auch die externe Begleitung durch die enorme Veränderungsdynamik des Mergers geprägt war („Wer ist heute unser Projektteam/unser Ansprechpartner?" „Welche völlig neuen Punkte sind neben den absehbaren aktuellen Veränderungen bei den nächsten Schritten mit zu berücksichtigen?")

DER FALL

Bei unserem – für diesen Beitrag leicht verfremdet dargestellten – Kunden handelt es sich um zwei weltweit agierende Dienstleistungsunternehmen, die durch den Merger zum globalen Marktführer im von ihnen bedienten Marktsegment wurden.
Der konkrete Beratungsfall bezieht sich auf den Merger im deutschen Markt, von dem insgesamt rund 1.800 Mitarbeiter und 90 Manager betroffen sind. Knapp vor der offiziellen Bekanntgabe des Mergers sickert die Information – zum Teil über ausländische Medien, zum Teil über informelle Kanäle – zu den Betroffenen durch. So werden z. B. die Mitarbeiter eines der Merger-Partner früher informiert und rufen neugierig ihre zukünftigen und bis dahin ahnungslosen Kollegen an, was selbstverständlich Irritationen und Erklärungsbedarf verursacht.

In kleinem Kreise bereitet man sich auf ein großes Veränderungsvorhaben vor: Die bereits definierten Topmanager des neuen Unternehmens beauftragen eine Gruppe von internen Beratern, Task-Forces zu bilden, um die auf verschiedenen Ebenen notwendige Post-Merger-Integration (PMI) vorzubereiten.

Wie alles beginnt

Auslöser der Suche nach einer externen Unterstützung bei diesem Merger ist die Idee, Schlüsselpersonen des neuen Unternehmens möglichst rasch zu Change Agents ausbilden zu lassen, um so die Professionalität im Veränderungsprozess zu steigern. Die Initiative innerhalb der Task-Forces für die Post-Merger-Integration geht von der Task-Force „Change Management" aus. Diese hat den Auftrag, gemeinsam mit sieben anderen Task-Forces (Strategie, Organisation, Human Resource Management, Interne Prozesse, Marketing und Kommunikation, Systeme und Infrastruktur sowie Projekt-Controlling) die möglichst reibungslose Umsetzung des Mergers sicherzustellen. Das Management der Task-Forces ist jeweils durch Doppelspitzen der beiden Merger-Partner besetzt, was dazu führt, dass latente Merger-Themen die Projektarbeit hemmen. Die Besetzung der Task-Force-Teams speist sich zum Teil direkt aus den Linienfunktionen (z. B. Marketing und Kommunikation, HR) und wird ansonsten mit Mitarbeitern der Merger-Partner besetzt. Die internen Projektmitarbeiter der Task-Forces verrichten hierbei ihre konzeptionelle Arbeit fast ausschließlich neben dem regulären Tagesgeschäft, was der Qualität der Projektergebnisse abträglich ist und zu Problemen im Prozess der Abstimmung führt. Die Arbeit der Task-Forces wird im Unternehmen kaum wahrgenommen.

Über Referenzen in der Beratungsbranche wird das Hernstein International Management Institut bezüglich einer Ausbildungsreihe zum Change Manager angesprochen. In den Erstgesprächen wird jedoch deutlich, dass die anstehenden Herausforderungen im Change Management mit einem Trainings-Curriculum allein nicht zu bewältigen sein würden: Es ist zu diesem Zeitpunkt z. B. unklar, wie die Gesamtkoordination aller Task-Forces verlaufen oder welche Aufgaben die Task-Force „Change Management" tatsächlich – und autorisiert von der neuen Geschäftsleitung – übernehmen soll.

Auftragsklärung

Ausgehend von dieser Einschätzung beginnt die tatsächliche Auftragsklärung im Tandem: Hernstein lädt die Beratergruppe Neuwaldegg ein, diesen „Fall" gemeinsam zu bearbeiten. Die erste Auftragsklärungsphase endet damit, dass die aktuelle Situation von allen Betroffenen (Mitglieder der Task-Force und externe Begleiter) so eingeschätzt wird, dass sich das gesamte Merger-Projekt als Netzwerk darstellte, in dem die Task-Force „Change Management" einen zentralen Knoten bildet. Die Unterstützung dieses Netzwerkknotens – eben der Task-Force „Change Management" – wird als Beratungsauftrag definiert.

Die tatsächliche Beauftragung muss bereits von Beginn an über einzelne Mitglieder der Task-Force bei den Entscheidungsträgern in der Geschäftsleitung „abgeholt" werden und wird nur „scheibchenweise", quasi von Intervention zu Intervention, bestätigt. Dadurch ergibt sich vom Start des Projekts an eine Dynamik, die viele Unsicherheiten mit sich bringt („Haben wir gleiche Bilder vom Auftrag? Entspricht die Begleitung auch tatsächlich den Intentionen der neuen Geschäftsleitung?") Die in dieser Phase an sich „übliche" Unsicherheit ist deutlich überschritten und muss im Rückblick als Ausdruck mangelnden Commitments der Geschäftsleitung zur Begleitung durch einen externen Berater eingestuft werden.

Bemerkenswert ist dieses Phänomen vor allem deshalb, weil es sich im Verlauf des Projekts laufend wiederholt und es immer wieder Unklarheiten hinsichtlich der Einordnung der Aktivitäten der Task-Force „Change Management" in Bezug zu anderen Change-Aktivitäten gibt und damit auch eine Klärung bezüglich der Sinnhaftigkeit der vorgeschlagenen Interventionen teilweise sehr schwierig ist.

DIE PROJEKTARCHITEKTUR

Die Begleitung bei der Post-Merger-Integration (PMI) erstreckt sich insgesamt über knapp eineinhalb Jahre. Die erkennbaren drei Phasen sind durch unterschiedliche Themenschwerpunkte und Dynamiken im Unternehmen gekennzeichnet und in der folgenden Grafik überblicksartig dargestellt.

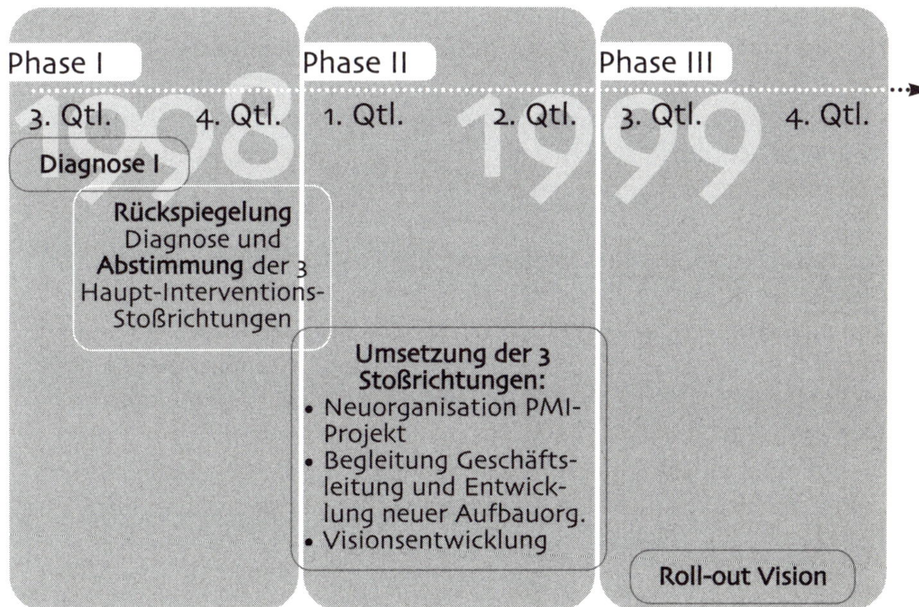

Phase 1: Irritation und Unsicherheit

Wichtigste Fragen:
„Was bedeutet der Merger für mich als Person (insbesondere für mich als Mitglied des Management-Teams), für meine relevante Organisationseinheit und insgesamt für die beiden Old Companies?"
„Wer dominiert wen?"
„Wie unterscheiden wir uns von den anderen?"
„Was wollen wir unbedingt – was auf keinen Fall – behalten?"

Wesentliche Interventionen: Diagnose und Rückspiegelung

Prozessbeschreibung: Es finden insgesamt vier Treffen der Task-Force mit den externen Beratern statt, in denen – zum Teil über analoge Interventionen und über Projektumfeldanalysen – die Interventionen für die Phase 1 definiert werden. Die Begleitung der Task-Force „Change Management“ wird bis auf weiteres bestätigt. Sie umschließt auch die Unterstützung bei der Gestaltung von Einzelinterventionen. Es wird beschlossen, eine Unternehmensdiagnose durchzuführen und darauf aufbauend die weiteren Change-Interventionen zu planen. Die Unternehmensdiagnose wird in qualitativer Form durchgeführt: Eine repräsentative Anzahl und Auswahl von Mitarbeitern wird in unstrukturierten Gruppeninterviews über ihre Einschätzung der Unternehmenssituation befragt. Anschließend werden diese Interviews auf manifester Ebene bezüglich durchgängiger Aussagen und auch auf die Tiefenstruktur hinsichtlich der darunter liegenden Muster und Latenzen ausgewertet. Das ursprünglich geplante Trainings-Curriculum für Schlüsselpersonen wird zurückgestellt.
Die Unterstützung der Geschäftsleitung für den gesamten Change-Prozess wird von der Task-Force als zu gering angesehen, es ist zu wenig Zeit und Energie dafür da, es fehlt an Priorisierungen.

Die Rückspiegelung der Diagnose an die Geschäftsleitung, an alle Mitglieder des Management-Teams und alle Interviewten und die darauf aufbauenden Diskussionen lockern emotional Aufgestautes. Insbesondere das Besprechen von bisher im Managerkreis Unbesprechbarem, z. B. von Unterschieden im jeweiligen Selbstverständnis bezüglich des gemeinsamen Geschäfts – und die gegenseitige Rückspiegelung der Fremdbilder eröffnen einen fruchtbaren Dialog auf Managerebene. Das zeitigt auch entkrampfende Wirkung auf allen anderen Mitarbeiterebenen.

Phase 2: PMI und Wachstum laufen parallel, die Energie gehört dem Wachstum im Markt

Wichtige Frage (primär):
„Wie schaffen wir es, der Marktnachfrage gerecht zu werden?"

Wichtige Fragen (sekundär):
„Welche konkreten PMI-Veränderungen kommen auf uns zu?“
„Wen treffen harte Schnitte?“
„Was davon ist vorgegeben, was können wir selbst gestalten?"

„Warum arbeiten relativ unerfahrene Mitarbeiter an der Neugestaltung?"

Wesentliche Interventionen: Formierung der neuen Geschäftsleitung, erster Visionsentwurf, Neustrukturierung der Task-Forces, detaillierte PMI-Umsetzungskonzeption

Prozessbeschreibung: Ausgehend von den Ergebnissen der ersten Diagnose wird beschlossen, die externe Begleitung der Task-Force „Change Management" auch auf die Geschäftsleitung auszudehnen. Die Geschäftsführungsbegleitung hat primär das Ziel, die Arbeitsfähigkeit innerhalb der Geschäftsführung zu verbessern und auch die Aufgabenteilung in diesem Gremium zu fixieren. Diese Klärungen stehen in unmittelbarem Zusammenhang mit dem Entwurf der neuen Unternehmensvision.

Die im Rahmen der Diagnose erkannten Defizite der bestehenden Task-Force-Organisation münden in einer Reorganisation der PMI-Prozess-Architektur und in einer neuen Projektorganisation. Die Projekt-Teams werden nun mit – allerdings kaum erfahrenen – Vollzeit-Mitarbeitern besetzt. Das Problem unzureichender Erfahrung und mangelnden Wissens über Bestehendes wird an verschiedenen Punkten offensichtlich und verunsichert die bestehende Mannschaft zum Teil. Die PMI-Umsetzungskonzepte bringen teils gravierende Veränderungen (d.h. „harte Schnitte") auf der operativen Ebene (neue Prozesse, neue Instrumente etc.) mit sich, verändern aber auch die Steuerungssysteme – inklusive so zentraler wie der Neugestaltung des Entlohnungssystems und der Beurteilungen oder der Entwicklungspfade im Unternehmen. Mit all diesen Fragen ist aber nur eine vergleichsweise kleine Gruppe beschäftigt. Die Energie aller anderen fließt weiterhin in die Befriedigung der Marktnachfrage.

Es gibt in diesem Zeitraum sieben Zusammentreffen zwischen den externen Beratern und dem Klientensystem, davon zwei Klausuren mit der Geschäftsleitung und fünf Arbeitstreffen mit der PMI-Change-Management-Gruppe (die die Task-Force ersetzte). Die letzte Phase der Arbeitstreffen steht wiederholt im Zeichen der Abstimmungen mit anderen PMI-Gruppen.

Der Gesamtprozess wird zu diesem Zeitpunkt mit nur geringer Energie gesteuert. Die Energie der Geschäftsleitung wird derzeit hauptsächlich in die Beschäftigung mit dem neuen Rollenverständnis und der eigenen Aufgabenteilung sowie der Visionsentwicklung investiert.

Phase 3: Roll-out im Unternehmen, Visionsarbeit und Roll-out; zweite Unternehmensdiagnose

Wichtige Fragen:
„Wofür steht das neue Unternehmen?"
„Was können wir selbst bestimmen, was müssen wir als Vorgaben von oben akzeptieren?"

Wesentliche Interventionen: Auflösung der meisten Task-Forces, Übernahme in operative Verantwortung, Visionsentwicklung, Abstimmung und Roll-out, zweite Diagnose

Prozessbeschreibung: Mit Erreichen eines PMI-Meilensteins werden die bestehenden PMI-Arbeitsgruppen größtenteils aufgelöst und die Agenden in operative Umsetzungsverantwortung übergeben. Gleichwohl sind zu diesem Zeitpunkt wesentliche Veränderungen noch nicht klar konzipiert. Das bedeutet, dass die operativen Einheiten weitere konzeptionelle Arbeit leisten müssen, allerdings zumeist ohne dass Know-how-Träger aus der Vorphase weiterhin behilflich sein können. Diese haben sich – dem allgemeinen Sog im Unternehmen entsprechend – bereits in Kundenprojekten engagieren lassen und stehen daher nicht mehr zur Verfügung.

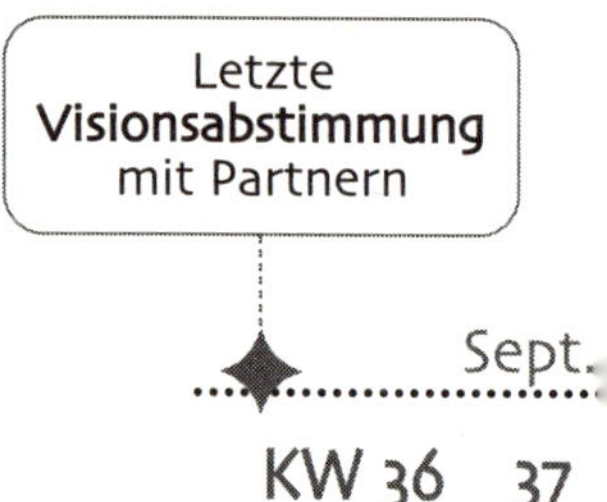

Die **zweite Unternehmensdiagnose** bringt auf den Punkt, dass sich einige wichtige Punkte nach wie vor nicht geändert haben, und lässt insbesondere den Schluss zu, dass eine gemeinsame Zielrichtung für das neue Unternehmen nicht erkennbar ist. Gleichzeitig wird deutlich, dass einige Themen wie z. B. die Frage, was denn die Unterschiede zwischen den Old Companies seien, nicht weiter relevant sind.

Eine wichtige Intervention ist demnach in der Folge die Auseinandersetzung mit dem Visionsentwurf zwischen Geschäftsleitung und Management-Team, die eine weitgehende Übereinstimmung mit dem vorgezeigten Weg durch die Geschäftsführung bringt. Die Kommunikation der Vision erfolgt in einem dreistufigen fließenden Prozess von „Mobilisierung", „Information" und „Erleben der Vision", der alle Mitarbeiter erreicht. Zentrales Ziel ist es, für alle Mitarbeitern die Kernbotschaften der Vision erlebbar zu machen.

Zunächst wird die Vision im Rahmen einer Großveranstaltung, dem sogenannten Meinungsführer-Workshop, kommuniziert, kognitiv bearbeitet und schließlich in Form mehrerer „Visions-Skulpturen" für jeden Standort analog umgesetzt.

Die Informationsphase diente dazu, mit Hilfe verschiedener Medien die zentralen Visions-Botschaften allen Mitarbeitern nahe zu bringen. Schließlich mündete der Roll-out in „Vision Parties" an allen Standorten zum Jahreswechsel. Die Skulpturen wurden auf den Vision Parties an die Büro-Standorte überreicht.

Die Phasen des Visions-Roll-outs ist im folgenden Bild veranschaulicht.

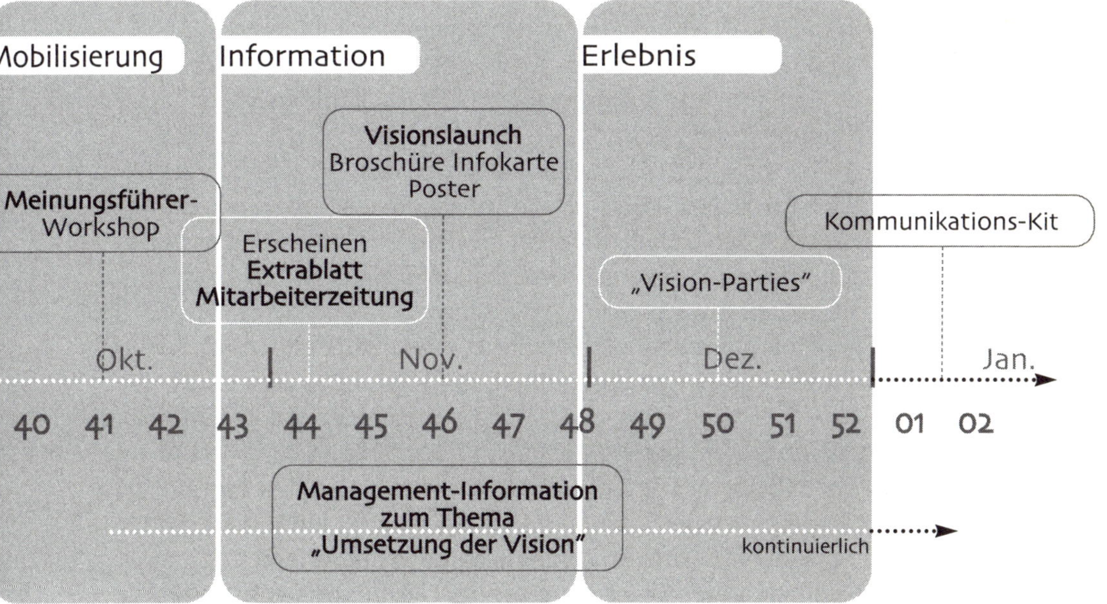

Phasen des Visions-Roll-outs

Die Resonanz auf die Vision Parties ist jedoch sehr unterschiedlich. Die Reaktionen reichen von „Jetzt passiert endlich etwas! So stelle ich mir meine Firma vor!" bis zu „Unglaubwürdiges Show-Spektakel!". Es ist unseres Erachtens nicht wirklich gelungen, die Mitarbeiter über den Opinion-Leader-Workshop hinaus nachhaltig für die neue Vision zu begeistern und zu mobilisieren.

Die Prozessbegleitung seitens Hernstein/Beratergruppe Neuwaldegg wird mit einem Planungsmeeting zum Roll-out der Vision ca. ein Jahr nach Beginn der Begleitung formal beschlossen, der Roll-out dauert noch einige Monate.

Zusammenfassend sind einige Punkte erwähnenswert, die sich als roter Faden durch alle Phasen der Begleitung ziehen und die in der Summe das Projekt, seinen Verlauf und auch die Ergebnisse aus unserer Sicht nach-haltig beeinflussen:

- Wechselnde Partner in der Projektarbeit (ein einziger stabiler Ansprechpartner, zum Teil in der Rolle des Projektleiters, über die gesamte Begleitungszeit)
- Die Beratungsaufträge werden in Abständen von einigen Monaten immer wieder neu – mit zum Teil wechselnden Entscheidungsträgern – ausgehandelt. Es bleibt zum Teil das Gefühl von nicht optimaler Anschlussmöglichkeit an das Klientensystem zurück.
- Die Begleitungsintensität durch die Externen steht in keinem Verhältnis zur Fülle und Komplexität des PMI-Changeprojekts.
- Das Klientensystem befindet sich in einer höchst ambivalenten „Gesamtverfassung": Die heiße Phase der Post-Merger-Integration wird überlagert von starkem Umsatzwachstum, d.h., potentielle Energie für Arbeit am neuen System wird konsequent und auf allen Ebenen in Energie für Arbeit außerhalb des Systems (für Kundenarbeit) transferiert.
- Der Informationsstand der Beteiligten hinsichtlich des Stands des PMI-Projekts ist permanent entlang der Hierarchie phasenverschoben, was dazu führt, dass sich die verschiedenen Teile des Unternehmens mit ganz unterschiedlichen Fragen bzw. Problemen beschäftigten. Die Geschäftsleitung stuft also den Fortschritt des Gesamtprozesses laufend höher ein als z. B. junge Mitarbeiter oder Support-Mitarbeiter, die manche Entscheidungen noch gar nicht kennen, geschweige denn bereits Gelegenheit gehabt haben, sich mit den Neuerungen auseinander zu setzen. Diese Schieflage kann zu keinem Zeitpunkt des Prozesses normalisiert werden.

LESSONS LEARNED

- **Commitment:** Die Unterstützung der Begleitung durch externe Berater ist von entscheidender Bedeutung, denn mangelndes Commitment der Geschäftsleitung macht sich in den verschiedensten Formen bemerkbar. Es muss mit dem Auftraggeber selbst geklärt werden, welchen Beitrag die externen Prozessberater liefern können.

- **Kapazität:** Um den Merger Prozess wirklich gestalten und beeinflussen zu können, braucht es sowohl intern als auch extern eine entsprechende Begleitungsintensität.
- **Planung:** Sinnvoller als die punktuelle Bearbeitung eines umfassenden Merger-Themas ist rechtzeitige und intensive Planung.
- **Organisationsstruktur der Task-Forces:** Die Abgrenzung zwischen den Task-Forces, die sich operativen Themen (wie z. B. „HR") widmen, und der Task-Force „Change Management" muss von Beginn an geklärt sein. Der Fokus der Geschäftsleitung sollte auf der Task-Force „Change Management" liegen, sodass diese das Instrumentarium hat, die gesamten Informations- und Kommunikationseinflüsse in der PMI-Phase im Sinne der Geschäftsleitung professionell zu gestalten.
- **Besetzung der Teams:** Wichtige Task-Forces sollten mit anerkannten Schlüsselpersonen besetzt werden, denn durch die Besetzung wird implizit eine klare Bewertung des PMI-Themas kommuniziert.
- **Bearbeitung von Tabu-Themen:** Die „harten Schnitte" berühren, gerade in Merger-Situationen, latente Themen, die von den Merger-Partnern tabuisiert werden. Daher ist die konzeptionelle Arbeit an diesen Themen systematisch zu reflektieren. Das Thema der Unternehmensidentität (der historischen und zukünftig gewünschten) kann an dieser Stelle ein geeigneter Einstieg sein, um operative Themen vernetzt mit Reflexionsarbeit zu begleiten.

Bearbeitung von Tabu-Themen:

HARTE
SCHNITTE
BERÜHREN
GERADE IN
MERGER-
SITUATIONEN

Aufbruch –
eine Reise beginnt!

Heinz Jarmai

EINLEITUNG:

Dieses Kapitel berichtet von einem Wandlungsprozess in einem der großen Industriekonzerne Europas. Der jahrzehntelange Erfolg einiger Kernprodukte hat alles überstrahlt, in vielen „kleineren" Geschäftssegmenten erfolgen nicht die erforderlichen „natürlichen" Anpassungen, es bildet sich so etwas wie „Handlungsstau". Gleichzeitig ist das Bewusstsein über diese Lage wenig ausgeprägt, vor allem der Großteil der Mitarbeiter – jedoch auch vielen Führungskräften – sind weder die Fakten bekannt noch gibt es konkrete Auswirkungen auf ihre Arbeitswelt, der Erfolg einiger Bereiche deckt vieles zu. Die insgesamt funktional ausgerichteten Strukturen und eine entsprechende Identitätsprägung – man ist z. B. „Entwicklung" oder „Werker" – läßt darüber hinaus ein Gefühl von Gesamtverantwortung für ein Produkt nicht leicht entstehen.

Mitte der 90er Jahre beginnt ein grundsätzlicher Wandel – im Zuge der Globalisierung der europäischen Wirtschaft und der Neugestaltung des Konzerns rücken die ökonomischen Erfolgsgrößen in den Mittelpunkt, die Struktur wird in Richtung Geschäftsfeldlogik neu gestaltet, und damit startet eine neue Phase. Gleichzeitig jedoch wirken die alten Konzerntraditionen weiter, vielfältige regionale Verpflichtungen bestehen und schlussendlich: Aus der Vergangenheit kommen auch die tragenden Ressourcen und Erfolgsfaktoren des Unternehmens. In diesem Kontext ist dieser Wandlungsprozess eine Transformation im eigentlichen Sinn: Vorhandenes erlangt eine neue Form, wird damit fähig, Innovationsanstöße von außen anzunehmen bzw. selbst zu generieren und treibt damit den eigenen Wandlungsprozess voran.

Die folgende Beschreibung greift einige Momente aus drei Jahren Geschäftsbereichsentwicklung heraus; sie ist somit keine „Chronologie der Ereignisse" – gibt aber vielleicht gerade dadurch Mosaiksteine für das Erfinden eigener Geschichten. Außerdem bietet sie einen der – vielen – möglichen Blickpunkte: Den eines externen Begleiters, der versucht hat, diesem Prozess Impulse, Reflexion und oft auch nur notwendiges Containment zu geben.

DIE AUSGANGSSITUATION

- Unternehmensgröße: etwa 12.000 Beschäftigte und über 5 Milliarden Euro Umsatz
- Markt: Marktführer, jedoch mit sinkenden Anteilen vor allem in den wachstumsträchtigen Segmenten.
  nach drei Jahren: Rückeroberung der Position des Marktgestalters – wachsender Marktanteil
- Produkt: überaltete Produktkonzeption, zu lange Entwicklungszyklen; Entwicklung nicht (mehr) auf die entscheidenden Erfolgsfaktoren der Großkunden fokussiert.
  nach drei Jahren: erfolgreiche Neueinführung marktbestimmender neuer Produktreihen; Rückkehr unter die drei wettbewerbsbestimmenden Entwicklungstreiber
- Ökonomie: langjährige, intransparente Verlustgeschichte
  nach drei Jahren: Erreichen einer Basis-Kapitalverzinsung und Etablierung eines integrierten Steuerungssystems

DIE PROJEKTARCHITEKTUR

1. DER BEGINN – LEADERSHIP ENTSTEHT

Der Bereichsvorstand

Für die Aufgabe der Geschäftsbereichsbildung – Zusammenführung von bisher funktional geordneten Teilbereichen zu einem voll geschäftsverantwortlichen Unternehmen – wird eine der verdienstvollsten, jedoch auch kantenreichsten, Führungskräfte des Konzerns ausgewählt – seine bisherige Karriere kennzeichnet vielleicht am besten die informelle Bezeichnung „Eisenbeißer". Für ihn ist es gegen Ende seiner Karriere die größte Herausforderung, die Bewältigung einer - bisher von niemandem - bewältigten Aufgabe.

Er setzt sich in dieser Frühphase sehr intensiv persönlich mit dieser Herausforderung auseinander – wesentliche Anregungen hierbei liefern die Fragen aus Noel M. Tichys kleinem Handbuch *Regieanweisung für Revolutionäre* (s. Literaturverzeichnis). Bereits in dieser Zeit der Vorbereitung werden einige grundlegende Weichen für die folgende Transformation gestellt.

- Damit sich das Unternehmen ändert, muss ich mich ändern – und dies gilt in erster Linie für den verantwortlichen Bereichsvorstand selbst!

- Die Transformation braucht als Träger eine Geschäftsführung als „Team mit Spitze".

- Die Grundlage zukünftigen Erfolgs ist ein Wandel der Werte und damit der Sichtweisen – kultureller Wandel steht am Beginn!

	Bisher	In Zukunft
Ausrichtung auf	Vorgesetzte	Kunden
Strukturierung nach	Funktionen	Prozessen
Prozesse	Kompliziert	Einfach
Problemwahrnehmung	Arbeitsteilig	Ganzheitlich
Mitarbeiter	Fremdbestimmt	Eigenverantwortlich
Schwerpunkt auf	Einzelarbeit	Teamarbeit
Messgrößen	Aktivitäten	Ergebnisse
Wertmaßstäbe	Bewahrend	Verändernd

Die Grundrichtung des kulturellen Wandels

- Veränderung ist ein Prozess – dieser braucht Zeit und Konsequenz, bis er alle Bereiche und jeden der Mitarbeiter erreicht.

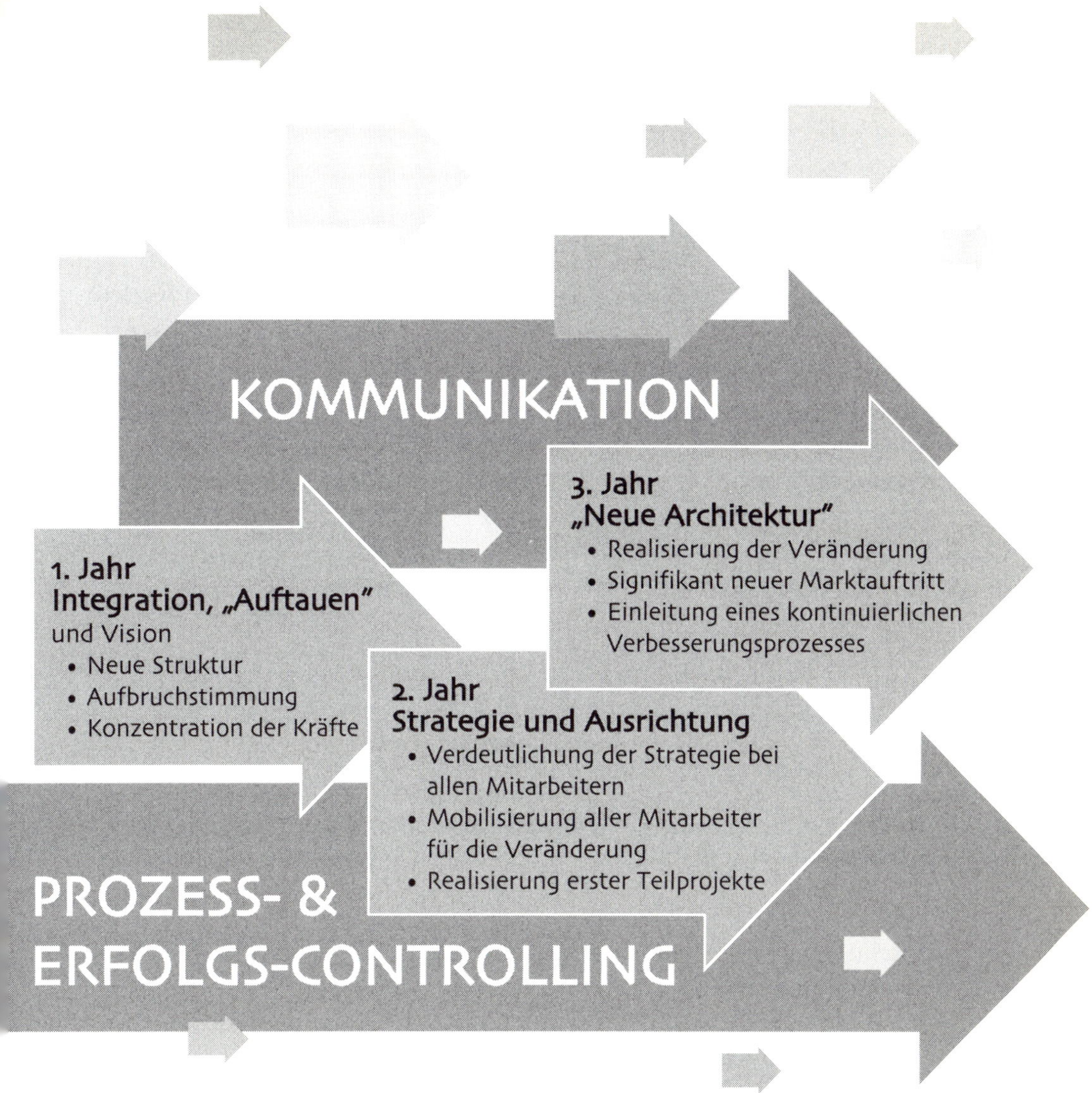

KOMMUNIKATION

1. Jahr
Integration, „Auftauen"
und Vision
- Neue Struktur
- Aufbruchstimmung
- Konzentration der Kräfte

2. Jahr
Strategie und Ausrichtung
- Verdeutlichung der Strategie bei allen Mitarbeitern
- Mobilisierung aller Mitarbeiter für die Veränderung
- Realisierung erster Teilprojekte

3. Jahr
„Neue Architektur"
- Realisierung der Veränderung
- Signifikant neuer Marktauftritt
- Einleitung eines kontinuierlichen Verbesserungsprozesses

PROZESS- & ERFOLGS-CONTROLLING

Der erste Entwurf des Transformationsprozesses

Das Geschäftsführungsteam
Aus dem bestehenden Potential an Führungskräften wählt der Bereichsvorstand „seine" Führungsmannschaft – überwiegend sehr erfahrene Personen mit allen Stärken und Besonderheiten der gewachsenen Führungskultur.
Intensive Einzelgespräche und erste Teamentwicklungen stehen am Beginn – in diesen entsteht eine gemeinsame Vision und die vier bestimmenden Werte werden formuliert, die auch das „Dach-Logo" des gesamten weiteren Prozesses bilden.

Die bestimmenden Werte des Transformationsprozesses

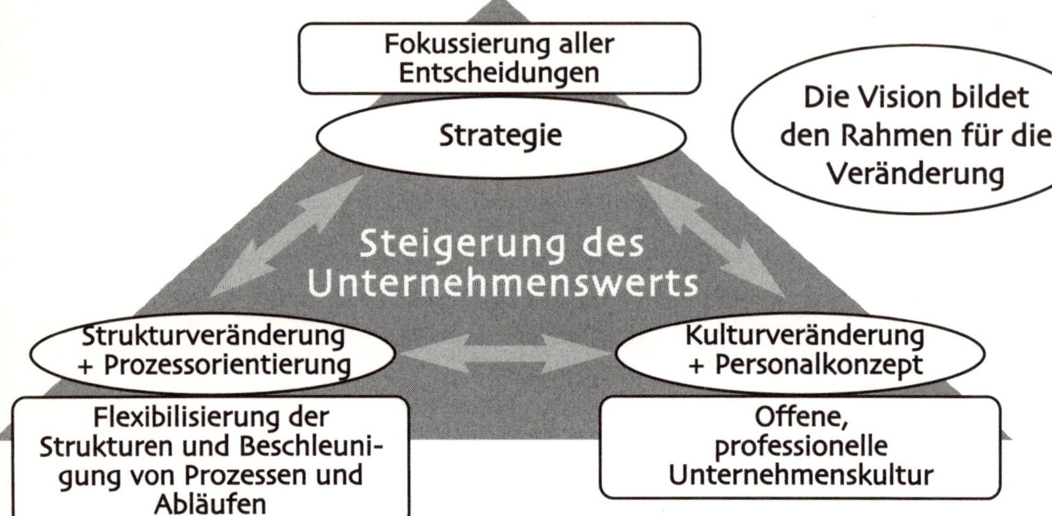

Dieses Geschäftsführungsteam bleibt über die kommenden drei Jahre konstant – trotz immer wiederkehrender Kritik an einzelnen Personen von innen und außen hält der Bereichsvorstand an der Besetzung fest („Ich lasse mir hier keinen herausschießen!"), ändert jedoch sehr wohl die Form und Intensität der Führung.

Die Teammitglieder agieren jeweils in hoher Einzelverantwortung für ihre Bereiche – arbeiten alle strategischen und auch viele übergreifenden operativen Themen jedoch gemeinsam ab. In den ersten beiden Jahren bedeutet dies etwa 50 (!) gemeinsame Klausurtage pro Jahr – dies beinhaltet auch die Lenkung der wesentlichen strategischen Projekte. Obwohl – vor allem in der Anfangsphase – hier viel Zeit, manchmal auch für „kleine" Themen, verbraucht wird, erzeugt diese intensive Auseinandersetzung das gemeinsame Mind-Set und den kollektiven Pioniergeist für die Umsetzung in eine gelebte Praxis.

Der Glaubwürdigkeitstest

All dies war nur Vorspiel für die erste entscheidende Bewährungsprobe der neuen Führung und ihrer Ideen: Würde es gelingen, die rund 270 leitenden Führungskräfte für die Transformation zu gewinnen? Und was könnte der Hebel sein, die Triebfeder für ausreichende Motivation, um die eigenen Komfortzonen zu verlassen und mit in die Verantwortung für das Gelingen der Veränderung zu gehen? In einer kleinen Diagnosephase – Interviews mit etwa 5 % der Führungskräfte – kristallisieren sich zwei wesentliche Erfolgsfaktoren für die Mobilisierung heraus:

1. Glaubwürdigkeit der Führungskräfte

- Leben Sie selber, was sie fordern?
- Halten sie zusammen, sprechen sie mit einer Zunge?
- Trauen wir ihnen die Umsetzung der Ziele zu?

2. Ein Ziel, das für uns wirklich Sinn macht

Hier wurde deutlich, dass die große Identifikation vieler Schlüsselpersonen das Produkt, die Technologie war – hier wollten sie Erste auf der Welt sein – hierfür arbeiten, ja lebten sie, hierfür waren sie bereit, auch Außergewöhnliches zu leisten.

Diese Ziele müssen fokussiert werden, es braucht eine rasche und aufrüttelnde Initiative. Hieraus entsteht die Entscheidung für eine erste Großveranstaltung mit folgenden Schlüsselelementen:

- programmatische Rede des Bereichsvorstands;
- Offenlegung aller relevanten Fakten der Ökonomie, der Markt- und Produktsituation (ein Novum für die meisten Teilnehmer);
- Bericht von zwei renommierten Großkunden zu ihrer Situation und ihrer Einschätzung der Wettbewerber und des zukünftigen Markts;
- Vision des Geschäftsführungsteams und die sechs Zielsetzungen des nächsten Jahres von allen Teammitgliedern vorgetragen und in Dialogform diskutiert;
- Vernetzung der Führungskräfte miteinander, gemeinsames Arbeiten in kleineren Gruppen;
- wichtigste Aktivitäten der nächsten sechs Monate und die Verpflichtung zur nächsten Veranstaltung nach Ablauf dieser Zeit;
- Start einer breiten Kommunikations- und Dialog-Kampagne mit allen Mitarbeitern, in der die Führungskräfte selber wichtige Rollen hatten;
- professionelle Gestaltung der Veranstaltung, die die gewollte Kultur und Strategie bereits realisierte.

Der Erfolg – inhaltlich und emotional – bestätigt die riskanten Entscheidungen: Großveranstaltungen werden zu einem wesentlichen Motor in allen Phasen des weiteren Prozesses.

2. PROFESSIONALISIERUNG IM TRANSFORMATIONSPROZESS – DIE TRANSFORMATIONS-MANAGER

Mit den Teamentwicklungen und der Großveranstaltung beginnend wird der Bedarf an professioneller Hilfestellung für den Transformationsprozess deutlich. Die Ausdifferenzierung der Funktion „Transformationsmanager“ auf Geschäftsbereichs- und Teilbereichsebene ist logische Konsequenz. Neben einer professionellen Dienstleistungsfunktion schafft sich das Management damit jedoch auch einen Stachel im eigenen Fleisch. Die „Trafos" – beauftragt als Agenten des Wandels – führen den Widerspruch verändern–bewahren organisatorisch ins System ein. Sie leisten durch Reflexion/Rückspiegelung, Konzept- und Vordenkerarbeit einen wesentlichen Beitrag dafür, dass der Prozess am Laufen bleibt. Sie werden dabei „natürlich" auch immer wieder Opfer der auch eigenen Ambivalenzen des Managements. Die Besetzung, aber auch der ausreichende Schutz gegen persönliche Abwertung dieser Personen ist eine ganz wesentliche „lesson learned" aus diesem Prozess. Als „Intermediäre" bedürfen sie besonders sorgfältiger Unterstützung, um nicht zum Spielball der Veränderungskonflikte zu werden. Qualifikation, Coaching und beraterische Begleitung ist hier wichtig; von hoher Bedeutung ist jedoch die Karriereperspektive, die mit einer solchen Positionsübernahme verbunden ist – d. h. wie viel Mut und Selbstbewusstsein diese Personen entwickeln, hängt nicht zuletzt von ihren Vermutungen über die Konsequenzen für das eigene Weiterkommen im Unternehmen ab. Deshalb werden vor allem die ersten Personalentscheidungen, die solche Stelleninhaber betreffen, von allen besonders sensibel beobachtet.

Masterplan Transformation

Nach der anfänglichen Aufmerksamkeitskonzentration und Begeisterung für die Transformation rücken – sinnvollerweise – die operativen Herausforderungen und die vielfältige praktische Projektarbeit wieder in den Vordergrund. Erste Erfolge haben sich eingestellt und dies verstärkt das Gefühl: „Nicht schon wieder/nicht noch mehr." Nichts ist notwendiger und nichts gefährlicher als die ersten spürbaren Erfolge – man ist erfolgreich, hat konkrete Dinge vorzuweisen und der Pioniergeist droht zu versiegen! Gleichzeitig ist vielen bewusst, dass die großen Aufgaben noch vor uns liegen. Bisher hat man die reifen Früchte, die „quick wins", eingefahren – nun geht es an die tieferliegenden Themen: weitgehende Neugestaltung der Prozesse, Angehen der Faktorkostensituation, qualitative Steigerung der Führungsleistung, Schaffen einer innovationsfördernden Grundhaltung, Orientierung an den Besten in allen Bereichen.

Die Aktivitäten in diesen Bereichen greifen nicht in erwarteter Weise – viele „gute" Gründe hindern oder begrenzen das Engagement und die Intensität. Nach den altbekannten Versuchen – überreden, überzeugen, durchgreifen – wird dem Vorstand klar: Die Transformation braucht eine stärkere Verankerung in der Alltagslogik des Managements. Ab nun werden die Masterpläne in die Top-Down-Ziel-Vereinbarungen integriert und wirken über die Führungskaskade bis auf die Teamebene hinunter. Aktivitäten werden ab dann sorgfältiger im Planungsstadium diskutiert und wenn vereinbart, auch verlässlicher umgesetzt. Wichtig wird in den vertikalen Zielvereinbarungen, horizontale Vorhaben doppelt – bei jedem Beteiligten – zu verankern und die jeweils bilateralen Top-Down-Ziele in den Teams auf allen Ebenen zu veröffentlichen. So herrscht Transparenz, und es werden wechselseitig Unterstützungen eingefordert und auch gegeben.

Projektportfolio/Gremienstruktur
Die zunehmende Dynamik erhöht die Komplexität der Anforderungen und in der Folge der Projekte in allen Bereichen dramatisch. Ressourcen und Managementaufmerksamkeit sind immer mehr ausgereizt, Menschen durch die hohe Anspannung belastet. Dies verlangt nach einem Instrument zur Priorisierung von Aktivitäten und Aufmerksamkeit. Um hier zuerst Transparenz und im zweiten Schritt Effektivität zu gewinnen, wird ein durchgängiges Projektportfoliosystem etabliert. Alle Projekte bzw. Projektvorhaben auf Geschäftsbereichsebene werden nach zwei Dimensionen bewertet und positioniert – quartalsweise wird dies Portfolio sorgfältig diskutiert und neu entschieden.

Projektportfolio
Entsprechend der Projektposition wird über Ressourcenzuordnung und Managementsupport diskutiert und entschieden. Dieses Geschäftsbereichs-Portfolio ist Ausgangspunkt der Projektportfolios auf Teilbereichsebene.
Diese Arbeit macht darauf aufmerksam, dass in innovativ-dynamischen Entwicklungsphasen klassische Linienstrukturen und Einzelprojekte nicht ausreichen, um die Komplexität handhabbar zu machen. Es destillieren sich dauerhafte Innovations/Koordinations-Nahtstellen heraus.

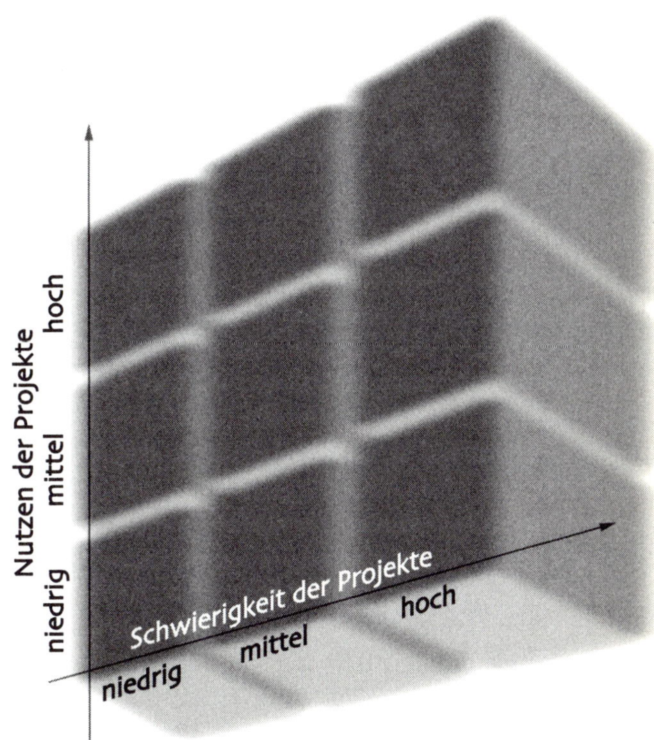

Hierfür werden neue Gremien etabliert bzw. neue Stellen mit einer multilateralen Zuständigkeit – sogenannte „Drehscheibenfunktionen" geschaffen. Beispiele hierfür sind Baureihen-Gremien oder die Drehscheibenfunktion „Durchlaufzeit".

Veränderungscontrolling/Prozessevaluation

Von Beginn an ist klar, dass der Erfolg der Veränderung in vielen qualitativen – den sogenannten „weichen" Faktoren - begründet sein wird, dass jedoch im Konzern auch die Verbesserung der quantitativen Größen als Maßstab herangezogen werden wird. Das Veränderungscontrolling braucht dementsprechend vielseitige Indikatoren und gleichzeitig Gesprächsplattformen für Hypothesenbildung hinsichtlich der vermuteten Wirkungszusammenhänge – also eine Daten- und eine Dialogplattform.

Aufbau Veränderungscontrolling

Datenwelt:

Markt
- Marktanteil
- Kundenzufriedenheit
- Lieferfähigkeit

Produktion
- Produktivität
- Qualitätskennziffern
- Durchlaufzeiten

Fortschritt strategische Projekte
- Projekt 1
- Projekt 2

Dialogwelt
- Reflexionsgruppen je Teilbereich
- Transformations-Manager
- Geschäftsführung on tour

Diese quartalsweise Evaluation des Transformationsprozesses bewirkt zunehmendes Bewusstsein über die Situation im Geschäftsbereich und die vermuteten Wirkungszusammenhänge. Die Reflexionsgruppen je Teilbereich bringen interessante Interpretationsunterschiede zum Topmanagement zu Tage, was anfangs zu heftigen Irritationen führt.

In der Folge resultiert hieraus die Initiative „GF on Tour", in der Geschäftsführungsmitglieder im Dialog mit bunt zusammengesetzten Mitarbeitergruppen deren Fragen, Situationseinschätzungen und Erwartungen erfahren und besser verstehen können.
Alle 18 Monate findet ergänzend eine umfangreiche Mitarbeiterbefragung in Richtung aller vier zentralen Werte des Transformationsprozesses statt. Bei der ersten derartigen Befragung steht die Neugier nach dem Ergebnis im Vordergrund; bei den folgenden Befragungen erkennen wir vor allen den Mobilisierungseffekt für die Führungskräfte, die die bevorstehende Mitarbeiterbefragung auslöste. Nicht erst im Nachhinein, sondern proaktiv wird Führung verstärkt spürbar, steigt der Aktivitätslevel an, um in der Befragung im Kollegenvergleich gut abzuschneiden.

LESSONS LEARNED: KONSTANT BLEIBT DER WANDEL

Im dritten Jahr des Transformationsprozesses zeichnen sich konkrete Ergebnisse in allen Dimensionen ab – die neuen Produkte haben sich am Markt durchgesetzt, das Ergebnis hat nachhaltig ins Positive gedreht, die Prozesse und die Kommunikationskultur haben sich gravierend verändert – dies alles signalisiert die Möglichkeit und Notwendigkeit für eine Neuausrichtung des Geschäftsmodells und der Entwicklungsmotivation.
Während die bisherige Entwicklung vom Druck – negatives Ergebnis, Verlust von Marktanteilen – äußerer Akteure getrieben war, geht es in der nächsten Phase darum, eine innere Motivation zu längerfristigem Wachstum und Lust an außergewöhnlichen Leistungen aufzubauen. Die weitergehende Professionalisierung des Kerngeschäfts hin zu „Excellence" ist zu verknüpfen mit der Diversifikation in neue Wachstumssegmente. Wieder übernehmen es die Transformationsmanager, die neuen Herausforderungen zuzuspitzen und das Topmanagement mit diesen Sichtweisen zu konfrontieren – dies gekoppelt mit dem Vorschlag der Transformation auch ihrer eigenen Funktion. Eine neue Phase des Wandels zeichnet sich ab und personelle Veränderungen im Geschäftsführungsteam signalisieren den Beginn einer neue Reise.

an außer-
gewöhnlichen
Leistungen
aufbauen!

Aller Anfang ist leicht:

Was nach Jahren von den Veränderungen und Changemanagementpostulaten bleibt – die Quelle AG

Frank Boos, Georg Sutter

EINLEITUNG:

Aller Anfang ist schwer, sagt ein geläufiges Sprichwort. Diesem Spruch wird im Folgenden der Erfahrung gegenübergestellt, dass das Am-Leben-Erhalten einer durchgeführten einschneidenden Veränderung noch viel schwerer ist. Es fehlen Instrumente, Architekturen und klare Begriffe: Handelt es sich noch um ein Veränderungsprojekt oder geht es schon um einen Prozess in der Linie? Unausgesprochen wird oft angenommen, dass es sich um eine Managementaufgabe handelt. Der Manager jedoch hat wahrscheinlich schon andere Aufgaben oder keinen Kopf mehr für dieses Thema.

Interessant ist, dass über die späteren Phasen von Changeprojekten praktisch keine Literatur existiert. Dies mag damit zusammenhängen, dass im deutschsprachigen Raum vor allem Berater über Veränderungen schreiben und diese schon aus Eigeninteresse mehr an der Initiierung von Veränderungen interessiert sind. Es kann aber auch damit zu tun haben, dass Anfänge interessanter sind als Beschreibungen von Routinen, so wie es mehr Lieder über neue Liebe gibt als über langjährige Ehen. In der Changemanagementliteratur spiegelt sich möglicherweise aber auch die Praxis: Es werden so viel mehr Projekte begonnen als zu Ende geführt.

Am Anfang unseres Prozesses haben uns jedoch andere Fragen beschäftigt. Wir standen wie die Bergsteiger vor einem neuen steilen Gipfel, und kannten nicht den Weg, nur unser Ziel. Wir wollten ein Projekt realisieren, in dem 15 % der Mitarbeiter abgebaut und die anderen zu einer neuen Haltung hinsichtlich ihrer Arbeit und ihrer Kunden geführt werden sollen. Gleichzeitig beabsichtigte das Unternehmen, die Organisation „auf den Kopf zu stellen": statt einer funktionalen Gliederung die Kundenorientierung zum Prinzip zu machen und erstmals eine Standardsoftware einzuführen. Kein Stein durfte also auf dem anderen bleiben und dennoch sollte der Tradition als mitarbeiterorientiertes Familienunternehmen Rechnung getragen werden.

Widersprüchliche Zielsetzungen also und kein für alle nachvollziehbarer „case for action". Dem Unternehmen ging es noch relativ gut, man war nicht besonders erfolgreich, aber an die seit Jahren schwelende Krise hatte man sich gewöhnt. Und nun kam der Vorstandsbeschluss zu einem - weiteren - Rationalisierungsprojekt.

Wir blicken heute, vier Jahre nach dem Projektstart, auf schwierige Phasen und eine alles in allem erfolgreiche Umsetzung zurück. Die Projektziele wurden trotz bzw. wegen des hohen Anspruchs weitgehend erreicht, obwohl nicht alles so wie geplant „aufging" und manches gelang, was nicht geplant war.

Wir, die Autoren, waren als interner und externer Projektleiter maßgeblich an diesem Prozess beteiligt und fassen unsere Erkenntnisse, die teilweise von den gängigen Annahmen des Changemanagements abweichen, im dritten Teil dieses Artikels zusammen.

Zuerst werden wir kurz den Fall beschreiben, dann wird eine nach drei Jahren durchgeführte Evaluation des Prozesses aus der Sicht der Mitarbeiter wiedergegeben.

Ein Veränderungsprozess dieser Tragweite lässt keinen der Beteiligten unberührt und insofern wäre eine scheinbar neutrale Darstellung, die aus systemischer Perspektive unmöglich ist, nicht adäquat. Auch ist dieser Teil der Veränderungsprozesse bislang kein Thema in der Fachliteratur.
Offensichtlich ist jedoch: „change has changed". Veränderungsprozesse heute sind anders als vor fünf Jahren. Der Druck ist gestiegen, die Anzahl der Veränderungsprojekte hat drastisch zugenommen, aber auch die Mitarbeiter, die Führungskräfte und die Berater haben gelernt. Das heißt aber auch: „change agents have changed". Und sie verändern sich (hoffentlich) ständig, auch im Verlauf eines Veränderungsprojekts. Doch das ist kaum je Thema. Dies ist verwunderlich, denn es gehört mittlerweile zum Allgemeinwissen im Changemanagement, dass erfolgreiche größere Veränderungsprozesse im Schnitt 2,5 Jahre dauern. Schon allein aufgrund der Dauer muss es zu Resonanzphänomenen kommen, also Schwingungen und Veränderungen bei jenen, die den Veränderungsprozess vorantreiben.

In der Psychoanalyse ist dieses Phänomen als Gegenübertragung bekannt. Gemeint sind damit die Projektionen des Therapeuten auf den Klienten. Die Veränderung beim Veränderer ist ein Thema, das diesem selbst schwer zugänglich ist (da man sich selbst beobachten muss) und gelingt nur bruchstückhaft und in der Reflexion. Das wollen wir hier mit der Evaluation dieses Projektes versuchen.

DER FALL

Die Quelle AG hat den Beschluss gefasst, in allen Bereichen des Unternehmens Reengineering, d.h. ein Kostensenkungs- und Einsparungsprogramm durchzuführen. Wir beschreiben hier jenes Teilprojekt, welches den Personalbereich betraf. Dieser Prozess unterscheidet sich von den anderen Reengineeringprojekten dadurch, dass er ihnen vorgelagert ist (wegen der Vorbildfunktion und um für die notwendigen Personalmaßnahmen der anderen Bereiche gerüstet zu sein), dass er durch eine andere, externe Beratungsfirma begleitet wird und dass parallel zum Reengineeringprojekt die Ablösung der alten Software durch SAP H 3 durchgeführt werden muss.

Der Personalbereich umfasst zu diesem Zeitpunkt 200 Mitarbeiter, ist funktional gegliedert und hat seit vielen Jahren bzw. Jahrzehnten keine größeren Veränderungen erlebt. Sein Schwerpunkt und sein Image beziehen sich auf die Abwicklung von operativen Personalangelegenheiten.

Das Reengineeringprojekt hat folgende Ziele:

1. Neupositionierung des Personalbereichs als qualitativer Dienstleister (weg von den reinen administrativen Tätigkeiten)
2. Einsparung von 15 % des Personals
3. Reorganisation des gesamten Bereichs mit verstärkter Ausrichtung auf die internen Kunden (Fachbereiche)

Das Projekt wird durch einen Workshop mit dem Management gestartet, in dem die Projektarchitektur, die Durchlaufzeit und die Kommunikation des Projektes entschieden werden. Nach einer Konzeptionsphase von fünf Monaten können die Ergebnisse in einer Großveranstaltung allen Mitarbeitern des Bereichs kommuniziert, verarbeitet und in den folgenden neun Monaten dann auch konkret umgesetzt werden. Der konkrete Aufbau und Ablauf sind den beiden Grafiken (Projektarchitektur und Prozessablauf) zu entnehmen.

Projektarchitektur des Konzeptions-Projekts

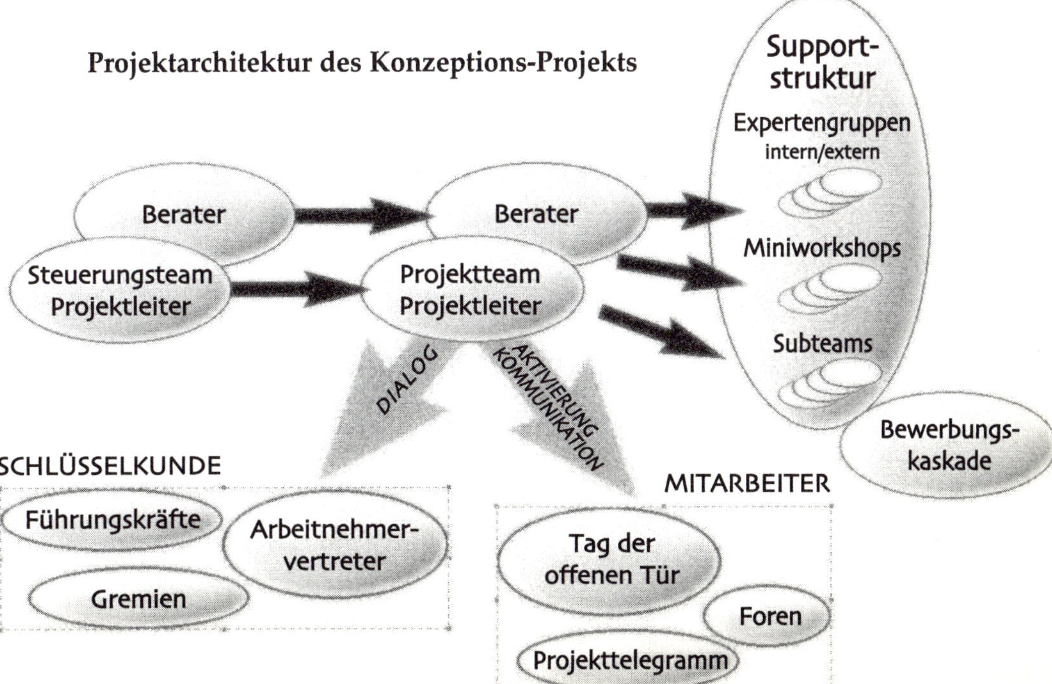

Prozessverlauf

	Vorbereitung ▽	*Analyse* ▽	*Design* ▽	*Entscheidung* ▽	⚡⚡
Konzeptions-Projekt (5 Monate)	Projektauftrag Kick off Definition der Prämissen Auswahl externer Berater	Kernbotschaften der Analyse	Empfehlung für: Prozesse Erfolgskriterien Rolle Personal Struktur und Kapazitätsaufteilung	Großveranstaltung Neue Organisation Neue Führungsstruktur Umsetzungsplan	Schock
	▽ *Neuorientierung*	▽ *Implementierung*	⚡	⚡ ▽	
Umsetzungs-projekt (9 Monate)	Start Neue Organisation Bewerbungsmarkt und Neuzuordnung der Mitarbeiter	Räumliche Zuordnung Klärung Schnittstellen Erste Qualifizierung SAP Probelauf	Mehrfachbelastungen Projekt - Linie - SAP	Großveranstaltung Zwischenfeedback	
	Arbeit in der Linie				
Stabilisierungs-Phase (2 Jahre)	Unterstützungsmaßnahmen mit Fokussierung auf:	Kunde Integration Qualifizierung	Änderung der Kundenstruktur,	Feedback der Mitarbeiter zu Rollen und Schnittstellen führen zu Adaption	
	⚡⚡	*Arbeit im Management*			
Neuausrichtungs-phase	Dramatische Veränderungen bei den Kunden (Fusion, Managementwechsel)	Umfassendes Feedback der Mitarbeiter und Kunden Grundsätzliche Überprüfung des Modells und Bestätigung Adaption des Modells und Neubesetzung 1/3 aller Fürungskräfte			

Bewertung des Projektes durch die Mitarbeiter

Zirka drei Jahre nach Beginn des Projekts wird eine Gruppe von Mitarbeitern, die vorher eine systemische Beraterausbildung gemacht haben, eingeladen, ihre Kollegen zu befragen. Die Aufgabe besteht darin, ein möglichst repräsentatives Bild zur Personalarbeit zu erhalten und dieses dem Managementteam in einer Klausur zurückzuspielen. Insgesamt werden 70 Mitarbeiter befragt. Diese geben in einer sehr vielfältigen, durch Bilder und Grafiken unterstützten Form ihre Meinung wieder. Zusammengefasst ergibt sich folgendes Bild auf einer Skala von 0 (völlig unzufrieden) bis 100 (sehr zufrieden):

1. Kundenzufriedenheit - Wie zufrieden ist der Kunde heute mit der Qualität unserer Personalarbeit? Ergebnis 75%
2. Wie effizient, flexibel, kostengünstig und schnell sind wir heute im Personal? Ergebnis 72%
3. Wie motiviert und qualifiziert sind die Mitarbeiter im Personalbereich? Ergebnis 58%
4. Wie werden die interne Zusammenarbeit, Kommunikation und Information im Personal erlebt? Ergebnis 70%

Wie gut ist das Personal für die Zukunft gerüstet?
Unter dieser Überschrift wurden vier Detailfragen näher ausgeführt.

1. *Was war früher besser?*
   - Kollegialerer Umgang und Zusammenarbeit
   - Mehr Stabilität
   - Geringeres Arbeitsvolumen
   - Mehr Zeit für gewissenhaftes Arbeiten

2. *Was ist heute besser?*
   - Der Job ist interessanter
   - Professionelleres Arbeiten
   - Wegfall der machtbezogenen Hierarchie
   - Alles aus einer Hand
   - Intensivere Qualifizierung
   - Bessere technische Voraussetzungen

3. *Was möchten wir auf keinen Fall mehr?*
   - Eine Rückkehr zur alten Struktur
   - Reengineering mit gleichzeitiger Einführung von SAP

4. *Für die Zukunft sind wir grundsätzlich gut gerüstet, aber wichtig wäre:*
   - Mehr Stabilität
   - Die Mitarbeiterbindung und Qualifikation beizubehalten und zu erhöhen
   - Eine klare Strategie und Ziele für Personal
   - Eine verstärkte Vertretung des Bereichs im Konzern

Dieses Bild wird von der zum gleichen Zeitpunkt durchgeführten Befragung der Schlüsselkunden bestätigt. Beide Befragungen führen zu einer Reihe von Maßnahmen, von denen vor allem ein differenzierter Dialog der Fachberater mit ihren Kunden hervorzuheben ist.

LESSONS LEARNED

Aus den intensiven Diskussionen über dieses Projekt haben wir viel gelernt und vieles machen wir heute in anderen Projekten schon anders. Der größte Fehler aus unserer Sicht ist die zeitgleiche Reorganisation und Einführung der Software. Die dadurch entstandene Belastung und Komplexität hat Mitarbeiter und Organisation an die Grenze der Überforderung gebracht.

Wichtigste Orientierungsgrößen und Kraftquellen, die uns über alle Schwierigkeiten hinweg geholfen haben, sind:

1. das Bild, die Vision von einer modernen Personalarbeit, bei der der Personalbereich als gleichberechtigter Partner aktiv am Wertschöpfungsprozess des Unternehmens beteiligt ist,
2. die Fokussierung auf die internen Kunden, das sichert immer wieder die Außenorientierung und
3. die Idee, dass die Zusammenarbeit und Qualifikation im Bereich eine neue Basis brauchen.

Das Projekt hat uns aber auch geholfen, manches – bis dahin im Changemanagement Vertrautes – heute anders zu sehen. Dies haben wir in den folgenden Hypothesen zusammengefasst:

„case for action" ist „case for work"

Zu den Standardempfehlungen des Changemanagements gehört der „case for action". Der „case for action" soll zum Ausdruck bringen, dass jede Veränderung einen einsichtigen Grund braucht, der zur Veränderung motiviert. Dies legt nahe, dass es einen oder mehrere Anlässe gibt, die zur Veränderung motivieren und somit die Energiequelle für den Changeprozess darstellen.

Unserer Meinung nach ist dieses Bild irreführend, da es nahe legt, man müsse nur gut schürfen, dann werde man auf diesen Grund stoßen, der nur mehr gut den Mitarbeitern nahegebracht werden müsste und dann käme der Prozess richtig ins Rollen.

In unserem Fall gibt es keinen „case for action", sondern nur den Vorstandsbeschluss. Mehr noch, in keinem der uns bekannten Veränderungsprozesse gibt es solche „cases for action". Ein „case for action" fällt nicht vom Himmel, sondern bedeutet Arbeit. Harte und intensive Arbeit, die zu Beginn des Veränderungsprozesses vor allem mit dem Auftraggeber geleistet werden muss. Dieser hat, auch wenn er das Projekt gestartet, Ziele formuliert und einen externen Berater beauftragt hat, oft Zweifel und Unsicherheiten.

Manchmal hat ein und dieselbe Person Hoffnungen und Ängste. In unserem Fall sind diese Emotionen im alten Managementteam verteilt und das ist gut so, da sich damit die Grundeinstellungen der Mitarbeiter im Auftraggebergremium widergespiegelt haben, d.h. das Management war ein gutes Abbild des Systems. (Anders und schwieriger ist es, wenn dies nicht der Fall ist, wenn das Management z. B. vorbehaltlos die Veränderung möchte.)

Zu diesem Zeitpunkt ist die wichtigste Aufgabe, mit dem Management am „case for action“ zu arbeiten, d.h. an ihren Einstellungen zu Notwendigkeit, Tiefe und Ausmaß der Veränderung. So gibt es z. B. beim Startworkshop mit dem Managementteam die unausgesprochene Annahme, jeder habe bereits ein Organisationsmodell im Kopf, das er insgeheim verfolge, wodurch intensive Vorarbeiten (Analysen, Benchmarks, Kundenbefragungen) gar nicht nötig wären.

Nach einem längeren und schwierigen Prozess gelingt es, das Management dazu zu bringen, seine individuellen Bilder über die zukünftige Organisation zu diesem frühen Zeitpunkt (das Projekt war nicht einmal einen Tag alt) aufzuzeichnen. Erst in der Diskussion, die der Veröffentlichung der individuellen Vorstellungen folgt, beginnt sich ein kollektives Commitment zu einer umfangreichen Veränderung zu entwickeln. Dieses Commitment ist unterschiedlich in den verschiedenen Projektphasen und bei den involvierten Personen. Es muss später auch immer wieder bearbeitet und erneuert werden, nicht nur bei den Auftraggebern, auch im Projektteam und bei den Mitarbeitern.

Der „case for action“ ist Arbeit in jeder Phase des Projekts, nicht nur zu Beginn. Er ist keine Energiequelle, sondern Barometer des Energiestandes. An diesem Missverständnis dürften viele Changeprozesse scheitern, da - wenn man von dem Bild der Energiequelle ausgeht - z. B. angenommen wird, man habe die Gründe für die Veränderung benannt und kommuniziert, sie seien sogar von den Mitarbeitern verstanden worden und nun müsse der Prozess doch laufen. Auch wenn sich das Verständnis für den „case for action“ wie konzentrische Kreise auf der Wasseroberfläche ausbreitet und damit mehr Unterstützung für den Veränderungsprozess gewonnen wird, die Wellen verebben und es muss immer wieder - auch nach drei Jahren - nachgearbeitet werden, selbst wenn die geworfenen Steine nicht mehr so groß sein müssen wie zu Beginn.

Nur umfassende Ziele

Die geringen Erfolgsquoten von Changemanagementprojekten sind ernüchternd: Zwei Drittel der Projekte erreichen ihre Ziele nicht. Man kann daraus verschiedene Schlussfolgerungen ziehen, u.a. dass die Ziele zu hoch gesteckt waren und man weniger erwarten sollte. Wir ziehen aus diesem Befund eine andere Konsequenz: die Ziele und das Projekt müssen umfassend sein, um dauerhafte Wirkung zu erzielen.

Nicht umfassend sind Ziele wie Strategie-Projekte (Visionsarbeiten oder Balanced Scorecards), die keine strukturellen und personellen Folgen nach sich ziehen, oder Reorganisationen, die sich nicht in neuen Strategien niederschlagen und an neuen Personen bzw. Rollen festgemacht werden können. Es fehlt entweder der Sinn, die Energie oder die Symbolik, um die Veränderung greifbar werden zu lassen.

Eine Rückkehr in den alten Zustand ist während des Projektes immer eine Alternative und sie wird wahrscheinlicher, je offener eine oder mehrere Ecken des Veränderungs-Dreiecks sind.

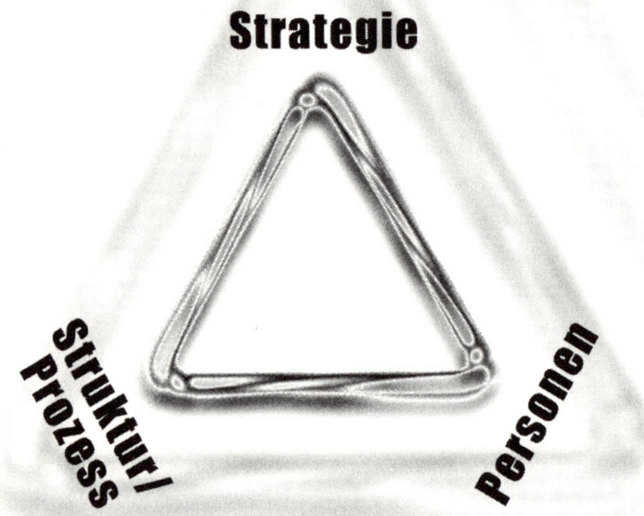

Rollenklarheit adieu

Die größte Veränderung, die diese Art des Arbeitens mit sich bringt, ist die Veränderung des Rollenverständnisses zwischen Internen und Externen. Als systemisch geschulte Berater haben wir gelernt, sehr genau auf die Rollen, die Verantwortlichkeiten und die Systemgrenzen zu achten. Es ist für den externen Berater ein oft mühsamer Prozess, sich immer wieder in Distanz zu dem Kundensystem zu bringen und nicht Teil von ihm zu werden. Die Begründungen dafür liegen auf der Hand. Nur als außenstehender Externer kann man einen anderen Blick auf das Geschehen werfen und dadurch neue Impulse und Anregungen in das System bringen. Nur als außenstehender Allparteilicher kann man mit den notwendigerweise auftretenden Konflikten sinnvoll umgehen, ohne sofort parteiisch zu werden.

Aus dieser Haltung heraus haben wir eigene Arbeitstechniken entwickelt, um uns diese Neutralität zu bewahren, wie z. B. das Arbeiten in Staffs (also mindestens zwei Berater), während der Pausen bei Workshops getrennt zu sitzen oder die eigenen Arbeitsblöcke für die Theorie- und Hypothesenbildung zu dem jeweiligen Fall.

Bei Projekten wie diesem ist diese ausschließlich distanzierte Haltung nicht mehr sinnvoll und zielführend. Es muss sich zwischen dem Auftraggeber, Projektleiter und den Externen eine engere Kooperation entwickeln. Wir wussten auch vorher schon, dass es notwendig ist, ausreichend Vertrauen zwischen den jeweiligen Personen zu entwickeln (Auftraggeber, Projektleiter, Berater). Das Arbeiten in diesen komplexen Projekten geht jedoch weit über eine reine Vertrauensbasis hinaus. Es ist notwendig, eine gemeinsame Haltung zu wichtigen Wertfragen im Projekt und den Zielen zu entwickeln und ebenso situativ Theoriebildung zu betreiben, um über den Stand des Projektes ein gemeinsames Bild zu entwickeln. Diese Vorgehensweise bringt nicht nur viele notwendige Vorteile, sondern auch eine Reihe von Problemen mit sich. Das wesentlichste Problem kann man wahrscheinlich mit „Rollenvermischung" umschreiben, da hier die Grenzziehung zwischen dem, was interne und was externe Verantwortlichkeit ist, nicht mehr so einfach nachvollziehbar wird. Es entsteht ein Graubereich, den zu gestalten für beide Seiten sehr anspruchsvoll ist.

Ein Weg, die Gefahr zumindest zu relativieren, ist die unabhängige Definition (und selbstverständlich auch die kontinuierliche Reflexion) dessen, was für den Berater „Erfolg" bedeutet. Das kann nicht nur, sondern muss sich auf der Metaebene zwangsläufig von dem unterscheiden, was der Auftraggeber als „erfolgreich" empfindet (unterscheiden selbstverständlich in dem Sinne, dass sich die Konzepte nicht widersprechen).

Phasen beruhigen, doch Chaos muss sein

Es ist richtig, dass es für das erfolgreiche Gelingen von Projekten nützlich ist, nicht nur auf die „Veränderer" zu setzen, sondern frühzeitig auch diejenigen Personen zu integrieren, die für das stehen, was es aus der Vergangenheit zu bewahren gilt. Der Transformationsprozess lebt aber letztlich nicht von der Balance dieser Kräfte. Viel entscheidender ist die Dynamik, die aus dem phasenweise einseitigen Ziehen einer der Seiten hervorgerufen wird. Dies mag durchaus soweit gehen, dass hier (scheinbar) die Protagonisten einer Fraktion die Überhand gewinnen. Unsere Erfahrung nach sind die dadurch ausgelösten „Krisen" die Voraussetzung dafür, dass wirklich Neues entstehen kann. Insofern hängt die Nachhaltigkeit der Wirkung von Veränderungen davon ab, hier von

Seiten des Beraters oder auch Projektleiters im richtigen Augenblick zu intervenieren.

Das dabei erlebte Chaos, oft verbunden mit dem Gefühl fehlender Orientierung, zeigt sich in der Konzeptionsphase unseres Projekts vor allem dort, wo es um individuelle Betroffenheit geht (Existenzangst, Gefühl der Überforderung). In der Umsetzungsphase, insbesondere, als es um die Neuordnung der Rollen und Strukturen im Alltag geht, ist das „Chaotische“ überall dort spürbar, wo das „Alte“ quasi abgeschafft, aber heimlich weiter wirkt, das „Neue“ aber noch nicht konkretisiert bzw. nicht gelebt wird. Auch heute sind aus Sicht der Mitarbeiter jene zwei Wochen besonders traumatisch, in denen die Bewerbungs- und Auswahlverfahren aller Mitarbeiter für die Positionen in der neuen Organisation stattgefunden haben.

Unserer Erfahrung nach sind Transformationen in dem in diesem Buch beschriebenen Sinn ohne diese Krisenmomente nicht gestaltbar. Sie sind, wie die Pubertät, wie Metamorphosen notwendig, um dem Neuen Platz zu schaffen. Diese Phasen sollten sehr kurz gehalten werden, da Personen und die Organisation auf das Äußerste beansprucht werden.

In unserem Projekt haben wir eine zweite Chaosphase ca. zwei Jahre nach dem Start, nämlich als es darum geht, die vereinbarten Personaleinsparungen zu realisieren. 90 % der beschlossenen Maßnahmen sind bereits umgesetzt worden, doch die letzten 10 % stellen noch eine besondere Belastungsprobe dar. In dieser Phase hat die SAP-Einführung zu einer großen Belastung geführt und es kommt zu einer extremen Anspannung inklusive krankheitsbedingter Ausfälle und heftiger Diskussionen. Da die Experten des Personalwesens selbst betroffen sind, wird „mit allen Tricks“ an der Zu- und Abrechnung von Personalkapazitäten (inkl. Praktikanten oder nicht, Ist- oder Planzahlen etc.) gearbeitet. Seit dem Projektbeginn sind auch neue Aufgaben hinzugekommen und es ist durchaus berechtigt, die ursprünglichen Ziele noch einmal in Frage zu stellen. Der Auftraggeber bleibt aber standhaft und setzt schließlich die ursprüngliche Zielsetzung durch.

Damit sind nur zwei größere Krisen genannt. Viele kleinere (z. B. Rollenkonflikte zwischen dem Kompetenzcenter und den Personalberatern) haben dieses Projekt begleitet. Sie scheinen uns, wenn auch nicht erfreulich und angenehm, dennoch integraler Bestandteil von Veränderungsprojekten zu sein.

Die Vorstellung, dass sich Changevorhaben in klar definierte Phasen einteilen lassen, mag beruhigend wirken und bei einem groben Blick auch zutreffen, in unserer Situation, die hier nur schemenhaft umrissen wurde, haben sich die tektonischen Linien vieler Veränderungen immer wieder gekreuzt und zu unerwarteten Beben an überraschenden Orten gesorgt.

Anders gesagt: Womöglich steckt in jedem Phasenmodell von Changeprojekten der Wunsch, diese rational und steuerbar erscheinen zu lassen. Die alte Annahme (von Max Weber und F. Taylor), dass Organisationen rationale Gebilde sind, hat hier ein Refugium gefunden; zumindest in einer kurzen Phase könnte alles mit rechten, vorhersehbaren Dingen zugehen. Es mag schwieriger sein, sich einzugestehen, dass in Phasen der Veränderung vieles unvorhersehbar ist. Die Kunst des Changemanagements besteht dann darin, Kommunikationsforen einzurichten, in denen diese Irritationen bearbeitet, reflektiert und Impulse zur Weiterarbeit entwickelt werden können.

Der Anfang vom Ende

vom Ende

Die von Beginn des Projekts an praktizierten Arbeitsformen (Subteams, Expertengruppen, Mini-Workshops, Befragungen, usw.), aber auch die Formen der Einbindung im Rahmen des begleitenden Kommunikationskonzepts (Tag der offenen Tür, Projekttelegramm, usw.) sind praktisch als Übungsfeld nutzbar. Da für das angestrebte Kundenmodell (Key account) zudem die Vernetzung eine wichtige Rolle spielt, sind die praktizierten Formen der Zusammenarbeit über formale Abteilungs-/Team- und Hierarchiegrenzen hinweg ein wichtiges Signal an die Mitarbeiter.

Es geht also darum, im Interesse einer erfolgreichen Umsetzung schon frühzeitig im Projekt diejenigen Arbeitsformen einzuführen, die später zum neuen Anforderungsprofil der Abteilung gehören. Neben der Vorbereitung auf die Zukunft helfen diese gezielten Interventionen, Unterscheidungen im Vergleich zum Bisherigen spürbar werden zu lassen und letztlich das entstehen zu lassen, was als „neue Kultur" ansonsten so schwer fassbar bleibt. In späteren eher kritischen Phasen der Umsetzung helfen diese (positiven) Erfahrungen immer wieder als Anker, an denen Orientierung möglich ist. Auf diese Weise werden die „Erfolge" aus einer schwierigen Zeit für die Gegenwart genutzt.

Die Beschreibung des Projektverlaufs verdeutlicht, dass der Transformationsprozess keineswegs mit der Neuordnung von Aufgaben, Rollen und Strukturen im Rahmen der Umsetzungsphase, selbstverständlich schon gar nicht mit der Konzeptionsphase abgeschlossen ist. Um die angestrebten Ziele nachhaltig umzusetzen, erweist es sich als notwendig, dass die von uns im Schaubild als Stabilisierungsphase gekennzeichnete Zeit genauso systematisch geplant und konsequent verfolgt werden muss, wie die erste Schritte im Projektverlauf.

Die bis dahin erlebten Krisen in der Umsetzungsphase legten die Konzentration auf drei Perspektiven nahe:

(1) **Kunde:** die Konzentration auf den Kunden z. B. durch die Auseinandersetzung mit einem systematischen Kundenfeedback erweist sich allein schon deshalb als stabilisierend, weil der Kundenfokus eine entscheidende Legitimationsbasis des gesamten Projekts darstellt.
D.h. es erweist sich als äußerst nützlich, auch in späteren Phasen des Projekts immer wieder auf die ursprünglichen (motivierenden) Begründungen für das Vorhaben zurückzugreifen und diese in den Auswirkungen konkret lebendig werden zu lassen.

(2) **Integration:** notwendige Voraussetzung für das Gelingen sind alle Maßnahmen, die auf die Bearbeitung der unklaren Schnittstellen, fremden Rollen, neuen Arbeitsformen zielen. Unter dem Stichwort „Integration“ geht es also darum, in zahlreichen Workshops, Teilprojekten, Coachingeinheiten neue Bilder wachsen zu lassen, deren Attraktivität groß genug war, sich auf das „Unbekannte“ aktiv einzulassen.

(3) **Qualifizierung:** die neue kundenorientierte Struktur des Personalbereichs verlangt von den Mitarbeitern die Übernahme völlig neuer Rollen. Da dieser neue Rollenzuschnitt eine der wesentlichen Voraussetzungen dafür ist, dass es sich um einen ernstgemeinten Veränderungsprozess handelt, sind erhebliche Investitionen in die Qualifikation der Mitarbeiter notwendig. Damit ist zu einem Teil der fachliche Know-how-Erwerb gemeint; eine mindestens genauso große Bedeutung hat aber die systematisch durchgeführte Beraterqualifizierung auf den verschiedenen Führungsebenen.
D.h. eine tiefgreifende Veränderung einer Organisation muss sich auch in einer veränderten Qualifikationsstruktur widerspiegeln.

Live and Let Die

Alexander Doujak

EINLEITUNG

Ein österreichisches Unternehmen, Weltmarktführer in seinem Produktsegment, kommt 1996 aufgrund sinkender Weltmarktpreise - die Währungen der Hauptkonkurrenten sind seit 1992 um über 20% abgewertet - unter massiven Rationalisierungs- und Reorganisationsdruck. Diese Herausforderung wird gemeistert, 1999 gibt es einen erfolgreichen Börsengang, die Gruppe verfolgt seitdem eine internationale Wachstumsstrategie.

DIE AUSGANGSSITUATION

Die Ausgangssituation in Bezug auf das Management von Projekten lautet in Stichworten:

- Projektmanagement ist als Instrument im Unternehmen bekannt
- Es gibt sehr viele Projekte in den einzelnen Unternehmensbereichen
- Es herrscht eine Konzentration auf Einzelprojekte
- Es gibt wenig Verbindung zur Gesamtstrategie des Unternehmens
- Der organisierte Austausch über alle Projekte in den Leitungsgremien fehlt
- Es herrscht hoher Handlungsdruck aufgrund der angespannten Wettbewerbssituation

Im konkreten Fall bietet sich das Projektportfolio als das Werkzeug an, mit dem die un:balanced Transformation auf den Boden gebracht wird. Mit „normalem" Projektmanagement - so wie bisher operativ ausgerichtet – ist das allerdings nicht zu leisten. Dazu bedarf es strategischen Management-Denkens und -Handelns.
In einem ersten Workshop mit der Leitungsgruppe, in der alle Vorstände und die Geschäftsführer der einzelnen Gesellschaften vertreten sind, wird die Problematik der Situation erkannt. Gemeinsam werden Ziele für ein übergreifendes Projektportfolio erarbeitet. Der Grundtenor lautet: „Wir müssen rationalisieren, gleichzeitig aber auch neue Wachstumsfelder aufbauen. Deshalb werden wir konzentrierter in Projekten arbeiten und diese entsprechend koordinieren."
Diese Integration von Rationalisierung und Wachstum erfolgt aber in dieser Firma nicht in einem weiteren Projekt, sondern durch eine verän-

derte Steuerung des Projektportfolios. Eine neue Kommunikationsarchitektur mit „Marktrunden" für Projekte, die die Internationalisierung vorantreiben, Projektplanungs - Ausschuss (PPA) - Runden, die sich mit Produktinnovationsprojekten beschäftigen und der „Qualitätsoffensive", die sich auf Projekte zur Produktivitätssteigerung konzentriert, ermöglichen den periodischen Abgleich zwischen den Projekten und direkte Kommunikation zwischen Projektleitern und den zuständigen Auftraggebern. Das neu aufgesetzte Management des Projektportfolios erweist sich so als ein wesentliches Mittel zur Umsetzung der un:balanced Transformation.

Voraussetzung dafür ist im Unterschied zu einem „normalen" Projektportfolio, in dem in der Praxis meist nur Teilaspekte behandelt werden, dass wirklich alle strategisch wichtigen Aktivitäten eines Unternehmens darin enthalten sind. Der wesentlichste Punkt ist also der direkte Zusammenhang des Portfolios mit der Formulierung und Umsetzung der Unternehmensstrategie. Wenn sich der Vorstand und die Geschäftsführer nicht kontinuierlich diesen Zusammenhang ansehen (und das ist in der Regel nicht der Fall) kann man nicht von einem Projektportfolio im Sinne der un:balanced Transformation sprechen.

DIE ZIELE

Die Ziele lauten dementsprechend:

- Das Projektportfolio ist eng an die strategischen Stoßrichtungen der Gruppe gekoppelt. Die Projekte sind ein wesentlicher Teil der Strategie-Umsetzung. Dies ist um so wichtiger, als es widersprüchlich scheinende Projekte gibt, da beide Stoßrichtungen – Rationalisierung und Wachstumsstrategien – im Sinn einer un:balanced Transformation gleichzeitig durchgeführt werden.
- Die einzelnen Projekte arbeiten selbständig und zielorientiert. Basis ist ein definierter Projektauftrag, der in der Leitungsgruppe abgestimmt wird.
- Die hohe Orientierung auf das Einzelprojekt wird durch eine Gesamtsicht ergänzt, wobei sich das „Ganze" auf alle Projekte des Unternehmens beziehen kann, oder auf einzelne Bereiche (Strategische Geschäftseinheiten oder Unternehmensprozesse wie z. B. Innovation, technische Wertschöpfung, Vermarktung, unterstützende Prozesse).
- Nicht-Ziel ist es, rigide Strukturen zwischen einzelnen Projekten zu schaffen, die die Autonomie der einzelnen Projekte in Frage stellen und die Vielfalt der Organisation beschränken.
- In Bezug auf die gleichzeitige Bearbeitung von Entwicklungs- und Rationalisierungszielen sind in den einzelnen Projekten beide

Aspekte zu integrieren (z. B. bei Produktionsverlagerungs-Projekten) und relevante Themen zwischen Projekten abzustimmen (z. B. zwischen Rationalisierungs- und Kulturprojekten).

Diese Ziele bedeuten einen wesentlichen Schritt über konventionelle Multi-Projekt-Strukturen hinaus. „Wir wollen keine Planwirtschaft, sondern einen internen Projekt-Markt. Das bedeutet einen Balanceakt zwischen Interessen des Gesamtunternehmens und den Interessen einzelner Projekte", so formuliert es einer der Vorstände.

Die Struktur des Projektportfolios

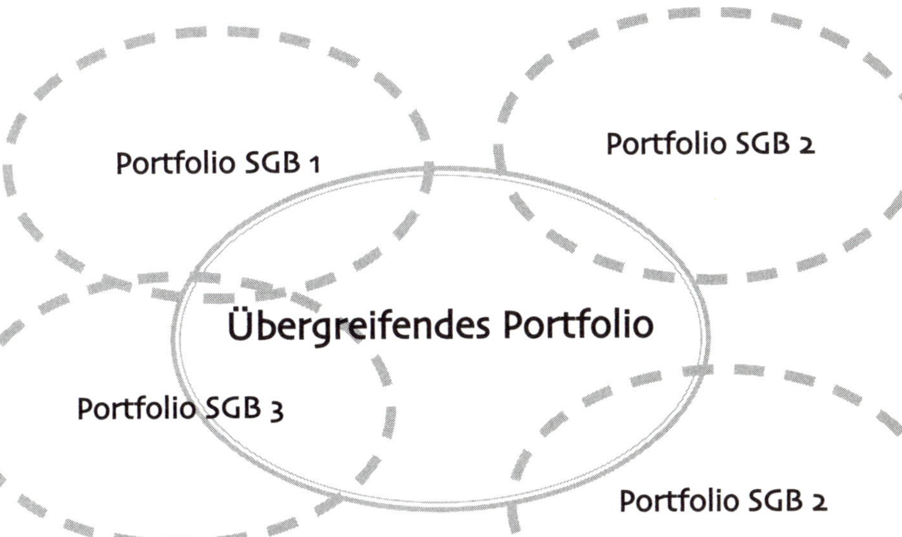

Im konkreten Fall wird zwischen einem übergreifenden Portfolio und den Portfolien der einzelnen strategischen Geschäftsbereiche unterschieden. (s. Graphik) Die Gründe dafür sind, einerseits die Managebarkeit des Gesamtsystems zu erhalten und andererseits die Autonomie der Geschäftsbereiche in ihrem „ureigenen" Bereich nicht zu unterlaufen. Die Leitung der übergreifenden Projekte wird zum Großteil in einem der Geschäftsbereiche angesiedelt, der in diesem Falle die Federführung übernimmt. In einigen wenigen Projekten übernimmt der Vorstand die Leitung (z. B. Börsengang).

ANGEWANDTE INSTRUMENTE ZUR DARSTELLUNG DES PROJEKT-PORTFOLIOS

Wie oben erwähnt wird das Netzwerk oft nicht als solches gesehen. Eine erste Aufgabe besteht also in der Sichtbarmachung der einzelnen Projekte in einem Unternehmen oder einem bestimmten Bereich, um diese

dann in Beziehung zueinander setzen zu können. Dies klingt theoretisch leicht umsetzbar, bedeutet in der Praxis aber oft eine mühevolle Analysearbeit und die schwierige Entscheidung von Prioritäten. Nicht selten ergibt eine erste Analyse eine astronomisch anmutende Anzahl von Projekten – über hundert oder mehr.
Diese Form der Analyse stellt eine Gesamtsicht aller im Unternehmen gleichzeitig existierenden Projekte her, um Gemeinsamkeiten und Unterschiede erkennen zu können und schafft damit die Basis für das Erkennen von möglichen Synergien bzw. Konflikten. Die Entscheidung über die Zuordnung erfolgt idealerweise in einer Veranstaltung, in der alle wesentlichen Beteiligten (Auftraggeber/Projektleiter) vertreten sind.

• **Projektlisten, Projektdatenbanken**
Als erstes, pragmatisches Instrument zur Darstellung kann eine reine Listung und Gruppierung der Projekte nach unterschiedlichen Kriterien dienen. In weiterer Folge kann dies zu einer Datenbank ausgebaut werden, die im Intranet allen Mitarbeitern zur Verfügung gestellt werden kann. Im vorliegenden Fall heißt das:

Projektnummer	Bezeichnung	Projektleiter/ Auftraggeber/ Lenkung	Zuständiges SGF	Ziele	Beitrag zu TOP 1-5	Projekttyp

Projektlistung
Einige Grundsätze, die in der Praxis jedoch keineswegs selbstverständlich sind, helfen hier weiter:

- Die Projekte werden fortlaufend nummeriert, um eine saubere Ablage zu ermöglichen.
- Im Projektauftrag wird die Bezeichnung des Projektes festgelegt, um zu verhindern, dass ein und dasselbe Projekt unter verschiedensten Namen im Unternehmen kursiert.
- Es gibt eine festgelegte Standard-Organisationsform, in der Projektleiter, interner Auftraggeber und – soweit nötig – die Lenkungsausschuss-Mitglieder festgelegt sind.
- Da in den meisten Projekten ein SGB federführend auftritt, ist dieser zu spezifizieren.
- Die Ziele werden aufgrund des Projektauftrags festgelegt und bleiben stabil – soweit die Leitungsgruppe in Ausnahmesituationen nicht anderes beschließt.
- Die Einzelprojekte dienen der Umsetzung strategischer Ziele, der Zusammenhang ist definiert.

- **Clustering von Projekten**

Basierend auf dem ersten Schritt der einfachen Listung von Einzelprojekten und ihrer Klassifikation aufgrund verschiedener Kriterien kann man in einem nächsten Schritt relevante Gemeinsamkeiten und Unterschiede zwischen einzelnen Projekten herausfiltern und diese in Gruppen bzw. Cluster zusammenfassen.

Eine graphische Darstellung dieser Gruppen erhöht die Übersichtlichkeit der Analyse. Diese Zusammenfassung in Gruppen stellt vor allem auf die Gemeinsamkeiten von Projekten ab, um Ansatzpunkte für die Koppelung „gleichartiger" Projekte zu bieten. Da sich die Gruppen überschneiden und mehrere Projekte Teilmengen verschiedener Gruppen bilden, kann man auch verschiedene Ebenen der Gemeinsamkeiten aus dieser Übersicht ableiten. In der nachfolgenden Graphik erfolgte die Clusterung nach strategischen TOP-Zielen eines Jahres: 1 = Kundenorientierung; 2 = Kultur; 3 = Ergebnisorientierung; 4 = Kickoff Börse; 5 = Kommunikation verbessern.

Projekt-Cluster

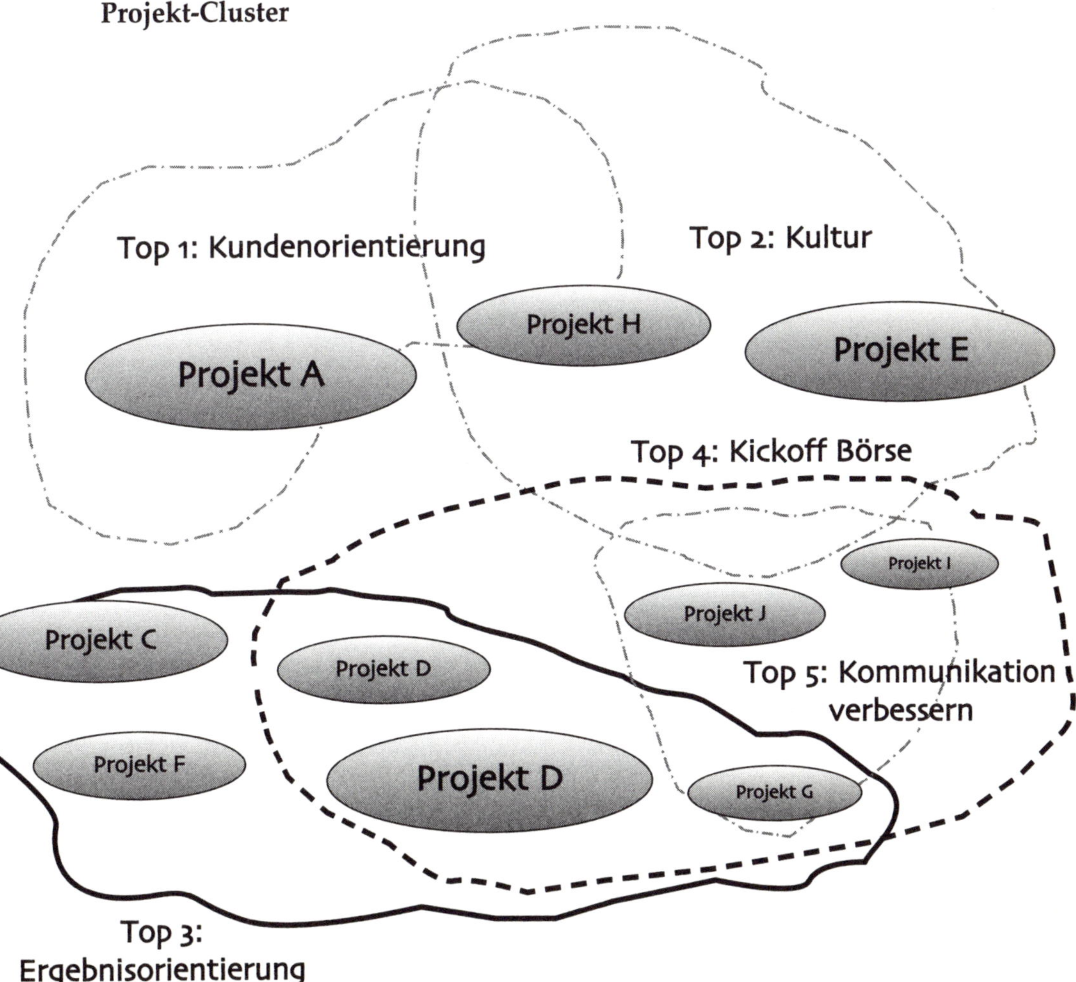

- **Projektportfolien**

Ein wesentliches Instrument der Darstellung von Projekten und der Analyse des gesamten Projektspektrums ist die Erstellung von Projektportfolien, in denen die einzelnen Projekte zueinander in Beziehung gesetzt werden. Daraus leiten sich die Grundstrategien der Projekte ab wie z. B. Priorität, Ressourcenzuteilung, Management-Attention oder Projektleiter-Auswahl. Nachfolgend drei Beispiele für die Portfolio-Darstellung:

Projektportfolio

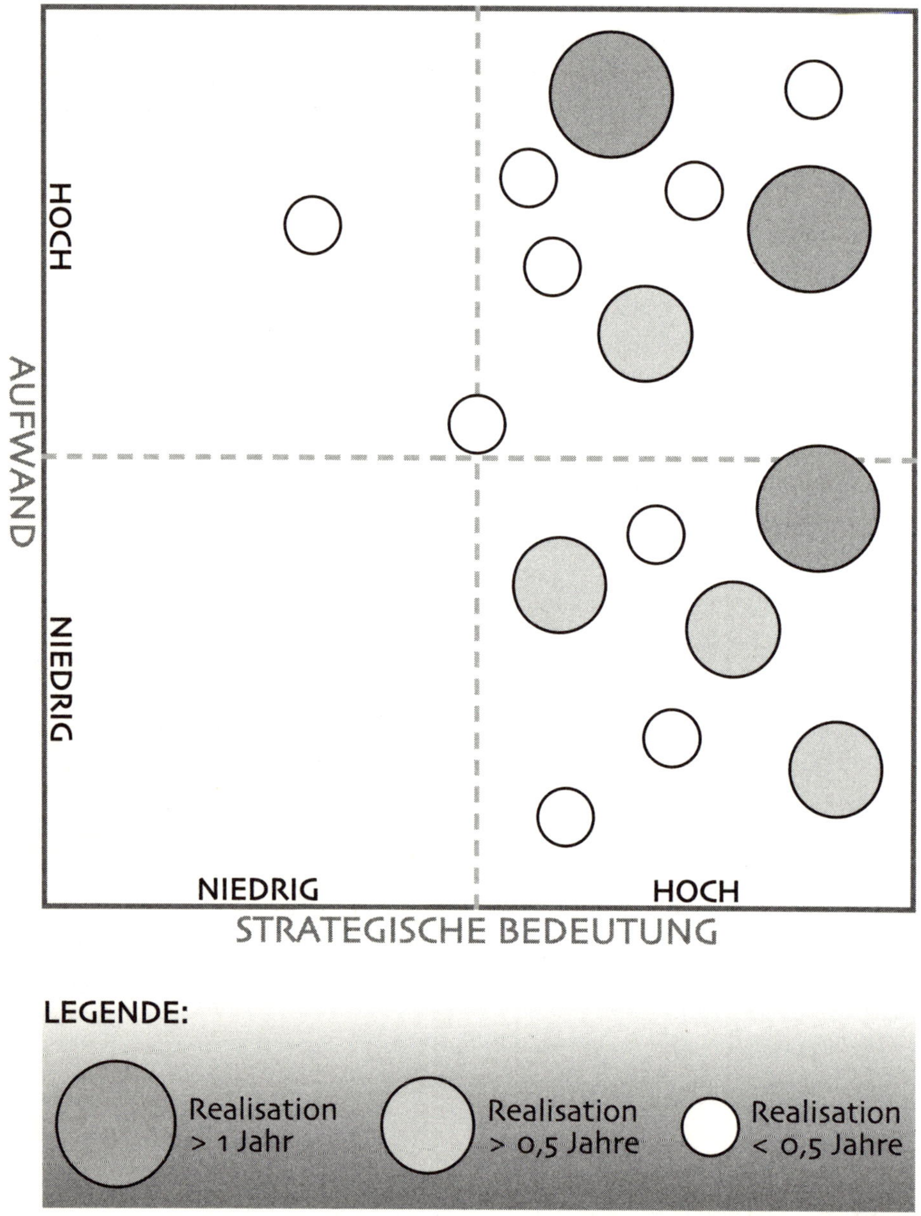

AUFWAND: HOCH / NIEDRIG

STRATEGISCHE BEDEUTUNG: NIEDRIG / HOCH

LEGENDE:

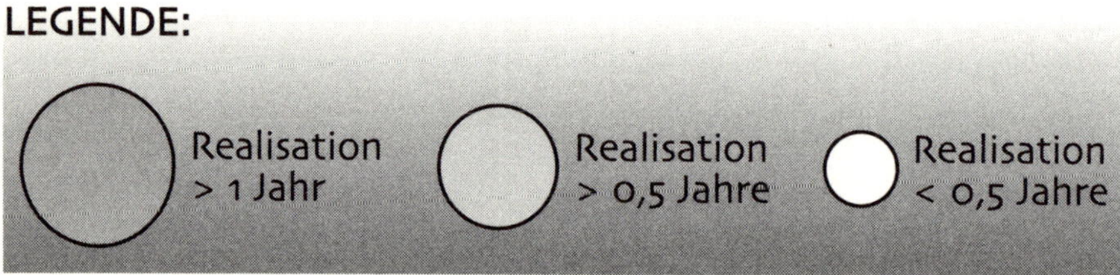

Projektportfolien

Beispiel Portfolio Ratio-Projekte (1)

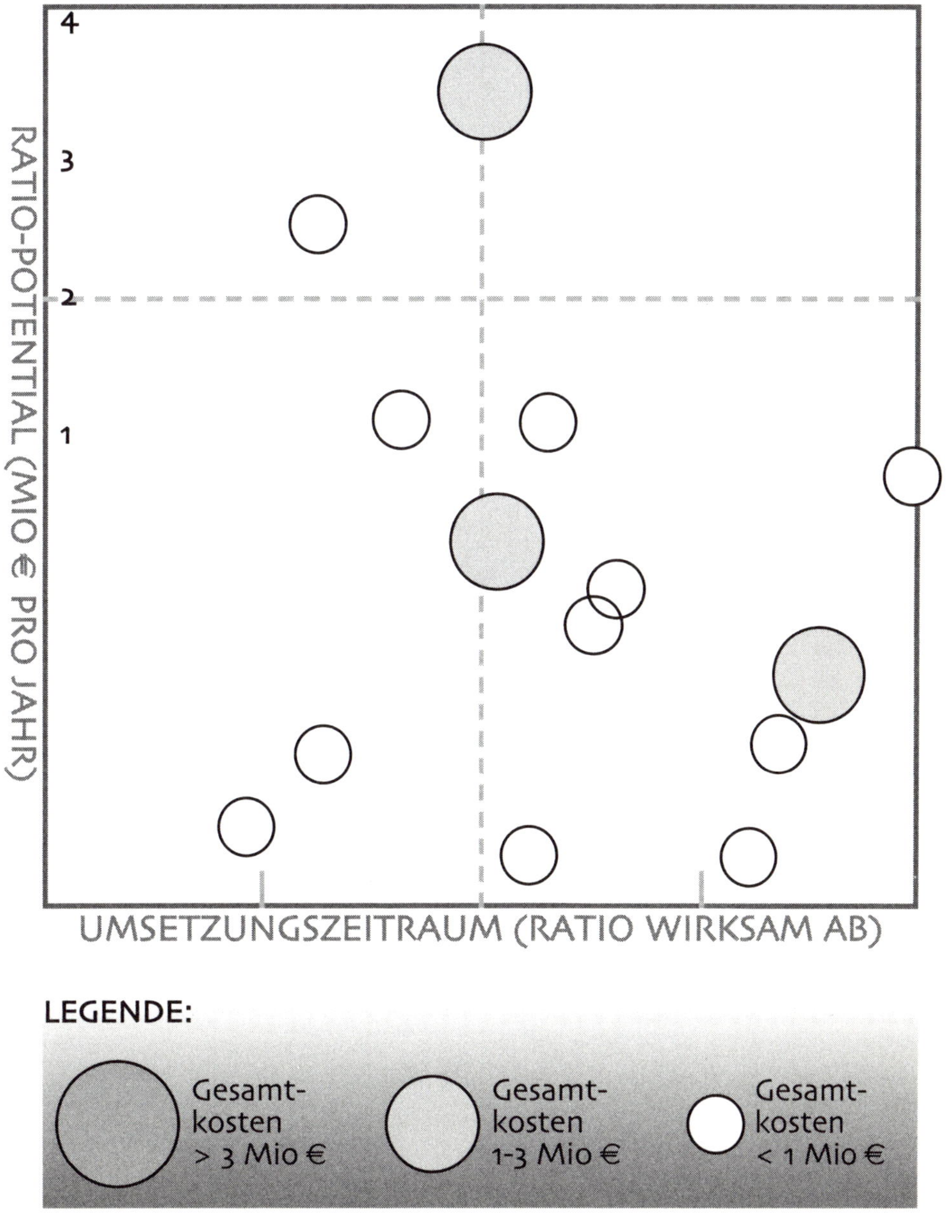

4
3
2
1

RATIO-POTENTIAL (MIO € PRO JAHR)

UMSETZUNGSZEITRAUM (RATIO WIRKSAM AB)

LEGENDE:

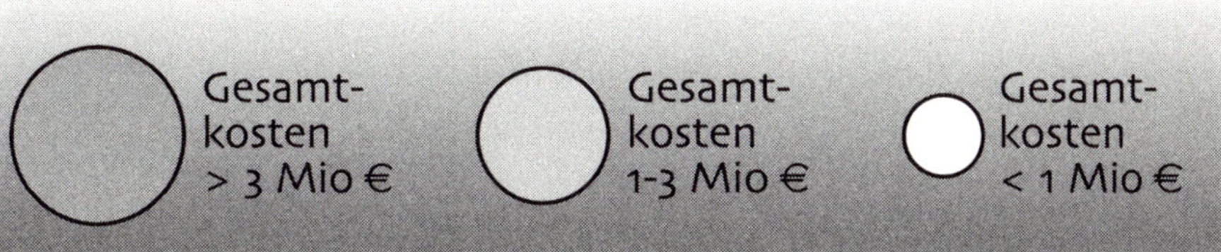

Projektportfolien

Beispiel Portfolio Innovations-Projekte (2)

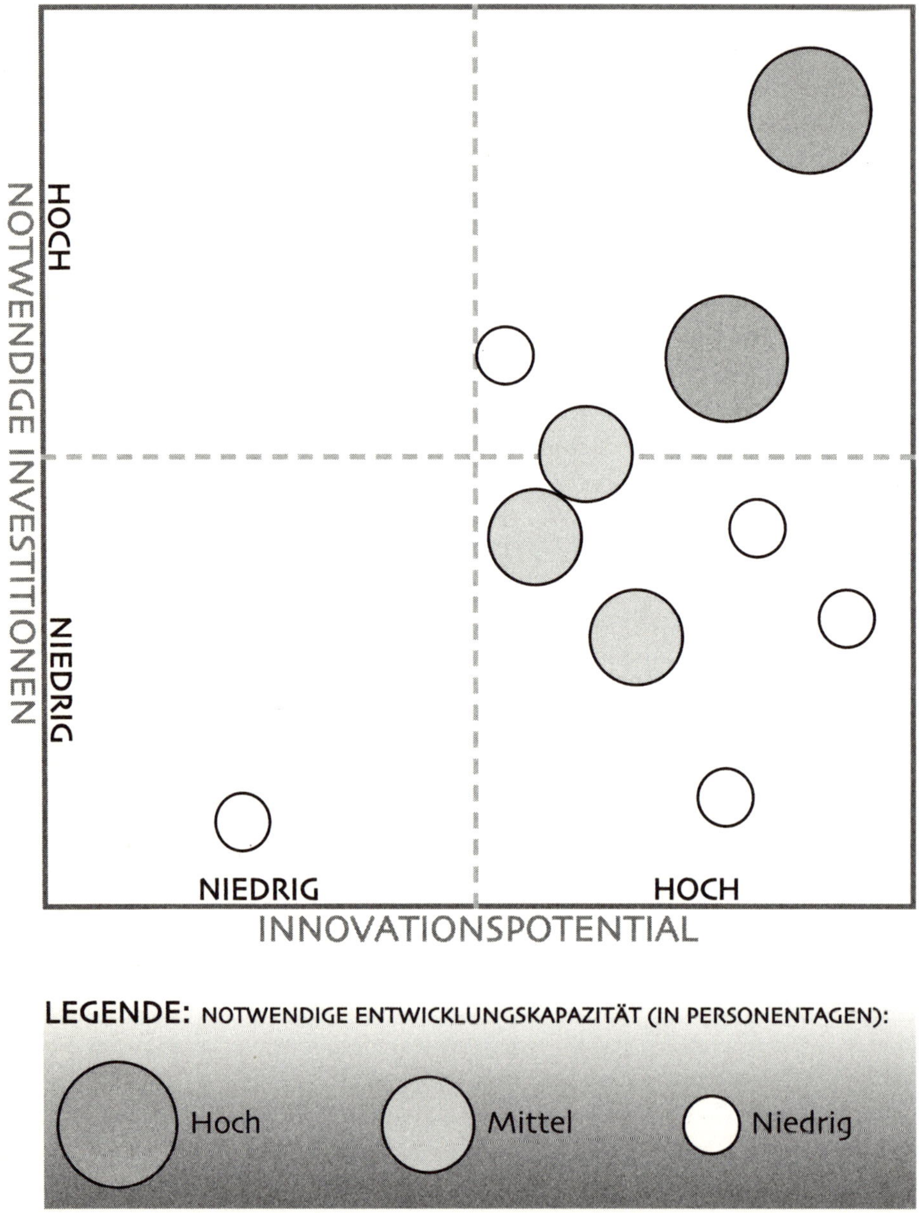

NOTWENDIGE INVESTITIONEN

HOCH

NIEDRIG

NIEDRIG HOCH

INNOVATIONSPOTENTIAL

LEGENDE: NOTWENDIGE ENTWICKLUNGSKAPAZITÄT (IN PERSONENTAGEN):

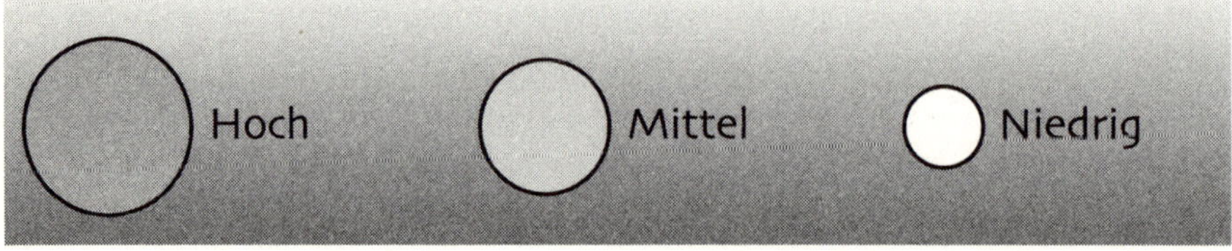

• Einteilung nach Phasen
Eine relevante Ebene der Untersuchung von Gemeinsamkeiten und Unterschieden von Projekten ist auch deren zeitlicher Status im Sinne von Projektphasen. Dies gilt vor allem für den Bereich repetitiver Projekte, für die eine klare Phasengliederung standardisiert werden kann. Eine mögliche Phasengliederung von Forschungs- und Entwicklungsprojekten wäre z. B. die Einteilung in: Anfang, Meilensteine 1-4, Ende, mit Zuordnung der einzelnen Projekte.

• Analyse der Abhängigkeiten
Nach dem ersten Schritt, der Sichtbarmachung des Projektnetzwerks mit Hilfe verschiedener Instrumente, gilt es, sich die Beziehungen zwischen den Einzelprojekten näher anzusehen. Es geht also um die Frage, auf welchen Ebenen Koppelungen zwischen Projekten stattfinden können, um Anhaltspunkte für die Bewertung von Beziehungen zu bekommen.

• Ebenen der Koppelung
Prinzipiell können für die Analyse der Abhängigkeiten wieder die sachliche, soziale und zeitliche Ebene unterschieden werden:

Diese Aufstellung kann als eine Art Checkliste für die Analyse möglicher

Ebene der Kopplung	Beispiele
Sachliche Ebene	**• Ziele, Strategien • Aufgaben(gebiete) • Ressourcen • Methoden • ...**
Soziale Ebene	**• Organisation • Projektart • Umwelten • ...**
Zeitliche Ebene	**• Start, Ende, Meilensteine, Dauern, Phasen**

Abhängigkeiten verstanden werden. Die Beziehungen zwischen einzelnen Projekten können so qualitativ beschrieben werden und in ein graphisches Diagramm eingetragen werden. Aus solch einem Diagramm ergibt sich dann ein spezifisches Muster von Beziehungen zwischen diesen Projekten.

Strategisches Controlling
Die konventionelle Sicht im Sinne von Multi-Projektmanagement sieht

Controlling vor allem im zentralen Verwalten und Steuern von Projektdaten und -informationen.
Der hier vorgestellte Controlling-Ansatz stellt weniger auf zentrale Steuerung als auf Herstellung von Beziehungen zwischen den einzelnen Projekten und der Organisation von (Kommunikations-)Räumen für die Gesamt-Koordination ab, wie das auch aus der Abbildung der Kommunikationsarchitektur am Beginn des Beitrags deutlich wird.

- **Management von Koppelungen**

Die im vorigen Abschnitt beschriebenen Methoden liefern eine Aussage darüber, wie sich die Projekte gegenseitig beeinflussen bzw. auf welchen Ebenen es Abhängigkeiten geben könnte. Dies ergibt auch ein Bild möglicher Synergien und Konflikte. Spiegelt man dieses Bild der gegenseitigen Abhängigkeiten jetzt mit den tatsächlichen Koppelungen, so stellt sich die Frage, welche Projekte noch mehr, welche hingegen weniger gekoppelt werden sollten.
So kann es z. B. funktional sein, zwei Projekte aufgrund von sich ergänzenden Zielen über gemeinsame Personalpools oder Infrastruktur stärker miteinander zu koppeln, da eine reine Koppelung über (definierte) Ziele zu schwach wäre, um koordinierend zu wirken. Im Folgenden wollen wir einige Beispiele als Ansatzpunkte für Interventionen mit dem Zweck der Koppelung von Projekten aufzeigen. Strategisches Controlling bezieht sich also auf die Herstellung von Strukturen und Beziehungen zwischen den Projekten.

Beispiel für Koppelungen von Projekten

Ebene	Beispiele für Koppelungen zwischen Projekten
Sachliche Ebene	**Ziele / Strategien** • gleiche / komplementäre Strategien, Ziele formulieren • Erfolgskriterien voneinander abhängig machen **Aufgaben** • gleiches / komplementäres Aufgabengebiet definieren • Ergebnisse voneinander abhängig machen **Ressourcen** • gleiches / komplementäres Know-how (Management, Technologie) einsetzen • gegenseitige Kapitalflüsse etablieren

Sachliche Ebene	• Nutzung derselben Infrastruktur • gemeinsame Büros, Arbeitsbereiche • Personalfluss (z. B. Ausbildung in verschiedenen Projekten) **Methoden** • Gleiche Dokumentationsstruktur/-standards • Software • Planungsmethoden • Controlling-Methoden
Soziale Ebene	**Organisation** • Projekte in gleichen Organisationsbereich eingliedern • multiple Verantwortlichkeiten • interdependente Personalbewertung, Bonussysteme • Kommunikationsstrukturen, gleiche Berichts- und Kontrollwege etablieren **Umwelten** • gem. Kundenkommunikation koordinieren • gem. Lieferantenkommunikation koordinieren • sonstige gemeinsame Kommunikation gegenüber externen Umwelten
Zeitliche Ebene	• Start-, Ende-, Meilenstein-, Dauerabhängigkeiten definieren

- **Organisatorische Einbindung**

Die strategische Abstimmung erfolgt am besten in übergreifenden Kommunikationsstrukturen, oft auch Steuerkreise genannt. Die Kompetenzen dieser Steuerkreise umfassen:

- Die Auftraggeberrolle für Einzelprojekte (Definition und Abschluss/Abbruch von Projekten, Festlegung grundlegender Strategien, strategisches Controlling
- Die Regelung der Beziehungen zwischen einzelnen Projekten als „letzter Instanz" (Festlegung von Prioritäten, Entscheidungen bei Konflikten, Entscheidungen bezüglich Koppelungen zwischen Projekten)

Die hierarchische Eingliederung hängt vom Umfang bzw. der Reichweite der Projekte ab. Bezieht sich das Management auf das Gesamtunternehmen, so sollte es auf der 1. Ebene angesiedelt sein, bereichsspezifische Netzwerke können auch in einzelnen funktionalen Bereichen wie z. B. strategischen Geschäftsfeldern oder funktionalen Bereichen wie Marketing oder Engineering angesiedelt sein. Im geschilderten Beispiel erfolgt die Steuerung in der Leitungsgruppe, in der alle Vorstände und Geschäftsführer, sowie wesentliche funktionale Bereiche der Gruppe eingebunden sind.

PRAXIS-TIPPS PROJEKT-PORTFOLIO:

- Ein Minimum an zentraler Information und Steuerung (z. B. Portfolio aller laufenden Projekte, zentrale Datenbank mit Schlüsselinformationen zu Einzelprojekten)
- Klare Auftraggeber-Strukturen, Projekte als Delegationsinstrument leben.
- Direkter Austausch aller beteiligten Projekt-Auftraggeber und Projektleiter mindestens vierteljährlich (z. B. Projektmarkt: Information, Priorisierungen, Projektstarts, -abbrüche, -abschlüsse)
- Keine Rückdelegation erlauben
- Minimum an zentralen Standards (z. B. Projektauftrag) und Training „on the job"
- Projektmanagement-Support der Unternehmensführung, Einforderung der vereinbarten Projekttermine, -informationen durch die Lenkungsausschüsse und Projektauftraggeber
- Immer wieder den Zusammenhang zu strategischen Entscheidungen herstellen (bei Budgetrunden, Strategieklausuren)
- Minimale zentrale Ressourcensteuerung; Ressourcensteuerung über die Führungskräfte selbst, die Projektleiter, -mitarbeiter („Marktmodell")
- Klare Berichtsrhythmen, regelmäßige Status-Workshops
- Controlling von Schlüsseldaten (Fortschritt/Meilensteine/Budgets/Umwelten)
- attraktive Gestaltung des Projektportfolios – internes Marketing: neue Kommunikationsformen (z. B. Projektmarkt oder Ausstellungen, Großveranstaltungen, Kunden einladen, ...) vor allem: genügend Zeit für die Projekt-Formulierung einfordern

LESSONS LEARNED

Das bessere Management des Projektportfolios führt zu einer besseren Allokation der knappen Mittel und erhöht die Effizienz der kurzfristig nötigen Maßnahmen zur Überwindung der aktuellen Krise; verstärkt die strategische Orientierung im Konzern und erreichte eine Beruhigung der Lage, indem die Linie selbst die Veränderung vorantreibt, statt eine zusätzliche Veränderungsarchitektur aufzubauen. Die Unternehmenskrise ist überwunden und von 1997 bis zum Jahr 2000 löst ein Rekordjahr das andere ab. Es kommt zu einem erfolgreichen Börsegang und im Jahr 2001 erreicht das Unternehmen das zweitbeste Ergebnis der Firmengeschichte.

- **Etablierung einer klaren Organisationsstruktur zum Management des Netzwerks** (Steuergruppen, Strategiegruppen, o. Ä.) - kein „ad-hoc Management"

Steuergruppen

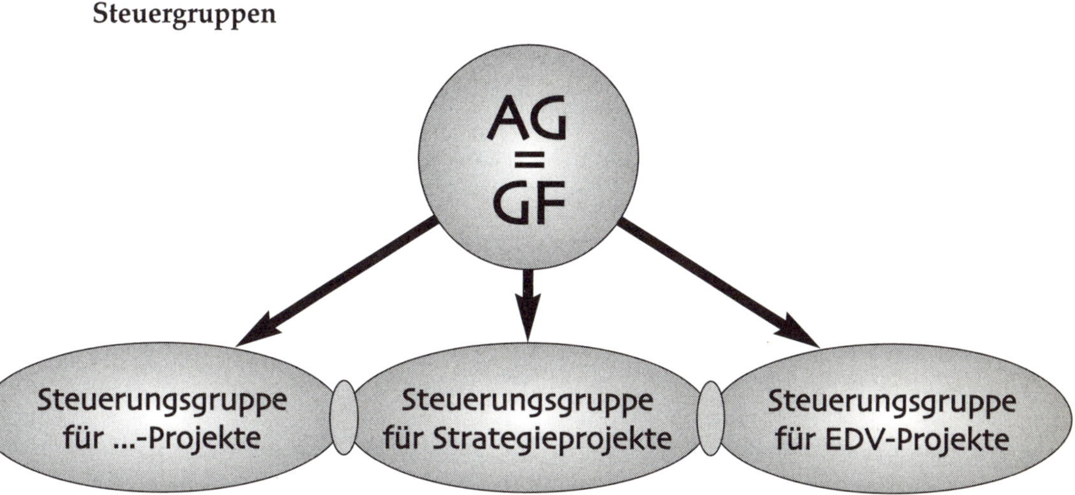

- **Projektmarkt: Vernetzung „live"**

LESSONS LEARNED FÜR HARTE SCHNITTE/NEUES WACHSTUM:

- **Verankerung der permanenten Veränderung in der Linie:** Um einen Veränderungsprozess mit harten Schnitten und neuem Wachstum zu initiieren, bedarf es nicht unbedingt eines eigens konstituierten Changeteams. Mitunter ist es viel eher erfolgsentscheidend, den Prozess von Beginn an direkt in der Linie zu verankern. Ein umfassendes Projektportfolio ist ein wesentliches Mittel zur Umsetzung einer un:balanced Transformation.

- **Gleichzeitig an harten Schnitten und neuem Wachstum arbeiten:** Auch in ökonomisch harten Zeiten gilt es, Wachstumsprojekte zu initiieren und nicht nur zu rationalisieren. In diesem Fallbeispiel: Während im Kerngeschäft die Beschaffung und Produktion mit Hilfe von Fabrikschließungen und Produktionsverlagerungen durch „go east" deutlicht verbilligt werden muss, muss gleichzeitig in neue Produkte und Internationalisierungsschritte investiert werden.

- **Konsequent umsetzen:** Es gilt, die Kontinuität in der Bearbeitung des Projektportfolio zu wahren (am Anfang sind alle Projekte „sexy" und attraktiv, dann kommt der Punkt, wo man spürt, dass sie auch Ressourcen brauchen, doch nicht alles so gut geht wie geplant, etc ...)

- **Führungskräfte einbeziehen**. Für das Topmanagement bedeutet dies:
  - sich genügend Zeit für diese Steuerungsaufgabe zu nehmen – ein untrügliches Zeichen dafür, wie wichtig es wirklich ist – und sich dem immer wieder notwendigen Aushandlungsprozess zu stellen
  - sich die unterschiedlichen Anforderungen von Rationalisierungsprojekten (Wo gibt es das meiste Rationalisierungspotential in kurzer Zeit?) und Wachstumsprojekten (Wo gibt es das höchste Wachstum- und Innovationspotential? Gibt es die Ressourcen, damit diese Innovationen „reifen" können?) vor Augen zu halten
  - die Gesamtsicht ist zu wahren (oft saugen Einzelprojekte alle Aufmerksamkeit der Auftraggeber auf)
  - Backup für die Projektleiter zu geben und die erforderliche Konsequenz aktiv vorzuleben und einzufordern (Information, Entscheidungen,...)

- auf Ebene der Geschäftsführer gilt es, sich auf die Gesamtsicht einzulassen (auch wenn ein Projekt gerade nicht in meinem Geschäftsbereich läuft) – was oft sehr schwer durchzubringen ist, weil es der Logik der Linienverantwortung widerspricht.

Unternehmensentwicklung ist eher eine Dschungel-Expedition als eine gerade ausgerichtete Einbahnstraße!

Ein unmögliches Paar?

Fachberatung und systemische Beratung im Projekt „Alte Meister auf neuen Wegen"

Barbara Heitger

„Wir sind die alten Meister" oder „Wir sind die Nobelbastelbude des Konzerns". So lautet die Selbstbeschreibung des Unternehmens (nennen wir es Meister GmbH), das ein Beratungsprojekt ausschreibt, bei dem es um eine radikale Neupositionierung geht. Im Folgenden schildern wir die Phasen bis zur breiten Umsetzung, das Vorgehen (Architektur und Prozess) und die Annahmen und Hypothesen, die unsere Interventionen leiteten. Das Besondere an diesem Projekt ist die Integration von Fachberatung und systemischer Beratung - damals auch für uns eine Premiere.

DIE AUSGANGSSITUATION

Die Meister GmbH, mittelständisches Unternehmen in einem Konzern, gilt als Spezialist für Sonderanfertigungen von Basisausführungen der Maschinen, die der Konzern entwickelt und produziert hat. Welche Wünsche auch immer ein Kunde in Bezug auf Maschinen abseits der Serienproduktion hat, die Mitarbeiter der Meister GmbH können ihn erfüllen. Sie liefern Maßarbeit vom Feinsten – vergleichbar mit einem hochspezialisierten und technisch versierten Kunsthandwerksbetrieb, in dem jeder mehr oder weniger das Produkt mit seiner ganzen Komplexität kennt. Dementsprechend groß ist der Stolz der Belegschaft auf die eigenen Fähigkeiten. Maßschneiderei und die Kleinserie für eine Spezialmaschine als strategische Devise machen aber auf der Ergebnisseite Probleme. Die Konzernsparte, in der die Meister GmbH agiert, steckt ihrerseits selbst in den roten Zahlen und hat sich ein tiefgreifendes Turnaroundprogramm verordnet - Rationalisierung, Geschäftsprozessoptimierung und strategische Neuausrichtung. Obwohl die Verluste der Meister GmbH aufgrund ihrer geringen Größe im Konzern keine große Rolle spielen, kommt auch sie in diesem Umfeld unter Veränderungsdruck – im gesamten Konzern sind die zu erwirtschaftenden Renditen und konsequente Strategieumsetzung durch den neuen Vorstand zentrale und ernstzunehmende Erfolgskriterien geworden. Die

Geschäftsleitung der Meister GmbH hat die Notwendigkeit zur Veränderung erkannt. Sie hat eine Vision und eine Strategie mit folgenden Schwerpunkten erarbeitet:

- Fokus auf Kleinserien von Sondermaschinen - Serienfertigung statt maßgeschneiderter Einzelauftragsfertigung
- markante Ergebnisverbesserung durch Umsatzwachstum und höhere Produktivität (durch Redesign ausgewählter Kernprozesse)
- die Kernkompetenzen in Konstruktion, Fertigung und Montage von Sondermaschinen für die Entwicklung, Produktion und Vermarktung von Kleinserien nutzen (unternehmerische und vertriebliche Orientierung stärken).

Alle drei Stoßrichtungen von Veränderung sollen in einer Changeinitiative integriert werden. Es hat bereits zwei Anläufe gegeben, ein solches Projekt zu starten, die für die Geschäftsleitung nicht zufriedenstellend gelaufen sind. Bei der aktuellen Ausschreibung ist ihr wichtig, dass die Berater die fachliche und methodische Dimension (Geschäftsprozess, Redesign und Optimierung - GPO) ebenso leisten können wie die umsetzungsorientierte Changeberatung (Integration von Strategie-, Organisations- und Prozessorientierung in einen Gesamtprozess).

All das ist im Wesentlichen das Ergebnis des ersten Telefonats des Geschäftsführers mit uns. Er verweist auch darauf, dass die Geschäftsleitung selbst vor einem Generationswechsel stehe, eine erste Sondermaschine für die Kleinserie fast fertig entwickelt sei, die Meister GmbH zwar immer wieder vom Konzern in Frage gestellt werde, aber ohne Folgen - in den letzten Jahren sei wenig tiefgreifende Veränderung notwendig gewesen. Der Geschäftsführer definiert sich als Auftraggeber und den Verantwortlichen für Controlling, HR und Organisation als Projektmanager.

Erste Hypothesen im Beraterstaff

- Fach- und Changemanagementkompetenz gilt es bei diesem Projekt zu differenzieren und zu integrieren. Daher lade ich einen Kooperationspartner von Neuwaldegg als GPO-Experten ein, der zwar primär Fachberater, an systemischen Arbeiten aber sehr interessiert ist.
- Das geplante Vorhaben umfasst harte Schnitte (Rationalisierung, Kostenreduktion, eventuell Mitarbeiterabbau, Verlust der alten "Meisteridentität" durch den Umstieg auf Serienproduktion und weniger Ressourcen in Entwicklung und Konstruktion ...) und neues Wachstum - quantitativ wie qualitativ: Generationenübergabe, höheren Umsatz und Jahresproduktion, Innovation durch

Serienfertigung in Know-how, Strukturen, Prozessen, stärkere vertriebliche Orientierung und Marktnähe.

- Die widersprüchliche Dynamik solcher Changeziele und der anstehende Generationenwechsel im Topmanagement wird die Geschäftsführung vor große Herausforderungen stellen, Veränderungen zu initiieren und zu steuern und sich selbst dabei auch tiefgreifend zu verändern.
- Zugleich sind Zielvielfalt und ihr Anspruchsniveau so hoch, dass Priorisierung und Fokussierung dringend notwendig scheinen.
- Daher ist inhaltlich im nächsten Schritt wichtig, die Perspektiven und Prioritäten der Geschäftsführung zum geplanten Wandel zu eruieren, um daraus ein maßgeschneidertes Angebot zu entwickeln.
- Prozessual geht es uns darum, den Klienten unsere Arbeitsweise bereits in der Akquisitionsphase erleben und erfahren zu lassen, um für ihn und uns zu erproben, ob und wie Kooperation im Zusammenspiel von Fach- und Prozessberatung mit der Meister GmbH gelingen kann.

Wir schlagen daher vor, einen halben Tag zu zweit (GPO- und Changemanagementberatung) mit der Geschäftsleitung (fünf Personen inklusive Geschäftsführer als Auftraggeber und Projektleiter) zu arbeiten, für den Fall späterer Kooperation rückwirkend mit Honorar, ansonsten ohne Kosten für die Meister GmbH.

DIE PROJEKTARCHITEKTUR

DAS ERSTGESPRÄCH - VORPHASE UND AKQUISITION

Nach kurzer Vorstellungsrunde, Ziel- und Rahmenklärung bitten wir jedes Mitglied der Geschäftsleitung seine Einschätzung zu folgenden zwei Fragen auf der Matrix zu markieren.

- Unser Umfeld (Markt, Konzern, ...) wird sich in den nächsten 2-5 Jahren evolutionär bis radikal ändern (y-Achse)
- Um in Zukunft erfolgreich zu sein, wird sich die Meister GmbH evolutionär weiterentwickeln bis radikal verändern müssen (x-Achse)

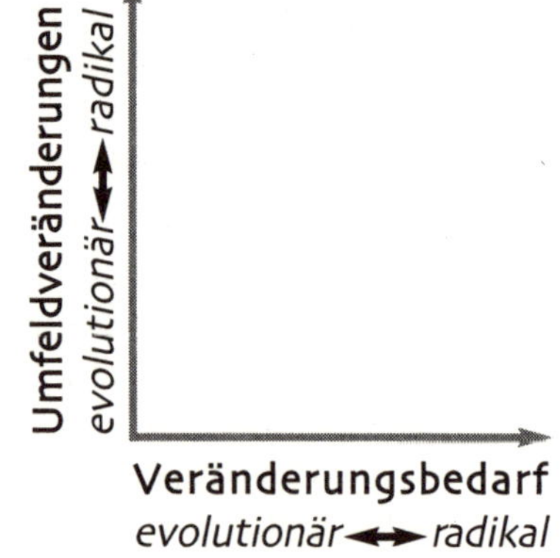

Im Anschluss daran interviewen wir jedes Mitglied zu seiner Positionierung mittels systemischer Fragen (zirkulär, ressourcenorientiert, Unterschiede herausarbeitend). Die anderen hören zu. Zur ersten Auswertung danach ziehen wir uns kurz zurück, um erste Hypothesen zur Diagnose und Ideen für ein maßgeschneidertes Grobkonzept zu Zielen, Architektur und Meilensteinen des Changeprogramms vorzuschlagen. Wir diskutieren mit der Geschäftsleitung pro und contra dazu und entwickeln unseren Entwurf im gemeinsamen Gespräch weiter.
Diagnose und die Diskussion unseres ersten Entwurfes sind Basis für das Angebot, das wir nun vorlegen. Kurze Zeit später erhalten wir den Auftrag.

Hypothesen zur Vorphase – warum so und nicht anders
Unsere Vermutungen, warum der Klient sich für die Kooperation mit uns entscheidet:

- Die Unterschiede und Gemeinsamkeiten in den Auffassungen der Geschäftsleitung zu Marktentwicklung und Changebedarf werden auf produktive Weise deutlich.
- Das ansonsten stark operativ orientierte Team hat durch das Setting selbst mehr Klarheit über Changeziele, die Notwendigkeit zu priorisieren und Erfolgs- und Risikopotenziale des Changeprozesses gewonnen.
- Unsere Allparteilichkeit als Berater und unsere Fachkompetenz (GPO Know-how) werden deutlich.
- Das Setting etabliert das Klientensystem, das Beratersystem und das gemeinsame Arbeitssystem und ist so im Erleben bereits eine erste gelungene Kooperation.
- Wir schlagen als Einstieg in das Projekt vor „Ziele priorisieren und Commitment gewinnen". Damit nehmen wir die Tatsache ernst, dass GPO und Einführung von Serienproduktion ohne Mittelmanager und die "Praxisexperten" des Alltagsgeschäft nicht denkbar sind. Das hat die Geschäftsleitung deutlich gespürt.

Die vorläufigen Ziele des gesamten Changevorhabens zur Umsetzung der Strategie sind:

- Redesign der zwei bis drei Kernprozesse (Rationalisierung), deren Optimierung am meisten bringt, inkl. Pilotierung, Design und Einführung
- tragfähige neue Unternehmensidentität entwickeln als Ausdruck gelebter neuer Strategie (Abschied von dem "alten Meister" als Kernidentität, Commitment zur Kleinserie)
- Akzeptanz und Commitment der Führungskräfte in ihrer Rolle als Motor für die breite Umsetzung harter Schnitte und neuen

Wachstums gewinnen - Know-how und gemeinsames Selbstverständnis für Changeprozesse aufbauen
- Veränderungsprioritäten herausarbeiten und zu erhaltende Stärken bewahren (Schutz vor zuviel Veränderung).

DIE ERSTE PHASE: PRIORISIERUNG UND COMMITMENT

Die Architekturelemente in dieser Phase sind
Arbeit mit der Geschäftsleitung (GL) vor allem zu den Themen
- Ziele aus der Strategie priorisieren
- Stakeholderanalyse zur Umsetzung der Strategie erarbeiten
- Changemanagement, wenn es um harte Schnitte (Rationalisierung, eventuell Mitarbeiterabbau und Identitätsverlust der „alten Meister") und neues Wachstum geht (Serienproduktion, neues Produkt und Neupositionierung von Vertrieb und Entwicklung)
- Selbstverständnis erarbeiten, wie die GL den Changeprozess steuert – besonders im Umgang mit „heißen Eisen" (Mitarbeiterabbau, Umsteigrn auf Kleinserie)
- Welche Erwartungen haben die Mitglieder der GL aneinander bei diesem Vorhaben?
- Welche persönlichen Perspektiven - positive wie skeptische - verbinden sie jeweils mit diesem Wandel? Wie haben sie ähnliche Veränderungen in ihrem Leben gemeistert? (Das Arbeiten an diesen Fragen hat zum Ziel die Geschäftsleitung zu stärken, als Team, in ihrer Vorreiterrolle für den Wandel. Es soll sie darauf vorbereiten, mit Fragen und Reaktionen ihrer Führungskräfte und Mitarbeiter produktiv umzugehen.)
- Kooperation und Contracting mit uns als Beratern (Funktionen des Fachberaters bzw. der systemischen Beraterin)
- Inputs zur Methodik des Redesigns von Geschäftsprozessen
- Kommunikationsstrategien und -schwerpunkte zum Konzern/Aufsichtsrat und an Führungskräfte

Die Arbeit mit der Geschäftsleitung umfasst in dieser Phase zwei eintägige Workshops und legt den Grundstein für die weitere Arbeit, hat doch bisher der Schwerpunkt ihrer Arbeit auf starker Bereichsorientierung und der Steuerung des operativen Tagesgeschäfts gelegen.
Weitere Architekturelemente in dieser Phase sind

Kommunikationsevent mit allen Führungskräften zu Anlass, Zielen und Architekten des Projekts

Diagnose:
offene Einzel- und Gruppeninterviews mit Repräsentanten (ca. 15) der involvierten Bereiche und Ebenen haben zum Ziel, die „Wirklichkeitskonstruktionen" des Unternehmen über sich selbst und seine Umwelten

zu verstehen und mit der Standortbestimmung zu Strategie, Führung, Organisation und Kultur die Aufmerksamkeit für die Neuorientierung zu beschleunigen; pro und contra möglichst früh sichtbar und erlebbar zu machen

Die Diagnose ergibt folgende zentrale Thesen und Fragen:

- Wir sind im Umbruch - von den alten Meistern im eine ungewisse Zukunft mit Ängsten, Hoffnungen und großen Orientierungsbedarf
- Wir sind unsicher, was unser Gestaltungsspielraum im Konzern ist und woran unser Erfolg gemessen wird (Sondermaschinen als Verkaufsförderung für Kunden von Großaufträgen von Standardmaschinen, um solche Großaufträge abzusichern oder profitables eigenes Geschäft mit Kleinserien) – daher: strategischer Klärungsbedarf mit der Konzernmutter
- Wir bündeln Know-how und Kompetenzen auf im Konzern einzigartige Weise; beherrschen hohe technische Komplexität
- Wir brauchen mehr Kontakt zu unseren Endkunden und zum Markt, wenn wir verstärkt Kleinserien produzieren
- in der Steuerung: hohe Flexibilität durch informelle Netzwerke, aber wenig Transparenz über Prozesse und Zahlen. Auf Kleinserien zu setzen, erfordert stabile Prozesse, bereichsübergreifendes Arbeiten und andere Führung (Generationswechsel von patriarchalisch-fürsorglich zu stärkerer Eigensteuerung und Teamarbeit).
- mehrere Geschäftsprozesse bieten sich für Redesign an

Workshop „Zielsetzung und Commitment"
An diesem Workshop nehmen alle Interviewpartner (Führungskräfte und Mitarbeiter aus Vertrieb, Entwicklung und Produktion, Organisation) und die Geschäftsleitung teil - insgesamt ca. 30 Personen.
Aus der Rückspiegelung der Diagnose entwickeln die Teilnehmer in Arbeitsgruppen, an welchen Themen zur Umsetzung der Strategie aus ihrer Sicht vorrangig zu arbeiten ist.

Aus den Ergebnissen dieser ersten Arbeitsgruppen definiert die Geschäftsleitung im Innenkreis coram publico Arbeitsaufträge an eine weitere Runde von Arbeitsgruppen. Sie haben zu diesen Veränderungsthemen jeweils auszuarbeiten, wie die zu realisierende Zukunft konkret aussieht, was dazu zu verändern, was zu bewahren ist, welche Chancen und Stolpersteine im Changeprozess zu beachten sind und woran Erfolg qualitativ und quantitativ zu messen ist.
Die Ergebnisse dieser Arbeit werden kurz plenar vorgestellt und über einen sich selbst organisierenden Themenmarkt kommentiert, ergänzt, weiterentwickelt.

Querschnittsgruppen, in denen aus jeder Arbeitsgruppe mindestens ein Vertreter ist, „wandern“ zu den Pinwänden aller Themen. Die Geschäftsleitung bildet eine eigene Gruppe.
Dieses Setting involviert alle miteinander – die Teilnehmer erleben bereichsübergreifende Arbeit – und es involviert jeden zu allen Themen. Die inhaltliche Vernetzung der Themen wird klarer. Auf dieser Basis wechseln wir den Fokus von Unternehmen und Strategieumsetzung zur Person und schlagen vor, in kleinen Coachinggruppen an der Frage zu arbeiten, welche persönlichen "Gewinne und Preise" solch angedachte Veränderungen jeweils individuell bedeuten können. Der dritte Fokus rückt die jeweiligen Funktionen in den Mittelpunkt: In einem "Verhandlungsmarkt" entwickeln die Teilnehmer nach Bereichen (Entwicklung, Vertrieb, Produktion, interne Dienstleister), welche Beiträge zum Veränderungsprozess andere von ihnen wohl erwarten, was ihr Statement dazu ist und was sie dazu brauchen. Der Austausch führt zu wechselseitigen Bestätigungen, aber auch zur Klärung oder Neuorientierung von gegenseitigen Erwartungen.
In der Abschlusssequenz fasst die Geschäftsleitung als Initiator und Auftraggeber des Projekts ihr Verständnis der Workshopergebnisse zusammen, welche Changeziele bestätigt, konkretisiert bzw. durch den Workshop priorisiert oder in Frage gestellt worden sind. In einer Fragen- und Antwortsequenz klären die Teilnehmer mit der Geschäftsleitung die nächsten Schritte, Meilensteine, Erwartungen aneinander und die Kommunikation im Unternehmen.

- **Der Priorisierungs- und Commitmentworkshop mit der Geschäftsleitung** unmittelbar danach hat zum Ziel:
  - die nächste Schleife in der Weiterentwicklung der Strategie (Priorisierung, anspruchsvolle, aber realistische Ziele)
  - Entscheidung, welche Geschäftsprozesse nun zu entwickeln sind (größte Wertschöpfung und Machbarkeit)
  - Grobplanung des Projektes und insbesondere der nächsten Phase

Diese Themen erarbeiten wir, indem wir die Sichtweisen des Zielsetzungsworkshops mit der Perspektive der Geschäftsleitung und unserer externen (Changemanagement- und GPO-Expertise) verknüpfen.

Hypothesen zur Priorisierungs- und Commitmentphase
Leistungsträger und Führungskräfte für die Veränderung zu gewinnen, über die Grenzen des Tagesgeschäfts und des eigenen Bereiches hinaus einen gemeinsamen "sense of urgency“ zu entwickeln, das gelingt in dieser Phase deutlich durch den Dreiklang „Arbeit mit der Geschäftslei-

tung - Interviews/Diagnose – Zielsetzungsworkshop“. Das interaktive Arbeiten lässt die Führungsmannschaft die angestrebte Führungskultur unmittelbar erleben (Workshop als Probebühne für den Wandel) und sorgt für mehr Vernetzung, macht aber auch sichtbar, wie viele Unsicherheiten und mögliche Verluste als Führungsthemen zu gestalten sein werden. Was uns nicht gelingt: die Geschäftsleitung zur Entscheidung zu ermutigen, nicht nur drei Geschäftsprozesse in der Auftragsabwicklung und Produktion für die GPO zu entscheiden, sondern auch den Vertriebsprozess und damit die Relation zum Konzern zu thematisieren, ist doch der Kunde der "Meister GmbH" der Konzernvertrieb, der erst den Kontakt zum Endkunden gestaltet.

Das Zusammenspiel von Fach- und systemischer Prozessberatung hat sich in dieser Phase bereits etabliert, die Differenzierung zwischen inhaltlichen Experteninputs und systemischen Prozessinterventionen zu Architektur und Workshopdesigns ist für den Klienten deutlich und nützlich. Im Beraterstaff selber haben wir jedoch auch einige Auseinandersetzungen, die vor allem um die Frage kreisen, wie viel wir dem Klienten durch Input, Vorarbeit oder fertige Konzeption "abnehmen" sollen bzw. wie viel an Selbststeuerung und -entwicklung wir forcieren sollen - für uns beide ein sehr interessanter und herausfordernder Prozess, ist doch die integrierte Kopplung beider Funktionen keineswegs selbstverständlich. Wesentlich für diese Phase ist uns, neben Zielsetzung und Commitment thematisch die Ebenen der Veränderung präsent und erlebbar zu machen: die Strategie als zukünftigen Weg des Unternehmens, die Bereiche (Organisation und Prozesse), die einzelnen Personen. Und es geht darum, die Träger der Veränderung als solche sozial zu etablieren. Dabei geht es uns nicht um endgültige Klärungen, sondern um erste Orientierungen, darum, Such- und Experimentierprozesse im Sinn von Selbstorganisation in Richtung des Wandels zu starten und zu fördern. Das ist die zentrale Funktion der ersten Phase mit dem Zielsetzungsworkshop.

DIE ZWEITE UND DRITTE PHASE: PROTOTYPEN UND VORSERIE DER NEUEN GESCHÄFTSPROZESSE ENTWICKELN

Planungsworkshop in der Geschäftsleitung

Während der zweiten Phase verschlechtert sich die Auftragslage radikal, sodass in der Feinplanung mit Auftraggeber und Projektleiter bzw. anschließend mit der gesamten Geschäftsleitung das Zusammenspiel von "Sichern des Tagesgeschäfts/Krisenmanagement" mit der Konkretisierung der zweiten Phase zu klären ist. Pros und Contras zur Fortführung des Projekts stehen als erstes auf der Tagesordnung und Strategien

des Krisenmanagements für die Geschäftsleitung insgesamt und jeden einzelnen Ressortleiter werden entschieden.
Erst dann sind Kopf und Herz frei für die Konkretisierung der zweiten Phase, die mit Input und Diskussion zu Methodik, Phasen, Kapazitäten und Ergebniskriterien der GPO beginnt.

Für die für GPO ausgewählten Prozesse werden Erfolgskriterien und Meilensteine vereinbart. Die Architektur für die zweite Phase wird entschieden. Zu beiden Themen schlagen wir Varianten - jeweils mit pro und contra - vor und stellen die zugrundeliegenden Hypothesen aus der bisherigen Arbeit vor, während die Geschäftsleitung ihr zuvor entwickeltes "Programm" präsentiert. Aus der Verkopplung von Innen- und Außensicht entsteht folgende Architektur.

Architektur für die zweite und dritte Phase
FUNKTIONEN DER BETEILIGTEN

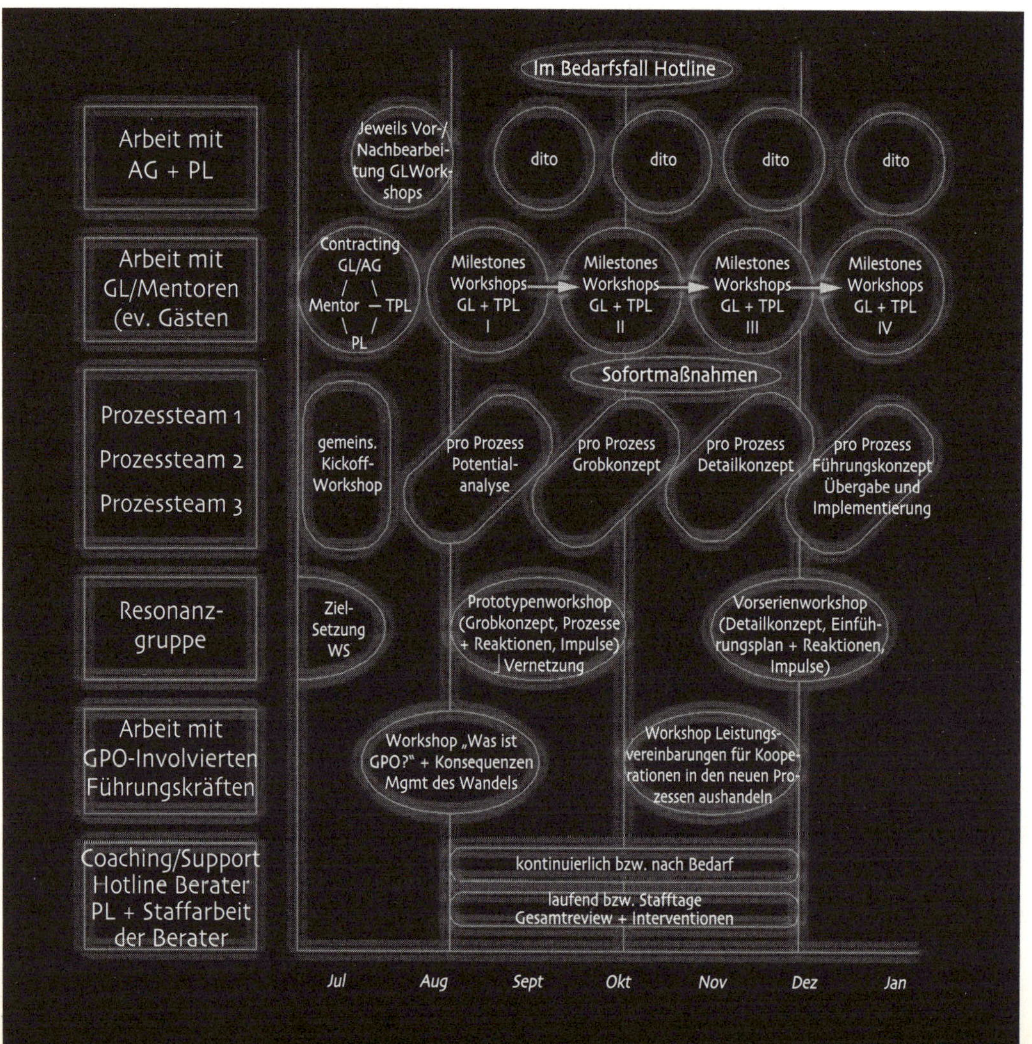

Funktionen der Auftraggeber
(Geschäftsführer bzw. Geschäftsleitung inkl. Projektleitung)

- Sie treffen Projekt- und Meilensteinentscheidungen.
- Sie initiieren das Projekt.
- Sie geben ihm eine strategische Ausrichtung in Form von allgemeinen Zielvorgaben.
- Sie entscheiden über Umfang und Stellenwert des Projekts im Kontext der Geschäftssituation und der anderen Aufgaben des Unternehmens und seiner Mitarbeiter.
- Sie entscheiden, welche Ressourcen zur Durchführung des Projekts zur Verfügung stehen.
- Sie treffen die Entscheidungen, die die Unterstützung durch externe Berater betreffen.
- Sie machen sich in regelmäßigen Abständen ein Bild von den Fortschritten und Ergebnissen des Projekts.
- Sie beziehen sich selbst in ihren Führungs- und Vorbildfunktionen in das Projekt mit ein.

»... jedes Mitglied der Geschäftsleitung übernahm Mentorenfunktion für ein Teilprojekt ...«

Funktion der Mentoren
Jedes Mitglied der Geschäftsleitung übernimmt Mentorenfunktion für ein Teilprojekt bzw. Prozessteam außer Geschäftsführer und Gesamtprojektleiter

- Katalysator-Funktion:
  neue Ideen anstoßen, neue Initiativen starten, zur Mitarbeit anregen
- Adressaten-Funktion:
  Anlaufstelle und Ansprechpartner für alle Fragen, Entscheidungen und Folgeprobleme aus dem jeweiligen Geschäftsprozess
- Monitor-Funktion:
  prozessspezifische Diskussionen, Stimmungen, Handlungen und Entscheidungen im Unternehmen aufgreifen, abbilden und im Blick auf notwendige Schritte diskutieren
- Management-Funktion:
  notwendige Entscheidungen zu dem Prozess in der Geschäftsleitung vorbereiten und mit den Kollegen in der Geschäftsleitung treffen und für ihre operative Umsetzung Sorge tragen

- Controlling-Funktion:
  Feedback-Schleifen im Vorgehen einbauen und nachhalten, wie der laufende Veränderungsprozess läuft, wo er gut läuft, wo Probleme entstehen und wie nachzusteuern ist
- Interne Marketing-Funktion

Funktion der Resonanzgruppe

In der Resonanzgruppe sind, soweit möglich, alle wichtigen Strömungen, alle Gliederungen, Gruppierungen und Unterschiede des Unternehmens mit Schlüsselpersonen vertreten - die Resonanzgruppe umfasst alle Führungskräfte und wichtigen Keyplayer.

- Resonanz auf die Arbeit der Prozessteams und der Geschäftsleitung
- Rückmeldung über die Wahrnehmung des Projekts aus der jeweiligen Perspektive
- Feedback über die Projekt-Umsetzung und Projekt-Fortschritte in Einzelbereichen
- Hinweise auf bisherige Versäumnisse, zusätzlich notwendige Initiativen
- Multiplikatorenfunktion ins Unternehmen
- Beratung und Anregungen für Auftraggeber/Geschäftsleitung, Projektleiter und Prozessteams

Funktion der Projektleitung

Der Projektleitung obliegt die Führung und Steuerung der strategischen und operativen Geschäfte und des Managements des Projekts (Ziele/Qualität, Ressourcen/Kosten, Termine). Sie muss dabei anfallende Aufgaben nicht alle selbst übernehmen, steht aber kraft ihrer Funktion dafür ein, dass sie in dem gegebenen Zeitrahmen und auf qualitativ hohem Niveau erledigt werden. Sie führt die Beschlüsse der Geschäftsleitung als Auftraggeber aus und ergreift die zu ihrer Umsetzung notwendigen Schritte und Initiativen. Es gibt eine enge Zusammenarbeit mit der Beratergruppe Neuwaldegg.

Teilprojektleiter und Prozessteams

- Die Teilprojektleiter sind „Vertragspartner" der Geschäftsleitung in der Konkretisierung ihres Projektauftrags und beim Controlling der Meilensteine. Sie leiten die Prozessteams.
- Die Prozessteams sind verantwortlich für die Analyse der Ist-Prozesse und die Grobkonzeption des Redesigns (Prototyp des neuen Geschäftsprozesses = Meilenstein 1) und nach Impulsen aus der Resonanzgruppe und Feedback aus der Geschäftsleitung für die Feinkonzeption und Erprobung (Vorserie des neuen Geschäftsprozesses = Meilenstein 2).

Die Rolle und Funktion der externen Berater

Wir übernehmen Verantwortung für:

- Fach- und Methodeninputs zu den Themen GPO und Management des Wandels/Changemamagement
- Intergration von Strategie-, Organisation- und Personenperspektiven
- Erfolgsfaktoren für Prozesse harte Schnitte bzw. neuen Wachstums umsetzen
- Training und Lernen, Üben von Methoden der Analyse und des Redesigns von Geschäftsprozessen
- das Setzen neuer Impulse (Katalysatorenfunktion)
- das Einbringen von Erfahrungen aus verschiedenen Unternehmen bzw. Bereichen
- das Vorhalten des Spiegels (Außensicht) und das Angebot von Reflexionsmöglichkeiten
- das Ansprechen heikler, latenter Themen und das Lösen von Entwicklungsblockaden
- das Geben von Sicherheit und Freisetzen von Energie (Hilfe zur Selbsthilfe, Containment)
- Bewusstmachen von Ressourcen
- das Schaffen von Raum für Emotionalität, Arbeiten an persönlichen Themen
- die Kontinuität und Absicherung von Verbindlichkeiten bzw. Controlling des Projektes insbesondere im Sinne der Unterstützung des Projektmanagers
- das Ausrichten des Veränderungsprozesses auf die vereinbarten Ziele und ihr Controlling bei Meilensteinen (Reviews)
- für das Geben von erforderlichen inhaltlichen Inputs (z. B. zu Themen der Unternehmenskultur, Unternehmensführung/-steuerung, Funktionswandel des Topmanagements, Organisation, lernende Organisation etc.)
- Prozess-Know-how: Projektarchitektur, Designgestaltung und Moderation von Meetings, Workshops, Großveranstaltungen

Nicht verantwortlich fühlen wir uns für:

- fachlich-inhaltliche Entscheidungen
- laufendes operatives Projektmanagement

LESSONS LEARNED

Die **Architektur** hat zum Ziel die Ziele der Veränderung zu leben durch kontinuierliches Contracting zwischen Geschäftsleitung und den Teilprojektleitern (Milestones-Workshops). Die Prozessteams arbeiten räumlich unmittelbar neben der Produktion, sodass Ergebnisse und Stand der Diskussion immer offen zugänglich sind (Nutzen der informellen Kommunikationskultur, hohe Transparenz). Der Fokus auf bereichs- und ebenenübergreifende Interaktion und die starke Integration aller GL-Mitglieder in den Prozess als Projektleiter oder Mentor sorgt für engen Austausch mit neuen Konzepten und guten Support.

Die kontinuierliche Arbeit mit der **Geschäftsleitung** ermöglicht als **„work in progress“** an der Unternehmensidentität, am Management der Marktturbulenzen und jeweils aktuellen Fragen aus dem Changeprozess zu arbeiten.

Die übergreifenden **Prozessteams**, die sozusagen als „Nukleus“ für GPO an neuen Prozessen arbeiten, haben **gleichzeitig Ratio- wie Wachstumspotenzial** (Integration!) zu erarbeiten.

Das **Resonanzteam** ist in dem Prototypen - und Vorserienworkshop ein wichtiger Counterpart. Als Mikrokosmos der Organisation ist es wie eine Probebühne für pro und contra der neu gestalteten Prozesse. Es testet Konzepte und Pilots aus den unterschiedlichen Bereichen, und ist Plattform für Verhandlungsmärkte, wo zukünftige Anwender Inputs zur Praxisumsetzung geben, Chancen und Risiken aufzeigen, die den Prozessteams oft als bereits zu nahe am Thema entgangen sind. Die Kunst besteht darin, die zum Teil heftigen Widerstände in produktive Settings zu bringen - dabei entwickeln wir die Intervention **„Pilots auswerten - Check für die weitere Umsetzung“** (siehe Kapitel Interventionen)

Entscheidend für den gelungenen Start der zweiten und dritten Phase ist zum einen die sorgfältige Personalentscheidung zur Besetzung der Prozessteams und ihrer Teamleiter (Teilprojektleiter), zum anderen sind die Contracting Workshops zwischen Geschäftsleitung/Mentoren und den Teilprojektleitern zentral. Dort werden nicht nur Ziele, Aufgaben, Kapazitäten und Meilensteine der Teilprojekte ausgehandelt, sondern auch die Frage nach drohendem Mitarbeiterabbau, und wie die Geschäftsleitung damit umgehen wird, geklärt. Das ist für die Teilprojektleiter von großer Bedeutung. Sie haben ihre Ängste ausgesprochen, durch ihre Arbeit Arbeitsplätze ihrer Kollegen wegrationalisieren und sich als Verräter zu fühlen.

Der Fachberater aus unserem Staff arbeitet allein und intensiv mit den Prozessteams, sodass sie nach dem Start einzelne Schritte auch allein erarbeiten und die spätere Umsetzung selber vorantreiben können (Hilfe zur Selbsthilfe).
Die Taktung, nämlich die Elemente der Architektur zeitlich straff und eng zu verkoppeln, fördert das Projektergebnis sehr und läßt uns „unspektakulär" am Thema „Rationalisierung und neues Wachstum" bleiben und die Maxime des „Aushandelns" von Konfliktthemen im Unternehmen etablieren.
Die terminierte Verzahnung der Elemente erzeugt Verantwortung, eine Stimmung des „es kommt drauf an" und des Aufbruchs „es geht was weiter". Das gibt wieder mehr Sicherheit und Zuversicht, vor allem weil durch die Prozessteams das eigene Know-how deutlich und genutzt wird. Die neu entwickelten Prozesse erreichen mehr Effizienzpotenzial als in den Zielen vereinbart ist. Das Bedürfnis und die Notwendigkeit nach mehr Marktkontakt und Arbeit mit dem Konzern, um Marketing und Vertrieb weiterzuentwickeln, kommen bisher zu kurz und wären jetzt voranzutreiben. Aus heutiger Sicht wäre ein stärkeres Involvement des Vertriebs im Konzern oder Kundenrepräsentanten in den ersten Phasen eine wichtige Intervention gewesen, die das früher bewirkt hätte. Das Zusammenspiel zwischen Fachberatung mit ihrem starken inhaltlichen Involvement einerseits und systemischer Prozessberatung und Projektleitung mit integrierender Gesamtsteuerung (Architektur und Prozessinterventionen) andererseits hat viel Staffarbeit erfordert, um die unterschiedlichen Grundannahmen (Experten- versus Selbststeuerungsinterventionen) jeweils zu verknüpfen. Sie ist für uns eine Pionierarbeit, die sich für Klient und Beratung gelohnt hat.

Pionierarbeit, die sich für Klient

gelohnt hat.

KAPITEL 7

PHASENMODELL: „ERSTENS KOMMT ES ANDERS UND ZWEITENS ALS MAN DENKT"

Im Folgenden stellen wir ein Phasenmodell vor, das wir im Vergleich vieler „Lebenskurven" von Changeprojekten entwickelt haben, die wir als Berater mitgestaltet haben. Dabei haben wir auch unsere Erfahrungen als geschäftsführende Gesellschafter und Manager bei Veränderungsprozessen unseres Beratungsunternehmens eingearbeitet.

Wir beschreiben eine typische „Route" der Transformation, um damit für die Praxis

1. Orientierung und Anregungen für Interventionen als Manager oder als Berater anzubieten

2. eine Checklist mitzugeben, wie für einen Pilot im Flugzeug, der aufgrund seiner Erfahrung und Intuition viel weiß, aber bei Bedarf „schnell einmal nachsehen" kann, ob er nichts übersehen hat.

Unsere Botschaft ist nicht, dass alle genannten Punkte in linearer Reihenfolge „abzuarbeiten" sind. Als „Systemiker" ist uns klar, dass diese Phasen in der Praxis nicht sequentiell linear nacheinander geschaltet sind. In jeder Phase scheinen die anderen immer durch. Wenn es zum Beispiel darum geht „die Zukunft zu schaffen" beschäftigt alle Involvierten immer mit, was das für die Umsetzung heißt. Beim „Verankern" von Erfolgen können abgeschlossen geglaubte Zukunftsthemen ohne weiteres noch einmal brisant werden. Die Phasen laufen iterativ und fraktal organisiert ab, in jeder Phase bilden sich die anderen noch einmal ab. Mit ihrem jeweiligen Schwerpunkt sind sie jedoch inhaltlich nicht austauschbar.

Phasenmodelle bringen Orientierung, indem sie „Gesetzmäßigkeiten" bzw. typische Dynamiken aufzeigen. Gerade bei Transformationen mit der damit verbundenen starken Emotionalisierung der Betroffenen sind sie besonders hilfreich. Sie entlasten, schaffen Vergleichsmöglichkeiten und „Etappenziele".

Wir unterscheiden **fünf typische Phasen von Veränderungsprozessen**:

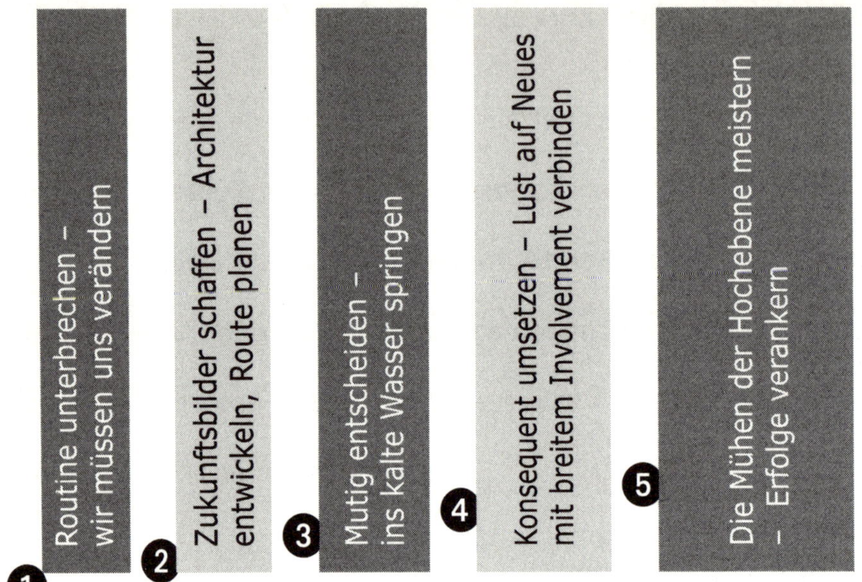

Phasen einer gelungenen Transformation

Die Phasen 1 und 2 bedeuten Loslassen von Bisherigem, des Alltags, der Routine, mit der Überzeugung, dass der Erfolg von heute auch der Misserfolg von morgen sein kann. Ein Zukunftsbild kristallisiert sich langsam heraus. In den Phasen 3 und 4 wird es durch erste Umsetzungsschritte konkreter, fassbarer. Es gilt bestehende, nicht mehr adäquate Lösungsmuster zu überlernen. In Phase 4 – noch stärker in Phase 5 – geht es um breite Implementierung und Verankerung in die Steuerungssysteme des Unternehmens und um die Stabilisierung des Neuen. Die Phasen 4 und 5 dauern länger als alle davor – immer wieder Schwung in den Prozess zu bringen und im Changemanagement konsequent zu bleiben, sind die wichtigsten Treiber in diesen Phasen. Wir heben sie deswegen so hervor, weil viele Transformationsprojekte in der dritten Phase – viel zu früh für nachhaltige Veränderung – beendet werden.
Die Phasen sind unserer Erfahrung nach zeitlich nicht gleich lange, wir gehen von einer – natürlich idealtypischen – Proportion von 10:10:20:25:35 aus. Dieser zeitliche Verlauf steht im Gegensatz zu vielen Changemanagement-Konzepten und -projekten, die sich vor allem auf die ersten Phasen der Veränderung konzentrieren und die – oft langwierige – Integration in alle Unternehmenssysteme vernachlässigen.

DIE SYSTEMKURVE

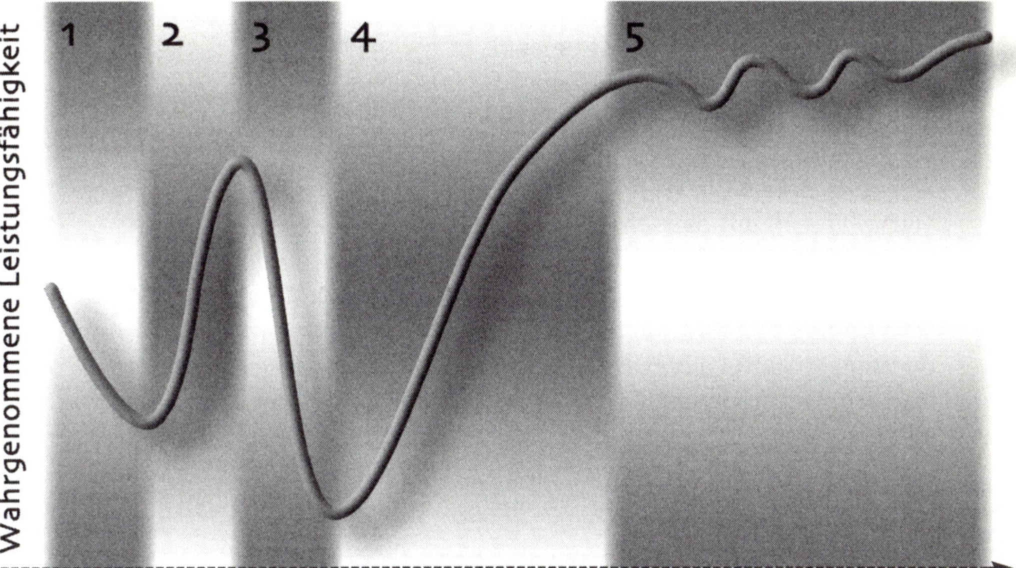

Kurve der Leistungsfähigkeit des Systems

Zusätzlich zu den Phasen haben wir eine „Systemkurve" eingeführt, die entlang der Phasen (horizontale Achse) die wahrgenommene Leistungsfähigkeit des Systems (vertikale Achse) darstellt.

Diese setzt sich aus drei Dimensionen zusammen:

- einer vergangenheitsorientierten Dimension, die sich auf das Selbstbild der Organisation in seiner Vergangenheitsinterpretation bezieht („unsere Ahnengalerie, Erfolge der Vergangenheit, unsere Leistung, Tradition")
- einer gegenwartsorientierten Dimension, die auf derzeitigen Erfolgspositionen gründet („die Geschäftskennzahlen, der Börsenkurs, Kernkompetenzen, Wissens- und Innovationskapital, eine positiv besetzte Kultur") und
- einer zukunftsorientierten Dimension („unsere Zukunftsfähigkeit, Erfolgspotentiale, die Wahrscheinlichkeit von zukünftigem Erfolg, aber auch die Zuversicht, zukünftige Turbulenzen gut meistern zu können").

In Bezug auf die wahrgenommene Leistungsfähigkeit des Systems ist es wichtig, sich der Ressourcen und Leistungen aus Vergangenheit und Gegenwart und ihrer Potentiale für die Zukunft bewusst zu sein. Es gilt die Selbstbeobachtung zu schärfen. Das heißt vor allem die Kriterien für

die eigenen Leistungspotentiale und dafür, was Erfolg ist, zu entscheiden, zu priorisieren[1]. Die Einschätzung ist immer auch gefärbt durch die spezifische Perspektive und Gefühlslage derer, die bewerten (vgl. Kap. „Logik der Gefühle"). Es ist wichtig anzumerken, dass es sich um Wahrnehmungen bezüglich Vergangenheit, Gegenwart und Zukunft handelt, die sich im Laufe der Zeit ändern. Es ist (nach Erickson) „nie zu spät, eine glückliche Kindheit gehabt zu haben." Dies gilt auch für Unternehmen und deren Manager und Mitarbeiter. Man könnte also formulieren: „Es ist nie zu spät, eine gelungene Veränderung geschafft zu haben." Das ist aus dem Blick zurück sicher leichter möglich. Wer mitten in einer Transformation steckt, sieht das bestimmt anders. Die Gewichtung dieser Dimensionen ist unserer Erfahrung nach von Organisation zu Organisation sehr unterschiedlich. Die Erklärungen z. B. von Veränderungsbedarf können sehr unterschiedlich sein.

Ein Beispiel:
Ein Energie-Unternehmen schreibt schlechte Zahlen. Drei Meinungen von Managern zur „scheinbar" gleichen Situation:
Manager A: „Wir sind in einer substantiellen Krise."
Manager B: „Die Lage sieht schlecht aus, ist aber nicht fundamental bedrohlich."
Manager C: „Dies ist ein normaler Business-Zyklus, da besteht kein zusätzlicher Handlungsbedarf."
Die Begründungen für die Positionen sind ebenso unterschiedlich:
„Unsere Zukunftsfähigkeit ist gefährdet, da wir wichtige Investitionen nicht machen können."
„Die gegenwärtigen Zahlen sind so nicht richtig – sie bilden Vergangenheitsprobleme ab, die wir jetzt gerade lösen."
„Wir haben es in der Vergangenheit immer geschafft, in Notsituationen schnell zu reagieren."
Welche Begründung für welche Position genommen wurde? Wie auch immer, jedenfalls entscheidet diese im konkreten Fall das weitere Vorgehen. Das „Aushandeln" solcher Positionen ist ein wesentlicher Bestandteil jedes Entwicklungsprozesses.

Die Kurve ist idealtypisch zu interpretieren:

Phase 1: Die Wahrnehmungen bezüglich des Status der Organisation sind anfänglich sehr heterogen, die Einschätzung der Leistungsfähigkeit des Systems

1) Die Diskussion über multi-perspektivische Modelle der Erfolgsbewertung gewinnt berechtigterweise an Bedeutung. Das Konzept der Balanced Scorecard ist ein vielbeachteter Lösungsansatz dazu. Modelle, die Wissensmanagement messbar machen, EFQM, Due Diligence und Cultural Due Diligence Verfahren, Benchmarking und Best Practice Vergleiche sind ebenfalls Instrumente der Selbstbeobachtung, die über das – notwendige – Controlling des Tagesgeschäftes hinausgehen.

sinkt – selbst wenn das Unternehmen mit seinen derzeitigen Zahlen blendend da steht. Konflikte werden manifest, vor allem darüber, in welche Richtung es gehen soll. Allmählich wird der Handlungsbedarf akzeptiert.

Phase 2: Die Veränderung wird offiziell gemacht, die Arbeit an den Zukunftsbildern und die Entscheidungen über Architektur und Route lassen die Systemkurve ansteigen, vor allem durch das gestiegene Vertrauen in die Zukunftsfähigkeit. Diese Starteuphorie wird durch erste Erfolge noch gestärkt.

Phase 3: Die ersten Pilots bei derartig einschneidenden Transformationen machen erst die Dimension der harten Schnitte und der Veränderung deutlich. Die angestrebte Veränderung ist radikal. Einmal zu Beginn entworfene Konzepte werden oft durch die ersten Praxiserfahrungen noch einmal auf den Kopf gestellt. Die Einschätzung der Leistungsfähigkeit des Systems sinkt – was man konnte, gilt nicht mehr, das Neue wirkt fremd, unbeholfen, künstlich. Oft „unerklärliche" Missverständnisse treten auf, neue Lösungen sind nicht durchführbar oder werden in die Länge gezogen, es gibt Verunsicherung auf breiter Ebene („Jetzt funktionieren ja nicht einmal mehr die einfachsten Dinge."). Dieser Tiefpunkt wird in der Regel als sehr gravierend erlebt. Der Übergang von Phase 3 und 4 markiert oft den Tiefpunkt der Leistungsfähigkeit, vergleichbar etwa dem Lernen einer neuen Sportart, wenn nach den Trainerstunden Üben angesagt ist oder dem Lernen einer ganz neuen Technik in einer vertrauten Sportart, wo zum Erwerb des Neuen das „Verlernen des Gewohnten" zu „leisten" ist.

Phase 4: Der allmähliche Anstieg der Leistungsfähigkeit gelingt durch Disziplin im Üben, Commitment und Spaß am Neuen, mit Humor und wenn sich das neue und das bestehende System aneinander anpassen. Der steile Aufstieg lässt auch die Anstrengung und die Auseinandersetzungen vergessen, die damit verbunden sind.

Phase 5: Diese Phase könnte man auch Verankerungs- und Stabilisierungsmanagement nennen. Die Leistungsfähigkeit des Systems hat sich auf höherem Niveau etabliert – die Veränderung ist sozusagen „in Fleisch und Blut übergegangen". Neue Alltagsroutinen sind entstanden. Die neue Identität ist selbstverständlich geworden – auch wenn es immer noch kleine „ups and downs" gibt, pendelt sich das System ein.

Soweit zu den Dimensionen des Modells. Wir glauben, dass keine Phase durch eine andere ersetzt werden kann – fundamentale Veränderungen müssen diese Phasen, die Hochs und die Tiefs – zwingend durchlaufen, um zu wirken. „In Wirklichkeit" sind solche Transformationen natürlich kein linearer Prozess, oft werden Schleifen gemacht, „Ehrenrunden" gezogen. Für ihr Gelingen ist es wichtig, die Phasen bewusst – auch in ihrer Emotionalität – zu durchleben.

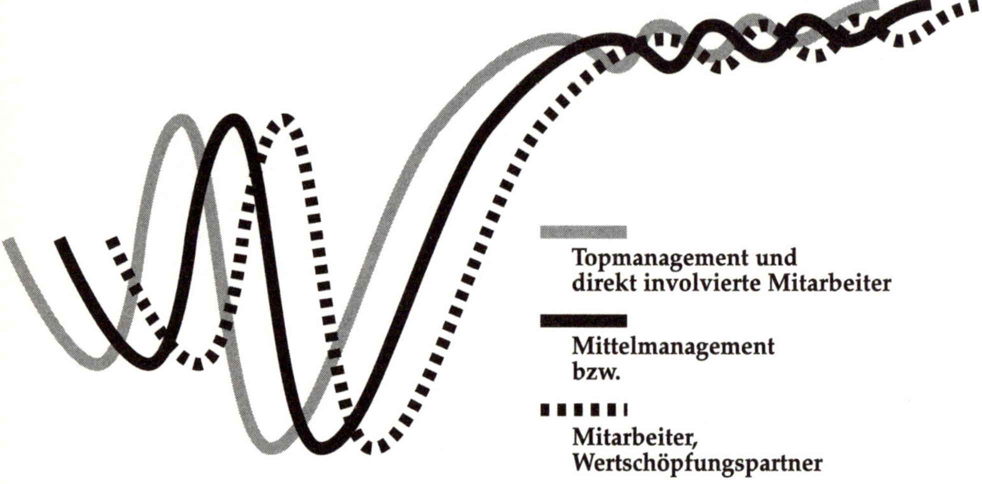

Die Phasen werden von unterschiedlichen Zielgruppen nicht gleichzeitig durchlaufen. Die Initiatoren und Topmanager durchlaufen die Phasen als erste, sie sind in ihrer Einschätzung emotional viel weiter und ungeduldiger - was das Umsetzen und Verankern anlangt - als die erst später Involvierten wie z. B. das Mittelmanagement und die Mitarbeiter.

Nun stellen wir die einzelnen Phasen detaillierter dar. Einem Praxisbeispiel folgen grundsätzliche Überlegungen zu dem jeweiligen Schritt. Manager und Berater interessiert aber vor allem die Umsetzung. In der jeweiligen Changeagenda lesen sie Schwerpunkt-Strategien und erhalten einige Interventionsideen - einen Mix aus handfesten, praxiserprobten Umsetzungsmaßnahmen und Einladungen zum Querdenken. Eine Auswahl dieser Interventionen haben wir anschließend noch detaillierter dargestellt (markiert durch „>>").

PHASE 1: DIE ROUTINE UNTERBRECHEN – WIR MÜSSEN UNS VERÄNDERN!

??→ ***Was ist los?* Ein Beispiel:**
Ein international tätiges Beratungsunternehmen ist erfolgreicher denn je, die Umsätze und Betriebsergebnisse wurden in den letzten Jahren kontinuierlich gesteigert. Die Einschätzung der derzeitigen Situation ist jedoch ganz unterschiedlich. Einige meinen „Unser Geschäftsmodell hat sich durchgesetzt, wir können zufrieden sein." – andere wieder meinen „Es ist höchste Zeit für eine massive Veränderung, wir sind an unsere Grenzen gelangt und könnten viel mehr aus unserem Namen machen. Der Wettbewerb wächst schneller als wir, wir haben nicht mehr die richtigen Antworten für unsere Kunden." Es gibt starke Verfechter für diese beiden Pole, viele Mitarbeiter und Manager sind ambivalent.

Typisch für diese Phase sind unterschiedlichste Perspektiven zum Status und zur Zukunftsfähigkeit der Organisation. Es gibt kein gemeinsames Bild – weder von der Vergangenheit, der Gegenwart noch den konkreten zukünftigen Entwicklungen. Die Situation wird meist aus der „Bereichsbrille" heraus gesehen, dementsprechend fragmentarisch und individualisiert ist die Gesamtlandschaft. Die Energie für die Veränderung ist an vielen Orten unterschiedlich ausgeprägt - z. B. im Topmanagement ganz anders als bei Account Managern mit direktem Kundenkontakt. Aus der Umwelt gibt es widersprüchliche Signale (z. B. Kundenfeedbacks). Die Diskussion darüber beginnt, ob überhaupt die richtigen Informationen vom Markt, seitens der Stakeholder, beachtet werden. Die kollektive Stimmung ist ambivalent – Routine, Alltag, Interesse an Neuem – aber auch angstbedingte Blockaden, die verhindern, dass das sicherheitsgebende Alltagsgefühl „gestört" wird.

CHANGE-AGENDA – WAS TUN?

1. Routine unterbrechen: „Die Veränderung beginnt bei mir selbst."
Routine unterbrechen heißt Konflikte aktiv „wecken" und fördern, heißt auch zu destabilisieren, sich und das Unternehmen aus der „Komfortzone des vertrauten Alltags" zu reißen. Jede wirksame Veränderung hat zur Vorbedingung, dass die wesentlichen Schlüsselspieler (vor allem das Topmanagement – aber nicht nur) persönlich bereit sind, diese Routine des Tagesgeschäfts zu unterbrechen, ohne von vornherein zu wissen, wie sich der Knoten der offenen Fragen auflöst - ohne Richtung und Prozess der Veränderung ganz genau zu kennen und unter Kontrolle zu haben, mit anderen Worten: sich auf unsicheres Terrain zu begeben, sich von einer offenen Zukunft verunsichern, aber auch begeistern zu lassen. Ein wesentlicher Hebel ist die Erkenntnis, dass jeder Beteiligte Verantwortung für das Ganze mitträgt, nicht nur für den eigenen Teilbereich.

›i‹ Mögliche Interventionen:

- Informelle und/oder offizielle Vorgespräche mit internen und externen Stakeholdern zur Einschätzung der Situation und der Zukunftspotentiale.
- Selbstreflexion: „Wo rede ich persönlich Probleme/Kritisches gesund?"
- Teambuilding: Klausur des Topmanagements zum Thema Spannungsfeld: „Unsere Gesamtverantwortung <–> meine Bereichsverantwortung"

» Die Veränderung beginnt bei mir selbst.
» Start eines Visionsprozesses mit Schlüsselspielern

2. Handlungsbedarf evaluieren: „Von außen nach innen"
Eine Veränderung beginnt und endet mit dem „Geschäft der Organisation" – rein innenorientierte Veränderungsprojekte ohne positive Auswirkungen auf Kunden- und/oder Lieferantenbeziehungen sind nicht nur „sinnlos" sondern torpedieren auch zukünftige Initiativen. Deshalb ist es wichtig, systematisch Informationen von „außen" in die Organisation zu bringen, in einer Form, die auch akzeptiert und emotional angenommen werden kann (z. B. über anerkannte Experten, wichtige Kundenvertreter, „moderne" betriebswirtschaftliche Verfahren oder innovative Veranstaltungen). Erfolgreiche Transformationen werden durch intensiven Wettbewerb und durch Markt/Business und Kundenimpulse getrieben.

›i‹ Mögliche Interventionen:

- Markt/Kunden/Benchmarking-Kennzahlen einführen bzw. verstärken
- Due Diligence-Verfahren (inkl. Cultural Due Diligence)
- Eine Strategie-Klausur mit Schlüsselspielern durchführen, in der Szenario-Arbeit zu Harten Schnitten geleistet wird
- Qualitative Diagnose

» Kunden- und Lieferantenparlament durchführen oder Kamingespräche mit wichtigen Kunden

3. Assessment der Veränderungsfähigkeit durchführen: „Testen wir uns!"
Nicht nur der Veränderungsbedarf – auch die Veränderungsfähigkeit einer Organisation ist entscheidend für die Wahl des richtigen Prozesses und der richtigen Unterstützungsmaßnahmen (vgl. Kap. „Im Dschungel der Changekonzepte"). Hier gilt es, Erkundungs- und Lernschleifen über sich selbst zu initiieren. Welche Bilder von Change beherrschen das Verhalten in unseren Transformationsprozessen? Worin liegen Stärken und Defizite bisheriger Changeprojekte? Wie hoch ist die Changemanage-

ment-Kompetenz der Akteure? Wie ist die Veränderungsbereitschaft (oder -müdigkeit) einzuschätzen? Wir glauben, dass man die eigene Position durch sorgfältige Reviews von eigenen Veränderungen und Nicht-Veränderungen, durch Lernen mit anderen und kleine Test-Luftballons am besten ausloten kann.

›i‹ Mögliche Interventionen:

- Projektreviews von Veränderungsprojekten
- Learning journey zu Changeprojekten im eigenen oder in anderen Unternehmen
- Ein Pilotprojekt, das eine kleine Veränderung bewirken soll, als Test

>> Vergangenheit - Gegenwart - Zukunft (Übung)
>> Fragebogen „Lernende Organisation" mit gemeinsamer Auswertung
>> Kreativitäts - Hemmer (Übung)

4. Aufrüttelnd kommunizieren: „Öffnen – Position beziehen – Signale setzen"

In dieser Phase großer Ambivalenz ist es notwendig zu „öffnen", Kommunikationssituationen zu schaffen, in denen die unterschiedlichen Strömungen sich ausdrücken und Gehör finden können. Insbesondere das Topmanagement muss konsequent kommunizieren und eine „Botschaft des Aufrüttelns" vermitteln und erklären, warum diese tiefgreifende Veränderung notwendig ist. Mut und Risikobereitschaft zeigen sich oft in kleinen Entscheidungen mit großer Signalwirkung mehr als in „großen Worten". Die Positionen der einzelnen Schlüsselpersonen sollten klar werden – in einem wertschätzenden Dialog. Aufrüttelnde Kommunikation beschreibt inhaltlich Anlass, Ziel der Transformation und erste Impulse auf dem Weg dorthin, gibt also Orientierung und verbindet kognitive und emotionale Botschaften. Wer kommuniziert, wird auch persönlich spürbar in der Interaktion. Neben schriftlicher Kommunikation und „Reden" sind interaktive Settings in einer Gruppengröße, in der man „wirklich reden kann", notwendig.

›i‹ Mögliche Interventionen:

- Newsletter mit Wettbewerbsinformationen
- „Die negative Nachricht des Tages"/„Die Chancen des Tages" – Intranet-Webpage

>> Offenheit honorieren – klare Feedbacks
>> Beziehen Sie Stellung: Aufstellungen zu wesentlichen Changedimensionen
>> „Luxus" abschaffen (eine Kleinigkeit mit hoher Breitenwirkung, z. B. Veränderung der Dienstwagen-Regelung)

5. Schlüsselpersonen identifizieren: „Die besten Leute finden"
Veränderung „passiert" nicht einfach, sie wird von Personen (und später von Teams) getrieben. Es geht nun darum, die Schlüsselpersonen für die Veränderung zu finden, die den Transformationsprozess vorantreiben und zentrale Mitspieler für die Zukunft sind (Lösungssystem statt Problemsystem). Die Schlüsselpersonen repräsentieren alle wichtigen Strömungen der Organisation authentisch. Eine Mischung aus hohem Engagement und starker Verankerung in der Organisation ist wichtig für die Hebelwirkung individuellen Handelns. Eine Gefahr besteht darin, nur die „üblichen, erfahrenen" Projektleiter oder die zuständigen Manager als Schlüsselpersonen anzusehen – gerade diese sind für den derzeitigen Status mitverantwortlich. Diese Personalentscheidungen sind zentral für das Gelingen.

Das **Kapitalmodell** (weiterentwickelt nach einem Modell von Bourdieu) liefert Entscheidungskriterien für diesen Scanningprozess.

›i‹ Mögliche Interventionen:

- Vier-Augen-Gespräche
- Interner Markt für Projektleitung, -mitarbeit (Intranet)
- Verstärktes Networking durch das Management

>> Kapitalformen-Analyse
>> Mikrokosmos-Analyse/Umfeld-Analyse

PHASE 2: ZUKUNFTSBILDER SCHAFFEN – ARCHITEKTUR ENTWICKELN, ROUTE PLANEN!

??→ ***Was ist los?* Ein Beispiel:**

Eine Regionalgesellschaft eines internationalen IT-Konzerns hat ein neues Marktbearbeitungsmodell entwickelt. Die Gründe für diese Veränderung sind in einem „Visionskonzept" beschrieben – es geht darum, nicht mehr nur eigene Produkte zu verkaufen, sondern gemeinsam mit den Kunden individuelle Lösungen zu gestalten, was ein radikal neues Verständnis der Unternehmensprozesse und eine Verlagerung von Personalkapazitäten und -qualifikationen bedeutet. Das Konzept wurde in einer kleinen Runde erarbeitet. Die Resonanz auf die Präsentation ist, dass sie „abgehoben" sei - „typisches Management Ende 2000", „nicht umsetzbar". Das Management setzt bei Mitarbeitern ein Changeteam ein, das die Umsetzung durchführen soll.

Am Beginn der zweiten Phase stehen erste Konzepte oder Vorstellungen über mögliche Zukünfte. Es liegt in der Natur der Sache, dass diese Ideen inhaltlich nicht 1:1 umsetzbar sind – sie sind sozial noch nicht angekoppelt und werden oft von den Betroffenen als fremd erlebt. Es ist nicht klar, wie verbindlich die Vorschläge sind, von wem sie umgesetzt werden sollen und wer in welcher Form davon betroffen sein wird. Da inhaltliche Sicherheit zu diesem Zeitpunkt nicht gegeben werden kann, geht es darum, Prozesssicherheit zu schaffen – einen stabilen Prozess der Transformation, stabil vor allem deshalb, damit die Beteiligten sich auf die Elemente der Architektur und die Meilensteintermine verlassen können, damit ein stabiler Rahmen da ist, um die Inhalte voranzutreiben und reifen zu lassen (Vision, Strategien, Organisationsmodelle); wesentlich dabei ist das Involvement von Schlüsselpersonen, die bei den unterschiedlichen Stakeholder-Gruppen hohes Vertrauen genießen. Die (wahrgenommene) Systemleistung steigt meist an – Zukunftskonzepte, klare Masterpläne und eine klare Organisation vermitteln Sicherheit – das Bedrohungspotential ist unmittelbar nicht mehr so stark spürbar. Auf der kollektiven Gefühlsebene herrscht Interesse, bei den direkt Involvierten Aufbruchstimmung. Diese wird durch die ersten Erfolge gestärkt.

CHANGE-AGENDA – WAS TUN?

1. Visionsarbeit: „Wir schaffen eine (zu uns passende) Zukunft"

Die Vision ist ein wesentlicher „Energielieferant" für den Wandel. Wir haben gute Erfahrungen mit einem ressourcenorientierten Zugang (wo liegen unsere Stärken?) gemacht, der zunächst direkt von den Schlüsselpersonen – und ihrer ganz persönlichen Perspektive - ausgeht und erst dann „objektive" Zukunftstrends und Stakeholder-Perspektiven integriert. Es geht um das Durchbrechen von Wahrnehmungsbarrieren bezüglich der eigenen Gestaltungsmöglichkeiten („Erst wenn ich auch anders denken kann, werde ich mich verändern."). Die Vision als herausfordernd realistischer Traum muss zum System passen. Es geht um Selbstfindung, um Identität und damit um einen Prozess, der auch Zeit und Raum braucht, damit dieses Zukunftsbild („Was macht uns unverwechselbar, was ist unser Fokus?") nicht nur rational, sondern auch emotional verankert ist.

›i‹ Mögliche Interventionen:

- Visionsprozess fortsetzen (siehe Phase 1)
- bewusste Personalentscheidungen, „die für diese Zukunft stehen"
- Kreativgruppen, die „zu uns passende Utopien" beschreiben

>> Quick wiw und go to market Workshop 1+2
>> Papierkorb: Museum – Schaufenster – symbolische Aktion

2. Strategie und Masterplan entwickeln: „Harte Schnitte und neues Wachstum im „Big Picture".

Wichtigstes Ergebnis dieser Phase sind Entscheidungen über Strategie, Organisation (Strukturen und Prozesse) und die personelle Besetzung entscheidender Stellen, zumindest das Besetzungsprozedere. Ebenso wichtig sind Entscheidungen zu Architektur (wer wirkt wie beim Changeprozess mit) und zum Masterplan (was ist bis wann zu leisten). So ungewiss sonst der Ausgang radikaler Veränderungen auch sein mag, eine Grundsatzstrategie und ein professioneller Masterplan erhöhen die (subjektive) Sicherheit. Das Commitment wächst, weil die Zukunft jetzt auch im Denken und in der Diskussion bis zur Umsetzung konzipiert ist. Denken und Reden sind Probehandeln für Kopf und Herz. Deswegen ist von Bedeutung, wer an der Gestaltung von Umsetzungsstrategie und Masterplan mitwirkt und wie der Entstehungsprozess aussieht. Hier mehr an Qualität und Zeit zu investieren, spart viel Geld, Zeit und unnötige Konflikte in den nächsten Phasen. Am effektivsten ist ein solcher Plan unserer Erfahrung nach also dann, wenn er direkt mit den betroffenen Stakeholdern „ausgehandelt" wird. Großveranstaltungen mit Startup-Charakter haben sich dazu gut bewährt, sie beugen dem „Stillen-Kämmerlein-Effekt" vor.

Besonderes Augenmerk gilt der Frage, wie mit den „heißen Eisen" (z. B. Outsourcing von Bereichen, Fusion von Abteilungen, Herausnehmen von Managementebenen, Kündigen oder Versetzen von Mitarbeitern, zentrale Personalentscheidungen) verfahren wird. Entscheidend ist zum einen die Transparenz darüber, wie mit diesen „heiße-Eisen-Themen" verfahren wird. Zum anderen erfordern Planung und Umsetzung dieser Aspekte, wenn sie als „harte Schnitte" wahrgenommen werden, eigene Architekturelemente und Settings, um den emotionalen Turbulenzen und den inhaltlichen Herausforderungen des „Verlernens", „Loslassens" gerecht zu werden (vgl. Kap. „Harte Schnitte“ zum Thema „drop your tools“). Ganz andere Architekturelemente gilt es dort bereitzustellen, wo neues Wachstum erforderlich ist. Ein Aufsplitten dieser Strategien für harte Schnitte einerseits und neues Wachstum andererseits – bei gleichzeitiger Gesamtsteuerung – ist vor allem beim Konzept „sich radikal Neupositionieren“ sinnvoll („duale Changearchitektur“), weil die emotionale Dynamik beider Schwerpunkte völlig gegensätzlich ist.

›i‹ Mögliche Interventionen:

- Stakeholder-Analyse II „live“
- Startup-Großveranstaltung
- Projektmanagement-Masterplan (Projektauftrag/Meilensteine, Terminplan/Kosten, Ressourcen – Achtung! Nicht unterschätzen!)

>> Strategie-Umsetzungs-Pilot
>> externes Spering-Partner-System (SPS) für harte Schnitte
>> Strategieklausur mit Schlüsselspielen

3. Architektur und Teams sind entscheidend: „Sicherheit durch Prozess-Stabilität und Vertrauen“

Die Entscheidung, wo die Hauptverantwortung für die Umsetzung liegen sollte, ist zentral (direkt im Management-Team, in einem eigenen Change-Team oder einer Corporate Development-Abteilung). Abhängig von dieser Grundsatzentscheidung sind die anderen Architekturelemente auszuwählen, um maximale Prozesssicherheit zu gewährleisten.
Teams sind wesentliche Motoren für jede Veränderung, da sie soziale und inhaltliche Komplexität am besten abbilden und managen können. Vielfältige Inhalte, Wissen, emotionale Akzeptanz und eine angemessene Abbildung der Komplexität des Gesamtsystems (Repräsentanten der Stakeholder) sind zu integrieren: Teams sind – richtig zusammengesetzt und mit guten Anreizen motiviert - am besten geeignet, Wissen, Erfahrungen und Emotionen zu integrieren. Durchgängiges Prinzip bei der Personalauswahl sollte sein: „Die Besten in die Teams“.
Die wichtigsten Funktionen, die in der Changearchitektur abzubilden sind: Entscheidung, Steuerung, Kommunikation, inhaltliche Expertenarbeit, Pilots erproben, Resonanz und Multiplizieren, Evaluation, Support und Know-how-Aufbau.

›i‹ Mögliche Interventionen:

- Auswahl der Architekturelemente
- Management-Klausur
- Symbolische Beauftragung der Umsetzungsverantwortlichen

>> Architektur-Grundsatzentscheidung fällen: Liegt die Steuerung im Managementteam, im Changeteam oder in einer Corporate Deve-

lopment-Abteilung
>> Auswahl der Personen (z. B. Kapitalformen-Modell)

4. Ernsthaft und transparent kommunizieren: „Dorthin wollen wir" – „Wie wir uns auf den Weg machen" – „Business Cases der Zukunft"
Jetzt geht es darum, an die „aufrüttelnde Kommunikation" der ersten Phase anzuknüpfen und deutlich zu machen, was seither alles geklärt und erreicht wurde und wie Ziel und Route aussehen. Es ist eine große Herausforderung, Visionen so zu kommunizieren, dass sie prägnant und emotional berührend sind. Erst die persönliche Auseinandersetzung der Betroffenen, das Einbringen von eigenen Perspektiven und eigener Emotionalität schafft Identifikation. Darum lautet der Grundsatz: „Wer in die Erarbeitung eingebunden ist, braucht keine Kommunikation mehr." Die Ergebnisse der Transformation sind am besten als Business Case der Zukunft konkret beschrieben. Diese Zukunftsbilder schaffen Nutzen für die Stakeholder, machen Sinn und begeistern. Ein Mix aus schneller Information, dezentralen Formen („Veränderung zum Anfassen") und das Nutzen moderner Informationstechnologie sorgt für Transparenz und Intensität der Kommunikation.
Die Erfolgsfaktoren:

- „Emotional" – „bildhaft" – „inhaltlich prägnant": Das gilt für Titel, Symbole und erlebnisorientierte Elemente des beginnenden Transformationsprozesses.
- Interaktion. Kommunikation heißt Gemeinsamkeit schaffen: Sprechen – zuhören – verstehen – fragen und reagieren. Zweiseitigkeit ist notwendig, um in Beziehung zu treten. Das heißt sich mit den eigenen Gefühlen und Reaktionen und denen des Gegenüber, der Stakeholder, auseinander zu setzen. Feedback gibt wichtige Information für die flexible, zielgruppenorientierte Steuerung des Changeprozesses.
- Konsequent die wichtigsten Botschaften wiederholen und die Glaubwürdigkeit so deutlich machen. Als Verstärker „Taten sprechen lassen" (die Vorbildwirkung insbesondere des Managements ist ein großer Multiplikator).

›i‹ Mögliche Interventionen:

- Klare herausfordernde Ziele der Unternehmensführung, die Anspannung und Druck erzeugen
- Öffentliches Evaluations-/Controllingsystem für Change einführen
- Dezentrale Diskussionsforen mit Feedback-Funktion
- Dialog-Plattform im Intranet aufbauen, mit „schnellen" Informationen wie z. B. Projekt-Telegrammen

>> Das rote Band - symbolisch kommunizieren

5. Changemanagement-Know-how vertiefen und verbreitern: „Von der Kunst der Veränderung"
Changemanagement ist eine wichtige neue Managementqualifikation und braucht Professionalisierung. Coaching oder adhoc-Workshops, aber auch vernetzte, konzentrierte Professionalisierungsaktivitäten mit Aus- und Weiterbildungsmodulen, externer Beratung und Supportaktivitäten für den Transfer sind für eine breite Unterstützung des Veränderungsprozesses notwendig. Prägnanter Know-how-Gewinn nahe am Changeprozess ist entscheidend: Die Zeitressourcen der Changeverantwortlichen sind das knappste Gut in diesen Prozessen.

›i‹ Mögliche Interventionen:
- Expertenforum/-pool
- Train the Trainer-Konzepte für Changemultiplikatoren
- Einzelberatung/Coaching für Schlüsselpersonen
- Internes Changemanagement-Curriculum für Entscheider (High Impact parallel zum Transformationsprozess verdoppelt den Nutzen!)

›› Reisen in fremde Welten

PHASE 3: MUTIG ENTSCHEIDEN – INS KALTE WASSER SPRINGEN

??→ ***Was ist los?* Ein Beispiel:**
Ein weltweit tätiges Maschinenbau-Unternehmen befindet sich mitten im Umbruch. Der Vorstand und das Management-Team haben ein Zukunfts-Konzept entwickelt. Das sieht Produktionsverlagerungen in Niedriglohnländer, Lieferzeitverkürzungen um 70 % bei gleichzeitig verstärkter Internationalisierung und Steigerung der Servicequalität vor. Rund 30 priorisierte Umsetzungsprojekte wurden gestartet. Die ersten Erfolge geben den Entscheidern Recht. Es scheint möglich zu sein, an vielen verschiedenen Ecken zu „drehen", ohne das Ganze aus den Augen zu verlieren. Doch dann häufen sich operative Probleme: Hatten in der Produktion die Testläufe zwar geklappt, gibt es jetzt Schwierigkeiten in der Serie. Lieferzeiten können wegen dem Fehlen einzelner Teile nicht gehalten werden – die einfachsten Dinge scheinen nicht mehr zu funktionieren.

Nachdem zentrale Entscheidungen zu Zukunft, Strategie, Organisation und Personen gefallen sind, geht es um die ersten Umsetzungsschritte. Je höher der Komplexitätsgrad von Veränderungen ist, umso fehler- und experimentierfreudiger und umso lernfähiger sind die Transformationsprozesse zu konzipieren. Dies bedeutet vor allem auch eine Absage an umfangreiche „perfekte" Konzeptionsprojekte mit dem Ziel der 1:1-Umsetzung. Vielmehr gilt es anhand kleiner abgegrenzter Aktivitäten

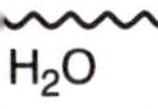

das „Große im Kleinen" auszuprobieren und aus diesen Experimenten zu lernen.
Die „Anfangseuphorie" bei den Involvierten ist typisch für diese Phase – genauso typisch wie die darauffolgende „Ernüchterung". „Ungeheuerlichkeiten" geschehen, die sich bei näherer Betrachtung als Missverständnis oder „Missdeutungen" herausstellen. Sieht man noch genauer hin, sind dies verständliche Angstreaktionen oder aggressive Tendenzen, die zum Ziel haben, bisherige Identitäten zu verteidigen bzw. neue Felder zu „erobern". „Widerstand" entsteht. Denn jetzt wird zum ersten Mal konkret, was von der bisherigen Identität erhalten bleibt und was sich an neuen Identitätselementen entwickelt.

CHANGE AGENDA – WAS TUN?

1. Quick Wins planen und umsetzen: „Das Trampolin nutzen"

„Quick Wins" sind ein oft gebrauchtes Schlagwort, aber in der Praxis erfüllen die wenigsten so bezeichneten Ergebnisse die Grundanforderungen:

- **„quick"** im Sinne „von bald nach dem Start" und von „überraschender" Schnelligkeit und Wirksamkeit
- **„win"** im Sinne von nachhaltiger, spürbarer Verbesserung für mehrere Stakeholder des Prozesses

Schnelle Erfolge haben einen positiven Einfluss auf die Glaubwürdigkeit der Veränderung. Sie haben eine hohe Außen- und Innenwirkung, geben Energie und Motivation für die weitere Transformation („Motor"). Sie erfordern aber auch Einsatz von Beginn an, Mut und mehr leisten zu wollen als das Durchschnittliche. Die „Dramaturgie" der ersten Erfolge sollte gut überdacht sein – damit nicht nach einem Strohfeuer die Energie versiegt (Timing, Wechselwirkungen, Nutzen für unterschiedliche Stakeholders).

›i‹ Mögliche Interventionen:

- Ressourcen-Planung
- "Die Erlösung des Sisyphus" – Lösung eines alten, bisher ungelösten Problems
- Quick-Win-Wettbewerb: Die bunten Häuser - „Wer zuerst eine schwarze Null schreibt, darf seine Bürogebäude renovieren."

>> Quick-Win-Portfolio: Ideen-Rating nach Umsetzungszeitraum/Nutzen/Aufwand

>> Stakeholder-Impact-Analyse: Die Auswirkungen der Aktivitäten auf die einzelnen Stakeholder untersuchen, um ein Gefühl für die Außen-Wahrnehmung zu entwickeln

2. Signale für harte Schnitte setzen: „Das Herausfordernde und Unangenehme zuerst – mit Unterstützungsmaßnahmen nach dem Motto ‚klar, aber mit Herz'"

Harte Schnitte gehen an die Substanz – der Organisation und der Personen. Unserer Erfahrung nach ist eine „Doppel-Strategie" geeignet, diesen Prozess erfolgreich zu bewältigen. Aktive Kommunikation und klare Umsetzung der harten Schnitte ist das eine – Unterstützungsmaßnahmen für alle Betroffenen das andere. In der Praxis wird manchmal versucht, das „wahre Ausmaß" der harten Schnitte „scheibchenweise" deutlich zu machen. Das unterminiert die Glaubwürdigkeit und gibt Anlass zu weiteren Spekulationen („Was wird jetzt noch kommen?"). Manchmal werden die Betroffenen im Regen stehen gelassen. Das gilt für diejenigen, die gehen oder die Veränderung als Verlust oder Abwertung erleben ebenso wie auch für deren Führungskräfte. Das Stufenmodell des Überbringens schlechter Nachrichten[2)] gibt Orientierung über die Phasen der Verarbeitung und worauf es dabei ankommt. Aber auch für die „Gewinner", bzw. die Bleibenden sind „harte Schnitte" ein Einschnitt. Deren Reaktionen sind im Konzept des „Survivors Syndroms" deutlich beschrieben (vgl. Kap. „Un:balanced Transformation", Abschnitt „Harte Schnitte"). Sinkende Arbeitsmoral, Misstrauen in die Führung, Schuldgefühle und Demotivation sind die häufigsten Negativfolgen, wenn dieser Prozess nicht proaktiv und mit intensiver Kommunikation gemanagt wird. Was Mitarbeiter jetzt brauchen, sind Unterstützungsmaßnahmen, die sie selbst weiterentwickeln und individuell nutzen können – und vor allem auch die Präsenz des Managements vor Ort. Da harte Schnitte identitätsverändernd wirken, ist es auch wichtig, symbolische Verarbeitungen anzubieten: Es geht ja zugleich um das „Eingreifen" in persönliche Identität, um die Veränderung von Beziehungen und um die Transformation des Systems.

2) Vgl. Königswieser, 1985, S. 52 ff.

›i‹ Mögliche Interventionen:
- Abschied selbst organisieren lassen
- Informationssysteme für Leistungserfassung und Feedback
- Key Account-Strategie-Arbeit mit Kunden
- Support-Workshop für „die andere Front“ und Coachings
- Bewahren/Verändern: Geschichte und Beitrag aller würdigen/daran anknüpfen, symbolische Verarbeitung
- Hotline

>> Die Managementteam-Rede

3. Wachstum und Innovation fördern: „Anreize und lange Leine“
Qualitativ orientiertes, generisches Wachstum aus sich selbst lässt sich nicht erzwingen – es sprießt dort, wo es Lust auf Innovation und fruchtbaren Boden dafür gibt, wo Menschen ihre Erfahrung, ihr Know-how und ihre Energie zur Wirkung bringen und starke Anreize dies fördern. In dieser Phase geht es vor allem darum, die „Pflänzchen zu setzen“ und Raum, Ressourcen und Anreize dafür bereit zu stellen. Wichtige Impulse kommen oft von außen – obwohl es immer wieder eine Scheu davor gibt, „so früh“ mit Kunden, Lieferanten und Wertschöpfungspartnern zu kooperieren. Innovationsfreundliche Designs in Transformationsprozessen zu etablieren, ist alles andere als trivial, geht es doch darum, die Wahrnehmungsbarrieren der bisherigen Alltagsroutine zu überwinden, Überraschendes, Neues zu denken, solche Ideen zu schützen, damit sie reifen können und sie dann zu erproben. (vgl. Kap. „Un:balanced Transformation“, Abschnitt „Neues Wachstum“)

›i‹ Mögliche Interventionen:
- Inseln für Experimente/Labors
- Pilotprojekte mit Wertschöpfungspartnern (Kunden, Lieferanten)

>> Innovationspotentiale im Team heben
>> Rahmenbedinungen verändern
>> Future-kabarett: Szenen aus der Zukunft
>> Innovationsmärkte

4. Mit dem Widerstand arbeiten: „Mit dem Widerstand – nicht dagegen!“
Dass es bei Organisationsveränderungen „Widerstand“ gibt, ist nichts Neues – unterschiedlich sind die Lösungszugänge. Manager und Berater sehen es manchmal als ihr Ziel an, sich durchzusetzen, „ihre Lösung“ durchzusetzen – wer opponiert, wird abgewertet.

Die Alternative dazu ist „mit“ dem und nicht „gegen“ den Widerstand zu arbeiten – herauszuarbeiten, ob und wie die Energie des Widerstandes zu nutzen ist. Es hat sich oft gezeigt, dass das Nichtnutzen von bekannten Widerständen (Synonym dafür: der Betriebsrat) zwar die Konzeptphase verkürzte, Umsetzungen dann jedoch entweder zu kurz griffen oder zu lange dauerten. Veränderungssituationen sind notwendigerweise immer voller Widersprüche und Ambivalenzen – diese nicht zu negieren und mit ihnen zu arbeiten, ist anstrengend und kostet Kraft, weil damit auch die eigenen Veränderungskonzepte noch einmal zur Disposition stehen. Widerstand will zunächst verstanden werden. Unter welchen Umständen würde das Gegenüber kooperieren? Die Antwort auf diese Frage eröffnet oft neue Optionen, denn bei Widerstand geht es um das Konkrete: „Was bleibt gleich, was ändert sich?" oder noch genauer: „Was habe ich zu gewinnen/zu verlieren?" Die gute Nachricht: Wenn Widerstand auftaucht, wird die Veränderung ernst genommen, die Auseinandersetzung zwischen Kontinuität und Wandel wird konkret. Die schlechte Nachricht: Widerstand heißt Konflikt und erfordert Positionierung in Bezug darauf, wie Interessensgegensätze und die „Verteilung des Veränderungsbudgets" ausgehandelt werden. Gut genutzt ist Widerstand, wenn Aushandlungsprozesse der Stakeholder für die Umsetzung intensiver werden.

›i‹ Mögliche Interventionen:
- Einbeziehen von Schlüsselpersonen in die Projektarchitektur
- Veranstaltungen mit offenen, dialogorientierten Designs wie z. B. Widerstand – Akzeptanz – neue Kreation
- Paradoxe Interventionen wie z. B. Sündenbock-Suche oder Sieger-Verlierer-Auflösung
- Workshop: „Übermittlung schockierender Nachrichten"

>> Widersprüche bearbeiten: Kosten/Nutzen

5. Evaluation als Motor nutzen: „Breitgefächert, stimulierend – mit Konsequenzen"

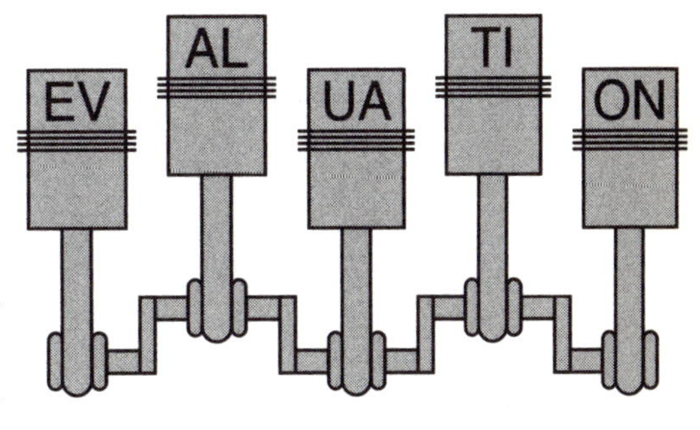

Mit Evaluation meinen wir die pointierte, konsequente und kontinuierliche Auswertung der Transformation. Evaluation geht über Controlling hinaus, das auf Indikatoren und Ergebniskriterien der Ziele fokussiert. Sie gibt nicht nur Orientierung über den jeweiligen Status der Zielindikatoren und Kennzahlen, sondern auch darüber, welche Wirkungen der Transformationsprozess insgesamt im System erzeugt. Deswegen sind Professionalität in der Methode (qualitative und quantitative Elemente, Gruppeninterviews, Minifragebogen) und Allparteilichkeit der Evaluierer ausschlaggebend. „You get what you measure" - Was und wie wir messen und bewerten, beeinflusst das Agieren und die Ergebnisse in Transformationsprozessen. Zu evaluieren, wo man gerade steht, setzt voraus, Ergebniskriterien geklärt zu haben und auch nicht mitkalkulierte „Aus- und Nebenwirkungen" der Transformation zu beachten. Evaluation gibt wertvolle Information für die Steuerung des „work in progress". Der Aufwand lohnt sich. Vor allem dann, wenn sie – effizient, pointiert und interaktiv gestaltet – zeitnahe Rückkoppelung an diejenigen gibt, die die Transformation steuern. Evaluation ist selbst eine Intervention. Sie stellt Informationen zur Steuerung des Prozesses bereit und ist Motor für die zielgerichtete Transformation. Evaluation zu initiieren ist also „Chefsache".

❯i❮ **Mögliche Interventionen:**

- Topmanagement-Reviews
- Controlling-Auswertungen
- Offene, qualitative Interviews mit einer Mischung aus Einzel- und Gruppeninterviews, mit einer darauffolgenden Rückspiegelung an die Betroffenen und einer Maßnahmenableitung
- Veränderungs-Barometer

>> Steh auf oder bleib sitzen

>> Mini Evolution Change-Statue

PHASE 4: KONSEQUENT UMSETZEN – LUST AUF NEUES MIT BREITEM INVOLVEMENT VERBINDEN

??→ ***Was ist los?* Ein Beispiel:**

Ein traditionsreicher, etwas verstaubter Informationsdienstleister mausert sich zum Internet-Primus. In zahlreichen Projekten arbeiten Mitarbeiter daran, die starke Marktposition auch via Internet abzusichern und auszubauen. Nach einem sehr guten Start und hohem Mitarbeiterinteresse beginnen zahlreiche Projekte „dahin zu dümpeln". Es gibt verschiedenste, im Einzelfall immer plausible Gründe dafür – in der Projektsteuergruppe ist „die Luft raus", auch die Geschäftsführung sendet unterschiedliche Signale. Im Rahmen einer Krisensitzung der Steuergruppe mit der Fragestellung: „Abbruch oder mit neuer Kraft weiter?" entscheiden sich die Manager für das Weitermachen und ein konsequenteres Vorgehen. Um Ressourcen zu fokussieren, werden drei Projekte „abgesagt" und weitere fünf ins nächste Jahr verschoben. Damit gibt es genügend Kraft für die restlichen Aktivitäten.

Die Anfangseuphorie ist verflogen – die Rückschläge sitzen. Was nun: „Aufhören oder weitermachen?" – das ist am Start dieser Phase eine oft (inoffiziell und offiziell) gestellte Frage. Es wirkt befreiend, wenn die Beteiligten darüber offen diskutieren können. Nach diesem „Knall" geht es darum, begonnene Projekte zu hinterfragen und die weiterhin priorisierten konsequent weiter zu verfolgen. Aktive Kommunikation unterstützt („Wir bleiben dran!").

Phase 4

Das Mittelmanagement ist nun im Zentrum der Veränderung – als umsetzungsverantwortliche Mentoren oder Multiplikatoren. Die Veränderung gewinnt jetzt an Breite, weitere Quick Wins wirken verstärkend, immer mehr Projekte werden abgeschlossen. Die wahrgenommene Systemleistung nimmt zu – zugleich ist nach wie vor noch viel Identitätsarbeit zu leisten – die Transformation ist bei weitem noch nicht abgeschlossen.
Die unterschiedlichen Zielgruppen befinden sich oft in völlig unterschiedlicher „Stimmung", das Topmanagement wird meist ungeduldig, weil die Veränderung an und für sich „durch" ist. Wer an Pilots mitgewirkt hat, ist mit dabei. Die Umsetzer stecken mitten in der Arbeit, während noch nicht alle Betroffenen voll integriert sind und noch gewonnen werden wollen. Zeitlich gesehen ist diese Phase deutlich länger als die vorhergehenden. Sie verlangt von den Beteiligten einiges an Ausdauer.

CHANGE AGENDA – WAS TUN?

1. Umsetzungsaktivitäten und Projekte konsequent vorantreiben: „Sich wie Münchhausen am eigenen Zopf aus dem Wasser ziehen"
Die Pilots sind ausgewertet, die breite Umsetzung ist geplant, Projekte dazu sind aufgesetzt. Ernüchterung und Realismus beherrschen die Stimmung. Klar ist, dass viel „Finetuning" zu leisten, viel Training und Üben notwendig sind. Die Gefahr der Veränderungsmüdigkeit lauert. Der Wunsch, doch lieber zum alten Gewohnten zurückzukehren, wächst – das war vertraut, ist geübt und mit Selbstvertrauen gekoppelt. Das Neue ist zwar ausprobiert, wirkt aber im Alltag noch wie ein Fremdkörper. Strategie und neue Organisation sind nun allen bekannt, alle Personalentscheidungen getroffen. Der Weg zum Gipfel ist jetzt klar, aber steil. Es gilt ihn aus eigener Kraft zu erreichen. In dieser Phase geht es um Transparenz für alle Beteiligten über den Status der Veränderung. Anreizsysteme verstärken die Umsetzung, die Konzentration gilt wirksamen Teilerfolgen. Schnelle Entscheidungswege für übergreifende Maßnahmen und eine regelmäßige, emotional wirksame Gesamtschau sind notwendig. Wirksames Leadership – vor allem des Mittelmanagements als Treiber der Transformation – ist gefragt, Projektmanagementinstrumente sind zwar eine Vorbedingung, aber nicht spielentscheidend. Jetzt geht es darum, nach den Pilots und dem ersten Erproben der Veränderung in der Fläche umzusetzen.

›i‹ Mögliche Interventionen:

- Umsetzungscontrolling: Ampelmodell
- Projektportfolio (siehe Fallbeisiel: Live and let die Kap.6)

>> Pilots auswerten - Check für weitere Umetzung
>> „Papierkorb-Museum-Schaufenster" - Symbolische Aktion
>> Symbolische Umsetzung des Gesamtergebnisses z. B. wachsende Säule auf Haupteingang

2. Architektur laufend anpassen: „Nichts besteht auf Dauer."
Lust auf Neues mit breitem Involvement zu verbinden ist für Architektur und Design in dieser Phase wichtig. Deswegen ist die Change-Architektur in dieser Phase zu erneuern. Bei der Gestaltung der Interventionen sind folgende Gestaltungsprinzipien hilfreich:

- Anreize für die Umsetzung möglichst nah am (neuen) Geschäftsprozess bzw. -modell schaffen
- Die professionelle Gesamtsteuerung integriert die duale Trennung von harten Schnitten und neuem Wachstum in einen Umsetzungsprozess
- Anreize und Umsetzungskompetenz für das Mittelmanagement stärken
- Großveranstaltungen schaffen Vernetzung zwischen den Involvierten und einen Mix von Kooperation und Wettbewerb in der Umsetzung
- Die „Pilotierer" stehen als Berater, Experten und Impulsgeber zur Verfügung
- In Simulationsworkshops werden neue Prozesse/Modelle breitflächig erprobt, pro und contra besprochen und Rückkoppelungen ins Finetuning der neuen Modelle/Konzepte eingebaut. Verantwortlich dafür sind die Umsetzungsverantwortlichen.
- Intensive Trainings- und Qualifikationsoffensiven informieren und befähigen die Mitarbeiter in ihrer Kompetenz und ihrem Knowhow zur Umsetzung
- Pointierte Kundenaktivitäten und -erfolge schaffen Sogwirkung durch das Geschäft und Motivation für die breite Umsetzung
- Quick Wins planen und im Tagesgeschäft umsetzen gibt Energie für den „Leistungsanstieg" in dieser Phase
- Evaluation ist notwendig, weil in dieser Phase mit vielen Turbulenzen zu rechnen ist

Pointierte Kundenaktivitäten und -erfolge schaffen Sogwirkung

›i‹ Mögliche Interventionen:

- Überlappende Projektteams
- Phasen-Architekturen mit klaren Übergaben
- Rotationsprinzip im Vorstand
- Projektleiterwechsel

>> Übergabe von Verantwortungsbereichen vom Projektteam ans Managementteam, also vom Projekt in die Linie

3. Gewinnen von Neutralen und Skeptikern: „Vom Team in die Organisation"

Ein Veränderungsprozess kann auch als ein permanenter Wechsel von schließenden - öffnenden – schließenden Arbeitsformen beschrieben werden. Was meinen wir damit? Am Anfang der Phase 4 steht die Entscheidung: Machen wir weiter, gehen wir in die Fläche oder nicht? Diese Entscheidung fällt im Kreis der Involvierten und derer, die Pilots vorangetrieben und erprobt haben. Nach diesem „Nadelöhr" geht es vor allem darum, aktiv an der breiten Umsetzung der Veränderung zu arbeiten. Den Vorrang in der Aufmerksamkeit haben Stakeholder, die dem Prozess nach wie vor neutral oder skeptisch gegenüber stehen. Alle bisher Engagierten wirken als Multiplikatoren dafür. Auch hier gilt es, eine Balance von Überzeugungsarbeit und dem Aufgreifen und Aushandeln vorhandener Widersprüche zu finden.

›i‹ Mögliche Interventionen:

- Stakeholder-Analyse IV mit klaren Zielgruppenstrategien
- Tage der offenen Tür
- Arbeit an persönlichen Perspektiven im neuen Kontext

>> Von außen nach innen: Kundenparlament

>> Flächendeckende Projektarbeit

4. Systeme schrittweise anpassen: „Gute Systeme sparen Kraft"

Die meisten Veränderungsprozesse sind projekt- und teamorientiert „aufgezogen", das erzeugt sehr viel Energie für die Veränderung und lässt die Gesamtkomplexität gut bearbeiten.

Um die Veränderung organisationsweit zu verankern, werden die Systeme, die die Person-Organisation-Relation bestimmen nun schrittweise angepasst: Systeme zur Steuerung des Geschäfts, Controllingsysteme, HR bzw. Anreiz- und Gehaltssysteme, Kommunikationssysteme, etc. Welches die ersten Schritte sind, ist von Organisation zu Organisation unterschiedlich. Das System mit der größten Hebelwirkung und der größten Aufmerksamkeit gilt es herauszugreifen und anzupassen. Das erfordert intensive Diagnose-Arbeit in der Steuerung und das Involvement interner oder externer Experten.

›i‹ Mögliche Interventionen/Ansatzpunkte:

- MbO- bzw. Anreizsysteme
- Lohn- und Gehaltssystem
- MIS/IT-Systeme
- Personalentwicklung/Karriere-Entwicklung
- Strategieprozess
- Planungs- und Budgetprozess, Controllingsysteme

>> Meeting Check

5. Weiterhin lernen und Qualifikationen für die Transformation aufbauen: „Sich selbst hinter die Kulissen schauen und Kompetenzen schaffen“

Jetzt geht es darum, die Qualifikationen und Kompetenzen, die für die Realisierung der Veränderung nötig sind, zu erlernen und zu trainieren (z. B. Leadership-Kompetenz, Fach- und Prozesswissen, IT-Know-how, Marktkenntnisse, soziale Kompetenz, Sprachen, interkulturelles Wissen). Diese Befähigungsinitiativen werden unserer Erfahrung nach oft in ihrer Bedeutung für das Gelingen unterschätzt. Zielgruppenorientierung, „Geschäftsnähe“ und Erlebnislernen sind die Erfolgsfaktoren („learning on the job“, Superuser- und Coachingkonzepte vor Ort, „high impact“ Workshops und Trainings). In der Umsetzung wird viel Energie gebunden. Ob diese sinnvoll eingesetzt ist, welche der neuen Lösungs- und Handlungsmuster am wirksamsten sind, ist Gegenstand der Evaluation und eines auch qualitativen Controlling. Damit wird die Effektivität gesteigert, werden bestehende Wahrnehmungsbarrieren geöffnet und Impulse für weiteres „Finetuning“ gewonnen. Solche Auswertungen sind keine Verlangsamung des Prozesses, sie bringen Verbesserung der Wirksamkeit, aber auch Entlastung und ein tieferes Verständnis für die Veränderung im Alltag bei den Involvierten (bewusste „Identitätsarbeit“).

›i‹ Mögliche Interventionen:

- Multiplikatoren- und Superusermodelle
- „Wenn wir jetzt wieder alles neu auf die grüne Wiese stellen ...“
- Projekt-Datenbank
- Zielgruppenspezifische Qualifikationsinitiativen
- „learning on the job“ mit Support
- Projektleiter-Austausch-Gruppe: Meta-Steuerungsprinzipien

>> Stabile Lergemeinschaften, z.B. Lertrios

PHASE 5: DIE MÜHEN DER HOCHEBENE MEISTERN – ERFOLGE VERANKERN

??→ ***Was ist los?* Ein Beispiel:**
Eine internationale Geschäfts- und Privatbank hat nach einer Fusion umfassende Reorganisationsprojekte durchgeführt. Der Großteil ist abgeschlossen, einige kritische Projekte stehen nach wie vor auf der Agenda, darunter einige Markt- und Synergieprojekte. Für viele Mitarbeiter ist die Transformation abgeschlossen, in der „Alltagsarbeit" gibt es aber nach wie vor viele offene Fragen.
Noch ist es nicht gelungen, alle Systeme der Fusionspartner aufeinander abzustimmen, die Vorgaben widersprechen sich oft. Von einer stabilen neuen Unternehmenskultur kann noch nicht die Rede sein. Der Vorstand macht einen Review und setzt ein neues Projekt-Office ein.

Die fünfte Phase ist die zeitlich längste – und die entscheidendste –, wenn auch nicht die aufregendste Phase. Nach der starken Projektorientierung und Umsetzung in der Fläche geht es jetzt um die Systemintegration auf breiter Basis und um die Verankerung in der „Tiefe". Die Transformation geht allmählich „in Fleisch und Blut" über, wird selbstverständlich, verankert sich in Kultur, Alltag und vor allem in der Führung (Multiplikator für Verankerung). Viele Mitarbeiter sind bereits eingebunden – dennoch gibt es noch große Unterschiede im Zugang zum Neuen. Einige Auf und Abs sind zu verzeichnen, die Gesamtorganisation stabilisiert die Systemleistung langsam auf einem höheren Niveau. Jetzt geht es darum, *alle* Systeme und *alle* Mitarbeiter zu integrieren bzw. „den Geist des Neuen" im Tagesgeschäft zu verankern. Die Wahl des Zeitpunkts für den Abschluss der Transformation ist „dramaturgisch" zu überlegen und zu planen.

CHANGE-AGENDA – WAS TUN?

1. Führungssysteme abstimmen: „Integration auf allen Ebenen"
Bereits in der Phase 4 wurden dazu erste Schritte gesetzt und diejenigen Systemänderungen forciert, die die größte Aufmerksamkeit/Sensibilisierung in Richtung Change gebracht hatten. Jetzt geht es um die Weiterführung und Systemanpassung im Sinn gesamthafter Konsistenz. Die Grundfrage lautet: Passt das Geschäftsmodell zu den Managementsystemen z. B. des Controllings, der Planung und Geschäftssteuerung, zu dem HR-System (Zielvereinbarung, Aufgaben-Kompetenzen-Verantwortung, Anreiz- und Gehaltsmodelle, Karriereentwicklung) und zur Kommunikationsarchitektur. Kreative, neue Lösungen – die auch vereinfachend wirken können – sind gefragt. Wer sich darum kümmern soll? Eine Mischung von Systemexperten, Entscheidern und Anwendern.

›i‹ Mögliche Interventionen:

- Analyse der Systeme/Instrumente des Unternehmens
- Meeting des Management-Teams -> Systemcheck
- Szenario: Wenn ein Mitarbeiter "systemkonform" optimiert -> was sind die Resultate?
- Die „System-Zitrone" des Monats

>> Was schaffen wir ab?

2. Kulturwandel: Verhalten, Normen, Werte ins Tagesgeschäft integrieren: „Bewusstsein schafft neue Möglichkeiten"

Unternehmenskultur umfasst mentale Bilder, Annahmen, Werte und Normen, die das Verhalten im Unternehmen prägen und Orientierung geben – sie ist oft unbewusst verankert und so etwas wie die selbstverständlich gewordene Handlungsgrammatik. Kultur ist nur langsam und kaum direkt beeinflussbar. Ein Bewusstsein für die Ausprägung der eigenen Unternehmenskultur zu schaffen, ist der erste Schritt (der Veränderung). Dies kann durch externe Diagnose - oft kombiniert mit internen Aktivitäten (z. B. Forscherteams, die in der Methodik trainiert wurden, Diagnosen selbst durchzuführen) – geschehen. Die Aufarbeitung der Diagnose in offenen, dialogorientierten Settings schafft eine gute Basis für Weiterentwicklungsaktivitäten. In dieser Phase geht es darum, Anreize für einen solchen Kulturwandel zu schaffen, der die Transformation in Zukunft stabilisiert und absichert.

›i‹ Mögliche Interventionen:

- Erfolgsstories für positive Kulturelemente, sichtbare Sanktionen und Exempel für Unproduktive
- Rollenmodelle
- Externe Kulturdiagnose
- Symbolische Integration: Zeichen für das Neue
- Werte-Diamant

>>Kultur-Forschungs-Team"

3. Breites Training weiterführen: „Üben, üben, üben!"

Transformationsspezifische Trainings kann man nicht bei Seminaranbietern von der Stange kaufen. Es geht um maßgeschneiderte, zielgruppenorientierte Programme, die zum Ziel haben, das Know-how und die Qualifikation zu erarbeiten, die für die Umsetzung nötig sind und das Verhalten im Zusammenspiel mit anderen zu erproben (z. B. durch Simulationen). Der Transfer in den Organisationen ist nicht nur Trainingsthema sondern vor allem Führungsaufgabe („learning on the job", Superuser, Lernplattformen über Intra/Internet).

›i‹ Mögliche Interventionen:

- Mix aus teamorientierten und übergreifenden Veranstaltungen
- Vor- und Nachbereitung von Weiterbildungs-Veranstaltungen mit den Vorgesetzten: Transfer-Check
- Lernplattformen im Intranet
- Zentrale Großveranstaltungen

>> Stabile Lerngemeinschaften: z. B. Lern-Trios

4. Verstärkt nach außen gehen: „Raus aus dem Stall: Das Glück dieser Erde liegt auf dem Rücken der Pferde"

Gelungene Veränderung ist immer markt- und ergebniswirksam. Im Prozess der Transformation sind auch Phasen großer Innenorientierung notwendig. Geht es in den Phasen 3 und 4 eher um pointierte Kontakte mit Kunden und Partnern (z. B. Fokusgruppen, Kundenparlament, Pilotprojekte) so ist jetzt intensive und konsequente Außenorientierung angesagt. Das Neue ist geübt, deswegen heißt es mit voller Kraft und neuer Sicherheit nach außen gehen!

Wir haben gute Erfahrungen mit einer frühzeitigen und inhaltlichen Einbindung von Kunden und Wertschöpfungspartnern gemacht. Aus mehreren Gründen:

- Viele Prozesse lassen sich nur entlang der gesamten Wertschöpfungskette optimieren (Stichworte: Supply Chain Management oder Customer Relationship Management).
- Teiloptimierungen bringen nicht viel – auch Kunden und Wertschöpfungspartner ändern sich mit.
- Die Kunden- und Lieferantenbindung wächst.
- Das Image von „Offenheit und Professionalität" hat hohe Sympathiewerte.
- Zeitliche Nähe von Ideen und Umsetzung.
- Das „Nach außen gehen" wirkt verstärkend nach innen zurück (Rückkoppelung).

›i‹ Mögliche Interventionen:

- Supply-Chain-Projekt
- Stakeholder-Analyse IV mit Zielgruppenstrategie
- PR/Medienarbeit – Journalisteneinbindung „live"
- Community-Veranstaltungen

>> Key-Account-Veranstaltungen

5. Leadership in den Fokus rücken und Transformation abschließen: „Mit Begeisterung zu neuer Leistungsfähigkeit"

Man kann viel planen und kontrollieren, vieles durch Systeme und Strukturen steuern – wenn Leadership fehlt, wird jede Veränderung technokratisch und „herzlos". Begeisterung ist eine emotionale Dimension, Veränderungen sind dann am effektivsten, wenn die Mitarbeiter „wollen" – nicht müssen. Leadership – neben Vision und Architektur – ist ein wesentlicher Hebel dazu. Damit meinen wir nicht die Fähigkeit, „oberflächlich" zu motivieren, sondern Führungskräfte, die es verstehen, eine Gruppe von Menschen so zu führen, dass sich jeder einzelne gut aufgehoben fühlt („contained") und die Gruppe als Gesamtes zu einer überragenden Leistungsfähigkeit gelangt (anspornen können). Die Renaissance von Leadership ist Indiz dafür, dass Persönlichkeitsentwicklung im Management wieder an Bedeutung gewinnt. Wie Manager sich selbst in Transformationsprozessen führen ist entscheidend für ihr Agieren nach außen. Ich-Stärke und soziale Kompetenz sind für den Erfolg um ein Mehrfaches wichtiger als die kognitiven Managementfähigkeiten. Der klare Abschluss der Transformation markiert den Übergang in das „Leadership" des Tagesgeschäftes in der Linie. Was das Transformationsmanagement anlangt, geht es inhaltlich um Auswertung und Review: Was haben wir erreicht, wie war die Qualität des Changemanagements? Emotional geht es noch einmal um „Abschied vom Alten", jetzt aber bereits mit berechtigter Zuversicht für die Zukunft: Die Transformation ist gelungen, wird Teil der eigenen Geschichte. Stolz zu sein auf die gemeinsame Leistung und einen „Grund zum Feiern" zu haben, prägen den Abschluss.

›i‹ Mögliche Interventionen:

- Anreizsysteme -> Leadership
- Ausbildung: Change Leadership für Top-Führungskräfte
- Selbsterfahrung, Gruppendynamik für Führungskräfte
- „peer to peer counselling"
- Coaching

\>> Was schaffen wir ab?

\>> Event zum Abschluss des Transformationsprozesses

WER SEINE KENNTNISSE VERTIEFEN MÖCHTE, KANN Z. B. IN FOLGENDEN BÜCHERN WEITERLESEN:

Hambrick, Donald (Hrsg.)/Nadler/Tushman
Navigating Change. How CEOs, top teams and boards steem transformation, Harvard Business School Press, Boston 1998
S. 358ff.

Taffinder, Paul
Big Change, John Wiley& Sons, Chichester 1998
S.40.

Huselid, Mark/Becker, Brian/ Ulrich, Dave
The HR-Scorecard, Harvard Business School Press, Boston 2001
S.186.

Bennis, Warren/Mische, Michael
The 21st century organization, Jossey Bass Publishers, San Francisco 1995

Kotter, John
"Chaos, Wandel, Führung - Leading Change", Econ Verlag, Düsseldorf 1997, S. 55ff.

Zum „Ur-Modell" von Kurt Lewin, „Group decisions and social change", in: Maccoby/Newcomb/Hartley (Hrsg.):
Readings in Social Psychology, New York 1958, S. 197-211

Roth, Stefan
Emotionen im Visier. Neue Wege des Changemanagements.
In: Organisationsentwicklung 2/2000,
S. 14 - 21.

Das Phasenmodell im Überblick

Phase 1:
Die Routine unterbrechen – Wir müssen uns verändern! S. 233

1. Routine unterbrechen: "Die Veränderung beginnt bei mir selbst."
2. Handlungsbedarf evaluieren: "Von außen nach innen"
3. Assessment der Veränderungsfähigkeit durchführen: "Testen wir uns!"
4. Aufrüttelnd kommunizieren: "Öffnen – Position beziehen – Signale setzen"
5. Schlüsselpersonen identifizieren: "Die besten Leute finden"

Phase 2:
Zukunftsbilder schaffen – Architektur entwi-ckeln, Route planen! S. 237

1. Visionsarbeit: "Wir schaffen eine (zu uns passende) Zukunft"
2. Strategie und Masterplan entwickeln: "Harte Schnitte und neues Wachstum im "Big Picture"
3. Architektur und Teams sind entscheidend: "Sicherheit durch Prozess-Stabilität und Vertrauen"
4. Ernsthaft und transparent kommunizieren: "Dorthin wollen wir" – "Wie wir uns auf den Weg machen" – "Business Cases der Zukunft"
5. Changemanagement-Know-how vertiefen und verbreitern: "Von der Kunst der Veränderung"

Phase 3:
Mutig entscheiden – Ins kalte Wasser springen! S. 241

1. Quick Wins planen und umsetzen: "Das Trampolin nutzen"
2. Signale für harte Schnitte setzen: "Das Herausfordernde und Unangenehme zuerst – mit Unterstützungsmaßnahmen nach dem Motto "klar, aber mit Herz"
3. Wachstum und Innovation fördern: "Anreize und lange Leine"
4. Mit dem Widerstand arbeiten: "Mit dem Widerstand – nicht dagegen!"
5. Evaluation als Motor nutzen: "Breitgefächert, stimulierend – mit Konsequenzen"

Phase 4:
Konsequent umsetzen – Lust auf Neues mit breitem Involvement verbinden S. 246

1. Führungssysteme abstimmen: "Integration auf allen Ebenen"
2. Kulturwandel: Verhalten, Normen, Werte ins Tagesgeschäft integrieren: "Bewusstsein schafft neue Möglichkeiten"
3. Breites Training weiterführen: "Üben, üben, üben!"
4. Verstärkt nach außen gehen: "Raus aus dem Stall: Das Glück dieser Erde liegt auf dem Rükken der Pferde"
5. Leadership in den Fokus rücken und Transformation abschließen: "Mit Begeisterung zu neuer Leistungsfähigkeit"

Phase 5:
Die Mühen der Hochebene meistern – Erfolge verankern S. 251

1. Umsetzungsaktivitäten und Projekte konsequent vorantreiben: "Sich wie Münchhausen am eigenen Zopf aus dem Wasser ziehen"
2. Architektur laufend anpassen: "Nichts besteht auf Dauer"
3. Gewinnen von Neutralen und Skeptikern: "Vom Team in die Organisation"
4. Systeme schrittweise anpassen: "Gute Systeme sparen Kraft"
5. Weiterhin lernen und Qualifikationen für die Transformation aufbauen: "Sich selbst hinter die Kulissen schauen und Kompetenzen schaffen"

KAPITEL 8

INTERVENTIONEN, DESIGNS, ARCHITEKTUREN

INTERVENTIONEN, DESIGNS, ARCHITEKTUREN

Im Folgenden stellen wir einige ausgewählte Beispiele von Gestaltungsmöglichkeiten für Manager und Berater im Laufe eines Veränderungsprozesses vor. Diese beziehen sich auf das aktive Umgehen mit harten Schnitten, neuem Wachstum und deren Gesamtsteuerung im Rahmen des vorgestellten Rahmenmodells. Eine ergänzende Dimension, die uns besonders am Herzen liegt, da wir von ihrer Wirksamkeit überzeugt sind, ist die „Reflexion", das „Querdenken" – auch dazu haben wir einige Beispiele dargestellt.

Bei den "Bausteinen der Veränderungen" geht es genau genommen um:

- Elemente von Veränderungsarchitekturen (Beispiel: Etablierung eines externen Sparringpartner-Systems)
- Designs von Veranstaltungen (Beispiel: Kundenparlament)
- Interventionen, die Manager und Berater im Verlaufe des Prozesses setzen können (Beispiel: „Luxus abschaffen")

Wir verstehen diese Beispiele als Anregungen für Sie als Manager oder Berater und als Möglichkeit, über die Vorgehensoptionen konkreter nachzudenken. In diesem Sinne hat der folgende Teil durchaus „Kochrezept-Charakter" – wir wünschen „Guten Appetit"! Wie beim Kochen hängt die konkrete Umsetzung natürlich von den vorhandenen Rohstoffen, den eingesetzten Kochverfahren – und nicht zuletzt – von der Tagesverfassung, der Erfahrung und Kompetenz des Kochs ab.

DIE DARSTELLUNGSFORM ERFOLGT NACH FOLGENDER STRUKTUR:

Wann einsetzen: *Hinweise auf die **Ausgangssituation**, den **Kontext**, in dem die jeweilige Intervention besonders wirksam ist.*

Was bewirken: *Die **Wirkungsweise** der Interventionen nach dem Motto: "Erfolgreich ist, was wirkt"*

Wie vorgehen: *Beschreibung des **Ablaufes**, der **Vor- und Nachbereitung** der einzelnen Bausteine*

Was braucht man: *Hinweise auf **notwendige Ressourcen** (Mitarbeiter, Know-how, Infrastruktur,...)*

Unser Kommentar *bezieht sich auf **Erfahrungen**, die wir mit der jeweiligen Intervention gemacht haben*

Da die genaue Ausgestaltung einzelner Interventionen, Designs und Architekturen sehr stark vom Kontext abhängt, haben wir auf genaue Zeitangaben verzichtet. Die zeitliche Detaillierung hängt von der Teilnehmeranzahl, dem Ort, der Vorerfahrung der Teilnehmer und der Organisation, der Projektphase etc. ab und ist im Einzelfall zu entscheiden. Die Ablauflogik sollte in der Regel davon unberührt sein.

Bitte intervenieren Sie hier!

(Treffer HerzHirn = 100 Punkte!)

DIE VERÄNDERUNG BEGINNT BEI MIR SELBST

Wann einsetzen:

Das Unternehmen steht vor einer großen Veränderung. Diese wird harte Schnitte und neues Wachstum bringen. Das Management-Team steht als Initiator im Fokus.

Was bewirken:

Im Rahmen einer Klausur werden persönliche Erfahrungen mit den bevorstehenden Herausforderungen verknüpft. Die Manager setzen sich mit der Gesamtsituation des Unternehmens auseinander. Durch den Vergleich mit persönlich Erlebtem wird das Verständnis tiefer.

Wie vorgehen:

1. Einzelarbeit: Persönlicher Umgang mit Veränderung
   Jeder Manager überlegt in Einzelarbeit:
   - Wo habe ich im eigenen Leben harte Schnitte und neues Wachstum erlebt?
   - Welche Phasen („ups/downs") habe ich erlebt?
   - Wo habe ich aktiv gestaltet, wo habe ich die Dinge sich entwickeln lassen?
   - Was stabilisierte, was gab Schwung und Energie?
   - Was würde ich heute ebenso, was anders machen?
   - Wie gestaltete ich die Übergangsphase („Zwischenraum")?
   - Wie verankerte ich „neues Wachstum"?

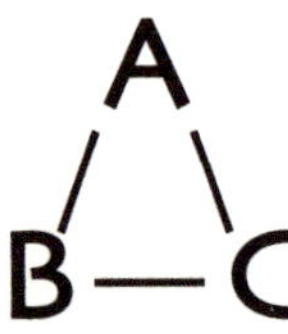

2. A–B–C – Austausch: Jeweils drei Teilnehmer formen eine ABC-Gruppe
   Der Austausch geschieht folgendermaßen: A interviewt B; C beobachtet: danach interviewt B C; A beobachtet. Zum Abschluss interviewt C A; B beobachtet.
   Gemeinsam bilden sie Hypothesen und diskutieren den „roten Faden", der sich durch die persönlichen Erlebnisse durchzog.

3. Die Konsequenzen: Die „roten Fäden" werden im Plenum ausgetauscht, gemeinsam wird an den Konsequenzen für die bevorstehende Veränderung gearbeitet.

Was braucht man:

- Ungestörte Arbeitsplätze für Dreiergruppen
- Plenum – Stuhlkreis

Unser Kommentar:

Diese Einheit eignet sich gut für den Einstiegsabend einer Kickoff-Klausur.

START EINES VISIONSPROZESSES MIT SCHLÜSSELSPIELERN

Wann einsetzen:

Es ist klar, dass sich die Organisation verändern muss. Die „alte" Vision bzw. Grundstrategie ist nicht mehr stimmig. Wohin die Reise gehen soll, ist unklar, es gibt unterschiedlichste Vorstellungen darüber.

Was bewirken:

Die „Schlüsselspieler" beschäftigen sich mit einem gemeinsamen Prozess, in den individuelle Perspektiven, Marktentwicklungen und Stakeholder-Interessen einfließen, mit der Zukunft des Unternehmens. Die entstehende „Vision" ist attraktiv, Kraft gebend und richtungsweisend für die Beteiligten. Das Commitment, sich einzubringen, steigt.

Wie vorgehen:

Im Vorfeld des ersten Treffens überlegen sich die Teilnehmer, welche Fragen sie „bewegen", an welchen Themen gearbeitet werden sollte, um die richtigen Antworten zu entwickeln. Jeder bringt ein „Symbol" (kleinen Gegenstand) mit, das für die jeweilig angestrebte Zukunft steht.

Schritt 1: Der Workshop startet mit der Präsentation der Symbole. Die Teilnehmer stellen diese vorerst ohne Erklärung in die Mitte der Gruppe (Stuhlkreis). Die anderen Teilnehmer assoziieren zur möglichen Bedeutung des Gegenstands, erst dann erfolgt die Erläuterung durch den „Bringer".

Schritt 2: Gemischte Arbeitsgruppen werten die Symbole aus unterschiedlichen Perspektiven aus (z. B. „Markt/Kunden"/Prozesse, Organisation/ finanzielle Dimension/Innovation, Lernen).
Die Gruppen formulieren erste Leitsätze und definieren Themen/Fragestellungen, an denen weiter gearbeitet werden soll.

Schritt 3: Die Ergebnisse der Einzelgruppen werden in einem ersten Entwurf integriert, parallel dazu entsteht eine Themenlandschaft, an der noch weiter gearbeitet werden soll. Es wird entschieden, wer in welcher Form an diesen Themen weiterarbeitet.

Schritt 4: Querschnittgruppen arbeiten an einem ersten „Slogan", der die bisherigen Erkenntnisse zusammenfasst. Die unterschiedlichen Brainstorming-Ergebnisse werden präsentiert und bewusst nicht verdichtet bzw. entschieden, die Vielfalt soll noch bestehen bleiben.

Schritt 5: Ein Folgetermin wird definiert, die Arbeitsgruppen konstituieren sich („Was sind unsere nächsten Schritte? Was werden die Ergebnisse sein? Wie organisieren wir uns?).

Was braucht man:

- Stuhlkreis
- 4 Pinnwände
- ein Tischtuch (als Unterlage für die Symbole)
- eine Digitalkamera (Fotos der Symbole)

Unser Kommentar:

Durch die vorbereitende Auswahl eines Symbols beschäftigt sich jeder Teilnehmer ganzheitlich mit dem Thema.

KUNDENPARLAMENT 1

I

Wann einsetzen:

Die interne Sicht auf die Kunden ist von Stereotypen geprägt, es gibt wenig direkte Auseinandersetzung mit dem Markt, die wirklich Einfluss auf die Organisation hat.

Was bewirken:

Nutzen für den Kunden

- Erfahrungsaustausch mit anderen Kunden
- Attraktivität der Veranstaltung, Neuartigkeit
- Informationsgewinnung

Nutzen nach innen:

- der Kunde wird empathisch beobachtet und erlebt
- die Strategiearbeit wird punktgenauer

Die Grundidee: Investition in selektive Kundenbindung anstatt in breit gestreute Werbung (Thema: Beziehungsqualität)

- Parlament der Kunden: die Meinung des Kunden ist gefragt, Dialog statt werbliche Einwegkommunikation
- Eine Veranstaltung mit innovativem Charakter
- Direkte, persönliche Ansprache aller relevanten Kunden

Wie vorgehen:

Schritt 1: Vorphase
- Selektion der Kunden (derzeitige / „historische" / prospektive)
- Einladung, Ausschreibung der Wahl
- „Wahl der Kundenvertreter" - eventuell mehrere Repräsentanten pro Großkunde
- Einstimmung auf das Parlament mit einem Fragebogen, Reminder etc.

Schritt 2: Durchführung 1. Tag: Kundenparlament
- Grundidee: Die Parlamentarier debattieren, ziehen sich zu Fraktionsbesprechungen zurück, und verabschieden nach einer Generaldebatte ein „Gesetz" oder eine Verordnung zum Umgang mit den Kunden.
- Mitarbeiter sind „nur" Beobachter, Journalisten, Photographen, nehmen am Diskussionsgeschehen nicht direkt teil
- Die Kunden sind gruppiert („Fraktionen" nach relevanten Kriterien)
- Verteilung von Rollen (Präsident, Schriftführer, etc.)
- Start-Debatte mit Festlegung des Themas
- Danach „Fraktionssitzungen" („Gruppenarbeiten")
- Generaldebatte
- Verabschiedung eines Gesetzes, einer Verordnung
- Dokumentation des Geschehens (Mitarbeiter als Journalisten), eventuell durch professionelle Filmer

Schritt 3: Durchführung 2. Tag: Mitarbeiterklausur
- Reflexion der Ergebnisse vom Vortag
- Geschäftsführung: Auswirkung auf unsere generelle Strategie
- Gruppen: Auswirkungen für unsere konkreten Projektstrategien
- Vereinbarung der Nachklausur-Phase: jeder Kunde sollte persönlich kontaktiert werden

>>>

Schritt 4: Nachphase
- persönliches Ansprechen jedes Teilnehmers (allgemeine Info und ein Teil speziell für ihn, sie)
- Film auf CD
- Kundenzeitung

Was braucht man:

Ort

- Generelle Anforderung:
  Plenarsaal für alle Teilnehmer (nicht zu großer Raum in Relation zur Teilnehmeranzahl, es sollte eine dichte Atmosphäre entstehen können)
- Nebenräume für „Fraktionsbesprechungen"
- Alternative 1: im Parlament selbst, eventuell in einem Sitzungsraum
- Alternative 2: in Parlamentsnähe, Beginn mit Besuch im Parlament
- Alternative 3: in einem Gemeindeparlament, Landtag, etc.
- Alternative 4: Gebäude mit rundem Grundriss

VERGANGENHEIT – GEGENWART – ZUKUNFT

Wann einsetzen:

Das Changevorhaben befindet sich vor einem entscheidenden Meilenstein. Die Bilder bezüglich Vergangenheit, Gegenwart und Zukunft sind unterschiedlich.

Was bewirken:

Die Manager erhalten ein „Gefühl" für die unterschiedlichen Wirklichkeiten ihrer Organisation. Es wird klar, dass es eine Vernetzung zwischen Vergangenheit, Gegenwart und Zukunft gibt, zusätzliche Handlungsoptionen werden greifbarer (z. B. Würdigung der Vergangenheit, um für die Zukunft gestalten zu können).

Wie vorgehen:

Schritt 1: Bildung von 3 Arbeitsgruppen im gleichen Raum (Zuteilung der Teilnehmer zur Gruppe durch ein Zufallsprinzip)

Vergangenheit — Gegenwart — Zukunft

Schritt 2: Zunächst Einzelarbeit, dann Brainstorming in der jeweilige Arbeitsgruppe (Vergangenheit/Gegenwart/Zukunft) zu den Leitfragen:

1. Wie geht´s uns als Vergangenheit, Gegenwart, Zukunft in Relation zu beiden anderen? (spontan, Bilder, dann Hypothesen)
2. Was beschäftigt uns
   - worauf sind wir stolz?
   - was ist fraglich?
   - was ist klar?
   - wie sieht die Balance von Geben und Nehmen aus?
3. Welche Fragen haben wir an die anderen?

Schritt 3: 2 Gruppen befragen jeweils die dritte. Die dritte Gruppe/Perspektive antwortet. Dies wird reihum fortgesetzt.

Schritt 4: Reflexion in den jeweiligen Gruppen: Was sind die „to do´s and don´ts" für den Changeprozess?

Schritt 5: Austausch in Querschnittsgruppen -> worauf sollten wir bei dem Changeprozess achten?

Was braucht man:

- Raum mit Stuhlkreis
- 3 Pinnwände
- 1 Flipchart

Unser Kommentar:

Eine Intervention zum Querdenken – auch für Manager geeignet.

FRAGEBOGEN „LERNENDE ORGANISATION"

Wann einsetzen:

Die Veränderungsfähigkeit der Organisation steht zur Debate.
Es gibt unterschiedliche, polarisierte Wahrnehmungen dazu.

Was bewirken:

Die Teilnehmer setzen sich kritisch mit der derzeitigen Situation und der Differenz zur anzustrebenden Zukunft auseinander. Die Diagnosefähigkeit steigt, das gemeinsame Gesamtbild gibt erste Hinweise auf Handlungsoptionen.

Wie vorgehen:

Schritt 1: In einer Vorbereitungssequenz antworten die Teilnehmer an einer Klausur auf folgenden Fragebogen: >>>

FRAGEBOGEN:

Frage	Heute (ja 1 – nein 5)	Anzustreben (ja 1 – nein 5)
1. Unsere Führung hat eine klare Vision von Sinn, Werten und Zweck des Unternehmens.	1 2 3 4 5	1 2 3 4 5
2. Die Vision ist gut kommuniziert und wird von allen verstanden und geteilt.	1 2 3 4 5	1 2 3 4 5
3. Unser Unternehmen ist ein besonderes – die Mitarbeiter sind stolz darauf, in diesem Unternehmen zu arbeiten.	1 2 3 4 5	1 2 3 4 5
4. Unsere Führung wird von den Mitarbeiten akzeptiert. Sie lebt vor, was sie sagt.	1 2 3 4 5	1 2 3 4 5
5. Wir tauschen unsere Markteindrücke regelmäßig aus, um Strategien gemeinsam weiterzuentwickeln.	1 2 3 4 5	1 2 3 4 5
6. Wir haben eine klare Vorstellung darüber, wie wir unsere Vision verwirklichen.	1 2 3 4 5	1 2 3 4 5
7. Wir setzen uns herausfordernde und riskante Ziele, damit wir uns weiterentwickeln.	1 2 3 4 5	1 2 3 4 5
8. Jeder Mitarbeiter weiß, was sein/ihr Beitrag für den Unternehmenserfolg bedeutet.	1 2 3 4 5	1 2 3 4 5
9. Wir messen unsere Ergebnisse und Fortschritte effektiv.	1 2 3 4 5	1 2 3 4 5
10. Diese Erkenntnisse werden rasch und breit veröffentlicht und verarbeitet.	1 2 3 4 5	1 2 3 4 5
11. Wir investieren Zeit für die übergreifende Kommunikation (Erfahrungsaustausch, Feedback, IT-Systeme, Zukunftsszenarien, ...).	1 2 3 4 5	1 2 3 4 5
12. Die Probleme und Bedürfnisse unserer externen und internen Kunden sind uns gut bekannt.	1 2 3 4 5	1 2 3 4 5
13. Unsere Kunden sind an der Entwicklung und Gestaltung unserer Produkte und Dienstleistungen beteiligt. Das gilt auch für andere Wertschöpfungspartner (Zulieferer, Kooperationspartner).	1 2 3 4 5	1 2 3 4 5

14. Die Unternehmensaktivitäten orientieren sich an den Bedürfnissen der Kunden und nicht an denen des Managements.

15. Wir lernen laufend von den besten Praktiken und Pionierefahrungen solcher Unternehmen, die in wichtigen Gebieten besser sind als wir.

16. Wir identifizieren erfolgreiche Verfahren und Praktiken in Teilen unseres Unternehmens rasch und nützen sie in anderen Bereichen.

17. Unsere Mitarbeiter kommunizieren gute Ideen im Sinn des Unternehmenserfolges direkt und schnell.

18. Die Aus- und Weiterbildung wird aktiv durch das Arbeitsumfeld unterstützt.

19. Wir nehmen neue Herausforderungen an, auch wenn uns die Lösungen noch nicht bekannt sind.

20. Wir sind bereit und erfindungsreich, andere als die bisherigen Lösungswege einzuschlagen, bewahren aber dabei den Kern unseres Unternehmens.

21. Wir machen die Leistungen deutlich, bestrafen aber keine Fehler.

22. Wir fördern die Selbstverantwortung und unternehmerisches Handeln einzelner Mitarbeiter und Teams (Empowerment). Zu vermeidende Risiken werden klar kommuniziert.

23. Unsere Anreizsysteme sind ergebnis- und entwicklungsorientiert gestaltet.

24. Wir sind handlungsorientiert und setzen Ideen um, wir sind auf unsere Leistungen und Fähigkeiten stolz.

25. Wir haben Freude an der Arbeit, die wir tun.

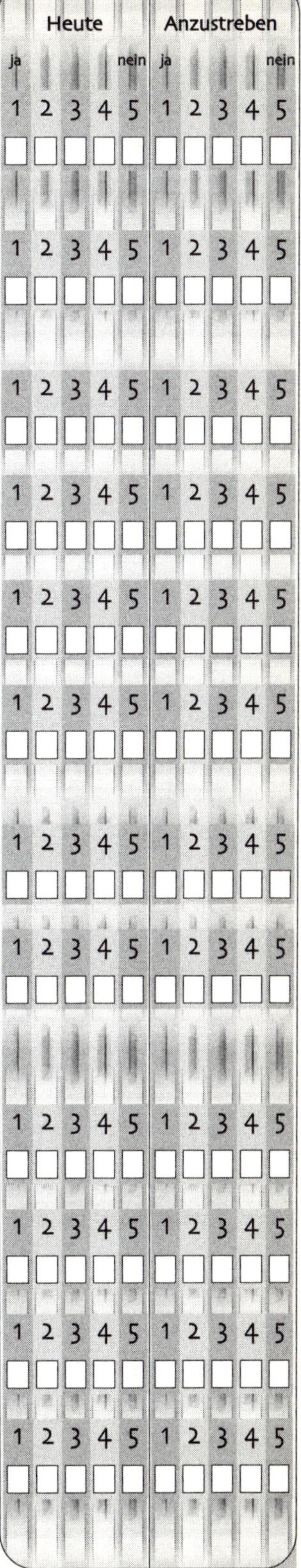

>>>

Schritt 2: Die Moderatoren werten die Antworten im Vorfeld aus und präsentieren die Ergebnisse am Start der Klausur.

Schritt 3: Gruppen arbeiten die Ergebnisse der IST-Situation auf („Was bestätigt unser Bild?" „Was ist überraschend?" „Welche Hypothesen haben wir zu den Ergebnissen?"

Schritt 4: Austausch der Ergebnisse, danach wieder Gruppenarbeit zum Thema „Wo sehen wir wichtige Differenzen?" "Welche Hypothesen haben wir dazu?" „Welche Konsequenzen ziehen wir daraus?"

Schritt 5: Verdichtung der Ergebnisse im Plenum, Ableitung von To Do´s.

Schritt 6: Als Abschluss: Symbolische Umsetzung der Ausgangssituation. Die Moderatoren kleben eine Linie auf den Boden.

Die Teilnehmer legen in den Zwischenraum Symbole, die für die einzelnen Aktivitäten stehen.

Was braucht man:

- Kreppband
- Raum mit Sesseln
- 3 bis 5 Pinnwände
- 2 Flipcharts

Unser Kommentar:

Der analoge Abschluss macht die Kernbotschaften besonders deutlich.

KREATIVITÄTS-HEMMER

Wann einsetzen:

Der Umsetzungsalltag ist von Routine dominiert. Die Mitarbeiter und die Führungskräfte generieren wenige Ideen für Veränderungen und Verbesserungen.

Was bewirken:

Die Manager erkennen, welche Hemmfaktoren es in der eigenen Organisation hinsichtlich von Entfaltungsmöglichkeiten und kreativem Spielraum gibt. Dies liefert erste Ansatzpunkte zu Verbesserungen.

Wie vorgehen:

Im Vorfeld zu einer Veranstaltung erhalten die Manager und jeweils ein ausgewählter Mitarbeiter ein kleines Notizbuch, mit der Bitte, alle Situationen aufzuschreiben, in denen sie erleben, dass Kreativität gehemmt wird.

Schritt 1: Die Manager positionieren sich auf einer Skala „Ich habe x Situationen erlebt, in denen die Kreativität unserer Organisation bzw. der Mitarbeiter und Führungskräfte gehemmt waren."

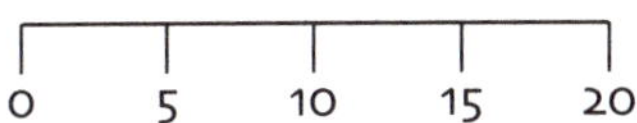

Parallel dazu positionieren sich die Mitarbeiter auf derselben Skala:

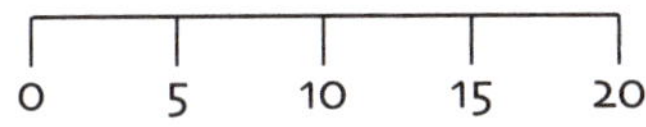

Schritt 2: Aufarbeitung in getrennten Gruppen. Bildung der Gruppen aufgrund der Positionierung auf der Skala. Mitarbeiter und Führungskräfte arbeiten getrennt. Die Gruppenmitglieder interviewen einander – Leitfragen:

- Was war das Charakteristische an diesen Situationen?
- Wer war wie involviert?
- Unter welchen Rahmenbedingungen fanden diese Situationen statt?

Danach bilden sie Hypothesen – Leitthemen:

- Was zieht sich durch (roter Faden)?
- Wo gibt es die größten Unterschiede?
- Was glauben wir, werden die Ergebnisse der anderen Gruppen sein?

Schritt 3: Die Gruppen präsentieren, die anderen reagieren darauf.

Schritt 4: Bildung von "Umsetzungspaaren" (Führungskraft und Mitarbeiter). Diese arbeiten zu den Fragen:

- Was sind unsere Haupterkenntnisse?
- Was können wir selbst tun, um hemmende Faktoren abzubauen?
- Was können wir übergreifend lösen?

Schritt 5: Austausch und Diskutieren der übergreifenden Fragen.

Schritt 6: Symbolischer Abschluss: Die Top 10 der Hemmfaktoren werden aufgeschrieben und danach gemeinsam „vernichtet".

Was braucht man:

- Notizbücher für die Teilnehmer
- großer Raum

- Kreppband
- 4 Pinnwände

Unser Kommentar:

Hier ist die Offenheit zwischen Führungskraft und Mitarbeiter ein zentraler Erfolgsfaktor

DIE NOTWENDIGKEIT HARTER SCHNITTE VERDEUTLICHEN: LUXUS ABSCHAFFEN

Wann einsetzen:

Die Notwendigkeit für eine grundlegende Veränderung (harte Schnitte) ist noch nicht „Realität" in der Wahrnehmung vieler Stakeholder (Management, Mitarbeiter,...)

Was bewirken:

Durch ein starkes, Aufsehen erregendes Signal wird die Routine unterbrochen; Mitarbeiter und Führungskräfte diskutieren die dahinter liegenden Gründe. „Harte Schnitte" werden zum Thema in der Organisation.

Wie vorgehen:

Vorbereitung: In der Vorbereitung der Managementteam- bzw. Vorstandssitzung werden alle Teilnehmer gebeten, Ideen zu kurzfristigen Maßnahmen mit dem Ziel, „Luxus" abzuschaffen, zu generieren.

Meeting:

Schritt 1: Die Ideen werden im Rahmen einer Brainstorming-Runde doku-mentiert. Anschließend werden die Ideen nach folgenden Kriterien bewertet:

- Breitenwirkung (wie viele Mitarbeiter erreichen wir damit?)
- Inhaltliche Relevanz (wie gut ist die Richtung illustriert, in die es bei den harten Schnitten gehen wird?)
- Zeitliche Umsetzbarkeit (wie schnell ist die Idee umsetzbar?)

Schritt 2: Die durch die Bewertung in die engere Wahl gekommenen Vorschläge werden im Plenum diskutiert. Die Verantwortlichen legen die Umsetzungsentscheidung fest.

Schritt 3: Um die Wirkung zu simulieren, werden nun fiktive Gespräche unter Mitarbeitern durchgespielt (Zweier- bis Vierer-Gruppen, je nach Teilnehmeranzahl). Die Aufgabe der Gruppe: „Reagieren Sie auf die gehörte Information bezüglich der Sofortmaßnahme". Die Gespräche werden reihum durchgeführt, die anderen Teilnehmer hören jeweils zu.

Schritt 4: Die Rollenspiele werden in den Gruppen verarbeitet.
- Welche Hypothesen haben wir nun in Bezug auf die Reaktionen der Mitarbeiter?
- Welche Empfehlungen leiten wir daraus für die Kommunikationsstrategie ab?

Schritt 5: Austausch und Festlegung der Kommunikationsstrategie.

Was braucht man:
- Ein Moderator (kann auch Teilnehmer sein)
- Ein Stuhlkreis (Flexibilität!)
- Flipcharts zur Dokumentation

Unser Kommentar:
Einige Beispiele aus der Praxis:
- Die Dienstwagenregelung wird verändert
- Und auch wenn es kontrovers diskutiert wird: Ein Büromaterial-Einkaufsstop bewirkt eine hohe Fokussierung der Mitarbeiter auf das Thema „Kostensenkung", wichtig ist dabei, dass deutlich wird, dass dies nur ein Signal für das gesamte Sparprogramm ist (Intervention in Richtung un:balanced transformation).

„BEZIEHEN SIE STELLUNG": AUFSTELLUNGEN ZU WESENTLICHEN CHANGEDIMENSIONEN

Wann einsetzen:
Bei zentralen Veranstaltungen treffen sich Schlüsselspieler der Organisation. Neben inhaltlich-operativen Themen geht es dabei auch immer um gemeinsame Diagnosearbeit und die Diskussion der Veränderungsstrategie.

Was bewirken:
Die unterschiedlichen Standpunkte werden sichtbar und besprechbar. Durch das persönliche Positionieren wird deutlich, dass es um jeden Einzelnen geht. Erfolgsfaktoren werden verankert und bewertet.

Wie vorgehen:
Das Grundprinzip ist bei den Aufstellungen gleich. Die Moderatoren erklären die Skala, jeder Teilnehmer erstellt für sich selbst eine Einschätzung der Situation. Danach werden alle aufgefordert, „Stellung zu beziehen", d. h. sich im

Raum gemäß der Skalierung zu positionieren. Die Skalen sind mit Kreppband auf den Boden geklebt.
Folgende Fragen und Quadranten haben sich in unserer Arbeit bewährt:

1. Im Fokus des Change-Vorhaben stehen:

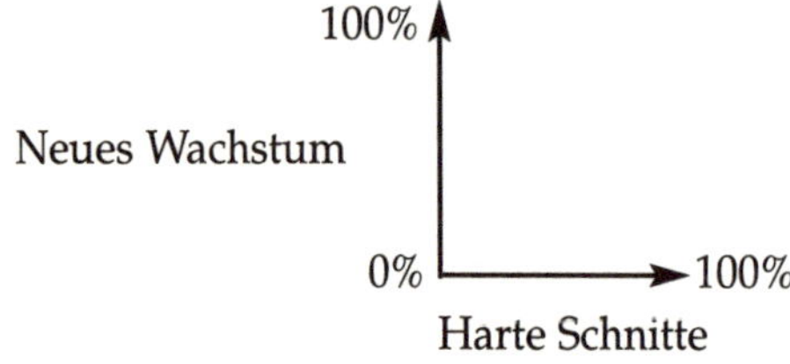

2. In der nächsten Phase geht es vor allem um

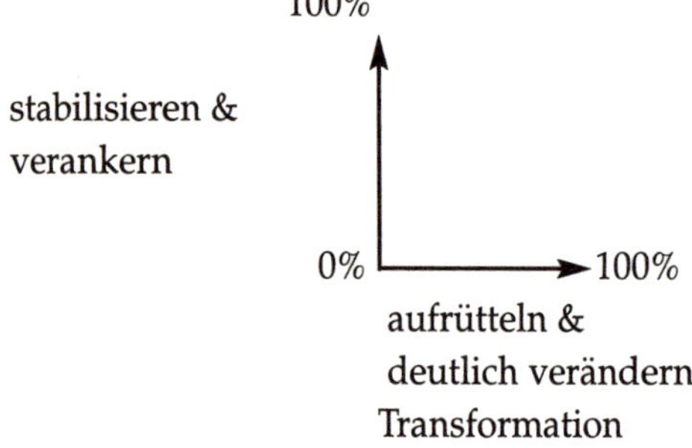

3. der Gesamtstatus

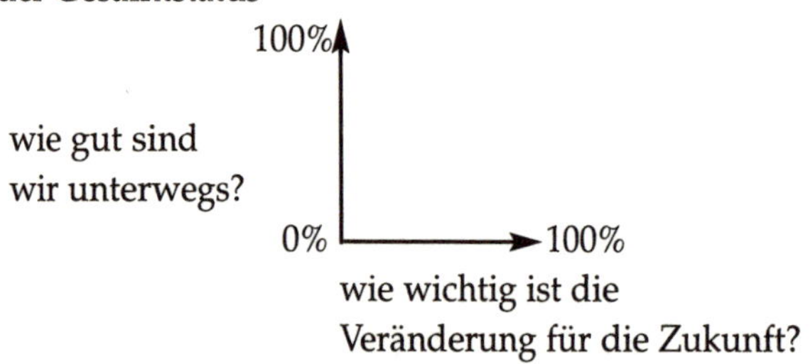

Sie können die Auswahl der Achsen verändern; es sollten aber in jedem Fall „Nervthemen" angesprochen werden.
Die Aufarbeitung kann stehend (der Moderator interviewt die einzelnen Teilnehmer) oder aber auch in vertiefenden Gruppen erfolgen.
Eine Möglichkeit dazu:

a) ähnliche Gruppen bilden Hypothesen zu Diagnose und welche Prioritäten sie sehen

b) Austausch
   - Innenkreis mit Repräsentanten der einzelnen Gruppen
   - Moderator/Berater interviewt
c) danach diskutieren gemischte Gruppen
   - Lessons Learned/
   - Projektideen/
   - Umsetzungen für das Tagesgeschäft

Was braucht man:

- Moderator
- großer Raum ohne Stühle
- Flipcharts für die Dokumentation
- Kreppband

Unser Kommentar:

Eignet sich gut für Einstiegs- oder Abschluss-Sequenzen!

UMFELD-ANALYSE

Wann einsetzen:

Diese Intervention ist besonders am Beginn eines Projekts hilfreich, um möglichst frühzeitig die Einflüsse der diversen relevanten Umwelten bewusst zu machen.
Das zeigt oft überraschende, völlig neue Perspektiven auf, die dann in die weitere Arbeit mit einfließen und dieser somit eine neue, zusätzliche Qualität verleihen. Darüber hinaus ist die Projektumfeldanalyse in akuten Krisensituationen und zum Abschluss von Projekten wirkungsvoll einzusetzen.

Was bewirken:

Die Komplexität und Vernetzung des Projektumfelds wird sichtbar gemacht. Konfliktpotentiale, aber auch Möglichkeiten der Zusammenarbeit werden frühzeitig erkannt. Strategien zur Gestaltung der Beziehungen werden entwickelt, konkrete Aktionspläne werden erstellt.

Wie vorgehen:

Schritt 1: Die relevanten Umwelten/Stakeholder werden im Rahmen eines Brainstormings aufgeschrieben (Flipchart)

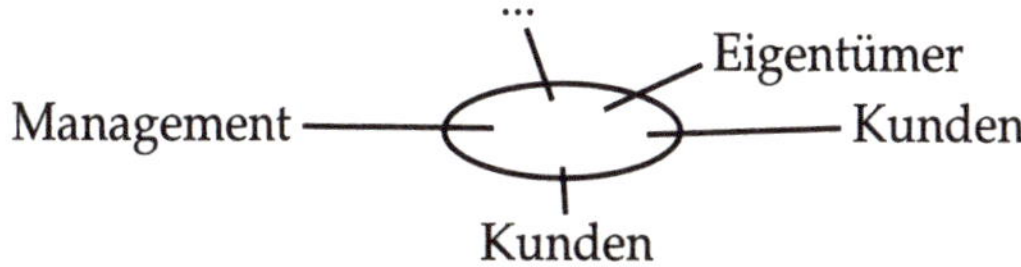

Schritt 2: Gruppen analysieren für jeweils eine Umwelt:
- Was ist die Bedeutung der Umwelt für das Projekt?
- Wie nahe/fern ist sie der Veränderung?
- Welche Erwartungen hat die jeweilige Umwelt in Bezug auf harte Schnitte/neues Wachstum?
- Welche Erwartungen hat die Veränderungsinitiative an die Umwelt?
- Welche Potentiale und Konflikte in Bezug auf harte Schnitte/neues Wachstum können sich daraus ergeben?
- Was leiten wir daraus ab?

Schritt 3: Die Gruppen präsentieren die Ergebnisse, die anderen Gruppen geben Feedback. Im Abschlussplenum weden die Kompatibilität der einzelnen Vorschläge geprüft und die Aktivitäten vereinbart.

Was braucht man:
- Pinnwand
- Moderationskoffer
- Flipcharts

Unser Kommentar:
Gerade am Anfang einer Veränderung verstärkt die Umfeld-Analyse die Außenperspektive.

KAPITALFORMEN-ANALYSE

Wann einsetzen:

Um die Veränderung zu verstärken, setzt das Management Teams zu unterschiedlichen Fragestellungen ein. Es gilt nun die Besetzung zu entscheiden oder zu diagnostizieren, wie effektiv diese „aufgestellt" sind.

Was bewirken:

Den Team-Mitgliedern wird bewusst, welche Ressourcen sie einbringen. Die strategische, umsetzungs- und wirkungsorientierte Komponente der Projektarbeit wird verstärkt.

Wie vorgehen:

Die Zusammensetzung von Teams lässt sich anhand folgender Kriterien entscheiden bzw. überprüfen:

- **Entscheidungskapital:**
  Kompetenz, formell bzw. informell über Ressourcen und Entwicklungen zu entscheiden
- **Sozialkapital**:
  Akzeptanz bei Stakeholdern, „Netzwerkknoten"
- **Wissenskapital:**
  Expertise, Prozess-Know-how, „state of the art"-Kenntnisse in relevanten Themenfeldern
- **Handlungskapital:**
  Erfahrungswissen zur Alltagsroutine der Changethemen, Sensoren für Logik der Gefühle und Bewerten der Umsetzungsvarianten

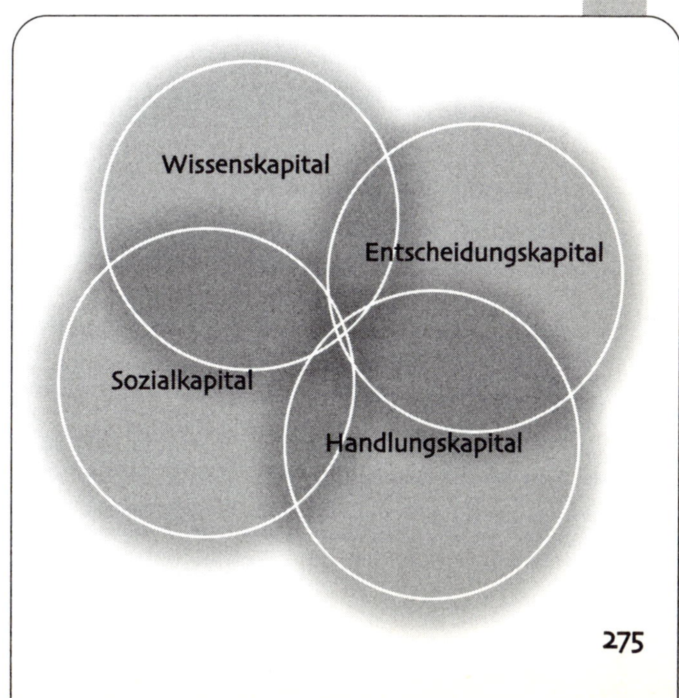

Funktionierende Gruppen zeichnen sich in der Regel dadurch aus, dass neben den Betroffenen die anderen Kapitalformen vertreten sind, wobei je nach Aufgabenstellung die Bedeutung unterschiedlich sein wird. Im Rahmen einer ersten konstituierenden Sitzung der Projekt-Teams werden nun die einzelnen Beiträge/Ressourcen, aber auch die Gesamtzusammensetzung erarbeitet:

Schritt 1: In Einzelarbeit überlegt sich jeder Einzelne: „Welche Ressourcen in Bezug auf das Projekt, auf das Umsetzen von harten Schnitten/neuem Wachstum kann ich während des Projekts einbringen?"

Schritt 2: Die Nachbarn interviewen einander zu den wesentlichen Erkenntnissen.

Schritt 3: Gemeinsam präsentieren sie das Ergebnis (vorher „spekulieren" die anderen über mögliche Ressourcen).Das Ergebnis wird dokumentiert.

Schritt 4: Das Team diskutiert die Gesamtzusammensetzung: wo liegen unsere Stärken? Brauchen wir noch Verstärkung? Daraus werden Konsequenzen/Entscheidungen abgeleitet.

Was braucht man:

- Flipchart

Unser Kommentar:

Das Modell eignet sich auch als Diagnose-Instrument für die Erst-Setzung von Teams, als Entscheidungshilfe für die Auftraggeber.

QUICK WINS UND „GO TO MARKET" – WORKSHOP I

Wann einsetzen:

Im Rahmen der Zusammenlegung von Unternehmen bzw. Unternehmensteilen, in denen es zu harten Schnitten aber auch zu Innovation/neuem Wachstum kommen wird, soll die Umsetzungsstrategie vorbereitet werden.

Was bewirken:

Kennenlernen der unterschiedlichen Perspektiven, Stärkung der Außenorientierung in der Postmerger-Integration.

Wie vorgehen:

Teilnehmer: Verkäufer/Projektleiter/Mitarbeiter mit Kontakt zu Schlüsselkunden beider Unternehmen

Schritt 1: Arbeitsgruppen (jeweils nach bisheriger Unternehmenszugehörigkeit) erarbeiten:

- Bilder über uns:
  - Was ist einzigartig an uns/unserem Erfolg?
  – Wie sehen uns unsere Kunden, +/-?
  – Welche spezifischen Ressourcen haben wir?
  – Was ist jetzt zu erneuern/zu ändern?
- Bilder über die anderen, Gerüchte, Statements +/- („alles ist erlaubt, eher übertreiben")

Schritt 2: Austausch im Plenum
vorher wird eine Beobachtergruppe aus beiden Firmen/Bereichen eingesetzt (inkl. ein Berater)
Pro Gruppe:

- Bilder der anderen über uns – dann unser Bild über uns

Schritt 3: Die Beobachter rücken in einen Innenkreis, der Moderator (zweiter Berater) interviewt:

- Hypothesen zu den Bildern
- Chancen und Risiken, die sich daraus ergeben

Schritt 4: gemischte Gruppen führen die Arbeit fort
Die Leitfragen lauten: was ergibt sich daraus

a) für
   -> Kunden +/- (Priorität 1!!!)
   -> Führungskräfte +/-
   -> Mitarbeiter +/-
   -> Partner +/-
b) in Relation zu Gesamtstrategie
   was wollen wir in den nächsten drei bis sechs Monaten bei Kunden erreichen/erhalten?
c) an heißen Eisen und zentralen Fragen

Schritt 5: Im Plenum:

- Austausch und Zusammenfassung, Klärung der Fragen, Priorisierung
- An wen adressieren wir die Umsetzungsschritte?
- Zu welchen Themen leisten wir einen eigenen Beitrag?

Schritt 6: Einzelarbeit
jeder wählt zwei Kunden aus, die ein hohes Zukunftspotenzial haben (Ertrag/Innovation/Umsatzwachstum/Meinungsmacher)

Schritt 7: Jeder Teilnehmer wählt sich einen Partner für die Entwicklung gemeinsamer Kundengespräche bzw. Neukontakte aus dem anderen Unternehmen

Schritt 8: „Duos" entwickeln auf Basis bisheriger Arbeit einen Interview-Leitfaden für gemeinsame Kundengespräche

Ziel:
- Kundenbindung/halten
- gemeinsamer Auftritt, der Integration und Kundenorientierung dokumentiert
- aus Inputs der Kunden „Quick Win" und strategische Projekte entwickeln

Schritt 9: Austausch und Commitment zu gemeinsamen Sprachregeln über Ziele/Procedere/ Spielregeln und Feedback an Kunden

Schritt 10: Rollenspiele üben – insbesondere den Einstieg ins Gespräch, heiße Fragen während des Gesprächs, Abschluss

Schritt 11: Planung der Termine und Festlegung eines Auswertungsrasters für die Gespräche

Was braucht man:

- Workshop-Raum
- Flipcharts zur Dokumentation

Unser Kommentar:

Mit den Kundenkontakten werden von Anbeginn "heiße Eisen" der Veränderrung angepackt. Intergration durch gemeinsame Kundengespräche.

QUICK WINS UND „GO TO MARKET"– WORKSHOP II

Wann einsetzen:

Die Interviews mit den Kunden wurden durchgeführt, die Interviewpaare haben die Ergebnisse dokumentiert und grob ausgewertet.

Was bewirken:

Die Ergebnisse werden zusammengeführt. Eine erste Priorisierung der Umsetzungsschritte wird von allen Beteiligten erarbeitet. Die Außenorientierung steigt.

Wie vorgehen:

Schritt 1: Je zwei Gruppenpaare interviewen einander hinsichtlich der erreichten Ergebnisse

Schritt 2: Je zwei Arbeitsgruppen (vier Interviewpaare) erarbeiten eine Zusammenfassung

1. aus Kundensicht:
   - Erfolgsfaktoren für Kundenbindung/„Added Value" unseres Zusammenschlusses
   - Stolpersteine
   - Chancen für „Quick Wins"
2. Prioritäten – „was ist uns klar geworden?
3. Neue Fragen/heiße Eisen

Schritt3: Blitzlichter im Plenum: je Arbeitsgruppe drei Highlights

Schritt 4: In einem Markt werden die Ergebnisse präsentiert.

Schritt 5: Arbeitsgruppen arbeiten aus der Gesamtsicht Aktivitäten-Vorschläge (Projekte, Initiativen, Ideen) aus – diese werden im Abschluss-Plenum präsentiert.

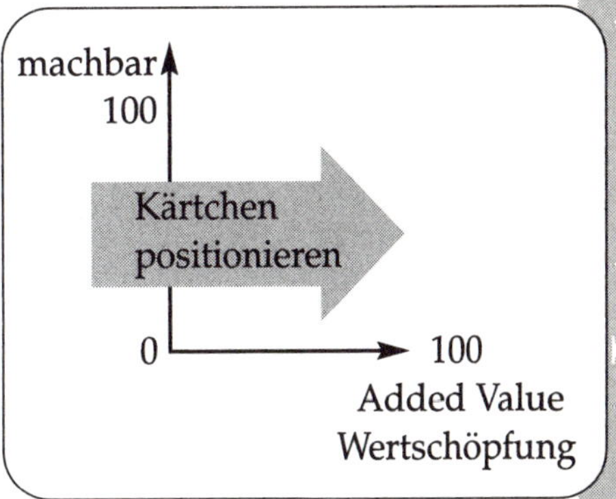

Schritt 6: Das Commitment mit dem Management bzw. dem Auftraggeber wird hergestellt. Diese kommen zum Workshop dazu. In einem Innenkreis werden die Ergebnisse abgestimmt und entschieden.

Was braucht man:

- Pinnwände für den Markt
- Flipchart
- Moderationsmaterial

Unser Kommentar:

Die Kunden entscheiden schlussendlich über den Erfolg. Post Merger Intergration durch gemeinsame Kundenaktivität und marktbezogene Initiativen und Projekte.

EXTERNES SPARRING-PARTNER-SYSTEM (SPS) FÜR HARTE SCHNITTE

Wann einsetzen:

Es drohen harte Schnitte. Die verantwortlichen Manager wollen ergänzende Sichtweisen einholen, um an einer gesamtheitlichen Umsetzungsstrategie zu erarbeiten.

Was bewirken:

Ein externes Sparringpartner-System (SPS) etablieren (neutrale, nicht involvierte), deren Job es ist, eine ergänzende, polarisierende Außensicht einzubringen. Durch diese Außensicht wird das Spektrum der Umsetzungsoptionen erweitert.

Wie vorgehen:

Schritt 1: SPS interviewt Manager zum Leitthema „Warum sind welche harten Schnitte erforderlich?"
Die Interviews werden öffentlich geführt, für alle Anwesenden hörbar.

Schritt 2: SPS bildet Hypothesen:
Was wäre, wenn man das „Harte-Schnitte-Projekt" konsequent als sein Gegenteil, nämlich als Chancenprojekt interpretieren würde (konsequent auf Ressourcen und Potenziale gehen)?

Schritt 3: Manager reagieren

Schritt 4: Gemischte Gruppen (SPS + Manager) diskutieren Anregungen für die weitere Gestaltung

Schritt 5: Gemeinsame Zusammenfassung und Entscheidung der weiteren Vorgehensweise.

Was braucht man:

- Raum ohne Tische
- Moderationsmaterial

Unser Kommentar:

Unsere These ist: Die Orientierung an Defiziten (unsere Schwächen, Ver-säumnisse, etc.) führt zu Rationalisierung – Potenzialorientierung führt zu Aufbruchstimmung (unsere Stärken, Potenziale, ...)
Diese Arbeitsform kann auch als Unterstützung von Beraterteams angewandt werden ("Staff-Arbeit").

STRATEGIEKLAUSUR MIT SCHLÜSSELSPIELERN

Wann einsetzen:

Es gibt viel Vorerfahrung (negativ wie positiv) mit Strategieprozessen im Unternehmen. Jetzt ist das Unternehmen wieder an einer "Wegkreuzung" angelangt. Es ist noch offen, mit welchen Instrumenten und Prozessen die Strategieplanung erfolgen soll.

Was bewirken:

Die Sensibilität für strategische Modelle und die Form von Strategieentwicklungsprozessen steigt. Die Vorphase führt zu einer Reflexion bisheriger Strategien, deren Umsetzung und Folgen. Die Schlüsselspieler erkennen die wesentlichen strategischen Optionen. Durch den Erfahrungs- und Meinungsaustausch werden die Schwerpunkte konsistenter. Der Workshop bewirkt verändertes Verhalten im Tagesgeschäft.

Wie vorgehen:

Vorbereitung:
Die Manager werden ersucht, wesentliche Strategiepapiere der vergangenen Jahre "auszugraben" und daraus eine Entwicklungsgeschichte bis zum jetzigen Zeitpunkt aus ihrer Sicht zu verfassen.

Workshop:
Schritt 1: Die Teilnehmer versammeln sich vor einer großen Wand. Nach und nach werden die einzelnen mitgebrachten Strategiepapiere kurz präsentiert, deren Erarbeitungsprozess beschrieben und die darauf folgende Business-Entwicklung skizziert. Den Start macht das älteste Papier, danach folgen in chronologischer Abfolge die anderen.

Schritt 2: Gruppen werten das Gesamtbild aus:

GRUPPE 1:	GRUPPE 2:	GRUPPE 3:
Welche Strategien waren am erfolgreichsten?	Welche Modelle waren am aussagekräftigsten?	Welche Entwicklungsprozesse waren am wirkungsvollsten?

Schritt 3: Eine Delegierten-Gruppe fasst die Ergebnisse zusammen und arbeitet eine Empfehlung aus, die Strategiethemen - bezogen auf die aktuelle Situation – geeignete Modelle und Entwicklungsprozesse beinhaltet.

Schritt 4: Die Beobachter reagieren, im Anschluss werden Ergebnisse gemeinsam zusammengefasst.
Schritt 5: Strategische Themen aus Stakeholder-Sicht: Die Teilnehmer formieren sich in Stakeholder-Gruppen. Aus der jeweiligen Sichtweise werden die wesentlichen strategischen Fragen des Unternehmens erarbeitet:

Leitfragen:

- Was sind die zentralen strategischen Fragen für uns als ...?
- Wo sehen wir aus unserer Perspektiven die Notwendigkeit zu harten Schnitten?
- Wo ist aus unserer Sicht neues Wachstum zu initiieren bzw. zu fördern?

Schritt 6: Eine Delegiertengruppe tauscht die Ergebnisse aus (Innenkreis), die Beobachter haben die Aufgabe, die Empfehlungen auf Praxis- und Umsetzungsrelevanz zu prüfen.

Schritt 7: Die Beobachter geben Rückmeldung im Plenum, gemeinsam werden nun die zentralen strategischen Fragestellungen entschieden.

Schritt 8: Die Fragestellungen werden nun dezentral/in Kleingruppen geplant:

- Was ist die Ausgangssituation?
- Welche Ziele (Nicht-Ziele) sind zu erreichen?
- Welche Vorgehensweise/Methode (siehe Schritt 4) erachten wir in diesem Fall für sinnvoll?
- Wie sieht die Zeitleiste aus (Meilensteine)?
- Wen müssen wir einbinden, welche Ressourcen werden benötigt?

Die Ergebnisse werden auf je ein Flipchart bzw. in einem vorbereiteten EDV-Format aufbereitet.

Schritt 9: Integration der Detailplanungen im Plenum, gemeinsames Erarbeiten des Masterplans. Die Verantwortlichen fassen die wesentlichen Ergebnisse und nächsten Schritte zusammen.

Schritt 10: In der Abschluss-Aufstellung (jeder positioniert sich im Raum gemäß seiner Bewertung) werden die Dimensionen erörtert:

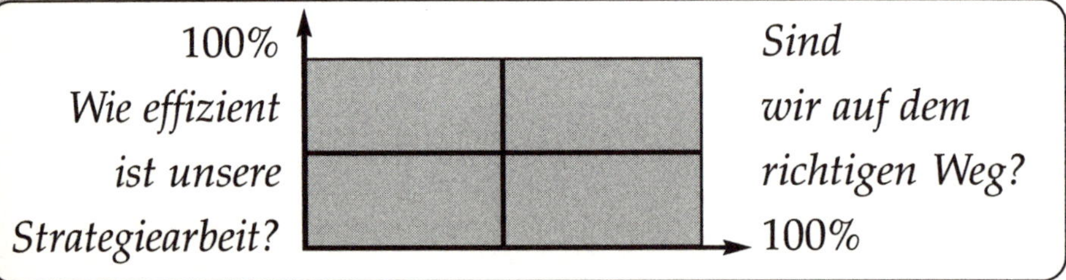

Was braucht man:

- Eine große Wand bzw. Laptop mit Beamer
- Post-its
- Moderationskoffer
- Kreppband

Unser Kommentar:

Für diesen anspruchsvollen Workshop sollten Sie mindestens 1,5 Tage einplanen.

GRUNDSATZENTSCHEIDUNG: MANAGEMENTTEAM, CHANGETEAM, CORPORATE DEVELOPMENT-ABTEILUNG

Wann einsetzen:

Die Veränderungsziele sind klar. Unklar ist noch die Zuordnung der Verantwortlichkeiten für den Wandel:

- im Management-Team (Linie)
- in einem zeitlich befristeten Changeteam (Projekt)
- in einer Corporate Development-Abteilung (Stab)

Was bewirken:

Die Entscheider setzen sich mit Vor- und Nachteilen dieser Formen auseinander. Die Entscheidung wird bewusster, die Wirkung auf die Organisation klarer.

Wie vorgehen:

Schritt 1: Im Rahmen einer Auftraggebersitzung werden die drei Varianten kurz skizziert:

MANAGEMENT-TEAM | CHANGE-TEAM | CORPORATE DEVELOPMENT

Schritt 2. Ziel-Check:
Die Ziele des Veränderungsprozesses werden einzeln durchgegangen, die jeweiligen Varianten dazu in Beziehung gesetzt (was fördert diese Variante/was verhindert sie?).

Schritt 3: Stakeholder-Check:
Die nächste Diagnosearbeit wird aus Sicht der Stakeholder dieser Veränderung (Mitarbeiter, Eigentümer, Kunden...) durchgeführt: Wie schätzen wir aus unserer derzeitigen Sicht die Varianten ein?

Schritt 4: Nutzen/Aufwand
Als Abschluss positionieren die Teilnehmer die Varianten in einem Nutzen/Aufwand-Portfolio.

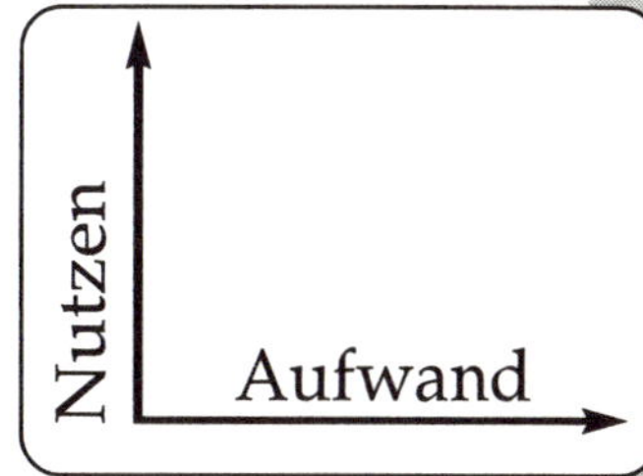

Schritt 5: Die weitere Vorgehensweise insbesondere die Kommunikation wird vereinbart.

Was braucht man:

Flipchart oder Laptop und Beamer

Unser Kommentar:

Nicht alle Veränderungen müssen "automatisch" durch ein Changeteam gesteuert werden! Die Linie ist eine gute Alternative.

AUSWAHL PERSONEN AUF DER BASIS EINER MIKROKOSMOS-ANALYSE

Wann einsetzen:

Das Unternehmen setzt auf Teams zur Umsetzung der Veränderung. Die Auswahl der Personen ist entscheidend für den Umsetzungserfolg. Die Teams sollen die Charakteristika des Unternehmens gut widerspiegeln (Mikrokosmos-Ansatz, Integration aller relevanten Unterschiede).

Was bewirken:

Die Auswahl der Personen erfolgt unter den Gesichtspunkten „die besten Leute ins Team", „der optimale Mix".

Wie vorgehen:

Schritt 1: Im Auftraggeber-Gremium arbeiten die Teilnehmer zunächst einzeln zu den Leitfragen: „Welche unterschiedlichen Logiken zeichnen unser Unternehmen aus?" „Welche Strömungen in Bezug auf harte Schnitte/neues Wachstum gibt es im Unternehmen?" „Was sind die harten Schnitte/neues Wachstum im Changeprozess?" „Welche Anforderungen ergeben sich daraus für die Auswahl der Schlüsselpersonen"?

Schritt 2: Die Ergebnisse werden verdichtet und zu Kriterien für die Teambesetzung zusammengefasst.

Ein Beispiel dazu:

Kriterien / Personen	Zugehörigkeit (<1J., <2J., >2J.)	Bereich Technik/ Kfm/ Verkauf	Einstellung konservativ/ progressiv	Erfahrung mit harten Schnitten	Erfahrung mit neuem Wachstum

Schritt 3: In dieses Modell werden nun die Vorschläge bezüglich der Teambesetzung eingetragen (Zielsetzung: Die besten Leute).

Schritt 4: Die einzelnen Spalten werden analysiert -> Zielsetzung: Der beste Mix. Die Auswahl wird schrittweise eingeengt. Erfahrungsgemäß wird hier hin und her gehüpft, da es wechselseitige Verknüpfungen gibt.

Schritt 5: Die Verantwortlichen entscheiden die Besetzung.

Was braucht man:

Flipchart/Laptop und Beamer

Unser Kommentar:

Im Zweifel entscheiden Sie sich für einen „explosiven" Mix, der die Unterschiede Ihrer Organisation auf den Punkt bringt.

DAS „ROTE BAND"

Wann einsetzen:

Die Organisation steht vor einer Transformation. Das Neue ist noch unvertraut, der Übergang bewegt viele Führungskräfte und Mitarbeiter.

Was bewirken:

In einer Simulation wird den Teilnehmern bewusst, welche Dynamiken der Übergang mit sich bringt.

Wie vorgehen:

Schritt 1: Der Raum wird mit einem roten Band in der Hälfte abgetrennt. Die Felder sind mit „alt" und „neu" ausgeschildert. Die Teilnehmer befinden sich alle im Feld „alt".

Schritt 2: Gruppen diskutieren zu folgenden Leitfragen:
„Worauf sind wir stolz/wo sind wir einzigartig?"
„Was wollen wir mitnehmen/übertragen/erhalten?
„Was werden wir zurücklassen, wovon verabschieden wir uns?"
In kurzen Statements werden die unterschiedlichen Standpunkte im Plenum ausgetauscht
Schritt 3: Das Band wird „offiziell" durchgeschnitten: Jeder geht einzeln von „alt" nach "neu" und kommentiert aus seiner Sicht: „Was bedeutet dieser Übergang für mich?"
Schritt 4: In Gruppen wird eine Zusammenfassung ausgearbeitet und dann im Plenum verdichtet.

Was braucht man:

- großer Raum ohne Stühle
- rotes Band
- Schere

Unser Kommentar:

Etwas theatralisch – aber es wirkt!

REISEN IN FREMDE WELTEN (BEISPIEL: SEMINARHOTEL)

Wann einsetzen:

Die Schlüsselpersonen beschäftigen sich intensiv mit Changemanagement-Fragen. Neben eigener Erarbeitung wollen sie auch auf externe Impulse eingehen.

Was bewirken:

Durch das Beobachten von Erfolgsbeispielen aus anderen Branchen oder Systemen steigt die Sensibilität für das eigene Agieren. Durch die Diskussion von Unterschieden und Gemeinsamkeiten entstehen neue Lösungsideen. Das Gespür für die eigenen Erfolgsfaktoren steigt.

Wie vorgehen:

Wir schildern einen prototypischen Ablauf am Beispiel des Seminarhotels, in dem sich das Management-Team befindet. Dieses Hotel ist in der Vergangenheit mehrfach ausgezeichnet worden.

Schritt 1: Die Gruppe wird in mehrere Sub-Teams aufgeteilt, die ihren Beobachterfokus definieren. In diesem Beispiel:

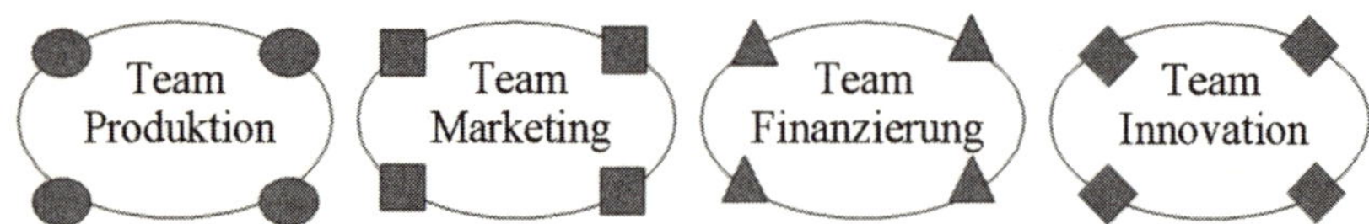

Die Teams legen ihre Analyse-Vorgangsweise fest:

- Interviews
- Dokumentenanalyse
- verdeckte Beobachtung
- etc.

Als Zeitbudget für die Informationssammlung haben Sie einen bestimmten Zeitraum, z. B. zwei Stunden zur Verfügung.

Schritt 2: Die Gruppen schwärmen aus und holen Informationen ein.

Schritt 3: In einem Seminarraum sichtet jede Gruppe getrennt voneinander die Ergebnisse und bildet Hypothesen darüber, was die speziellen Erfolgsfaktoren dieses Unternehmens ausmacht. Die Gruppen bereiten eine Präsentation vor.

Schritt 4: Die Präsentationen werden im Plenum ausgetauscht.

Schritt 5: Hintereinander werden nun – für alle Teilnehmer öffentlich – die Ergebnisse verdichtet.
Die Gruppen werden gemischt:

Schritt 6: Zusammenfassung und Operationalisierung (wer macht was?) der Ergebnisse

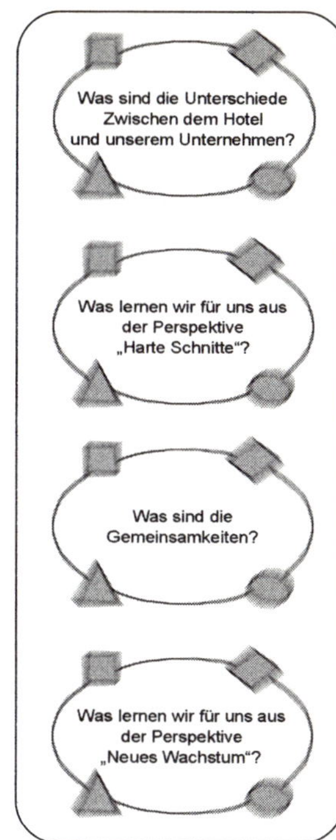

Was braucht man:

- Ein „System", das sich beobachten lässt (hier das Seminarhotel)
- Moderationsmaterial für die Gruppen
- evtl. Kamera, Diktaphon

Unser Kommentar:

Sie werden staunen, wie komplex ein System „Seminarhotel" sein kann.

QUICK-WIN-PORTFOLIO

Wann einsetzen:

Das Changevorhaben ist im Laufen, erste Umsetzungsergebnisse sind absehbar. Es gibt aber keine Koordinierung und Strategie bezüglich der Quick Wins.

Was bewirken:

Eine „Dramaturgie" von Quick Wins, die in alle wichtigen Stakeholder-Gruppen wirkt und Umsetzungsenergie bringt.

Wie vorgehen:

Schritt 1: Die Steuergruppe (Managementteam oder Projektteam) sammelt alle bisher umsetzbaren Projektergebnisse. Jeder Teil-bereichsverantwortliche geht seine Planung durch und schreibt diese auf getrennte Postits.

Schritt 2: Die einzelnen Ergebnisse werden in das folgende Quick-Win-Portfolio eingetragen.

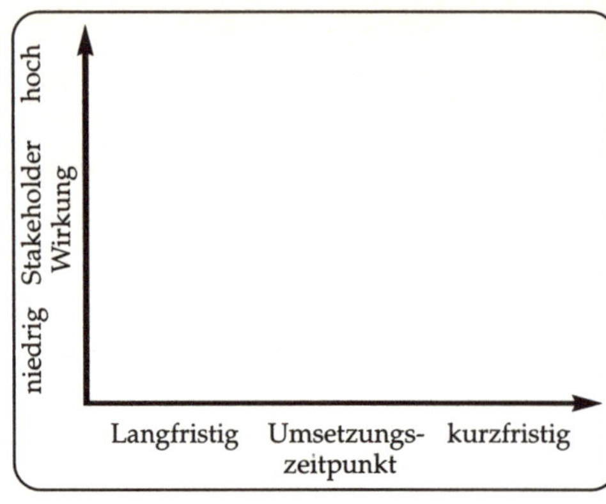

Schritt 3: Gemeinsam wird das Gesamtbild ausgewertet. Ziel ist ein ausgewogenes Portfolio, das die Quick Wins auf alle Phasen verteilt und alle wichtigen Stakeholder erfasst.
Optimierungsfragen:

- Sind die Quick Wins gut gestartet oder sollten einige noch vorgezogen bzw. verschoben?
- Was ist die unternehmerische Wirkung – wie relevant sind die Quick Wins für den Alltag?

Schritt 4: Die Verantwortlichen fassen die Ergebnisse zusammen und legen Umsetzungsschritte fest.

Was braucht man:

- Eine große Wand für das Portfolio
- Post-its (großes Format)

Unser Kommentar:

Haben Sie schon einen wirklichen Quick Win miterlebt?

STAKEHOLDER-IMPACT-ANALYSE

Wann einsetzen:

Es ist unklar, wie die einzelnen Stakeholder konkret von den Ergebnissen des Projekts/des Vorhabens betroffen sind, inwieweit sie informiert sind und welche Klarheit sie über die nächsten Schritte haben.

Was bewirken:

Das Steuerungsteam gewinnt Überblick hinsichtlich des Status von Seiten der Stakeholder. Die Qualität der Steuerungsmaßnahmen wird verbessert.

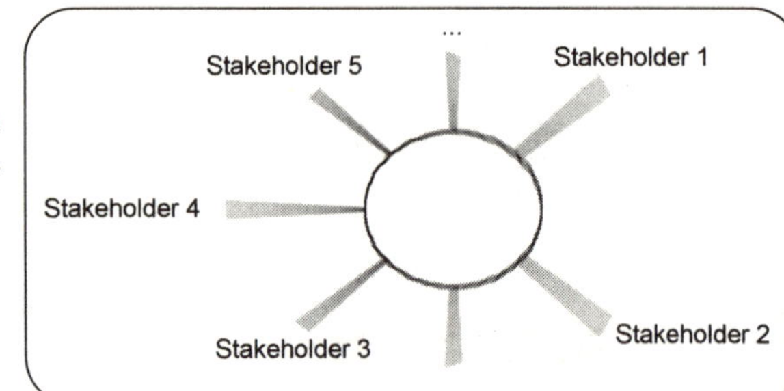

Wie vorgehen:

Schritt 1: In einer Brainstorming-Runde werden die wesentlichen Stakeholder erarbeitet und in einer Grafik dargestellt (sollte das Team bereits eine erstellt haben, kann diese als Ausgangsbasis genommen werden.

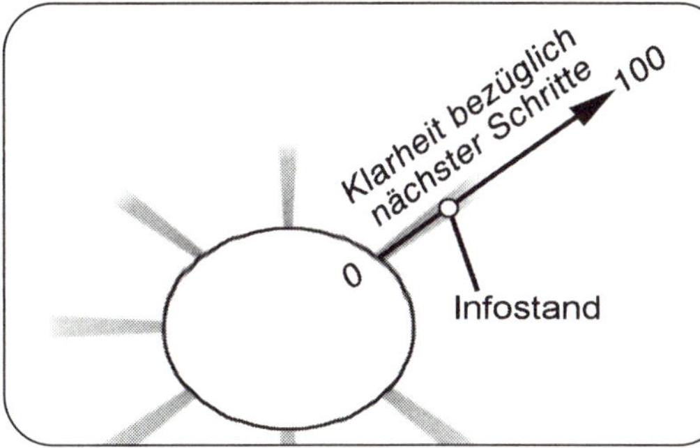

Schritt 2: Pro Stakeholder-Gruppe werden nun zwei Werte in gemeinsamer Diskussion ermittelt:

- Wie gut ist die jeweilige Gruppe bezüglich der Veränderung informiert (0% bis 100 %)
- Haben die Stakeholder Klarheit bezüglich ihrer nächsten Schritte, ihrer Aufgaben und Beiträge? (0% bis 100 %)

Schritt 3: Die Einschätzungen werden in die Grafik umgesetzt. Diese dienen als Ausgangspunkt für die gesamthafte Bewertung der Ausgangssituation und Handlungsoptionen.

Was braucht man:

- 2 Pinnwände
- Flipcharts

Unser Kommentar:

Überprüfen Sie, ob sie wirklich für alle Stakeholder "etwas" haben.

DIE MANAGEMENTTEAM-REDE

Wann einsetzen:

Von vielen Seiten wird eine klare Positionierung des Managements gefordert. Die Interessen der Stakeholder sind vielschichtig und widersprüchlich. Im Managementteam selbst gibt es unterschiedliche Positionen.

Was bewirken:

Das Managementteam geht klarer mit den unterschiedlichen Interessen um. Es gibt klare Kommunikationsschwerpunkte.

Wie vorgehen:

Schritt 1: In einer kurzen Umfeldanalyse werden die unterschiedlichen Stakeholder dargestellt. Ein Dreier-Team wird beauftragt, eine Rede zur „Lage der Nation" zu konzipieren. (Der vorgesehene „wirkliche" Redner sollte die-

sem Team nicht angehören). Die restlichen Teilnehmer gruppieren sich zu Paaren und entscheiden sich für eine Stakeholder-Perspektive. Gibt es zuwenig Teilnehmer für alle Stakeholder-Gruppen, nehmen die Paare mehrere Perspektiven ein.
Schritt 2: Parallele Gruppenarbeiten:
Dreier-Team: Konzeption der Rede, Vorbereitung der Ansprache, Verteilung von Rollen
Stakeholder-Paare: Was zeichnet unsere Position aus? Was erwarten wir vom Managementteam?
Schritt 3: Durchführung der Rede, Abklären von Verständnisfragen
Schritt 4: Feedback: Die Stakeholder-Paare geben Feedback zu:
- Welche Emotionen hatten wir während der Rede?
- Was hat uns positiv angesprochen?
- Was sehen wir kritisch?

Schritt 5: Im Plenum werden Verbesserungen erarbeitet.Als Abschluss fasst der Sprecher der „wirklichen" Rede seine Erkenntnisse zusammen.

Was braucht man:

Schreibmaterial

Unser Kommentar:

Kontroverse Diskussion erhöht die Qualität der Rede!

RAHMENBEDINGUNGEN VERÄNDERN, OPTIONEN FÜR NEUES WACHSTUM STÄRKEN

Wann einsetzen:

Die Veränderung gewinnt an Dynamik. Jetzt geht es um die Stärkung der Wachstumsoptionen.

Wie vorgehen:

Durch neue Rahmenbedingungen wird die Routine irritiert. Dadurch entstehen neue Handlungsoptionen. Den Mitarbeitern wird bewusst, dass Innovation gewünscht ist.

Wie vorgehen:

Option 1: Nehmen Sie sich einen Kreativitäts- und Innovationsberater, der vor allem die räumlichen Rahmenbedingungen verbessert – inkl. der Farbgestaltung, der Einrichtung, der "Sounds" und der Verwendung von Licht und Pflanzen.

Option 2: Unterstützen Sie Ihre Mitarbeiter in der Gestaltung von kreativen Arbeitsumgebungen, auch dann, wenn es sich um virtuelle Arbeitsplätze handelt.

Option 3: Veranstaltungen Sie Kreativsitzungen in einzigartigen Settings wie in Kaffeehäusern, Vergnügungsparks oder Wellness-Hotels. Nur Ihre Phantasie kann Sie limitieren.

Option 4: Führen Sie ein System für die Implementierung von Innovationen und das Messen ihrer Effektivität. Das System sollte Ziele hinsichtlich der Frequenz von Innovationen sowie deren Ergebnisbeitrag enthalten.

Was braucht man:

Phantasie und Mut, diese umzusetzen.

Unser Kommentar:

Überraschungen produzieren Überraschungen. Oft haben kleine Veränderungen eine große Wirkung.

INNOVATIONSMARKT

Wann einsetzen:

Es gibt unterschiedlichste Innovationsansätze und -vorhaben im Unternehmen. Die Gesamtsicht wird von den Betroffenen noch nicht erlebt. Es fehlen Anreizsysteme.

Was bewirken:

Die Innovationskraft des Unternehmens wird gestärkt, innovative Schlüsselspieler erhalten marktorientierte Anreize, konstruktiver Wettbewerb wird gefördert. Die Gesamtsicht wird für alle erlebbar.

Wie vorgehen:

Schritt 1: Vorbereitung: Laufende Innovationsvorhaben und -projekte werden gesichtet und in einer Übersicht zusammengefasst. Mögliches Raster: Innovationsthema – Zukunftsszenario, wenn realisiert – Geschäftsidee / Nutzen für welches Bedürfnis – Status (Idee, Experiment, Pilot, Venture) – was und wie wir arbeiten wollen / Impulse von außen und Querdenken – Ressourcen
In einer internen Ausschreibung wird der Innovationsmarkt angekündigt. Die derzeit mit Innovationen Beschäftigten werden zum Kickoff eingeladen, für zusätzliche Bewerbungen wird aktiv geworben.

Schritt 2: Durchführung Kickoff: Die Bewerbungen werden allen Teilnehmern vorgestellt (z. B. in einem Markt-Setting). Das Topmanagement kommuniziert die Ziele und den Ablauf des Innovationsmarkts. Die teilnehmenden Innovationsvorhaben werben um Personen und Ressourcen. Sie erhalten von den anderen Marktteilnehmern inhaltlich Feedback und Impulse für ihre weitere Arbeit (eventuell aus jeweiligen Stakeholderperspektiven).
Wer in Innovationsvorhaben investieren will, bietet Ressourcen an, wer Kompetenzen und Erfahrungen einbringen möchte, verhandelt mit Innovations-Teams um Mitarbeit.
Das Topmanagement setzt Rahmen (z. B. Zeitkapazität pro Mitarbeiter, Gesamtbudget) und Spielregeln fest. Bewährt haben sich solche, die auf Autonomie, Eigeninitiative, intensive Kommunikation durch Selbststeuerung und wechselseitige Herausforderung setzen.

Schritt 3: Die Innovations-Teams arbeiten selbständig weiter bzw. vernetzen sich mit anderen Teams, zu denen es synergetische Beziehungen gibt.

Schritt 4: Die Teams bereiten einen Innovationsmarkt vor, der intern breit vermarktet wird. Sie bereiten die bisherigen Ergebnisse ihrer Arbeit auf (vgl. Raster aus Schnitt 1) und was bzw. wie sie weiter anbieten wollen.

Schritt 5: Im Rahmen des Innovationsmarkts wird viel Information ausgetauscht, entweder eine Jury entscheidet über die "wirkungsvollsten" Innovationen oder alle Teilnehmer.

Schritt 6: Die Preisträger geben eine „Pressekonferenz" an die für sie relevante Öffentlichkeit.

Was braucht man:

Moderator, Berater, Projektteam, das den Innovationsmarkt als Prozess plant, Steuert - maßgeschneidert.

Unser Kommentar:

Der Innovationsmarkt bringt am meisten, wenn man ihn als Prozess versteht (Vor-/Nachbereitung). Er verankert Innovationsorientierung und nutzt Innovationspotenziale

ZUM QUERDENKEN: INNOVATIONSPOTENZIALE IM TEAM HEBEN

Wann einsetzen:

Ein Innovationsteam befindet sich in der Kickoff-Phase. Alle Schlüsselspieler finden sich zu einer Klausur ein, mit dem Ziel, erste Innovationspotenziale zu heben.

Was bewirken:

Jeder Teilnehmer wird positiv angeregt, über die Zukunft des Unternehmens nachzudenken, das Lösungsspektrum verbreitert sich.

Wie vorgehen:

Schritt 1: Versetzen Sie sich in jemanden, der Sie immer schon sein wollten. Konzentrieren Sie sich darauf: Was ist in dieser Situation mein Alltag? Worauf bin ich stolz? Was ist mein Traum?

Schritt 2: Bilden Sie kleine Teams (à 3 bis 4) – Spaziergang:
„Stellen Sie sich vor, Sie treffen einander zufällig, lernen einander kennen und hören von Ihrer Firma und den Fragen, die die Leute dort beschäftigen."
Gehen Sie nun gemeinsam an einen Ort, wo Sie sich wohlfühlen – zu dem Sie sonst nie gehen würden, um sich mit der Frage zu beschäftigen:
Was wäre aus unserer Perspektive wirklich ganz anders/überraschend innovativ für dieses Unternehmen?

Schritt 3: Austausch Plenum

Schritt 4: Jede Gruppe arbeitet an Ideen anderer Gruppen weiter (was ist daran produktiv -> „was steckt drin?")

Schritt 5: Austausch

Was braucht man:

Flipcharts/Laptop zur Dokumentation

Unser Kommentar:

Innovation soll auch Spaß machen – die "Traum-Frage" bringt traumhafte Resultate.

ZUKUNFT KABARETT: SZENEN AUS DER ZUKUNFT

Wann einsetzen:

Eine erste Vision ist dokumentiert bzw. andiskutiert. Diese ist noch abstrakt und wenig handlungsorientiert.

Was bewirken:

Durch das Spielen von konkreten Szenen wird die Zukunft erlebbar – jeder setzt die abstrakte Vision in Handlungen um. Die Aufarbeitung bringt konkrete Weiterentwicklungen für die Vision.

Wie vorgehen:

Schritt 1: Die Teilnehmer bilden Gruppen (drei bis fünf Teilnehmer). Jede Gruppe erhält die Aufgabe, eine Szene vorzubereiten. Kriterien:

- Die Szene soll typisch für die Zukunft sein („geschäftsrelevant").
- Sie soll Elemente harter Schnitte und neuen Wachstum integrieren.
- Jeder spielt mit, alles ist erlaubt.
- Die Gruppe soll der Szene einen Namen geben.

Schritt 2: Die Gruppen bereiten sich getrennt voneinander vor.

Schritt 3: Die Reihenfolge der Szenen wird festgelegt, der Moderator schreibt die Nahmen auf ein Flipchart. Nach und nach werden die Szenen gespielt, bei Szenenapplaus wird unterbrochen, nach jeder Szene gibt es Applaus.

Schritt 4: (evtl. am nächsten Morgen): In gemischten Gruppen (jede „Szene" sollte vertreten sein) werden die gespielten Szenen aufgearbeitet. Leitfragen:

- Was ist für unsere Vision besonders deutlich geworden?
- Was waren die Schlüsselszenen?
- Was haben die Szenen verstärkt?
- Welche Ergänzungen hinsichtlich unserer Vision sehen wir jetzt?
- Was ist nicht thematisiert worden und warum nicht (Hypothese)?
- Was lernen wir für harte Schnitte und neues Wachstum?

Schritt 5: Austausch im Plenum, ein Redaktionsteam übernimmt die Präzisierung der Vision

Was braucht man:

- Ein Podium für die Gruppen, die die Szenen spielen
- Ein Flipchart
- Eine Videokamera

Unser Kommentar:

Eignet sich hervorragend für das Abendprogramm im Rahmen einer Klausur

WIDERSPRÜCHE BEARBEITEN – KOSTEN/ NUTZEN

Wann einsetzen:

Es gibt unterschiedliche Wahrnehmungen zur aktuelle Situation und die zu setzenden Entwicklungsschritte. Die Diskussion wird sehr polarisiert geführt, eine Auflösung der Konflikte scheint nicht in Sicht.

Was bewirken:

Es wird deutlich, dass die Auseinandersetzung mit „Widerstand" für den weiteren Prozess sehr wichtig ist. Durch die Arbeitsform erkennen die Teilnehmer, dass jede Intervention ihren Preis hat, Pro und Contra werden deutlich, Polarisierungen lösen sich auf.

Wie vorgehen:

In einer Arbeitsgruppe, der alle wichtigen Repräsentanten des „Problems" teilhaben, werden einzelne Aspekte nach folgender Grundstruktur durchgeabeitet.

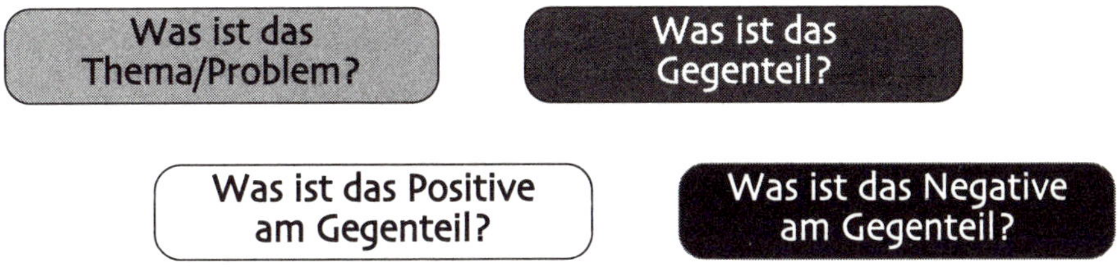

Was ist das Thema/Problem?

Was ist das Gegenteil?

Was ist das Positive am Gegenteil?

Was ist das Negative am Gegenteil?

Beispiel 1:

Beispiel 2:

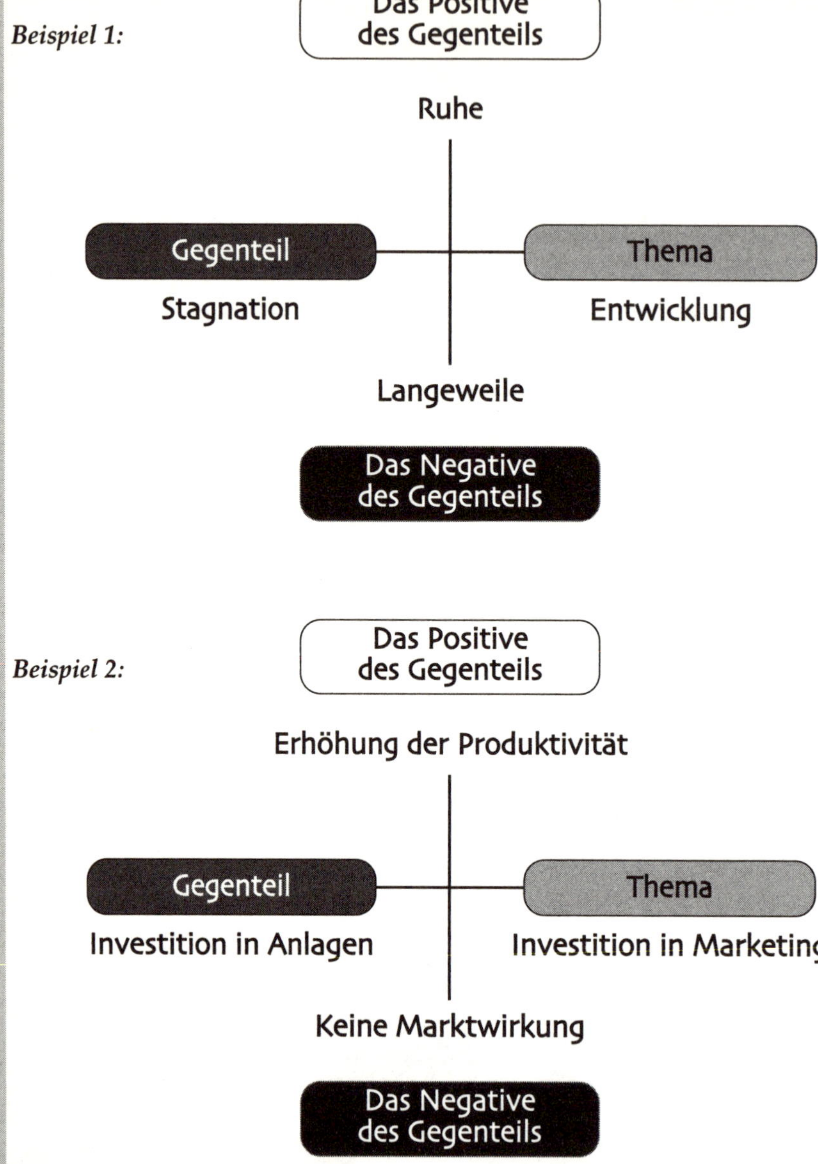

Im Anschluss daran werden Lösungsoptionen eruiert und auf Umsetzungsmöglichkeiten geprüft.

Was braucht man:

Die wesentlich Beteiligten in einem Raum und neutrale Moderation.

Unser Kommentar:

Kann auch im Einzel-Coaching verwendet werden.

„STEH AUF ODER BLEIB SITZEN"

Wann einsetzen:

Die Organisation ist mitten in einem Changeprozess. Es gibt unterschiedliche Strömungen und Wahrnehmungen im Unternehmen. Wie diese verteilt sind ist unklar, aber für die weitere Vorgehensweise sehr bedeutend.

Was bewirken:

Im Rahmen einer Großveranstaltung – bei der ein großer Teil der Belegschaft oder ein repräsentativer Querschnitt anwesend ist, werden diese Unterschiede pointiert und schnell für alle sichtbar.
Diese Information nutzen die Verantwortlichen für die weitere Gestaltung des Changeprozesses.

Wie vorgehen:

Schritt 1: Vorbereitung: Die relevanten Unterschiede für den Change-Erfolg erarbeiten.
Beispiel: Wie sehr wird sich die Veränderung auf folgenden Ebenen auswirken (Darstellung auf zwei Achsen)

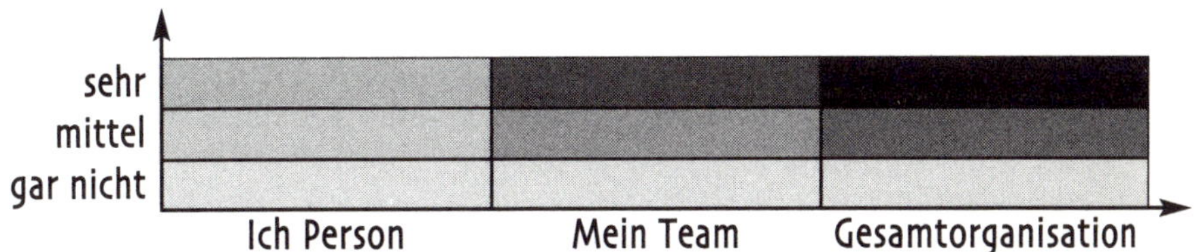

Schritt 2: Unterschiede vorstellen (5 – 10 min.)
Schritt 3: Jede Ebene individuell einschätzen (Einzelarbeit) (5 min.)
– sehr
– mittel
– gar nicht
Schritt 4: Jede Ebene analog abfragen:
gar nicht: sitzen bleiben/mittel: aufstehen/sehr: aufstehen und eine Hand heben (3 – 5 min.)
Schritt 5: Bei jeder Ebene alle drei Positionen als Blitzlicht abfragen „Warum haben Sie sich so entschieden, wie wirkt das Gesamtbild auf Sie?" (40 min.)
Schritt 6: Im Plenum weiterarbeiten:

1. Minimalvariante: Changemanagement-Umsetzungsverantwortliche (be)ziehen Stellung und Konsequenzen (15 min.)
2. Weitere Möglichkeit: Delegierte diskutieren im Plenum, Arbeitsgruppen,... und ziehen Konsequenzen für die Gestaltung des Changeprozesses

Was braucht man:

- Raum, in dem alle sich gegenseitig sehen (sonst Video-Übertragung)
- Präsentationstechnik
- Sound-Anlage je nach Größe
- Gruppengröße: 25 bis 1000 und mehr

Unser Kommentar:

Die Auswahl der Unterschiede ist entscheidend! Diese müssen umsetzungsrelevant und emotional ansprechend sein. Diese Information wirklich als Motor für die Gestaltung nutzen.

MINI-EVALUATION CHANGESTATUS

Wann einsetzen:

Das Unternehmen wird an vielen Stellen verändert, unterschiedlichste Teilvorhaben werden angegangen. Die Führungskräfte schätzen den Fortschritt unterschiedlich ein.

Was bewirken:

Klarheit darüber, in welcher Phase Teilvorhaben der Veränderung stehen. Entwicklung von passenden Steuerungsmaßnahmen in Bezug auf den gesamten Change und die Teilvorhaben.

Wie vorgehen:

Schritt 1: Die Repräsentanten der einzelnen Vorhaben gruppieren sich und schätzen den Status anhand des Phasenmodells ein.
Schritt 2: Danach positionieren sie sich im Raum gemäß ihrer Einschätzung. Gemeinsam (eventuell) mit dem Repräsentanten anderer Teilvorhaben, die sich auch in der gleichen Phase befinden, diskutieren sie die Gründe für die Positionierung. (Warum stehen wir dort, wo wir stehen? Was ist das besondere Charakteristikum unserer Position?)

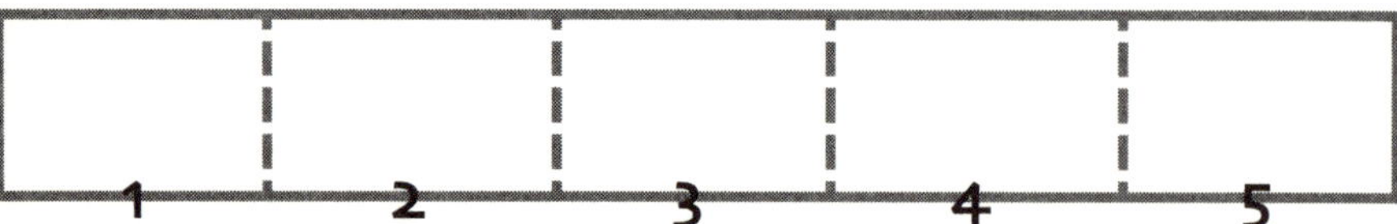

Was braucht man:

- Raum mit Bodenmarkierung (anfangs ohne Stühle)
- Stühle, die schnell in den Raum gestellt werden können
- Flipcharts

PILOTS AUSWERTEN – CHECK FÜR WEITERE UMSETZUNG

Wann einsetzen:

Erste Pilots sind angelaufen. Die Reaktionen darauf sind unterschiedlich. Im Unternehmen gibt es viele Gerüchte in Bezug auf die Umsetzungserfahrungen. Es ist noch unklar, welche Umsetzungsschritte die erfolgversprechendsten sind.

Was bewirken:

Es gibt ein gleiches Verständnis des Standes der Pilotprojekte und der wesentlichen Umsetzungsfragen. Die Umsetzungsqualität wird erhöht.

Wie vorgehen:

Zur Arbeit im Resonanzteam werden folgende Teilnehmer eingeladen:

- Pilotierer
- Management = Entscheider
- Projektleiter und Auftraggeber
- Stakeholder: Experten/Anwender im Tagesgeschäft

  Arbeitsgruppen formieren sich unter dem Gesichtspunkt „Mit wem, glaube ich, teile ich eine ähnliche Sicht der derzeitigen Situation?"

Schritt 1: Leitfragen zur Diskussion in den Gruppen

1. Gerüchte – was haben wir von den Pilots gehört?
2. Was interessiert am brennendsten an den Pilots bzw. der Auswertung bei den Umsetzungskonzepten?

Schritt 2: Plenum: Drei Highlights pro Gruppe werden kurz vorgestellt.

Schritt 3: Die Pilots stellen möglichst „live" vor

- Erfolge/Misserfolge/Ups & Downs im Pilot
- Lessons Learned zu harten Schnitten und neuem Wachstum
- das Umsetzungskonzept im Überblick
- Was sollen wir bewahren/was ändern/was erhalten?
- Woran können wir den Erfolg messen?

Schritt 4: Verständnisfragen der Gruppen dazu

Schritt 5: Vertiefende Diskussion in den Arbeitsgruppen

1. Warum wird das Konzept schief gehen? (Rolle Advocatus dDiaboli
2. Warum wird es gelingen? (Rolle Promotor)
3. Welche Fragen sind noch zu diskutieren? Die Gruppe wählt einen „Frager" aus.

0%

Schritt 6:. Der Moderator sammelt die Fragen („heiße Eisen") und dokumentiert diese auf einem Flipchrt.

Schritt 7: Hearing und Dialog

- **Innenkreis:** Der Frager und wer darauf antworten möchte, rückt in den Innenkreis
  a) Frager wird vom Moderator interviewt:
  - Was ist die Frage?
  - Warum ist sie wichtig?
  - welche Kriterien für gute Antwort gibt es?
  - Wer dazu antworten will -> rückt in den Innenkreis

  b) Die „Antworter" wiederholen, was sie als Frage verstanden haben. Erst wenn es dazu ein Okay vom Frager gibt, darf er antworten, zurückfragen, Varianten oder Ideen entwickeln.
  Ziel: Frage beantworten oder weiteres Procedere zur Bearbeitung klären
- **Außenkreis:** hört zu (Aufgabenstellung: Nachvollziehen, Verstehen, Resonanzen notieren)

Schritt 8: Gesamtsicht. Der Moderator zieht eine Linie durch den Raum

0% |————————| 100%

Jeder beantwortet die Leitfrage: "Wie hoch schätze ich aktuell die Umsetzungschancen ein?"
-> aus *Unternehmensgesamtsicht*, d. h. kein Fokus auf die eigene Perspektive
-> alle stellen sich auf der Skala auf, der Moderator interviewt die Teilnehmer zur jeweiligen Positionierung und die Einschätzung des Gesamtbilds.
-> eventuell Statement Auftraggeber und Projektleiter

Was braucht man:

- Moderationskarten
- Präsentationsunterlagen
- Kreppband

Unser Kommentar:

Ein wesentlicher Erfolgsfaktor ist eine möglichst breite Beteiligung und eine kontroverse Diskussion! Wichtig: klare und „strenge" Moderation.

„PAPIERKORB – MUSEUM – SCHAUFENSTER" – SYMBOLISCHE AKTION

Wann einsetzen:

Es ist den meisten Betroffenen mittlerweile klar, dass sich die Organisation im Zuge der Veränderung von wesentlichen, lieb gewonnenen, teilweise auch verhassten, Routinen/Verhaltensmustern verabschieden muss. Für die Zukunft zeichnen sich schon einige konkrete neue Leitlinien ab.

Was bewirken: In einer symbolischen Aktion wird der „Abschied" thematisiert, aber auch die Neuorientierung. Der Abschied von guten, aber aus der Zeit gekommenen Verhaltensweisen wird in einer wertschätzenden Form vollzogen, die den Weg für Neues öffnet.

Wie vorgehen:

Vorbereitung: Im Vorfeld werden die Teilnehmer (Schlüsselspieler für die Veränderung) gebeten, sich zu folgenden Fragen vorzubereiten:

Frage 1: Wovon müssen wir uns verabschieden, obwohl es funktional und wichtig war?

Frage 2: Wovon müssen wir uns verabschieden, weil es immer schon dysfunktional und unwichtig war?

Frage 3: Was müssen wir verstärken, um in Zukunft erfolgreich zu sein?

Schritt 1: Workshop/Großveranstaltung
Die Teilnehmer diskutieren in Dreier-Gruppen die unterschiedlichen Zugänge zu den drei Fragen. Sie schreiben die Kernbotschaften zu jeder der drei Fragen auf Karten. Jeder der drei Teilnehmer übernimmt es, eine Frage zu vertreten.

Schritt 2: Das Museum
Die Vertreter zur Frage 1 versammeln sich vor der „Museums-Pinnwand". Der Moderator fragt die unterschiedlichen Perspektiven ab und gruppiert die Themenbereiche. Das Gesamtbild wird in der Gruppe diskutiert und verabschiedet. Die beiden anderen Gruppen hören zu.

Schritt 3: Der Papierkorb, analog Schritt 2

Schritt 4: Das Schaufenster, analog Schritt 2

Schritt 5: Erarbeitung eines Umsetzungsplans
Die Gruppen verbleiben in ihrer Perspektive und arbeiten zu folgenden Leitfragen:

- Was können wir tun, um den Papierkorb, das Museum, das Schaufenster in der Praxis erfolgreich umzusetzen?

- Was brauchen wir dazu?
- Was kann der nächste Schritt sein?

Schritt 6: Die Gruppen präsentieren jeweils ihre Ergebnisse. Die jeweils Betroffenen werden nach ihrer Sicht (Zustimmung/Ablehnung) gefragt. Für die nächsten Schritte werden klare Verantwortlichkeiten definiert (To-Do-List)

Schritt 7: Die Teilnehmer kehren in ihre ursprünglichen Dreier-Gruppen zurück und diskutieren:
- Wie stimmig ist das Gesamtbild?
- Was ist uns inhaltlich/emotional/strukturell am wichtigsten?
- Welche Empfehlung geben wir zur weiteren Vorgehensweise?

Was braucht man:
- Eine „Papierkorb-Pinnwand"
- Eine „Museums-Pinnwand"
- Eine „Schaufenster-Pinnwand"
- Moderationskoffer

Unser Kommentar:
- Durch das „Museum" wird Wertschätzung dem „Alten" gegenüber deutlich.

SYMBOLISCHE UMSETZUNG DER HAUPT-HERAUSFORDERUNG

Wann einsetzen:

Die Ziele sind klar kommuniziert und akzeptiert. Diese Ziele sind sehr herausfordernd. Sie lassen sich auf Kernbotschaften konzentrieren.

Was bewirken:

Den wichtigsten Stakeholdern wird bewusst, worum es geht. Der Entwicklungsstand des Prozesses wird nachvollziehbar. Die Fokussierung wird gestärkt.

Wie vorgehen:

Schritt 1: Das Kernteam (Projektteam, GF,...) analysiert den Veränderungsprozess in Bezug auf dessen Kernbotschaften. Je nach Gruppengröße ist dies eine Diskussion in der Gesamtgruppe oder in Untergruppen. Die Leitfragen lauten:
- Was sind die wichtigsten Zielsetzungen des Prozesses (inhaltlich, zeitlich, sozial, ...)?
- Welche Stakeholder sind für die Erreichung dieser Ziele am wichtigsten?

Die Ergebnisse werden auf einem Flipchart dokumentiert.

Schritt 2: Brainstorming in Untergruppen

- Welche Symbole könnten für diese Zielsetzungen stehen? (z. B. Endtermin: Uhr; Kostenziel: Geldsack; ...)
- An welchen Orten, durch welche Medien sind die Zielgruppen am besten erreichbar? (z. B. Mitarbeiter: Eingangshalle, Lift, Mensa; Eigentümer: Sitzungsraum; Plakatwand vor dem Privathaus, ...)

Schritt 3: Vorstellung der Ideen im Plenum, gemeinsames Brainstorming zur Leitfrage:
Welche symbolischen Umsetzungen könnte es geben, die den jeweiligen Zielerreichungsgrad des Veränderungsprozesses wirkungsvoll für die relevanten Zielgruppen sichtbar machen?

Schritt 4: Danach wird eine „shortlist" der Ideen erstellt, die in einem Portfolio gewichtet werden.

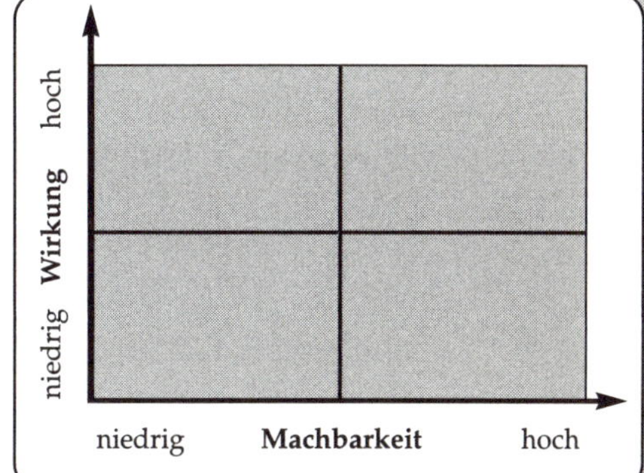

Das Team entscheidet die beste Alternative und legt Umsetzungsverantwortliche fest.

Was braucht man:

- Workshopraum
- Flipchart oder Computer

Unser Kommentar:

In der Praxis haben sich z. B. digitale Count-Down-Anzeigen in der Eingangshalle, Plakate am Unternehmensgelände oder ständig aktualisierte Info-Boxen in Liften bewährt.

PHASEN-ARCHITEKTUR MIT KLAREN ÜBERGABEN BEISPIEL: PROJEKT -> LINIE

Wann einsetzen:

Der Veränderungsprozess erstreckt sich über einen längeren Zeitraum. Die Aufgabenstellungen und sozialen Dynamiken verändern sich im Laufe dieses Prozesses. Eine besonders markante Zäsur ist die Übergabe der Umsetzungsverantwortung von einem Projekt in die Linie, z. B. an die Geschäftsführung oder das Managementteam.

Was bewirken:

Die Mitarbeiter und Führungskräfte haben ein klares Bild über die Meilensteine der Veränderung. Die Übergabe von einer Phase in die andere ist klar, die Ergebnisse der letzten Phase werden gewürdigt, die Anforderungen und Verantwortlichkeiten an die nächste werden definiert und vereinbart.

Wie vorgehen:

Schritt 1: Das Projektteam klärt mit dem Auftraggeber die Phasenstruktur, den Übergabezeitpunkt und die Form der Evaluierung der bisherigen Arbeit.

Schritt 2: Projektteam-Workshop
Das Projektteam wertet die bisherigen Ergebnisse aus. Basis: Projektauftrag, Stakeholder-Feedbacks, Benchmarks mit anderen Projekten.
Aktivitäten

bisherige Ergebnisse	% fertig	Fertig-stellung bis...	Folge-Aufgaben	zuständig

Aus diesen Ergebnissen gestaltet das Projektteam einen „Phasen-Abschlussbericht", der die inhaltlichen Ergebnisse, den Zeitplan, die Kosten und die Beziehungen zu den wichtigsten Stakeholdern umfasst.
Die Übergabe an die neuen Verantwortlichen wird „analog" gestaltet. Einzelne Projektteam-Mitglieder bereiten ein Übergabe-Arbeitspaket vor. Dieses „originale" Postpaket enthält Informationen zu den bereits erarbeiteten Ergebnissen, aber auch zukünftige Arbeitspakete für die Führungskräfte und mögliche Erfolgskennzahlen für diese Bereiche.

Schritt 3: Die Übergabe-Klausur
Zu dieser Klausur lädt die Geschäftsführung alle Mitglieder des Projektteams, Führungskräfte sowie Schlüsselpersonen ein.
Die erste Hälfte der Klausur wird durch das Projektteam gestaltet, danach ist die „Linie" dran.
Die Teilnehmer erarbeiten am Start in Einzelarbeit die signifikantesten Erlebnisse des bisherigen Projekts – aus der ganz persönlichen Betrachtung heraus. Die Ereignisse werden auf einer Skala von –100 bis 100 hinsichtlich ihrer emotionalen Wirkung bewertet. Gemeinsam wird auf der Pinnwand eine „Lebenslinie" erstellt.
Für die Übergabe hat das Projektteam bereits Vorlagen erstellt und in das Postpaket gelegt. Diese Pakete werden persönlich an jede involvierte Führungskraft übergeben.
Die „Übernehmenden" stellen spontan und öffentlich dar, wie sie die Anforderun-

gen und Erwartungen erfüllen wollen. Zum Schluss wird das Projektteam offiziell vom Auftraggeber „gelobt" und „entlastet"

Was braucht man:

- Projekt-Präsentationen
- Laptop, Beamer
- Moderationskoffer
- großer Raum

DAS KUNDEN-PARLAMENT 2

Wann einsetzen:

Im Vorjahr wurde bereits ein Kundenparlament durchgeführt. Die Erfahrungen daraus können für unsere Weiterentwicklung genützt werden.

Was bewirken:

- Fortsetzung und Ausweitung der vorjährigen Veranstaltung
- Direkte, persönliche Ansprache aller relevanten Kunden
- Im Vordergrund: Kundenbindung, neues Geschäft als Nebenziel
- Keine Kopie: wieder eine Veranstaltung mit innovativem Charakter
- Follow Up des letzten Jahres: Was ist an Umsetzung passiert, wie können wir unsere Partnerschaft weiterentwickeln?

Wie vorgehen:

Schritt 1: Vorbereitung

- Selektion der Kunden (derzeitige / „historische" / prospektive) – nach Branchen, Projekten, ...
- Einladung, Ausschreibung der Wahl
- Interne Aufarbeitung: Was ist von den „Paragraphen" des Vorjahrs umgesetzt worden?
- Einstimmung auf das Parlament mit einem Fragebogen, Reminder.

Schritt 2: Durchführung 1. Tag: Kundenparlament

- Grundidee: Die Parlamentarier haben im letzten Jahr ein Grundgesetz verabschiedet – quasi die Verfassung. Jetzt geht es eventuell um Verfassungsänderungen bzw. um Umsetzungsgesetze im Sinne der Vertiefung der Verfassung
- Die Regierung (GF) beginnt mit einer Rede „Zur Lage der Nation"
- Die Parlamentarier debattieren, ziehen sich zu Fraktionsbesprechungen zurück, und verabschieden nach einer Generaldebatte Gesetzesänderungen bzw. Umsetzungsgesetze
- Mitarbeiter sind „nur" Beobachter, Journalisten, Photographen, nehmen am Diskussionsgeschehen nicht direkt teil, die Veranstaltung wird evtl. „live" in einen anderen Raum übertragen.

Schritt 3: Durchführung 2. Tag: Mitarbeiterklausur

- Reflexion der Ergebnisse des Kundenparlaments
- Geschäftsführung: Auswirkung auf unsere generelle Strategie
- Gruppen: Auswirkungen für unsere konkreten Projektstrategien
- Vereinbarung der Nachklausur-Phase: jeder Kunde sollte persönlich kontaktiert werden

Schritt 4: Nachphase

- persönliches Ansprechen jedes Teilnehmers (allgemeine Info und ein spezieller Teil)
- Film auf CD
- Kundenzeitung

Was braucht man:

- Generelle Anforderung:
  Plenarsaal für alle Teilnehmer (nicht zu großer Raum in Relation zur Teilnehmeranzahl, es sollte eine dichte Atmosphäre entstehen können)
- Nebenräume für „Fraktionsbesprechungen"
- Raum für eine Übertragung an die Mitarbeiter

Unser Kommentar:

Ein nicht unerfreulicher Nebeneffekt: Durch die intensive Auseinandersetzung entstehen oft neue Zusammenarbeitsoptionen und neues Geschäft!

FLÄCHENDECKENDE PROJEKTARBEIT

Wann einsetzen:

In allen Unternehmensbereichen gibt es Umsetzungsprojekte. Diese sind teilweise aufgrund von Top-Down-Entscheidungen der Geschäftsführung, durch Impulse von Teilbereichen, aber auch durch persönliche Initiativen von einzelnen entstanden.

Was bewirken:

Diese Projektlandschaft wird danach „gescannt", inwieweit sie wirklich umfassend die Nervthemen der Organisation abdeckt. Der Einsatz von Projekten wird fokussierter und effizienter.

Wie vorgehen:

Schritt 1: Analyse

Die Vertreter des Management- oder Changeteams erstellen eine Übersicht über die momentan laufenden Projekte, deren Ziele, Aktivitäten, Kosten und beteiligten Mitarbeiter (Achtung: dieser Schritt kann oft Monate dauern!).

Schritt 2: Management-Team-Veranstaltung
In einem Workshop werden zunächst die Projekte ganz vorgestellt (die Eckdaten). Danach werden diese in Arbeitsgruppen nach unterschiedlichen Kriterien/Ebenen ausgewertet. Die Moderatoren (intern und/oder extern) haben jeweils ein Kärtchen pro Projekt vorbereitet.

Gruppe 1: ordnet die Projekte den einzelnen Prozessen zu, z. B.:

- Innovationsprozess
- Produktionsprozess
- Vermarktungsprozess
- Serviceprozess
- Unterstützende Prozesse

Gruppe 2: ordnet die Projekte den einzelnen derzeit aktuellen strategischen Stoßrichtungen zu, z. B. TOP FÜNF ZIELE des Jahres

Gruppe 3: ordnet die Projekte den einzelnen Unternehmensbereichen zu.

Gruppe 4: ordnet die Projekte nach der zeitlichen Fristigkeit

Die Ergebnisse werden im Plenum präsentiert, danach mischen sich die Gruppen („Querschnittsgruppen") und diskutieren:

- Wie sehen wir das Gesamtbild? (z. B. Bündelung vs. weiße Flecken)
- Sind die Projekte wirklich an den Nervthemen der Organisation?
- Welche Konsequenzen ziehen wir daraus? (Abbruch, Verschiebung, Neudefinitionen laufender Projekte)

Schritt 3: Aufsetzen eines umfassenden Projektportfolios
Ein Verantwortlicher wird ernannt bzw. meldet sich selbst

Was braucht man:

- Post-its mit den Projektnamen
- 4 Pinnwände oder Flipchart

Unser Kommentar:

Wenn Sie nicht an den Nervthemen der Organisation arbeiten können, lassen Sie es lieber!

MEETING-CHECK

Wann einsetzen:

Der Organisationsalltag ist bereits wieder „eingeschwungen". Es gibt etablierte Sitzungsstrukturen, die mittlerweile nach bestimmten Mustern ablaufen. Im Management keimt Zweifel darüber auf, ob die vorherrschenden Verhaltensweisen und die gewählten Themen die richtigen im Sinne der Verankerung des Wandels sind.

Was bewirken:

Am Beispiel eines zentralen Meetings (z. B. Managementteam) wird die Routine durch eine neue Brille gesehen. In einer ersten Reflexionsschleife wird die Qualität des Meetings – aber vor allem die Auswahl und Art der Behandlung der Themen bewusst. Das Ausmaß und die Richtung von Adaptionen werden klarer. Es wird deutlicher, wo die wesentlichen Hebel zur Verankerung des Neuen liegen.

Wie vorgehen:

Die Vorbereitung und Durchführung des Meetings läuft „normal" ab. Als letzter Tagesordnungspunkt wird „Meeting-Check" in die Agenda aufgenommen.

Schritt 1: Die Inhalte und der Ablauf werden in Teilgruppen analysiert.

Gruppe 1: Welchen Beitrag leisten die heutigen Besprechungsthemen für die Dimension

- Steigerung der internen Effizienz
- Verbesserung der Markt/Kunden-Position

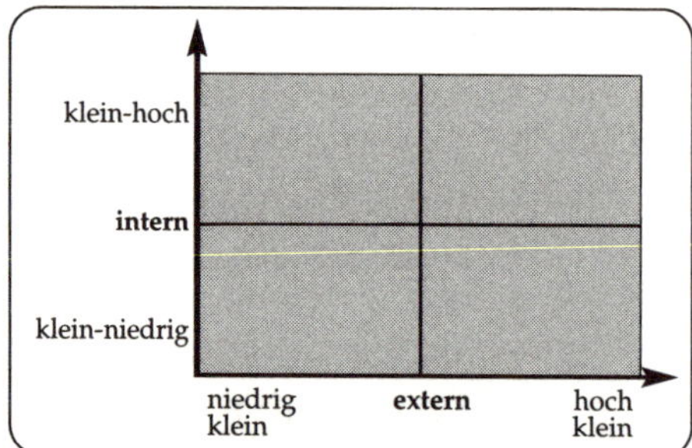

Gruppe 2: Welchen Beitrag leisten die heutigen Besprechungsthemen für die Dimension

- Finanzieller Erfolg des Unternehmens
- Innovation und Lernen

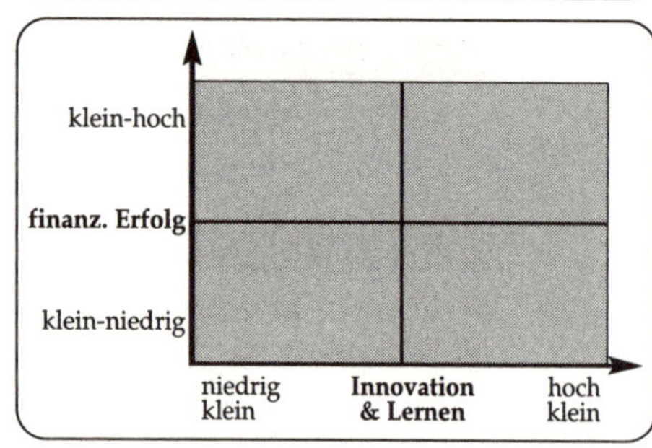

Gruppe 3: Wie bewerten wir den Ablauf des Meetings? Die Teilnehmer bewerten die einzelnen Themen nach

- **Informationsqualität**

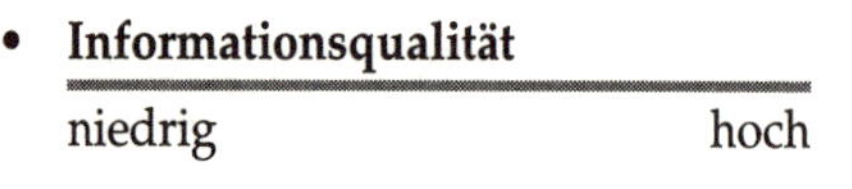

niedrig hoch

- **Qualität der Diskussion**

niedrig hoch

- **Entscheidungsorientierung**

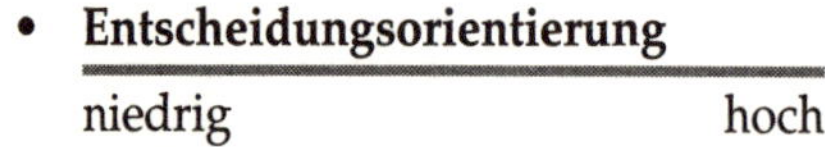

niedrig hoch

Schritt 2: Im Anschluss an diese Bewertung entwickelt die Gruppe Bilder, Assoziationen zum Ablauf: „Unser Meeting ist wie ..."

Schritt 3: Danach präsentieren die Gruppen ihre Ergebnisse. Die Plenardiskussion wird zu folgenden Leitfragen geführt:

- Beschäftigen wir uns mit den richtigen Themen?
- Gibt es „weiße Flecken"?
- Arbeiten wir effizient?
- Was ist unser Gesamteindruck? Wie hoch ist der Veränderungsbedarf unserer Meetings auf einer Skala von 0 bis 100 %?
- Was sind die nächsten Schritte?
- Worin liegen Nutzen und Wertschöpfung unserer Meetings?

Was braucht man:

- 3 Pinnwände
- Vorbereitete Moderationskarten mit den Agenda-Themen
- 1 Teilnehmer oder Externer, der die Moderation übernimmt

Unser Kommentar:

Achten Sie auf „unproduktive" Verhaltensweisen, die sich „eingeschlichen" haben.

STABILE LERNGEMEINSCHAFTEN Z. B. LERN-TRIOS

Wann einsetzen:

Im Zuge des Veränderungsprozesses ist die Mitarbeiterqualifikation ein wesentlicher Schwerpunkt: Entsprechende Curricula und Veranstaltungen werden eingeführt, eine Reihe von (Pilot)projekten bringt neue Erfahrungen. Jetzt geht es darum, neues Wissen, neue Fähigkeiten stärker zu verankern.

Was bewirken:

Die neuen Erfahrungen werden vernetzt und in kleinen Einheiten reflektiert. Die Umsetzungsqualität steigt, die einbezogenen Mitarbeiter haben mehr Sicherheit im Umgang mit dem Neuen. Bereichsübergreifendes Denken wird gefördert, Fragen in der Umsetzung diskutiert und Sofortlösungen entwickelt.

Wie vorgehen:

Schritt 1: Auswahl der Teilnehmer (Führungskräfte, Projektleiter, Schlüsselpersonen).

Schritt 2. Auftakt-Veranstaltung, an der alle Betroffenen und das gesamte Management teilnehmen. Information bezüglich der Gesamtarchitektur und Etablierung der Lern-Trios und eines Teams zur Gesamtsteuerung; Simulation eines typischen Lern-Trio-Treffens.

Schritt 3: Regelmäßiges Treffen der Lern-Trios. Arbeit auf den Ebenen

- persönliche Erkenntnisse
- Gemeinsamkeiten/Unterschiede
- Hypothesen zur Gesamtsituation des Unternehmens
- Ableitungen für jeden Einzelnen, das Trio
- Formulierung einer Kern-Botschaft für das Steuerungsteam

Schritt 4: Das Steuerungsteam wertet die Impulse aus und gibt Feedback zur Gesamtsituation

Schritt 5: Halbjährlich gibt es ein Sounding Board zur Auswertung des Prozesses und der Inhalte

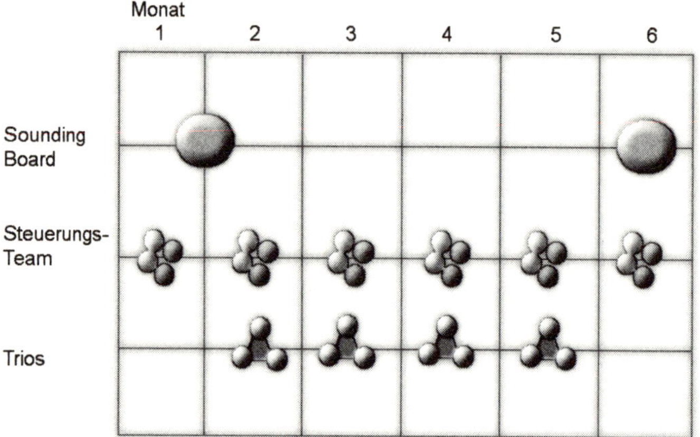

Was braucht man:

- Infrastruktur für die Veranstaltungen
- Intranet-Plattform für den Informationsaustausch

Unser Kommentar:

Die Zusammensetzung der Lern-Trios sollte möglichst „bunt" sein.

KEY ACCOUNT-VERANSTALTUNGEN

Wann einsetzen:

Die neuen Prozesse sind intern klar, es gibt bereits Erfahrungen damit. Das Unternehmen hat wichtige Schlüsselkunden, zu denen vielfältige Beziehungen bestehen. Es besteht eine vertrauensvolle, offene Grundbeziehung.

Was bewirken:

Die Veränderung wird in der Beziehung zu den Schlüsselkunden deutlich. Neue Prozesse, die für beide Seiten von Nutzen sind, werden transparent. Durch gemeinsames Lernen ergeben sich neue Verbesserungsoptionen. Die Beziehung wird emotional gestärkt.

Wie vorgehen:

Vorbereitung:

Schritt 1: Durchführung von Einzelgesprächen durch externe Berater mit Account Managern bzw. den Accountteam-Mitgliedern des Unternehmens A und mit relevanten Kundenansprechpartnern des Unternehmens B zum Thema „Was hat sich im letzten Jahr in der Zusammenarbeit verändert? Welche Themen beschäftigen uns besonders?"

Schritt 2: Dokumentation der Ergebnisse durch die Interviewer

Schritt 3: im Rahmen einer halbtägigen Veranstaltung Erstellung einer „Mini-Diagnose"

Veranstaltung:

Schritt 1: Begrüßung, Ziele, Vorstellung der Teilnehmer

Schritt 2: Rückspiegelung der Diagnose-Ergebnisse 1: Sicht der „Kunden" (Unternehmen A)

Schritt 3: Rückspiegelung der Diagnose-Ergebnisse 2: Sicht der "Lieferanten" (Unternehmen B)

Schritt 4: Aufarbeitung in Gruppen:

Unternehmen A | Unternehmen A | Unternehmen B | Unternehmen B

- „Wie stimmig ist die Diagnose bezüglich unseres Unternehmens?"
  Was verstärkt meine derzeitige Sicht des anderen Unternehmens? Was ist neu?"
- „Wo sehen wir Gemeinsamkeiten, wo Unterschiede?"
- „An welchen Themen sollten wir arbeiten?"

Schritt 5: Austausch im Plenum

Schritt 6: Arbeit an zukunftsorientierten Detailthemen in gemischten Gruppen, jede Arbeitsgruppe entwickelt zusätzlich ein Motto für die Zusammenarbeit im nächsten Jahr.

Schritt 7: Austausch

Schritt 8: Abschluss mit einer Aufstellung: Jeder Teilnehmer positioniert sich im Raum

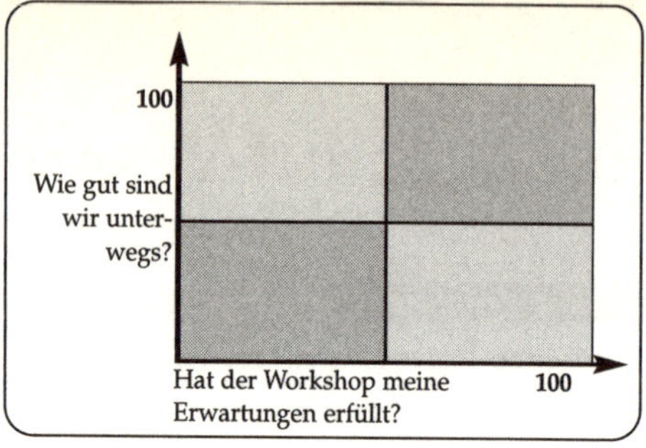

Nachbereitung:
Brief an die Teilnehmer mit Protokoll und Vereinbarungen, evtl. Video

Was braucht man:

- Raum
- Stuhlkreis
- 2 Flipcharts, Pinnwände, Beamer

Unser Kommentar:

Die Anzahl der Teilnehmer hängt von der Geschäfts-Konstellation ab (8 bis 100). Mut zur Offenheit macht sich bezahlt.

PEER-TO-PEER-CONSULTING/ KOLLEGIALE BERATUNG

Wann einsetzen:

Die Veränderung ist in breiter Umsetzung. An vielen Stellen der Organisation werden neue Erfahrungen gemacht. Die Anzahl der Involvierten ist stark angestiegen, jetzt gilt es von Erfolgen zu lernen, diese zu verankern.

Was bewirken:

Durch die wechselseitige „kollegiale Beratung" werden Erfolgsrezepte in der Organisation multipliziert. Die Mitarbeiter erkennen neue Möglichkeiten im Umgang mit ihren Herausforderungen. Die Motivation, Neues anzugehen, steigt. Durch eine Vorgehensweise, die einen Rollenwechsel beinhaltet, gibt es eine Balance von Geben und Nehmen.

Wie vorgehen:

Wir gehen im Folgenden von einem Meeting mit neun Teilnehmern aus:

Schritt 1: Parallele Gruppen à 3 Personen (A, B, C); Diskussion der Frage „Zu welchem Thema hätten wir gerne Beratung von den Kollegen?" Das Thema wird entschieden, die Gruppe macht sich Notizen zu den jeweiligen Themen.

Schritt 2: Interviews A ↔ B ↔ C; Gruppe B interviewt Gruppe A zum Thema, für das die Gruppe A Beratung möchte, danach C → B, abschließend A → C. Die Interviews werden öffentlich, für alle hörbar, geführt.

Schritt 3: Hypothesenbildung und Empfehlung für eine nachhaltige Umsetzung. Die Gruppen arbeiten zu den Leitfragen:

- Welche Hypothesen haben wir zu diesem Thema? Warum ist es so, wie es ist? Was steht zwischen den Zeilen?

danach:

- Welche Empfehlungen sprechen wir aus unserer Beraterrolle heraus aus?

Die Ergebnisse werden auf je einem Flipchart dokumentiert.

Schritt 4: Präsentation und Diskussion: Die Gruppen präsentieren der Reihe nach ihre Ergebnisse, die Themenbringer fragen jeweils nach.

Schritt 5: Umsetzungscheck und Feedback
Die Gruppen arbeiten wieder getrennt zu den Leitfragen in Bezug auf die Präsentationen ihrer „Berater".

- Welche Hypothesen haben uns am meisten beeindruckt?
- Wie umsetzungsrelevant sind die Empfehlungen für uns?
- Was setzen wir wie um?

Schritt 6: Im Plenum werden Reaktionen und Ergebnisse ausgetauscht.

Schritt 7: Abschlussrunde: Was hat es heute gebracht? Was können wir für das nächste Mal lernen (i. S. von „verstärken" oder „anders machen")?

Was braucht man:

- Raum mit Stuhlkreis
- Möglichkeit zu getrennten Arbeitsräumen
- 3 Flipcharts

Unser Kommentar:

Die Gruppengröße kann beliebig variieren, bei größeren Gruppen empfehlen wir einen Moderator.

„FORSCHUNGS-TEAM", QUALITATIVE EVALUATION

Wann einsetzen:

In unterschiedlichen Bereichen der Organisation „lebt" das Neue besonders gut auf. Andere Bereiche hingegen haben sich nicht stark verändert. Die Gründe dafür sind nicht klar, es gibt dazu unterschiedlichste Hypothesen und Zuschreibungen.

Was bewirken:

Die Auseinandersetzung mit den unterschiedlichen Wahrnehmungen bringt einen neuen Energieschub. Die einzelnen Bereiche definieren ihre Veränderungsstrategie neu.

Wie vorgehen:

Schritt 1: Das Management-Team definiert eine Gruppe von Schlüsselpersonen, die in einem Kultur-Forschungs-Team die unterschiedlichen, bestehenden Zugänge im Unternehmen ergründen soll. Kriterien zur Auswahl der Personen sind: Repräsentanz der unterschiedlichen Strömungen im Unternehmen/Engagement für die Auseinandersetzung mit der Veränderung (pro oder contra). Als Methode sollen qualitative, offene Interviews durchgeführt werden.

Schritt 2: Eigen-Diagnose (Workshop 1): Ein Experte (intern oder extern) erläutert die Methode offener, qualitativer Interviews. Zur Eigen-Diagnose führen die Gruppen-Mitglieder wechselseitig „Test-Interviews" durch. Das Grundthema lautet: Führen Sie ein Interview durch, in dem Sie ergründen, in welchem Status der Veränderung sich der Bereich Ihrer Interviewpartner befindet.
Parallele Interviews, jeweils mit zwei Interviewern und zwei Interviewten.

In einer zweiten Runde werden die Rollen getauscht:

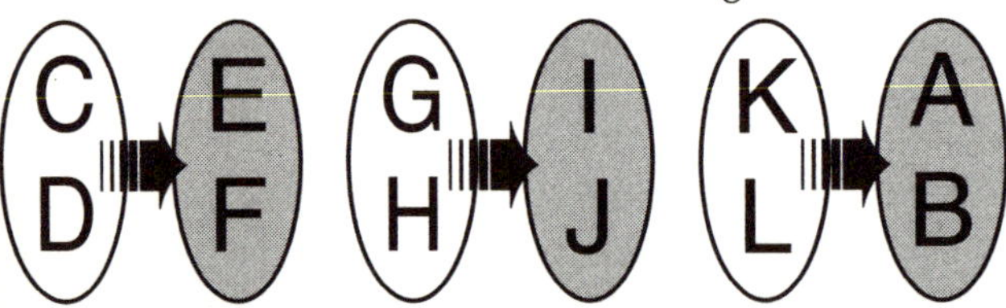

Die Interviews werden durch die Interviewer ausgewertet (Was sind bestimmende Verhaltensmuster im betreffenden Unternehmensbereich? Welche Bilder, Wahrnehmung herrschen vor? Wie ist die emotionale Befindlichkeit der Interviewten? ...) und rückgespiegelt. Gemeinsam wird in einer Reflexionsschleife das Gelebte analysiert und Ableitungen für die weitere Vorgehensweise vorgenommen.

Schritt 3: Interview-Planung (Workshop 2):
Die Gruppe erstellt eine Umfeld-Analyse (Was sind die wesentlichen Stakeholder zum Prozess?), die als Basis für die Auswahl der Interviewpartner in den unterschiedlichen Unternehmensbereichen dient. Der grobe Interviewablauf wird vereinbart und die Kontaktaufnahmen vereinbart.

Schritt 4: Interviews und Auswertung:
Die Interviews werden durch Interview-Paare durchgeführt und auf Band dokumentiert. Diese Aufzeichnungen werden von jeweils einem anderen Paar ausgewertet (Quer-Auswertung).

Schritt 5: Integration der Ergebnisse (Workshop 3):
Die Ergebnisse werden jeweils von den Auswertern präsentiert, die Interviewer geben Feedback:

- Was entspricht unserem Bild?
- Wo hatten wir einen anderen Eindruck?
- Welche Themen sollten wir detaillierter auswerten?

Resultate werden in einer Gesamtschau integriert, wesentlichen Hypothesen erarbeitet. Dazu bilden sich Querschnittgruppen von Interviewern, Auswertern und Nicht-Beteiligten und arbeiten zur Leitfrage:

- Was sind unsere Haupt-Hypothesen?
- Welche Zitate belegen diese besonders?
- Check-Frage: Spricht etwas gegen diese Hypothese?

Nach dem Austausch im Plenum legen die Teilnehmer die weitere Vorgehensweise fest (Option: weitere Auswertung/weitere Interviews/Kommunikation)

Schritt 6: Rückspiegelung der Ergebnisse an die Interviewten und das Management. Gesamtthema: Wie sehen wir den Status der unterschiedlichen Unternehmensbereiche in Bezug auf unseren Gesamt-Veränderungsprozess?

Die Gruppe spiegelt die Ergebnisse an die Beteiligten im Rahmen eines Workshops zurück. Die Resonanz wird im Rahmen einer Aufstellung auf den Punkt gebracht. Die Teilnehmer werden aufgefordert, sich auf der folgenden Skala im Raum aufzustellen.

Die Ergebnisse entsprechen

0 % ———————————————— 100 %

meiner Wahrnehmung zu ... %

Aufgrund der Stellungen bilden sich Arbeitsgruppen, die die Resonanz noch weiter aufarbeiten (Was bestärkt unsere Sicht? Was überrascht? Wo bin ich gegenteiliger Meinung? Was sind die Konsequenzen davon?) Delegierte der Gruppe diskutieren dann im Anschluss in einem Innenkreis die Ergebnisse und die Konsequenzen. Als Abschluss entscheidet das Management-Team die weitere Vorgehensweise.

Schritt 7: Breite Kommunikation im Unternehmen

Was braucht man:

- Aufnahmegeräte für die Interviews
- Präsentations-Infrastruktur
- Workshop-Räume

Unser Kommentar:

Offenheit macht Schule!
Die Kommunikation nicht vergessen!

WIRKUNGSDIAGNOSE „UNTERNEHMENSSTEUERUNGSSYSTEME"

Wann einsetzen:

Die Veränderung wird schrittweise umgesetzt. Es ist nun die Frage, welche Steuerungssysteme eine hohe Multiplikationswirkung für die Umsetzung der Changeziele haben, welche Weiterentwicklungen zu priorisieren sind.

Was bewirken:

Das Management (Linie, Projektteam) erarbeitet sich ein klares Bild der notwendigen Entwicklungsprioritäten in Bezug auf die Steuerungssysteme. Der Veränderungsprozess wird „systematisch" unterstützt, die Flächenwirkung steigt.

Wie vorgehen:

Schritt 1: Im Rahmen einer Managementklausur wird der Status der derzeitigen Systeme analysiert. Die jeweiligen Verantwortlichen stellen diese aus ihrer Sicht kurz vor: (Beispiel: MbO, MIS; IT, Personalentwicklung, Strategieprozess ...)

- derzeitige Zielsetzung
- betroffene Unternehmensbereiche, Prozesse, Personen
- geplante Weiterentwicklungen

Schritt 2: Die Teilnehmer bilden in Kleingruppen Hypothesen zu den Systemen:

- Welche Systeme unterstützen im Moment welche Changeziele?
- Welche Systeme bzw. Teilaspekte sabotieren im Grunde die konsequente Umsetzung?
- Wo sehen wir Entwicklungsbedarf?

Im Anschluss werden die Hypothesen in der Gesamtgruppe zusammengefasst.

Schritt 3: Die System-Verantwortlichen suchen sich jeweils Sparringpartner aus, mit denen sie die Umsetzungskonsequenzen für das jeweilige System erarbeiten und mit einer Zeitleiste versehen.

Schritt 4: Auf einer Übersichtsdarstellung (Pinnwand/Beamer) werden die einzelnen Vorschläge dargestellt und miteinander in Bezug gebracht.

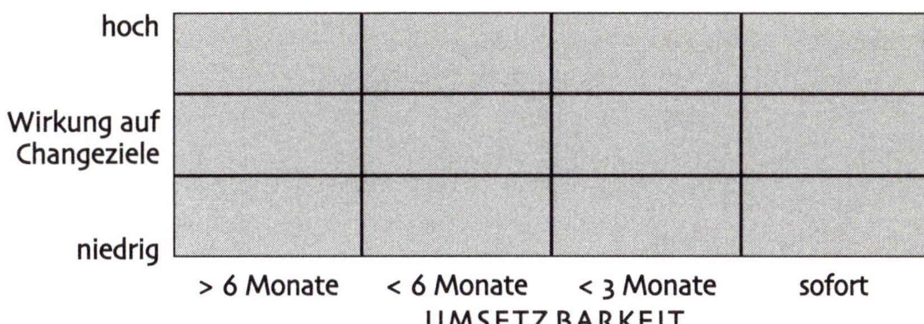

Aufgrund der Übersicht werden Umsetzungsentscheidungen getroffen. Je nach Möglichkeit wird sofort eine Umsetzungsplanung gemacht bzw. bis zum nächsten Meeting in Auftrag gegeben.

Was braucht man:

- Pinnwand oder Laptop mit Beamer
- Meeting-Raum

Unser Kommentar:

Achtung: Die Frage „Welche Systeme könnten unsere Changeziele sabotieren?" hat viel Sprengkraft in sich.

WAS SCHAFFEN WIR AB?

Wann einsetzen:

Neue Systeme sind bereits eingeführt worden, jetzt geht es um die Integration in ein Gesamtsystem. Es ist noch unklar, welche Standardsysteme Gültigkeit haben, was wodurch ersetzt wird.

Was bewirken:

Den Führungskräften und Mitarbeitern wird bewusst, dass das „Neue" nicht nur zusätzlich zum Alten eingeführt wurde – sondern auch entlastend wirkt. Durch das „Weglassen" wird die Konzentration auf das Wesentliche erhöht.

Wie vorgehen:

Schritt 1: Die Mitglieder des Management-Teams (Führungskräfte aus allen Bereichen) bereiten sich auf das Meeting zu folgenden Leitfragen vor:

- Welche Steuerungs-/Managementinstrumente können wir „gefahrlos" streichen, da sie durch neue Systeme ersetzt wurden (Beispiel: Key Account-Listen, die jetzt online verfügbar sind)?
- Welche Instrumente sollten wir integrieren, um Synergien zu erzielen (Beispiel: Integration von Markt/Produktions-/Finanzdaten)

Schritt 2: Meeting-Einstimmung: Zum Start „phantasieren" die jeweils anderen Teilnehmer darüber, was die jeweilige Führungskraft an „Abschaffungs-Vorschlägen" mitbringen könnte.

Schritt 3: Vorstellung der Vorschläge; inklusive der Reaktionen auf die Phantasien – erfahrungsgemäß sind dadurch noch einige zusätzliche Ideen entstanden. Die Ideen werden auf Karten/Post-its dokumentiert.

Schritt 4: Bewertung der Ideen: Die Bewertung der Ideen erfolgt in einem Portfolio

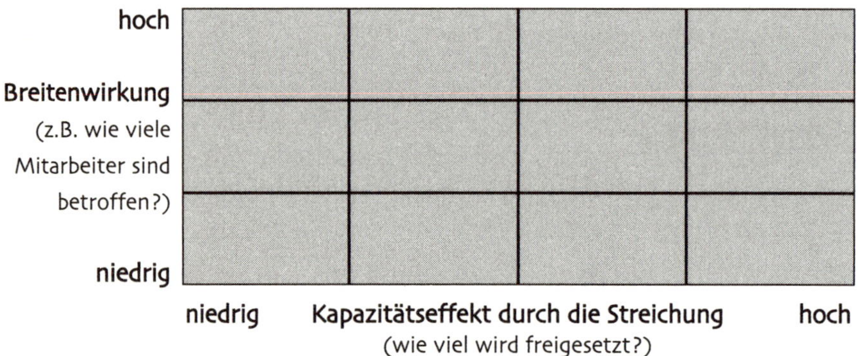

Schritt 5: Entscheidung und weitere Vorgehensweise: Im Rahmen einer To-Do-Liste werden die Aktivitäten und Verantwortlichkeiten inkl. der Kommunikationsstrategie vereinbart.

Schritt 6: Breite Kommunikation ins Unternehmen. Die Highlights werden breit kommuniziert.

Was braucht man:

- Pinnwand
- Karten/Post-its

Unser Kommentar:

Gut eingesetzt kann diese Intervention die Mitarbeiter enorm entlasten.

EVENT ZUM ABSCHLUSS DES TRANSFORMATIONSPROZESSES

Wann einsetzen:

Die Transformation ist in der Organisation verankert, jedoch noch „spürbar".

Was bewirken:

Die einzelnen Beteiligten, aber auch die Organisation selbst, lernen aus der Erfahrung der Transformation. Die Phase wird „emotional und buchhalterisch" abgeschlossen und offene, inhaltliche Punkte, aber auch Beziehungsthemen können angesprochen und bearbeitet werden. Das Event wirkt in die Beziehung zu den Stakeholdern und steigert den Zukunftsfokus.

Wie vorgehen:

Schritt 1: Vorbereitung

- Die Verantwortlichen setzen aufgrund einer Stakeholder-Analyse die Teilnehmer fest. Nach dem Prinzip „je umfassender und vielfältiger, desto besser" – für den Ablauf selbst gibt es keine Begrenzung nach oben (3 bis 10.000), natürlich sollte man von vornherein das Rahmenbudget abklären.
- In der Einordnung werden die Teilnehmer gebeten, ein Symbol (kleiner Gegenstand), der für den gesamten Transformationsprozess steht, mitzubringen. Für den Fall, dass bereits der Start des Transformationsprozesses „symbolisch" begann, sollten die damals gewählten Symbole mitgebracht werden.

Schritt 2: Abschluss: Das Abschluss-Event mit den externen Stakeholder

- Dieser Teil kann z. B. am Start-Nachmittag eines 1,5-tägigen Workshops stattfinden.
- Die Teilnehmer werden im Raum gemäß ihrer „Herkunft" positioniert – d. h. homogene Stakeholder-Gruppen sitzen jeweils in Stuhlkreisen zusammen.
- Nach einer kurzen Einleitung, die die Ziele und den Ablauf, aber noch keine Inhalte vorstellt, arbeiten die Stakeholder-Gruppen, in denen sie sich über ihre Symbole austauschen.
  Leitfragen:
  - Wie habe ich den Transformationsprozess erlebt? (positiv/negativ in Bezug auf Business/Innovation/Organisation/...)
  - Was drückt mein Symbol besonders aus?
  - Wie groß ist der Transformationserfolg aus unserer Sicht (0 bis 100)?
  - Gibt es noch Offenes, Unerledigtes?
  - Was ist unsere Botschaft an die anderen Stakeholder-Gruppen?
- Im Plenum nimmt jede Stakeholder-Gruppe Stellung, beschreibt ihre Symbole. Der Moderator fragt vor dem Start der Präsentation bei anderen Gruppen nach (Was denken Sie, wird die Botschaft der Gruppe X sein?). Die Symbole werden jeweils in der Mitte des Raum ausgelegt (oder es gibt an den Wänden

ein Aufstellungsbord). Die Kernbotschaften werden dokumentiert, die Erfolgsskalenwerte aufgetragen, die offenen Themen kommen in einen Themenspeicher. Das Gesamtbild wird in einer Plenardiskussion kommentiert. Zu den offenen Punkten nehmen die Umsetzungsverantwortlichen Stellung bzw. wird vereinbart, wer sich um die Themen in Zukunft kümmert.

Offizieller Bericht des Projektleiters, Lenkungsausschusses oder verantwortlichen Managers.

- Die Gruppen werden nun gemischt, der Fokus ist nun "Lernen". Die Gruppen diskutieren die Leitfragen:
  - Was habe ich im Laufe des Prozesses gelernt? Was haben wir als Organisation gelernt? ... in Bezug auf
    ... meine Rolle
    ... Umgang mit harten Schnitten
    ... Umgang mit neuem Wachstum?
  - Die Gesamtsteuerung der Transformation

Form: A → B → C Interviews, (A interviewt B, C hört zu und gibt im Anschluss Feedback, dann reihum weiter). Daraus abgeleitet formulieren die Gruppen max. drei Erkenntnisse und drei Empfehlungen. Diese werden im Plenum ausgetauscht.

- Persönliches Feedback: Jeder Anwesende hat die Möglichkeit mit drei Beteiligten ein kurzes Feedbackgespräch zu führen (5 bis 10 min.). Der Moderator gibt den Zeittakt vor, jeder sucht sich einen Partner und führt ein wechselseitiges Feedback-Gespräch, nach 10 min. gibt es Partnerwechsel (Analogie: Tanzschule) usw.
- Back to the future – Die Teilnehmer kehren in die Stakeholder-Gruppen zurück und diskutieren ihre Zukunftsprioritäten – Leitfrage: Was sind unser Hauptprioritäten in Hinblick auf die weitere Vorgehensweise? Wo haben wir innerhalb der Gruppe Übereinstimmung, wo gibt es Unterschiede?
- Über kurze Statements werden im Plenum die Prioritäten klar.
- Als Abschluss gibt es ein kollektives Abschiednehmen, der Ausklang der Veranstaltung findet im Rahmen eines Fests, einer Feier, eines Abschlussabends etc. statt.

Was braucht man:

- großer Raum
- Pinnwände/Flipchart/Laptop und Beamer
- Markierungen für die Stuhlkreise
- Namensschilder (bei großen Veranstaltungen)
- Moderationskoffer

Unser Kommentar:

Achten Sie auf eine Vielfalt in der Zusammensetzung – jeder, der etwas beigetragen hat, sollte dabei sein können.

ÜBERSICHTSTABELLE ARCHITEKTUREN/DESIGNS/INTERVENTIONEN

PHASE 1

- Die Veränderung beginnt bei mir selbst
- Start eines Visionsprozesses mit Schlüsselspielern
- Kundenparlament I
- Vergangenheit – Gegenwart – Zukunft
- Fragebogen „Lernende Organisation"
- Kreativitäts-Hemmer
- Die Notwendigkeit Harter Schnitte verdeutlichen: Luxus abschaffen
- „Beziehen Sie Stellung": Aufstellungen zu wesentlichen Changedimensionen
- Umfeld-Analyse
- Kapitalformen-Analyse

PHASE 2

- Quick wins und „go to market" – Workshop I
- Quick wins und „go to market" – Workshop II
- Externes Sparring-Partner-System (SPS) für Harte Schnitte
- Strategieklausur mir Schlüsselspielern
- Grundsatzentscheidung: Managementteam, Changeteam, Corporate Development-Abteilung
- Auswahl Personen auf der Basis einer Mikrokosmos-Analyse
- Das „Rote Band"
- Reisen in fremde Welten (Beispiel: Seminarhotel)

PHASE 3

- Quick-Win-Portfolio
- Stakeholder-Impact-Analyse
- Die Management-Rede
- Rahmenbedingungen verändern, Optionen für Neues Wachstum stärken
- Innovationsmarkt
- Zum Querdenken: Innovationspotenziale im Team heben
- Zukunft Kabarett: Szenen aus der Zukunft
- Widersprüche bearbeiten – Kosten/Nutzen
- „Steh auf oder bleib sitzen"
- Mini-Evaluation Changestatus

PHASE 4

- Pilots auswerten – Check für weitere Umsetzung
- „Papierkorb - Museum – Schaufenster" – symbolische Aktion
- Symbolische Umsetzung der Haupt-Herausforderung
- Phasen-Architektur mit klaren Übergaben Beispiel: Projekt -> Linie
- Das Kunden-Parlament II
- Flächendeckende Projektarbeit

PHASE 5

- Meeting-Check
- Stabile Lerngemeinschaften z. B. Lern-Trios
- Key Account-Veranstaltungen
- Peer-to-Peer-Consulting/ Kollegiale Beratung
- „Forschungs-Team", qualitative Evaluation
- Wirkungsdiagnose „Unternehmenssteuerungssysteme"
- Was schaffen wir ab?
- Event zum Abschluss des Transformationsprozesses

DANKSAGUNG UND DER WEG DIESES BUCHES

Wir schreiben dieses Buch für ManagerInnen[1], BeraterInnen und alle, die Transformationen in Organisationen voranbringen wollen..

Im Sommer 1997 entschieden wir uns in der Beratergruppe Neuwaldegg ein neues Entwicklungsthema zu starten. Wir nahmen uns vor, die Besonderheiten von Changevorhaben zu erforschen, die zugleich Rationalisierungsziele und Entwicklungs- bzw. Wachstumsziele hatten. Unser Anspruch war für die Architektur, das Design und die Prozessgestaltung solcher Veränderungen wirksame Interventionen und Repertoires für Manager wie Berater zu entwickeln und das, was bereits in Ansätzen in unserer Praxis als Berater entstanden war, in ein gesamthaftes Konzept - wie Mosaiksteine in ein Gesamtbild - zu integrieren. In dieser Arbeit gab es mehrere Meilensteine. Dieses Buch repräsentiert einen, der uns besonders wichtig ist.

Wie kam es dazu? Als systemisch orientierte Berater hatten wir uns in der Pionierzeit des systemischen Ansatzes (Königswiese: *Das systemisch evolutionäre Management)* auf pointierte Einzelinterventionen (Diagnose, Workshops, Teamentwicklungen, systemisches Projektmanagement), die im Prozess verknüpft wurden, konzentriert.
Unser Anliegen war es nun, nach der ersten Reifephase des systemischen Ansatzes in Management & Beratung im deutschsprachigen Raum, den Blick vor allem in zwei Richtungen zu öffnen und zu schärfen - einerseits in die Diskussion unserer Thematik in Amerika, andererseits in die Weiterentwicklung der systemischen Familientherapie. Uns ging es darum, uns selbst „einen Stachel ins eigene Fleisch" zu setzen, um Ansporn und Ideen für Innovation zu finden und unsere eigene Praxis zu überprüfen. In der zweiten Phase (ca. 1995) stand die Arbeit an wirksamen Architekturen und Designs für Veränderungsvorhaben im Mittelpunkt: Die inhaltliche und soziale Komplexität und der Erfolgsanspruch von Changeprojekten waren gewachsen und erforderten gesamthafte Steuerungskonzepte, die Stabilität bei gleichzeitiger Flexibilität boten und wirkungsvoll an die spezifischen Selbststeuerungsmuster der Unternehmen ankoppeln sollten (Königswieser,

1) Wir verwenden im weiteren Text dieses Buches der Einfachheit halber die männliche Form, wissend dass Männer und Frauen in ihren jeweiligen Funktionen im Changeprozess gleichermaßen gemeint sind.

Exner: *Systemische Intervention*). Darin lag eine für das Management und die Beratung von Changevorhaben wesentliche Neuerung.
Was in vielen Unternehmen damals jedoch immer noch dominierte, war die Trennung zwischen Rationalisierungs- und Organisationsentwicklungsprojekten bzw. - wenn es um radikale Veränderungen ging - die Trennung von Konzept - und Umsetzungsprojekten. Diese Trennung hatte viele Vorteile, insbesondere die Konzentration auf jeweils einen Schwerpunkt, damit aber auch die Leugnung des jeweils anderen als „Nachteil“. Das spiegelte sich auch in persönlichen Zuschreibungen wider. Da standen - egal ob Manager oder Berater - auf der einen Seite die harten „Sanierer, die Rationalisierer“ - scheinbar nur an Zahlen orientiert. Auf der anderen Seite standen die „weichen Organisationsentwickler, an Emotionen und humanistischen Werten orientiert“. Ihnen war scheinbar die Prozessqualität wichtiger, als die Ziele zu erreichen. Bei der Variante Konzept - versus Umsetzungsvorhaben waren auf der einen Seite innovative Konzeptentwickler, denen oft zugeschrieben wurde, „abgehoben“ zu sein und keine Ahnung vom Tagesgeschäft zu haben. Und auf der anderen Seite schienen veränderungsfeindliche Pragmatiker zu sein, nicht bereit, über den Tellerrand zu schauen und ihre abgesteckten Terrains und Routinen aufzugeben.
Der Nutzen dieser Aufspaltungen liegt in der Vereinfachung - die Kosten dafür sind nicht unbeträchtlich: Sie liegen in der wechselseitigen Abwertung und haben als Ergebnis einer wohl ungewollten "Koproduktion beider Seiten" verlorene Veränderungsbereitschaft in den Unternehmen und vor allem fehlende oder suboptimale Umsetzung zur Folge: Die „Sanierer“ hinterlassen Brüche in der Beziehung Mitarbeiter - Unternehmen. Die „weichen Organisationsentwickler“ produzieren mit Partizipation und Konsensdruck oft wenig nachhaltig Neues und Zielorientiertes. Konzepte bleiben immer wieder als interessante Papiere in den Schubladen und erzeugen viel Widerstand. Die Pragmatiker des Tagesgeschäftes hingegen bleiben ihren Alltagsroutinen verhaftet.
Das diskutierten wir in den Neuwaldegger Sommertagen 1997, bei denen wir jedes Jahr abseits des Tagesgeschäftes über die Entwicklung unserer Arbeit nachdenken, zusammentragen, was unsere Klienten beschäftigt und entwerfen, wie wir uns und unsere Arbeit weiterentwickeln wollen. In der ersten Hälfte der 90er Jahre war unser Schwerpunkt, Projekte mit Entwicklungs- und Wachstumszielen zu beraten oder die Umsetzung von zum Teil bereits von „klassischen“ Unternehmensberatern entwickelten Strategien bzw. Organisationskonzepten. Daß die gelungene Balance zwischen Kopplung und Autonomie mit der abgespaltenen jeweils anderen Seite der Medaille für die wirksame Umsetzung gewinnbringend sein würde, war inzwischen in der Arbeit mit langjährigen Klienten klar und führte zu innovativen Projekten, die

Rationalisierungs- und Wachstumsziele verknüpften oder klassische Unternehmensberatung mit systemischem Vorgehen verkoppelten. (Siehe auch Fallbeispiele in diesem Buch.)
1997 entstand daher das „Themencenter: Balanced Transformation", ein Team von Beratern, Managern und Wissenschaftlern. Der Schwerpunkt unserer Arbeit lag zunächst darin, was „harte Schnitte" bewirken - Changeziele, die mit Verlust verbunden waren, vom Schließen eines Bereiches bis hin zum Abbau von Mitarbeitern - und welche Alternativen und Interventionen für solche Prozesse weiterhalfen. Die ersten Ergebnisse diskutierten wir auf einem Symposium in Kooperation mit dem Hernstein Insitut (Ergebnisse in Hernsteiner 4/99).
Uns - Barbara Heitger und Alexander Doujak - beschäftigte danach (1999 - 2002) vor allem die Frage, wie neues Wachstum im Sinn von Innovativität gelingen kann und wie die unterschiedliche Dynamik harter Schnitte einerseits und neuen Wachstums andererseits in Architektur und Masterplan von Changevorhaben zu „gießen" sind. Die theoretische und praktische Weiterarbeit an unserem Modell brachte uns dazu, den Namen unseres Konzeptes zu ändern auf Un:balanced Transformation. Zwei Erfahrungen waren ausschlaggebend dafür.

1. Transformationen, die nicht sanierungsgetrieben sind, brauchen als Motor Interventionen, die das Unternehmen zunächst einmal kräftig aus der Balance der Komfortzone bringen (Antizipieren einer Krise oder herausfordernde Zukunftsbilder)
2. Transformationen erzeugen immer Turbulenzen und Unbalancen, und sind mit widersprüchlichen Logiken konfrontiert. Sie erfordern unbalancierende Interventionen, die das Gleichgewicht stören, Konflikte produzieren, um Bewegung zu erzeugen und balancierende, die das System in einem neuen Gleichgewicht Stabilität finden lassen. Das ist die Botschaft des Namens.

Das Ergebnis dieser Arbeit liegt nun vor Ihnen. Bei der Entstehung dieses Buches haben wir viel Unterstützung erhalten und wertvolle Anregungen bekommen. Wir sind beide in den 90er Jahren zur Beratergruppe Neuwaldegg gekommen und haben viel von der Arbeit und lebendigen Diskussion mit unseren KollegInnen der ersten „Generation", die Pioniere in der Entwicklung des systemischen Ansatzes waren, gelernt und profitiert. Vieles aus dieser gemeinsamen Arbeit und unseren Gesprächen ist in dieses Buch miteingeflossen und war für die Konkretisierung unserer Konzepte sehr gewinnbringend.

Dank gilt insbesondere auch **Christina Schmidt** und **Michaela Schenkermayer** für ihr Engagement und das aufmerksame und kompetente Gestalten und Schreiben der Manuskripte, **Kerstin**

Rommel für Recherchearbeit und **Cornelia Stolla** für ihre Hilfe beim Recherchieren und Überarbeiten der ersten Entwürfe. **Peter Wagner und Frau Artmann** möchten wir für das professionelle Redigieren des Textes danken.

Oliver Zehner gebührt für seine Kreativität und die Bereitschaft, sich als Grafiker und Designer auf dieses Themengebiet so intensiv eingelassen zu haben, größte Anerkennung. Seine Grafiken bringen Humor, Selbstironie und Bilder aus fremden Welten in das Thema „Veränderung" und sind damit selber wichtige Botschaften. Vor allem wollen wir auch **unseren Partnern und Freunden** für ihre Geduld und Ermutigung danken, die uns beim Schreiben - für uns alles andere als gewohntes Tagesgeschäft - gestärkt haben. Alexander Doujak schickt seinen Dank ganz besonders an seine Frau **Gabi** und seine Tochter **Stefanie**.

Wir möchten mit diesem Buch einen Beitrag zur Weiterentwicklung und Innovation des systemischen Ansatzes leisten und theoretische und praktische Diskussionsimpulse setzen. Über ihre Reaktionen und Dialoge freuen wir uns. Sie erreichen uns per Mail unter

E-Mail:
barbara.heitger@neuwaldegg.at
alexander.doujak@neuwaldegg.at

Wien, Juli 2002
Dr. Barbara Heitger
Dr. Alexander Doujak

KURZGLOSSAR FÜR DEN THEORIEINPUT „SYSTEMTHEORIE"

Architektur[1)]
Die Bezeichnung „Architekt" stammt aus dem Griechischen und bedeutet „Baumeister". So wie Architekten Räume planen und dadurch Rahmen schaffen, in denen sich Unterschiedliches ereignen kann, so entwerfen Berater soziale, zeitliche, räumliche und inhaltliche Gestaltungselemente und Fixpunkte, die Prozesse vorstrukturieren. Mit „Architektur" meinen wir die Struktur und den Rahmen des Beratungsprozesses. Es wird dabei klar, dass die Grenze zwischen Architektur und Design fließend ist. Die Architektur entscheidet, dass etwas statt findet und was statt findet. Mit der Architektur werden fixe Räume für Freiräume geschaffen und es werden Strukturen für Prozesse geschaffen.

Beispiel:

- Klare Kontrakte, klare Projektrollen, definierte Projektdauer
- Diagnose
- Rückspiegelungs-Workshop
- Steuergruppe
- Dialoggruppe
- Sounding-Board
- Großveranstaltungen
- Arbeit mit der internen Projektleitung
- Arbeit mit der Geschäftsleitung
- Multiplikatorenforen bzw. Schlüsselpersonentreffen
- Coachings (fachlich, prozessorientiert, persönlich)
- „Train the trainer"-Module
- Evaluierung, d.h. Erfolgskontrolle
- Moderierte Abteilungs- und Teamgespräche über die Qualität ihrer internen Zusammenarbeit
- Staffarbeit im Beratungssystem

Autopoiese[2)]
Autopoiese bedeutet „Selbstorganisation", ein Begriff, der von Maturana und Varela geprägt wurde. Ursprünglich auf die biologische Systemtheorie beschränkt, wurde der Begriff auch von anderen systemtheoretischen Richtungen aufgegriffen, vor allem der soziologischen Systemtheorie (Willke und Luhmann). Hauptsächlich Maturana versuchte ein Kriterium zu finden, mit dem „Leben" definiert werden konnte. Aus einem systemtheoretischem Standpunkt entwickelte er die Theorie „Lebender Systeme". Das Kriterium, welches aus einem System ein lebendes System macht, ist dabei die Selbsterzeugung, die Autopoiese. Diese Selbsterzeugung bezieht sich auf den Aufbau neuer Strukturen, die Selbsterhaltung und die grundsätzliche Selbststeuerung und Selbstorganisation des Systems. Das System wird also nicht von außen gesteuert, sondern ist „informational geschlossen". Die Beziehungen und Rollen sind Elemente des sozialen Systems, welche vom sich entwickelnden System selbst erzeugt werden.[3)]

Design[4)]
Als Design bezeichnen wir die Planung des Ablaufs einer Kommunikation (Workshop, Großgruppe, Coachingsitzung etc.). Im Gegensatz zu einem

1) Vgl. Königswieser/Exner, 2001, S. 45 ff.

2) Vgl. http://www.dietrichlensch.de/oti/autopoie.html

3) Vgl. Willke, 1993; Maturana/ Varela, 1987; http://www.dietrichlensch.de/oti/autopoie.html

4) Vgl. Königswieser/Exner, 2001, S. 147 ff.

einfachen Ablaufplan wird auch die Arbeitsform (Gruppen- oder Einzelarbeit), die Art der Diskussion (z. B. nach einem Vortrag) und die voraussichtliche Wirkung der einzelnen Schritte geplant. Mit dem Design wird entschieden, wie inhaltliche, soziale, zeitliche und räumliche Dimensionen der Kommunikation im vorgegebenen Rahmen gestaltet werden.
Das Design ist also mit der Raumgestaltung, der Inneneinrichtung eines Gebäudes vergleichbar. Ein Design ist in den vier Dimensionen

- zeitlich
- räumlich
- inhaltlich
- sozial

zu entwerfen.

Diagnose[5)]
Als Diagnose bezeichnen wir die Phase, den Schritt oder das Projekt, welches dazu dient, relevante Informationen über das System zu gewinnen. Die Diagnose kann umfangreich (eigenes Projekt) oder kurz (Minidiagnose während eines Projekts) sein. Erhoben werden Informationen, Annahmen und Bilder des Systems über Grenzen, Ziele, Muster des Umgangs miteinander, Ressourcen und Probleme etc. Die Diagnose des Systems dient der Orientierung der Berater. Sie liefert die Basisinformationen für Hypothesen und Interventionen. Außerdem ist die Diagnose bereits selbst eine Intervention und hilft beim Aufbauen persönlicher Vertrauensbeziehungen zwischen Berater- und Klientensystem durch Gespräche, Einzel- und Gruppeninterviews, Beobachtungen etc.

Intervention[6)]
Eine Intervention ist eine zielgerichtete Kommunikation (d.h. eine bestimmte Wirkung beim Kommunikationspartner wird in das Kalkül der Kommunikation einbezogen) zwischen psychischen und/oder sozialen Systemen, in der die Autonomie des intervenierten Systems respektiert wird.
Die Funktionen von Interventionen sind:

- Entlastung von Einzelpersonen
- Widersprüche öffnen
- Informationssammlung
- Nähe-Distanz-Regulierung
- Systembildung anregen
- Alternative Sichtweisen vermitteln
- Emotionales hervorheben

Systemische Intervention[7)]
Systemische Intervention könnte eine zielgerichtete Kommunikation genannt werden, in der man sich der prekären Ausgangslage des Versuchs der wirkungsvollen Beeinflussung eines autonomen sozialen Systems bewusst ist. Systemtheoretisch aufgeklärte Interventionsstrategien zeichnen sich demnach vor allem dadurch aus, dass sie das Risiko von Interventionen in autonomen Systemen klarer bestimmen, stärker eingrenzen und deshalb wohl eher tragbar machen.

Systemische Interventionstechnik[8)]
Einige typische systemische Interventionstechniken sind:

- Zirkuläres Fragen

5) Vgl. Königswieser/Exner, 2001, S. 52 ff.
6) Vgl. Königswieser/Exner, 2001, S. 41 ff.
7) Vgl. Königswieser/Exner, 2001, S. 17.
8) Vgl. Königswieser/Exner, 2001, S. 35 ff.
9) Vgl. Königswieser/Exner, 2001, S. 20 ff.
10) Vgl. Königswieser/Exner, 2001, S. 24 ff.

- Paradoxe Intervention
- Symptomverschreibung
- Umdeutung oder Refraiming
- Splitting
- Positive Konnotation, positive Symptombewertung

Soziale Systeme[9)]

Im Beratungskontext lassen sich drei Typen von sozialen Systemen, die den Beratungskontext konstituieren, unterscheiden: Das Klientensystem (KS), das Beratersystem (BS) und das Beratungssystem (BKS).

Die an der Beratung hauptsächlich beteiligten Organisationen lassen sich folgendermaßen qualifizieren: Es handelt sich gleichermaßen um Systeme

- im Gegensatz zu Umwelten
- um komplexe – im Gegensatz zu einfachen;
- um autonome bzw. autopoietische und damit auch
- um selbstreferentielle – im Gegensatz zu trivialen oder heteronomen;
- um soziale, im Gegensatz zu maschinellen, organischen oder psychischen und
- um Organisationen – im Gegensatz zu Interaktionssystemen, Gruppen, Netzwerken, funktionalen Teilsystemen oder Gesellschaften.

Systemische Beratung[10)]

In unserem Verständnis von systemischer Beratung sind Interventionen Impulse, aus denen das Klientensystem das macht, was es machen kann. Die Einflussmöglichkeit ist sehr begrenzt. Berater können nur den Widerspruch bezüglich Verändern und Bewahren öffnen. Das Klientensystem trifft die Entscheidung, wie es damit umgeht, selbst. Alles hat seine Funktion in Relation zum Sinn. Die Definition von Funktionalität ist Sache des Klientensystems.

Ein Beratungs- oder Veränderungsprozess als eine besondere Form der Kommunikation vollzieht sich idealerweise folgendermaßen:

In dieser (Neuwaldegger) Schleife geht es um die Schritte, die jede gelungene Kommunikation auszeichnen: beobachten und zuhören, nachdenken, sprechen vorbereiten, sprechen und wieder Reaktionen beobachten und zuhören.

Auf Basis dieses Modells planen wir Großgruppen und Beratungsansätze.

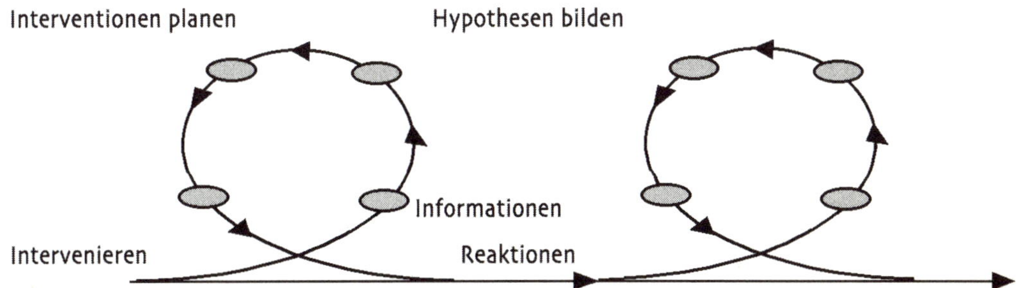

LITERATUR VERZEICHNIS

Ahlemeyer, Heinrich W./Königswieser, Roswita
Komplexität managen. Strategien, Konzepte und Fallbeispiele, FAZ, Frankfurt am Main, 1998 und Gabler Verlag, Wiesbaden 1998.

Amidon, Debra M.
Innovation Strategy for the Knowledge Economy, Ken Awakening, Butterworth - Heinemann, Frankfurt am Main 1997

Baeckmann, Susanne von
Downsizing – Zwischen unternehmerischer Notwendigkeit und individueller Katastrophe, Rainer Hampp Verlag, München 1998

Beer, Michael/Nohria, Nitin
Breaking the code of change, Harvard Business School Press, Boston 2000

Beer, Michael/Nohria, Nitin
Cracking the code of change, Harvard Business Review, 3/2000, S. 133 – 141.

Behrends, Thomas
Organisationskultur und Innovativität, Rainer Hampp Verlag, München/Mering 2001

Bennis, Warren/Mische, Michael
The 21st century organization, Jossey Bass Publishers, San Francisco 1995

Beratergruppe Neuwaldegg
Management unterwegs – Band 4: Personalmanagement bye, bye - Zur Entwicklung der Personalentwicklung, Service-Fachverlag, Wien 1996

Berth R.
„560 Innovationsprojekte in 39 Branchen", zitiert in Managermagazin 4/02 S. 208

Bommer, M. / Jalajas, D:
The threat of organizational downsizing on the innovative prospensity of R&D professionals In: R&D Management Vol. 29,1999, Seite 69-82

Boos, Frank/Exner, Alexander/Heitger, Barbara
Soziale Netzwerke sind anders. In: Organisationsentwicklung, 11. Jahrgang 1992, Nr. 1, S. 54 – 61.

Boos, Frank/Jarmai, Heinz
Reengineering mit offenen Karten in systemischer Struktur, In: Königswieser/Exner (Hrsg.): Systemische Intervention. Architekturen und Designs für Berater und Veränderungsmanagern. Klett Cotta Verlag, Stuttgart 1998

Boos, Frank/Jarmai, Heinz
Kernkompetenzen – gesucht und gefunden. In: Harvard Business manager, 16. Jg. 4/1994

Bower, Joseph/Christinsen, Clayton
Disruptive Technologies: catching the wave, Harvard Business Review Ausgabe, Seiten

Boyett, Joseph
Beyond Workplace 2000, Plume Pinguine, New York 1996

Bridges, William
Transitions Making Sense of Life Changes, Perseus Books 1980

Burke, W. Warner
The New Agenda for Organization Development, Organizational Dynamics, Summer 1997

Burke, W. Warner
Agenda für Organisationsentwicklung, in: Organisationsentwicklung 3/98, S. 50 – 64.

Buschor, Felix
Baustellen in einer Unternehmung: das Problem des unternehmerischen Wandels jenseits von Restrukturierungen, Haupt, Bern 1996

Cascio, W.F. / Young, C.E. / Morris, J.R.
Financial Consequences of Employment Change Decisions in Major U.S. Corporations. In: Academy of Management Journal, Vol. 40, Seite 1175-1189

Charan, Ram/Tichy, Noel M.
Every Business is a Growth-Business, Random House, Chichester 1998

Chase/Dasu
Want to Perfect Your Company's Service? Use behavioural Science, Harvard Business Review 6/2001, S. 79 –84.

Ciompi, Luc
Die emotionalen Grundlagen des Denkens – Entwurf einer fraktalen Affektlogik, Vandenhoeck, Göttingen 1997

Dannemiller, Tyson
Associates Whole-Scale Change, Berett-Koehler Publishers Inc., San Francisco 2000

Doujak, Alexander
Live and let Die, in: Hernsteiner 1/2000, 13. Jahrgang, S. 24-29.

Doujak, Alexander
„Hänsel und Gretel." Vom hermetischen Reengineeringprojekt zum durchlässigen Entwicklungsprozess. In: Königswieser, Roswita/Cichy, Uwe/Jochum, Gerhard (Hrsg.): SIMsalabim. Veränderung ist keine Zauberei. Systemische IntegrationsManagement. Klett-Cotta Verlag, Stuttgart, 2000

Doujak, Alexander/Endres, Thomas
Von Einzelkämpfern zu virtuellen Unternehmen. In: Königswieser, Roswita/Keil, Marion (Hrsg.): Das Feuer großer Gruppen Konzepte, Designs, Praxisbeispiele für Großveranstaltungen. Klett Cotta Verlag, Stuttgart 2000

Dougherty, D. / Bowman, E.H.
The Effects of Organizational Downsizing on Product Innovation. In California Management Review Vol. 37, 1995, Seite 28-44

Downs, Alan
Corporate Executions: The Ugly Truth About Layoffs – How Corporate Greed Is Shattering Lives, Companies, and Communities, amacom, New York 1996

Edvinsson, Malon
Intellectual Capital, Harper Business, New York 1997

Foster, Richard/Kaplan, Sarah
Creative destruction - Why companies that are built to last underperform the market - and how to successfully transform them, Currency/Doubleday, New York 2001

Gertz, Dwight/Baptista, Joao
Grow to be great, Verlag Moderne Industrie, Landsberg am Lech 1996

Giarini, Orio/Liedtke, Patrick M.
Wie wir arbeiten werden, Hoffmann und Campe, Hamburg 1998

Gryskiewiecz, Stanley
Positive Turbulence, Developing Climates for Creativity, Innovation and Renewal, Jossey-Bass Publishers, San Francisco 1999

Hambrick, Donald (Hrsg.)/Nadler/Tushman
Navigating Change. How CEOs, top teams and boards steem transformation, Harvard Business School Press, Boston 1998

Hamel, Gary
Leading the Revolution, Harvard Business School Press, Boston 2000

Hamel, Gary, Prahalad, C. K.
Competing for the future, Harvard Business School Press, Boston 1994

Hammer, Michael/Champy, James
Business Reengineering. Die Radikalkur für das Unternehmen, Campus Verlag, Frankfurt am Main 1994

Hargadon, Andrew/Sutton, Robert
Building an Innovation Factory, Harvard Business Review May - June 2000, S.157 ff

Heitger, Barbara
Die Logik der Gefühle, in: Hernsteiner 1/2000 a, 13. Jahrgang, S. 16-20

Heitger, Barbara
Balanced Transformation, in: Hernsteiner 1/2000 b, 13. Jahrgang S. 4-9

Heitger, Barbara/Boos, Frank
Organisation als Erfolgsfaktor, Service-Fachverlag, Wien 1994

Heitger, Barbara/Schmitz, Christof/Zucker, Betty
Agil macht stabil. Die Zukunft interner Dienstleister, Gabler Verlag, Wiesbaden 1994 b

Heitger, Barbara/Königswieser, Roswita
„Die tollen Männer in den Seifenkisten". Systemische Beratung zur Einführung strategischer Geschäftsfelder. In: Krainz, Oswald: Veränderungen in Organisationen. Gabler-Verlag, Wiesbaden 1994

Hirschhorn, Larry
The Workplace Within, MIT Press, Cambridge 1999

Homburg, C./Hocke, G.:
Change Management durch Reengineering? Eine Bestandsaufnahme. Schriftenreihe des Zentrums für Marktorientierte Unternehmensführung, Wissenschaftliche Hochschule für Unternehmensführung, Koblenz 1996

>>>

Huber/Glick
Organizational Change und Redesign, Oxford University Press, Oxford 1993

Hurst, David K.
Crisis & renewal: Meeting The Challenge of Organizational Change, Harvard Business School Press, Boston 1995

Huseman, Richard/Goodmann, John
Leading with Knowledge: The Nature of Competition in the 21st Century, Sage Publications, London 1999

Huselid, Mark/Becker, Brian/Ulrich, Dave
The HR-Scorecard, Harvard Business School Press, Boston 2001

Hüther, Gerald
Bedienungsanleitung für ein menschliches Gehirn, Vandenhoeck & Ruprecht, Göttingen 2001

ILOI
Management of change, Studienbericht über Erfolgsfaktoren und Barrieren organisatorischer Veränderungsprozesse in Deutschland, Österreich und Schweiz, 1997

Janes, Alfred/ Prammer, K./Schulte-Derne, Michael
Transformationsmanagement, Organisationen von Innen verändern, Springer Verlag, Wien 2001

Jarmai, Heinz
Die Rolle externer Berater im Change Management. In: Reiß, Rosenstiel, Lanz (Hrsg.): Change Management. Programme, Projekte und Prozesse. Schäffer Poeschel Verlag, 1997.

Joyce, Teresa/Kilman, Ralph
Profiling Large - Scale Change Effects, OD Journal 2/1999,

Kanter, Rosabeth Moss
When Giants learn to dance, Unwin Paperbacks, London 1990

Kaplan Robert S., Norton David P.
Balanced Scorecard: Translating Strategy into Action. Schäffer-Poeschel, Stuttgart 1996

Kirckpatrick, Donald
Evaluating Training Programs - The Four Levels, Berret-Köhler Publishers, Inc. San Francisco 1994

Kotter, John
Leading Change, Harvard Business School Press, Boston 1996

Kotter, John
"Chaos, Wandel, Führung - Leading Change", Econ Verlag, Düsseldorf 1997, S. 9

Königswieser, Roswita
Die Auswirkung schockierender Nachrichten. Psychische Bewältigungsmechanismen und Methoden der Überbringung, in: Betriebswirtschaft, Heft 5/1985, Poeschel Verlag, Stuttgart, S. 51-61

Königswieser, Roswita/Lutz, Christian
Das systemisch evolutionäre Management. Der neue Horizont für Unternehmer. 2. Überarbeitete Auflage, Orac-Verlag, Wien 1992

Königswieser, Roswita
Teams als Hyperexperten im Komplexitätsmanagement. In: Ahlemeyer, Heinrich W./Königswieser, Roswita (Hrsg.): Komplexität managen. Strategien, Konzepte und Fallbeispiele. FAZ, Frankfurt am Main 1998 & Gabler Verlag, Wiesbaden 1998

Königswieser, Roswita/Exner, Alexander
Systemische Intervention - Architekturen und Designs für Berater und Veränderungsmanager, Klett-Cotta-Verlag, 3. Auflage 1999

Königswieser, Roswita/Keil, Marion (Hrsg.)
Das Feuer großer Gruppen. Konzepte, Designs, Praxisbeispiele für Großveranstaltungen, Klett-Cotta-Verlag, Stuttgart 2000

Königswieser, Roswita/Cichy, Uwe/Doujak, Alexander
SIMsalabim - Veränderung ist keine Zauberei, Systemisches IntegrationsManagement, Klett-Cotta Verlag, Stuttgart 2001

Krogh, Georg von/Ichijo, Kazu/Nonaka, Ikujro
Enabling Knowledge Creation, Oxford University Press, New York 2000

Lagadec, Patrick
Preventing Chaos in a Crisis: Strategies for Prevention, Control and Damage Limitation, McGraw-Hill, New York 1991

Leifer, Richard/McDermott, Christopher
Radical Innovation, HBS Press 2000

Leonard, Dorothy
Spark Innovation Trough Empathic Design, in: Harvard Business Review 6, November/December 1997.

Loehr, Jim/Schwartz, Tony
The Making of a Corporate Athlete, in: Harvard Business Review 1/2001, S 120 – 128.

Low, Jonathan/Siesfield, T.
Measures That Matter, Boston, Ernst & Young 1998

MacCoby, Eleanor E. (Hrsg.):
Readings in Social Psychology, Holt, Rinehart und Winston, New York 1958

Maes, Jeanne/Rushing, Daniel/King, Deborah
Corporate Strategies. Reassessing The Outcomes of Downsizing, OD Journal 4/1997, S. 9 ff)

Maturana, Humberto/ Varela, Francisco
Der Baum der Erkenntnis; Bern und München 1987

Mishra, Spreitzer, Vornamen
Preserving employee morale during downsizing. Sloan Management Review, Cambridge, Winter 1998

Morris, James/Cascio, Wayne
Downsizing after all these years, Organizational Dynamics, Winter 1999, S.78 ff

Ornstein, Robert
Multimind, Junfermann, 2. Auflage, Paderborn 1989

Panse, Winfried/Stegmann, Wolfgang
Kostenfaktor Angst, mi, Landsberg am Lech 1996

Patton, Michael Quinn
Utilization Focused Evaluation, SAGE Publications, Thousand Oaks, Calif. 1997

Pettigrew, Andrew (Hrsg.)
The Innovating Organisation, Sage Publications, London 2000

Plender, John
A stake in the future: Making the stakeholder society work, Nicholas Brealey Publishing Ltd. 1997

Prahalad, C. K.
Managing Discontinuities: The Emerging Challenges, Industrial Research Institute Inc, 1998

Roehl, Heiko/Willke, Helmut
Kopf oder Zahl - Zur Evaluation komplexer Transformationsprozesse. In: Organisationsentwicklung 2/2001, S. 24 ff

Roth, Stefan
Emotionen im Visier. Neue Wege des Changemanagements. In: Organisationsentwicklung 2/2000, S. 14 - 21.

Ruigrok, Winfried
Komplementaritäten, eine neue Sichtweise beim organisatorischen "Fit", In: GDI-Impuls 2000, Gottlieb-Duttweiler-Institut

Sattelberger, Thomas
Wissenskapitalisten oder Söldner, Gabler Verlag, Wiesbaden 1999

Schrage, Michael
Serious Play - how the world´s best companies simulate to innovate, Harvard Business School Press, Boston 2000

Senge, Peter M.
The Fifth Discipline. The art and practice of the learning organization, Doubleday/Currency, New York 1990

Simon, Walter
Lust aufs Neue - Werkzeuge für das Innovationsmanagement, Gabal, Offenbach 1999

Simons, Walter
Levers of Control - How managers are innovative control systems to drive strategic renewal, Harvard Business School Press, 1995

Slywotzky, Adrian J./ Morrison, David
Die Gewinnzone: wie Ihr Unternehmen dauerhaft Erträge erzielt, mi, Landsberg am Lech 1998

Sparrer, Insa
Wunder, Lösung und System, Carl Auer Verlag, Heidelberg 2001

Sparrer, Insa
Vom Familienstellen zu Organisationsaufstellung, in: Weber G Praxis der Organisationsaufstellungen, Carl Auer Systeme Verlag, Heidelberg 2000 a

Sparrer, Insa/Varga von Kibed, Matthias
Ganz im Gegenteil, Carl Auer Systeme Verlag, Heidelberg 2000 b

Strebel, Paul
Breakpoints: How Managers Exploit Radical Business Change, Harvard Business School Press, Boston 1992

Taffinder, Paul
Big Change, John Wiley& Sons, Chichester 1998

>>>

Tichy, Noel M.
Regieanweisung für Revolutionäre: Unternehmenswandel in drei Akten, Campus Verlag, Frankfurt am Main 1995

Tomasko, Robert
Rethinking the Corporation, amacom, New York 1993

Tomasko, Robert
Downsizing. Reshaping the Corporation for the Future, amacom, New York 1990

Tushman, Michael/O'Reilly III, Charles
Winning through Innovation, Harvard Business School Press, Boston 1997

Ulrich, Dave/Zenger, Jack/Smallwood, Norm
Ergebnisorientierte Unternehmensführung, Campus Verlag, Frankfurt am Main 2002

Ulrich, Dave
Human Ressource Champions, Harvard Business School Press, Boston 1997

Von Krogh/Ichijo/Nonaka
Enabling Knowledge Creation, Oxford University Press, Oxford 2000

Weick, Karl E.
Drop your tools: an allegory for organizational studies in administrative science, Quarterly 41, 1996, S. 301 ff

Weick, Karl E.
Sensemaking in organizations, Sage Publ., Thousand Oaks, Calif. 1995

Welter-Enderlin, R.
Gefühle und Systeme, Carl Auer Systeme, Heidelberg 1998

Willke, Helmut
Systemtheorie II; Gustav Fischer-Verlag, UTB für Wissenschaft, Stuttgart, Jena 1994

Wimmer, Rudolf
Organisationsentwicklung revisited: Ein Plädoyer für die Wiederbelebung angewandter Sozialwissenschaften, in: ÖZP Heft 3/1998, S. 325-340

Wimmer, Rudolf
Wider den Veränderungsoptimismus - Zu den Möglichkeiten und Grenzen einer radikalen Transformation von Organisationen, in: Krainz, Ewald/Simsa, Ruth (Hrsg.): Die Zukunft kommt - wohin geht die Wirtschaft?, Wiesbaden 1999, S. 97-120.

INTERNETQUELLEN

American Management Association: www.amanet.org

http://ceco.polytechnique.fr/CHERCHEURS/LAGADEC/PLENGLISH.html

http://www.iq.uni-hannover.de/vorlesung/qs1/KAP01/k01.htm
- http://www.infed.org/thinkers/senge.htm
-
http://www.dietrichlensch.de/oti/autopoie.html

STICHWORT VERZEICHNIS